Merkel · Abgabenordnung

Steuer-Seminar

Abgabenordnung

70 praktische Fälle

von
Dipl.-Finanzwirtin Helga Merkel

11. Auflage
2021

efv ERICH FLEISCHER VERLAG · ACHIM

Bibliografische Information Der Deutschen Bibliothek

Die Deutsche Bibliothek verzeichnet diese Publikation in der Deutschen
Nationalbibliografie; detaillierte bibliografische Daten sind im Internet
über http://www.dnb.de abrufbar.

ISBN 978-3-8168-3011-5

© 2021 Erich Fleischer Verlag, Achim

Gesamtherstellung: iBK Druck & Service, Scheeßel

Vorwort

Die monatlich im ERICH FLEISCHER VERLAG erscheinende Fachzeitschrift STEUER-SEMINAR enthält praktische Fälle aus den verschiedensten Steuerrechtsgebieten mit unterschiedlichen Schwierigkeitsgraden. In Ergänzung dieses Angebots werden in einer besonderen Reihe des Steuer-Seminars systematische Fallsammlungen aus einzelnen Rechtsgebieten veröffentlicht.

Der vorliegende überarbeitete Band enthält 70 Übungsfälle zur Vorbereitung auf die Prüfungen von Beamten der Finanzverwaltung und von Angehörigen der steuerberatenden Berufe. Aber auch anderen am Steuerrecht interessierten Lesern werden die Praxisfälle die Einarbeitung in das häufig als trocken und schwer zugänglich empfundene Abgabenrecht erleichtern.

Die Erfahrung zeigt, dass vielfach die Bedeutung des Abgabenrechts verkannt wird. Mit dieser Fallsammlung sollen Lernende die Schwerpunkte der Rechtsmaterie erkennen und erarbeiten. Die Sachverhaltsdarstellung dient als pädagogisch-didaktische Hilfestellung für das Erfassen des Lehrstoffes. Es wird nicht das Ziel verfolgt, ein Lehrbuch in anderer Form vorzulegen. Vorrangiges Anliegen ist es, am individuellen Beispiel die Technik klausurmäßiger Falllösungen zu demonstrieren. Im Vordergrund soll als Ergänzung zu Lehrbüchern, Kommentaren und exemplarischen Urteilen die praktische Rechtsanwendung stehen. Die theoretischen Ausführungen sind – abgesehen von wenigen Ausnahmen, in denen eine gewisse Einführung in den Themenkreis unerlässlich erschien – auf das für das Verständnis des konkreten Falls notwendige Maß beschränkt worden.

In der elften Auflage sind Rechtsprechung und Literatur berücksichtigt worden, soweit sie bis Anfang 2021 veröffentlicht wurden.

Anregung und Kritik werden stets gern entgegengenommen.

Mein besonderer Dank gilt den ausgeschiedenen Autoren Prof. Hans-Michael Heinke und Prof. Dr. Günter Merkel, die mit ihrem Ideenreichtum und ihrem Fachwissen die Grundlage für dieses Buch gelegt haben.

Rinteln, im August 2021

Helga Merkel

Rechtsgrundlagen:

AO 1977 i. d. F. der Bekanntmachung vom 01.10.2002 (BGBl I S. 3866, BStBl I S. 1056), zuletzt geändert durch Art. 3 des Gesetzes vom 28.03.2021 (BGBl I S. 591)

AEAO BMF-Schreiben vom 31.01.2014 (BStBl I S. 290), zuletzt geändert durch das BMF-Schreiben vom 28.01.2021 (BStBl I S. 145)

Inhaltsübersicht

Fall 1

Entstehung von Steueransprüchen

AO §§ 37, 38, 43; EStG §§ 36 ff.; BGB § 194

Sachverhalt

Friedrich Falke (F) ist gelernter Textilkaufmann. Bis zum 28.02.02 war er Angestellter bei dem Herrenausstatter Hans Habicht (H). Sein Gehalt erhielt er jeweils am 28. monatlich im Voraus ausgezahlt.

Am 01.04.02 eröffnet F eine eigene Herrenboutique. Mit Vertrag vom 02.01.03 nahm er seine Freundin Maria Milan (M) als Teilhaberin in das Unternehmen auf. Der Vertrag sah vor, dass M rückwirkend zum 01.04.02 mit 49 % am betrieblichen Vermögen einschließlich aller Forderungen und Verbindlichkeiten beteiligt sein sollte. Sie erhielt auch 49 % des Gewinns aus dem Jahr 02 von F zugewiesen.

Im Mai 03 reichten F und M je eine Einkommensteuererklärung für 02 beim Finanzamt ein. F erklärte 51 % des Gewinns und M 49 % als eigene Einkünfte. Für F ergab sich daraus eine Einkommensteuer von 9.000 Euro.

Frage

1. Wann ist der Anspruch auf die Lohnsteuer für das Gehalt des F entstanden?
2. Wann ist der Anspruch auf die Einkommensteuer 02 für F entstanden?
3. Welchen Einfluss hat der Vertrag zwischen F und M auf die Einkommensteuer 02?
4. Kann das Finanzamt schon im Voraus die Zahlung von Einkommensteuer verlangen?

Antwort

1. Der Anspruch auf die Lohnsteuer entsteht mit Zufluss des jeweiligen Gehaltes.
2. Der Anspruch auf die Einkommensteuer ist mit Ablauf des Jahres 02 entstanden.
3. Auf die mit Ablauf des Jahres 02 entstandene Steuer hat der am 02.01.03 geschlossene Vertrag keinen Einfluss.
4. Das Finanzamt kann bereits während des laufenden Kalenderjahres die Zahlung von Einkommensteuer in Form von Vorauszahlungen verlangen.

Begründung

Mit „Anspruch" wird das Recht bezeichnet, von einem anderen ein Tun, Dulden oder Unterlassen zu verlangen, § 194 Abs. 1 BGB. Hier handelt es sich um das Recht, von F die Bezahlung von Steuern verlangen zu können. Wer der Berechtigte, der Gläubiger, ist, ergibt sich nicht aus der AO, sondern aus den Art. 106 und 107 GG. Der Bund, die Länder und die Gemeinden sowie die Kirchen können Gläubiger sein. Für den Verpflichteten, den Schuldner, verkörpert das Finanzamt als Vertreter der möglichen Gläubiger den Anspruchsberechtigten. F ist Schuldner der Einkommensteuer, weil er als natürliche Person unbeschränkt einkommensteuerpflichtig i. S. des § 1 Abs. 1 Satz 1 EStG ist. Auch die Frage, wer Steuerschuldner ist, kann die AO nicht beantworten. Sie kann nur auf die einzelnen Steuergesetze verweisen, da die Steuergesetze von ganz unterschiedlichen Vorstellungen darüber ausgehen, wer eine Steuer schuldet, § 43 AO.

Inhalt des Rechtsverhältnisses, das zwischen dem durch das Finanzamt repräsentierten Staat und dem Bürger F besteht, sind **Ansprüche aus dem Steuerschuldverhältnis,** § 37 AO.

Die gegen F gerichteten Ansprüche entstehen, sobald F einen Tatbestand verwirklicht, an den das jeweilige Steuergesetz die Entstehung einer Steuer knüpft, § 38 AO. Es ist deshalb für jede Steuerart getrennt zu untersuchen, welche Voraussetzungen erfüllt sein müssen, damit die Steuer entsteht; denn erst wenn der Anspruch entstanden ist, kann der Gläubiger seine Erfüllung, d. h. Bezahlung, verlangen.

1. Die Lohnsteuer ist eine Form der Einkommensteuer. Der Tatbestand, an den das Einkommensteuergesetz die **Entstehung der Lohnsteuer** knüpft, ist die Erzielung von Einkünften aus nichtselbständiger Arbeit i. S. des § 19 EStG. Sobald vom Arbeitgeber H das Gehalt an F ausgezahlt wird, sind F solche Einkünfte zugeflossen. Damit entsteht die darauf entfallende Lohnsteuer, § 38 Abs. 2 Satz 2 EStG.

Der Arbeitgeber H muss von dem Gehalt die Lohnsteuer einbehalten und an das Finanzamt abführen, § 38 Abs. 3 und § 41a EStG. Die Lohnsteuer für das Gehalt des Monats Januar 02 ist mit Auszahlung am 28.12.01, die Steuer für das Februargehalt 02 am 28.01.02 entstanden. Es ist unerheblich, für welchen Lohnzahlungszeitraum das Gehalt gezahlt wird. Für die Steuer ist allein maßgeblich, an welchem Tag das Gehalt ausgezahlt wurde. Auf die Sonderregel des § 38a Abs. 1 Satz 2 EStG sei hier nur hingewiesen.

2. Da F im Jahr 02 auch Einkünfte aus Gewerbebetrieb erzielte, ist er neben der Lohnsteuer auch Schuldner der auf den Gewinn aus Gewerbebetrieb entfallenden Einkommensteuer. Der Tatbestand, an den das Einkommensteuergesetz die **Entstehung der Einkommensteuer** knüpft, ist die Erzielung des Gewinns. Das würde bedeuten, dass F nach jedem Verkauf eines Kleidungsstücks eine Bilanz erstellen müsste, um festzustellen, welchen Gewinn er erzielt hat und welche Steuer darauf entfällt. Das ist undurchführbar. Für die Einkommensteuer ist es auch unerheblich, ob ein Steuertatbestand am 3. März oder 17. Oktober eines Jahres verwirklicht wurde. Die Steuer wird für jeweils ein Kalenderjahr als Veranlagungszeitraum festgesetzt und erhoben, § 25 Abs. 1 EStG. Es ist nur wichtig festzustellen, welche Tatbestände insgesamt innerhalb eines Jahres verwirklicht wurden. Deshalb bestimmt § 36 Abs. 1 EStG, dass die Einkommensteuer mit Ablauf des Veranlagungszeitraums, am 31. Dezember, entsteht, sozusagen mit dem letzten möglichen Zeitpunkt. Mit Ablauf des 31. Dezember sind alle Tatbestände verwirklicht, die für die Steuer dieses Jahres von Bedeutung sein können. Die Steuer steht endgültig fest. Aufgabe des Finanzamts ist es, diesen entstandenen Anspruch festzusetzen und von F Bezahlung zu verlangen.

3. Das Rechtsverhältnis zwischen F und dem Staat, dessen Inhalt der Steueranspruch ist, entsteht nicht durch Vereinbarungen zwischen den Beteiligten, sondern als öffentlich-rechtliches **Schuldverhältnis** kraft Gesetzes. Der Steueranspruch erwächst unmittelbar aus der Verwirklichung des Tatbestandes. Ein dem entgegenstehender Wille des F ist ohne Bedeutung. Will er die Entstehung der Steuer verhindern, muss er die Erzielung von Gewinnen unterlassen. Erzielt er aber aus seiner Tätigkeit Gewinne, entsteht auch die Steuer, selbst wenn F ausdrücklich erklären würde, dass er dies nicht wolle.

Daraus folgt, dass der Steueranspruch, wenn er einmal entstanden ist, weder durch den Steuerpflichtigen noch durch die Behörde wieder beseitigt werden kann. Öffentliches Recht kann durch Vereinbarungen nicht außer Kraft gesetzt werden. Unberührt davon bleibt das Recht des Gläubigers, im Erlasswege auf die Geltendmachung des Anspruchs endgültig zu verzichten (vgl. § 163 und § 227 AO).

Die Besteuerung knüpft an konkrete Tatbestände an. Daraus ergibt sich, dass F zwar den Sachverhalt, der zu einer Steuer führt, nach eigenem Gutdünken und seinen wirtschaftlichen Gegebenheiten gestalten kann; es ist aber nicht möglich, einen einmal verwirklichten Sachverhalt nachträglich und mit rückwirkender Kraft zu ändern. Mit Ablauf des 31.12.02 ist die auf den im Jahr 02 erzielten Gewinn aus Gewerbebetrieb entfallende Steuer in der Person des F entstanden. Er allein hat die Tatbestände verwirklicht. Diesen Vorgang kann er durch den Vertrag vom 02.01.03 nicht mehr ändern. Der rückwirkend gewollte Vertrag hat nur für die Zukunft steuerliche Auswirkungen. Der Gewinn des Jahres 02 ist in voller Höhe dem F zuzurechnen. Die Steuer ist in voller Höhe bei ihm entstanden.

4. Die Steuer entsteht zwar nach § 36 Abs. 1 EStG bereits mit Ablauf des Kalenderjahres. Ehe aber F tatsächlich zur Zahlung herangezogen werden kann, vergeht gewöhnlich ein nicht unerheblicher Zeitraum. Zunächst muss F eine Steuererklärung abgeben, aus der das Finanzamt erkennen kann, welche Tatbestände verwirklicht worden sind, sodass dann die Steuer in einem Bescheid festgesetzt und F zur Zahlung aufgefordert werden kann. In diesem Zeitpunkt entspricht die wirtschaftliche Lage des F unter Umständen in keiner Weise mehr der des Jahres 02, sodass er die Steuer nicht bezahlen kann.

Um die Steuer zeitnah zu erheben, eröffnet das Einkommensteuergesetz dem Finanzamt die Möglichkeit, von F bereits im Jahr 02 die Zahlung von **Vorauszahlungen** auf die Einkommensteuerschuld 02 zu verlangen. Das Finanzamt kann schätzen, welche Steuer ungefähr in dem Jahr entstehen wird. Diesen Betrag setzt es in einem Vorauszahlungsbescheid fest, und F muss den Betrag in vier gleichen Raten zum 10. März, 10. Juni, 10. September und 10. Dezember bezahlen, § 37 Abs. 1 EStG. Das Finanzamt macht damit bereits während des laufenden Jahres den Einkommensteueranspruch – zumindest teilweise – geltend.

Voraussetzung dafür, dass ein Anspruch geltend gemacht werden kann, ist aber zumindest, dass der Anspruch entstanden ist. Da aber nach § 36 Abs. 1 EStG der Anspruch auf die Einkommensteuer erst mit Ablauf des Jahres entsteht, ist die Erhebung von Vorauszahlungen so ohne weiteres nicht zulässig.

Die Grundregel des § 38 AO, dass eine Steuer erst entstehen kann, wenn der die Steuer begründende Tatbestand verwirklicht worden ist, wird durch § 37 Abs. 1 Satz 2 EStG aus praktischen Erwägungen weitgehend aufgehoben. Mit Beginn des 1. Januar entsteht bereits ein gegen F gerichteter Einkommensteueranspruch für das gerade begonnene Kalenderjahr, obwohl F zu diesem Zeitpunkt noch kein einziges Kleidungsstück verkauft haben kann.

In § 37 Abs. 1 Satz 2 EStG ist festgelegt, dass der Anspruch auf die vier Vorauszahlungsbeträge mit Beginn des Kalendervierteljahres, also am 1. Januar, 1. April, 1. Juli und 1. Oktober, entsteht. Diese Schematisierung dient einzig der praktischen Durchführung der Steuererhebung und hat nur vorläufigen Charakter. Durch die nachfolgende Einkommensteuerveranlagung wird die tatsächlich mit Ablauf des 31. Dezember entstandene Steuer festgesetzt und mit den Vorauszahlungen verrechnet. Ein eventueller Mehrbetrag wird nachgefordert, ein zu viel gezahlter Betrag erstattet.

Fall 2

Steuerpflichtiger – Vertretung – Auskunft – Ermessen

AO §§ 5, 15, 33, 78, 80, 90 ff., 101, 102; BGB §§ 164 ff.

Sachverhalt

Marthe Maus (M) hat ihren Schwiegersohn, den Finanzanwärter Traugott Tugut (T), beauftragt, ihr in steuerlichen Dingen zu helfen und alle Angelegenheiten mit dem Finanzamt zu erledigen. T bemüht sich, die Steuererklärungen für M vollständig und richtig auszufüllen.

Unter anderem sind in der Einkommensteuererklärung 01 auch Einkünfte aus Vermietung und Verpachtung enthalten. Da die Angaben über diese Einkünfte äußerst dürftig sind, fordert das zuständige Finanzamt von T weitere Angaben, die ausbleiben. Das Finanzamt wendet sich daraufhin an die beiden Mieter in dem Hause und bittet sie um Angabe der Größe der Wohnung und der vertraglich vereinbarten Miete.

Der Mieter Sebastian Selig (S) verweigert eine entsprechende Auskunft mit dem Hinweis darauf, dass ein Sohn aus der ersten Ehe seiner Frau mit einer Tochter der M verheiratet sei.

Der Mieter Dr. Gustav Gaumen (G) verweigert die Auskunft, weil er als behandelnder Zahnarzt der Familie der M die ärztliche Schweigepflicht zu beachten habe.

Frage

1. Darf T für M in dem Verfahren auftreten?
2. Kann das Finanzamt von T Auskünfte verlangen?
3. Könnte sich das Finanzamt auch an M wenden?
4. Stehen S und G Auskunftsverweigerungsrechte zu?

Antwort

1. T darf als Bevollmächtigter der M auftreten.
2. T ist verpflichtet, die notwendigen Auskünfte zu geben.
3. Das Finanzamt kann sich auch an M wenden.
4. S und G stehen keine Auskunftsverweigerungsrechte zu.

Begründung

1. Gemäß § 149 Abs. 1 AO i. V. m. § 25 Abs. 3 Satz 1 EStG und § 56 EStDV ist M zur Abgabe einer Einkommensteuererklärung verpflichtet. Aufgrund dieser Verpflichtung ist M eine Steuerpflichtige (§ 33 AO). Es besteht zwischen Finanzamt und Steuerpflichtigen ein als **Steuerpflichtverhältnis** bezeichnetes Rechtsverhältnis, aus dem sich für beide Seiten eine Reihe von Rechten und Pflichten ergeben. M ist Steuerpflichtige, weil sie eine Steuererklärung abzugeben hat. Ob sie auch Steuerschuldnerin ist, steht erst nach Durchführung der Veranlagung fest. In § 33 AO werden die Personen aufgezählt, die als Steuerpflichtige bezeichnet werden. Dazu gehört auch der Steuerschuldner, daneben aber auch alle anderen Personen, die dem Finanzamt gegenüber Pflichten zu erfüllen haben. Jeder Steuerschuldner ist auch Steuerpflichtiger, aber nicht jeder Steuerpflichtige ist auch Steuerschuldner.

Die Steuerpflichtige M braucht ihre Verpflichtungen gegenüber dem Finanzamt nicht selbst wahrzunehmen. Sie kann damit andere Personen betrauen. Sie hat mit T eine Vereinbarung getroffen, die bürgerlich-rechtlich eine **Bevollmächtigung** darstellt. T ist durch Vertrag zum Vertreter der M geworden, § 167 Abs. 1 BGB. Für diese vertragliche Vereinbarung ist keine bestimmte Form, etwa Schriftform, vorgesehen, § 167 Abs. 2 BGB. Nach diesem Vertrag hat T das Recht und die Pflicht, für M rechtsverbindlich zu handeln, für sie Willenserklärungen abzugeben und entgegenzunehmen.

Steuerrechtlich sind solche Vertretungsverhältnisse zulässig. Nach § 80 AO kann sich jeder Steuerpflichtige durch einen Bevollmächtigten vertreten lassen. Die Erklärungen und Handlungen des T wirken unmittelbar für und gegen M. Er handelt nicht im eigenen, sondern in Ms Namen. Die Rechtsfolgen seiner Handlungen treffen nicht ihn, sondern M, § 164 Abs. 1 BGB. Steuerpflichtige i. S. des § 33 AO bleibt die M. Durch die Bevollmächtigung wird T selbst nicht Steuerpflichtiger, denn er hat keine eigenen Rechte oder Pflichten gegenüber dem Finanzamt. Zwischen T und dem Finanzamt besteht kein Steuerpflichtverhältnis. Nach § 80 Abs. 1 Satz 2 AO kann T als Vertreter der M alle Verfahrenshandlungen gegenüber dem Finanzamt für M wahrnehmen, zu denen M verpflichtet ist. Dazu gehört auch die Abgabe einer vollständig ausgefüllten Steuererklärung.

Es steht grundsätzlich dem Steuerpflichtigen frei, ob er seine Pflichten selbst wahrnimmt oder sich eines Vertreters bedient. Es ist die Entscheidung des Steuerpflichtigen, wen er zu seinem Vertreter ernennt. Üblicherweise lässt sich ein Steuerpflichtiger vor dem Finanzamt vertreten, weil er mangels ausreichender Kenntnisse des Steuerrechts nicht in der Lage ist, seine steuerlichen Pflichten selbst ausreichend wahrzunehmen. Es liegt deshalb in seinem Interesse, dass der Vertreter über die notwendigen Kenntnisse verfügt. Ebenso ist das Finanzamt daran interessiert, dass der Vertreter des unkundigen Steuerpflichtigen nicht auch bar jeder steuerrechtlichen Kenntnisse ist. Deshalb räumt das Gesetz dem Finanzamt ein gewisses Mitspracherecht bei der Auswahl des Vertreters in der Weise ein, dass die Behörde ablehnen kann, einen Vertreter anzuerkennen. Trotz bürgerlich-rechtlich wirksamen Vertretungsverhältnisses können solche ausgeschlossenen Personen keine wirksamen Verfahrenshandlungen für den Steuerpflichtigen gegenüber dem Finanzamt vornehmen.

Der Vertreter soll zunächst zum geeigneten schriftlichen oder mündlichen Vortrag in der Lage sein. Wenn das Finanzamt der Überzeugung ist, dass der vom Steuerpflichtigen benannte Vertreter sich nicht so ausdrücken kann, dass er die Belange des Steuerpflichtigen in ausreichendem Maß wahrnehmen kann, ist das Finanzamt berechtigt, diesen Vertreter zurückzuweisen, § 80 Abs. 8 AO. Der Steuerpflichtige muss dann entweder selbst tätig werden oder einen anderen Vertreter benennen.

Soweit Personen ständig und in Ausübung eines Berufs Steuerpflichtige vertreten, sollen sie auch durch eine entsprechende Ausbildung über die notwendigen steuerrechtlichen Kenntnisse verfügen. Wenn deshalb jemand **geschäftsmäßig Hilfe in Steuersachen** leistet, ohne die nötige Qualifikation zu besitzen, ist er vom Finanzamt zurückzuweisen, § 80 Abs. 7 und 9 AO. Geschäftsmäßig leistet jemand Hilfe in Steuersachen, wenn er ausdrücklich oder erkennbar die Absicht verfolgt, die Tätigkeit in gleicher Art zu wiederholen und zu einem wiederkehrenden oder dauernden Bestandteil seiner selbständigen Beschäftigung zu machen.[1] Die Absicht, Gewinne zu erzielen, muss nicht unbedingt damit verbunden sein. Der Personenkreis, der befugt ist, Hilfe in Steuersachen zu leisten, ergibt sich aus den §§ 2 bis 5 StBerG. Es sind dieses insbesondere die Berufsgruppen der Steuerberater, Wirtschaftsprüfer, Rechtsanwälte u. Ä., die über eine entsprechende Ausbildung verfügen.

Nach § 80 Abs. 10 AO sind alle Verfahrenshandlungen von zurückgewiesenen Vertretern unwirksam, sodass sie von dem Steuerpflichtigen oder seinem zuzulassenden neuen Vertreter erneut vorgenommen werden müssen.

T leistet keine geschäftsmäßige Hilfe in Steuersachen, wenn er in einem einmaligen Vorgang seiner Schwiegermutter hilft. Diese Tätigkeit hat ihre Ursache in der familiären Verbindung und nicht in der Absicht, ein Geschäft auszuüben. T ist nach § 15 Abs. 1 Nr. 3 AO Angehöriger der M. Ihm ist die Hilfeleistung nach § 6 Nr. 2 StBerG erlaubt. Das Finanzamt kann ihn nicht zurückweisen und muss ihn in dem Verfahren als Vertreter der M anerkennen.

2. Nach § 90 Abs. 1 AO ist der am Verfahren **Beteiligte** verpflichtet, an der Ermittlung der für die Besteuerung notwendigen Grundlagen mitzuwirken. Er hat nötigenfalls dem Finanzamt die geforderten Auskünfte zu geben, § 93 Abs. 1 AO. Beteiligt ist nach § 78 Nr. 2 AO nur die M, da der zu erlassende Bescheid an M als Adressatin zu richten ist, § 122 Abs. 1 Satz 1 AO. Da M den T mit der Wahrnehmung ihrer Interessen beauftragt

---

1 BFH vom 07.06.2017, BStBl 2017 II S. 973.

hat, hat jetzt T die Aufgabe, diese Pflichten wahrzunehmen. Das Finanzamt kann von ihm Auskunft verlangen.

3. Da T zum Vertreter der steuerpflichtigen M ernannt worden ist, soll sich das Finanzamt an ihn und nicht an M halten, § 80 Abs. 5 Satz 1 AO. Die gesetzliche Formulierung „soll" bezeichnet ein weitgehend eingeschränktes **Ermessen.**[1] Bei der Gesetzesformulierung „ist", „sind" oder „hat" (z. B. § 80 Abs. 7 AO) ist dem Finanzamt keine Entscheidungsfreiheit gegeben. Es muss so handeln, wie es die gesetzliche Regelung vorschreibt. Ist im Gesetz „kann" oder „darf" (z. B. § 80 Abs. 3 und 6 AO) formuliert, handelt es sich um Ermessensvorschriften. Das Finanzamt hat einen an § 5 AO orientierten Entscheidungsrahmen. Es ist zu entscheiden, ob eine Rechtsfolge ergriffen werden soll und wie diese Rechtsfolge aussehen soll. Zwischen beiden steht die Formulierung „soll". Es handelt sich zwar noch um eine Ermessensvorschrift, der Entscheidungsspielraum des Finanzamts ist aber gering. Das „soll" in § 80 Abs. 5 AO kann grundsätzlich als „muss" angesehen werden. Die Behörde muss sich regelmäßig an den benannten Vertreter des Steuerpflichtigen halten. Es ist ermessensfehlerhaft, sich unter Umgehung des Vertreters an den Steuerpflichtigen zu wenden. Nur in Ausnahmefällen ist es zulässig, sich auch an den Steuerpflichtigen selbst zu wenden; dann aber ist der Vertreter zu benachrichtigen, § 80 Abs. 5 Satz 3 AO.[2]

Solche Ausnahmefälle sind gegeben, wenn die Angaben nur von dem Steuerpflichtigen selbst gemacht werden können, weil nur er sie kennt, oder wenn – wie im vorliegenden Fall – der Vertreter die Verpflichtungen des Steuerpflichtigen nicht oder nicht ordnungsgemäß wahrnimmt. Da T trotz Aufforderung des Finanzamts keine Auskünfte erteilt, kann das Finanzamt M selbst um die entsprechenden Angaben ersuchen.

4. Zunächst ist nach den §§ 90 und 93 AO die Beteiligte M verpflichtet, alle notwendigen Angaben zu machen. Daneben kann das Finanzamt auch andere Erkenntnisquellen heranziehen, wenn es für die ordnungsgemäße Ermittlung der Besteuerungsgrundlagen notwendig ist, § 92 AO. Zu diesen Erkenntnisquellen gehört nach § 92 Nr. 1 AO auch die **Auskunft anderer Personen.** S und G sind in der Steuerangelegenheit der M andere Personen. Sie sind nach § 93 Abs. 1 Satz 1 AO zur Auskunft über die Größe der Mietwohnung und ihre Mietzahlungen verpflichtet. Ihre Befragung ist ermessensgerecht, weil das Auskunftsersuchen gegenüber der Beteiligten M erfolglos geblieben ist, § 93 Abs. 1 Satz 3 AO.[3]

S und G werden dadurch nicht zu Beteiligten in den Verwaltungsverfahren. Es muss ihnen deshalb das Recht eingeräumt werden, die Auskunft

---

1 BFH vom 05.10.2000, BStBl 2001 II S. 86.

2 AEAO zu § 80 Nr. 4.

3 BFH vom 29.07.2015, BStBl 2016 II S. 135.

zu verweigern, um eigene berechtigte Interessen zu schützen. Während der beteiligte Steuerpflichtige in keinem Fall die Auskunft verweigern kann, z. B. auch dann nicht, wenn er dadurch strafbare Handlungen offenbaren muss (etwas anderes gilt im strafrechtlichen Ermittlungsverfahren), steht anderen Personen ein Auskunftsverweigerungsrecht zu.

Für S könnte sich ein solches **Auskunftsverweigerungsrecht** aus § 101 Abs. 1 AO ergeben, wenn er ein Angehöriger der M i. S. des § 15 AO wäre. S ist mit dem Sohn aus der ersten Ehe seiner Frau verschwägert, § 1590 BGB, da es sich um einen Verwandten seines Ehegatten handelt. Er ist mit ihm selbst nicht verwandt. Verwandt sind solche Personen, die voneinander abstammen, § 1589 Satz 1 BGB oder von einem gemeinsamen Dritten abstammen, § 1589 Satz 2 BGB. Der Stiefsohn des S ist mit der M ebenfalls verschwägert, da M als Mutter seiner Frau eine Verwandte seines Ehegatten ist. Im Verhältnis zu S ist also M die Verschwägerte eines mit S Verschwägerten. Diese Personen fallen nicht unter § 15 AO, da sie dort nicht aufgezählt sind. Deshalb steht S kein Auskunftsverweigerungsrecht zu. Er muss die von ihm geforderten Angaben machen.

Für G könnte sich ein Auskunftsverweigerungsrecht aus § 102 Abs. 1 Nr. 3 Buchst. c AO ergeben. Das für die dort genannten Berufsgruppen gegebene Auskunftsverweigerungsrecht bezieht sich aber nur auf die Dinge, die sie in Ausübung ihres Berufs von den Steuerpflichtigen erfahren haben.[1] Die vom Finanzamt gewünschten Angaben haben nichts mit der Tätigkeit des G als Zahnarzt zu tun, sondern ergeben sich aus dem Mietverhältnis zwischen G und M. G kann die Auskunft ebenfalls nicht verweigern.

Fall 3

Verbindliche Zusage

AO §§ 89, 204 bis 207

Sachverhalt

Bei der Seetransport-AG (AG) in Emden fand im Jahr 05 für die Jahre 01 bis einschließlich 04 eine Außenprüfung statt. In Tz. 87 des Prüfungsberichts befindet sich folgender Vermerk:

---

1 BFH vom 14.05.2002, BStBl 2002 II S. 712.

„Die AG hat im Jahr 04 damit begonnen, die stark beschädigten und abgenutzten Kaimauern der ihr gehörenden Hafenanlagen in Emden zu erneuern. Die Arbeiten sollen schrittweise fortgeführt und voraussichtlich im Sommer 06 abgeschlossen werden.

Im Jahr 04 sind 750.000 Euro verbaut worden. Die Gesamtaufwendungen werden etwa 2,5 Millionen Euro betragen.

Nach Prüfung der Unterlagen und Besichtigung der Hafenanlage ist davon auszugehen, dass es sich um die Erhaltung einer bestehenden Anlage, nicht um die Neuerstellung von Kaimauern handelt. Die bisherigen Aufwendungen sind als Erhaltungsaufwand zu behandeln. "

Noch vor der Schlussbesprechung ist beim Finanzamt folgender Antrag des Steuerberaters der AG eingegangen:

„Namens meiner Mandantin beantrage ich eine verbindliche Zusage darüber, dass die weiteren Aufwendungen zur Erhaltung der Kaimauern auch in Zukunft als Erhaltungsaufwand angesehen werden. "

Frage

1. Wie hat das Finanzamt über den Antrag zu entscheiden?
2. Wie wäre zu entscheiden, wenn der Antrag erst 6 Wochen nach der Schlussbesprechung, aber vor Erlass des Änderungsbescheids gestellt würde?
3. Wie wäre zu entscheiden, wenn der Antrag erst nach Bestandskraft der Änderungsbescheide gestellt würde?
4. Was wäre zu veranlassen, wenn – nachdem die Zusage erteilt wurde – die vorgesetzte Behörde im Rahmen einer Geschäftsprüfung beim Finanzamt im Februar 06 zu der Auffassung gelänge, es handele sich um Herstellungskosten?

Antwort

1. Das Finanzamt hat auf den Antrag hin eine verbindliche Zusage zu erteilen.
2. Das Finanzamt hätte auch jetzt noch die Zusage zu erteilen.
3. Das Finanzamt würde den Antrag ablehnen.
4. Das Finanzamt könnte hinsichtlich der zurückliegenden Jahre keine Änderung mehr vornehmen. Es könnte auch für die Zukunft diese Zusage nicht aufheben.

Begründung

1. Die steuerrechtliche Würdigung eines Sachverhalts geschieht im Rahmen der Veranlagung, nachdem durch tatsächliches Handeln des Steuerpflichtigen ein steuerlicher Tatbestand verwirklicht worden ist. Dadurch entsteht – unabhängig von einer Tätigkeit oder Entscheidung des Finanzamts – eine Steuer, § 38 AO. Aufgabe der Behörde ist es nicht, mit der Veranlagung steuerliche Tatbestände zu schaffen, sondern festzustellen, ob von dem Steuerpflichtigen steuerlich relevante Tatbestände verwirklicht worden sind. Die Behörde hat daraus die gesetzlich geregelte Konsequenz zu ziehen und die Steuer festzusetzen.

Bei der Kompliziertheit des Steuerrechts kann der Steuerpflichtige häufig nicht übersehen, welche steuerlichen Folgen seine tatsächlichen Handlungen haben werden. Daraus kann sich für ihn das Bedürfnis ergeben, vom Finanzamt zu erfahren, welche steuerlichen Folgen seine Handlungen haben werden, bevor er sie vornimmt. Mit § 89 Abs. 2 AO hat der Gesetzgeber dem Steuerpflichtigen die Möglichkeit gegeben, einen Antrag auf Erteilung einer **verbindlichen Auskunft** zu stellen. In dem Auskunftsantrag muss er den ernsthaft geplanten und zum Zeitpunkt der Antragstellung noch nicht verwirklichten Sachverhalt ausführlich und vollständig darlegen. Er muss sein eigenes steuerliches Interesse deutlich machen und konkrete Rechtsfragen formulieren.[1] Die Erteilung der verbindlichen Auskunft steht im pflichtgemäßen Ermessen der Behörde. Sie erfolgt durch Verwaltungsakt mit Bindungswirkung. Die Bindungswirkung entfällt, wenn der später tatsächlich verwirklichte Sachverhalt von dem der Auskunft zugrunde liegenden nicht nur unwesentlich abweicht oder wenn die Rechtsvorschriften, auf denen die Auskunft beruht, aufgehoben oder geändert werden. Das Auskunftsersuchen ist kostenpflichtig, § 89 Abs. 3 bis 5 AO.

Von der verbindlichen Auskunft nach § 89 Abs. 2 AO zu unterscheiden ist die im Rahmen der Außenpüfung mögliche **verbindliche Zusage** nach § 204 AO. Sie soll auf Antrag im Anschluss an eine Außenpüfung erteilt werden, wenn die Kenntnis der künftigen steuerrechtlichen Behandlung für die geschäftlichen Maßnahmen des Steuerpflichtigen von Bedeutung ist.

Die AG hat einen Antrag gestellt. Der Prüfer hat den Sachverhalt eingehend geprüft, soweit er sich in der Vergangenheit bereits abgespielt hat. Er hat den Vorgang im Prüfungsbericht dargestellt. Der Sachverhalt ist noch nicht abgeschlossen, sondern wird sich in gleicher Weise auch noch in der Zukunft fortsetzen (Dauersachverhalt). Für die wirtschaftlichen Dispositionen der AG, insbesondere die Finanzierung des Großbauprojekts, ist es wichtig zu wissen, ob die Aufwendungen als Betriebsausgaben sofort abzugsfähig sind oder ob sie zu aktivieren sind.

Die Zusage bindet das Finanzamt[2] bei der späteren Veranlagung nur, wenn sich der später verwirklichte Sachverhalt mit dem der verbindlichen Zusage zugrunde gelegten Sachverhalt deckt, § 206 Abs. 1 AO.[3]

---

1 AEAO zu § 89: Verordnung zur Durchführung von § 89 Abs. 2 AO vom 12.07.2017.
2 BFH vom 16.07.2002, BStBl 2002 II S. 714 [719].
3 AEAO zu § 206.

Die Form der verbindlichen Zusage ist in § 205 AO festgeschrieben.[1] Das Finanzamt wird der AG daher eine verbindliche Zusage in folgender Weise geben:

> „Die künftig anfallenden Aufwendungen für die Erneuerung der Kaimauern Ihrer Hafenanlage in Emden werden als Erhaltungsaufwand behandelt und sind als sofort abzugsfähige Betriebsausgaben anzusehen. Wegen der Einzelheiten in sachlicher und rechtlicher Hinsicht wird auf Tz. 87 des Außenprüfungsberichts vom ... verwiesen.
>
> Die verbindliche Zusage erfolgt auf Ihren Antrag vom ... Dem Antrag war zu entsprechen, weil die Aufwendungen die Wesensart der Hafenanlage nicht verändern, sondern dazu dienen, den ordnungsgemäßen Zustand der bestehenden Anlage zu erhalten. Es liegen daher Betriebsausgaben i. S. des § 4 Abs. 4 EStG vor.
>
> Die Zusage gilt von der Bekanntgabe bis einschließlich 06 für die Körperschaftsteuer und die Gewerbesteuer. Auf die §§ 206 und 207 AO wird hingewiesen."

Die verbindliche Zusage ist gebührenfrei.

2. Eine Frist für die Antragstellung sieht das Gesetz nicht vor. Aus der Formulierung des § 204 AO, „im Anschluss an eine Außenprüfung", ist zu folgern, dass zwischen der Außenprüfung und der Antragstellung ein **zeitlicher Zusammenhang** bestehen muss.[2] Demzufolge kann davon ausgegangen werden, dass bei einem nach der Schlussbesprechung gestellten Antrag ein solcher zeitlicher Zusammenhang regelmäßig nicht mehr anzunehmen und der Antrag abzulehnen ist.[3] Das gilt insbesondere dann, wenn der Prüfer wegen des Antrags auf die verbindliche Zusage erneut mit einer aufwändigen und zeitraubenden Prüfung des Sachverhalts beginnen müsste. Hier hat die Außenprüfung den fraglichen Sachverhalt bereits erfasst, er wurde eingehend geprüft. Um über den Antrag entscheiden zu können, bedarf es keiner erneuten Sachverhaltsermittlung. Deshalb kann auch jetzt noch die verbindliche Zusage erteilt werden.

3. Mit der Bekanntgabe und der Bestandskraft der Änderungsbescheide sind die tatsächlichen und rechtlichen Folgen aus der Außenprüfung endgültig eingetreten. Nach Bestandskraft der Änderungsbescheide besteht kein zeitlicher und sachlicher Zusammenhang mehr mit der Außenprüfung. Das Finanzamt kann den Antrag ablehnen.

4. Nach § 207 Abs. 2 AO kann sich die Verwaltung von der verbindlichen Zusage mit **Wirkung für die Zukunft** wieder lösen. Das würde bedeuten, dass nur für die bis zur Bekanntgabe der Aufhebung getätigten Aufwendungen für die Kaimauern verbindlich entschieden wäre, es handele sich um Erhaltungsaufwand. Für alle späteren Aufwendungen würde bei der

---

1 AEAO zu § 205.

2 BFH vom 13.12.1995, BStBl 1996 II S. 232.

3 AEAO zu § 204 Nr. 3 Satz 3.

Veranlagung oder einer späteren Außenprüfung unter Beachtung der Rechtsauffassung der vorgesetzten Behörde zu entscheiden sein.

Eine rückwirkende Aufhebung der Zusage mit der Folge, dass für alle seit Bekanntgabe der Zusage getätigten Aufwendungen noch nicht entschieden wäre, ob es Erhaltungs- oder Herstellungsaufwand ist, kann nach § 207 Abs. 3 i. V. m. § 130 Abs. 2 Nr. 1 oder 2 AO erfolgen. Da die Zusage aber weder von einer unzuständigen Behörde erteilt noch von der AG durch unlautere Mittel erwirkt wurde, kommt das nicht in Betracht. Die Zusage steht unter dem Vorbehalt, dass sich die Rechtslage nicht ändert. Ändern sich die Rechtsvorschriften, auf denen die Zusage beruht, tritt die Zusage außer Kraft, ohne dass sie ausdrücklich widerrufen werden muss, § 207 Abs. 1 AO.[1]

Das Finanzamt kann die Zusage nach § 207 AO aufheben, es muss es nicht. Die Entscheidung über die Aufhebung ist nach pflichtgemäßem Ermessen zu treffen, § 5 AO. Bei der Ermessensausübung sind neben dem öffentlichen Interesse an einer gerechten und gleichmäßigen Besteuerung auch die berechtigten Interessen der AG zu berücksichtigen.[2] Hierbei werden folgende Überlegungen entscheidend sein:

a) Bei den wirtschaftlich weitreichenden Folgen für die AG war das Finanzamt zu einer genauen und sorgfältigen Prüfung der Sach- und Rechtslage verpflichtet. Die AG konnte sich darauf verlassen, dass das Finanzamt über den Sachverhalt richtig entschieden hat.

b) Die AG hat im Vertrauen auf den Fortbestand der Zusage wirtschaftliche Dispositionen getroffen und ist vertragliche Verpflichtungen im Zusammenhang mit den Baumaßnahmen eingegangen, die nicht mehr rückgängig zu machen sein dürften.

c) Die verbindliche Zusage gilt nur noch kurze Zeit. Sie endet bereits im laufenden Jahr 06.

Erst nach sorgfältiger Prüfung dieser Umstände muss die Behörde entscheiden, ob das öffentliche oder private Interesse überwiegt. Danach ist zu beurteilen, ob die Zusage mit Wirkung für die Zukunft aufgehoben werden kann. Bei der dargelegten Sachlage dürfte es wohl nicht zulässig sein.

---

1 BFH vom 21.03.1996, BStBl 1996 II S. 518 [522].
2 AEAO zu § 207 Nr. 2.

Fall 4

Wirtschaftliche Betrachtungsweise – Gestaltungsmissbrauch

AO §§ 39 bis 42; BGB §§ 117, 134, 518, 607

Sachverhalt

Die Eheleute Adolfine (A) und Berthold (B) Beisser schenken ihrem alten, mittellosen Vater (V) zu seinem 75. Geburtstag 100.000 Euro. V stellt diesen Betrag umgehend A und B zum Kauf eines Grundstücks als unkündbares Darlehen auf Lebenszeit zur Verfügung, zu einem festen Zinssatz von 7,5 %.

A und B erwerben daraufhin gemeinsam ein bebautes Grundstück. In dem notariellen Kaufvertrag ist ein Kaufpreis von 250.000 Euro angegeben worden. Tatsächlich jedoch zahlen sie an den Verkäufer 300.000 Euro.

A und B betreiben in dem Gebäude in der Rechtsform einer Gesellschaft bürgerlichen Rechts (GbR) eine Art Pension und vermieten die Räume des Hauses zu weit überhöhten Preisen an ausländische Prostituierte, die ohne Aufenthaltserlaubnis in Deutschland leben und befürchten müssen, abgeschoben zu werden.

Durch Vertrag vom 10.01.05 treten die Eheleute Xaver (X) und Ysolde (Y) Goldig mit einem Anteil von 50 % in die Gesellschaft ein. Durch einen weiteren Vertrag vom 20.01.05 treten A und B aus der Gesellschaft aus und übertragen auch die restlichen 50 % auf X und Y.

Am 01.03.05 verunglückt B tödlich. Er hinterlässt ein Testament, in dem er seine Ehefrau A und seine Schwester (S) zu gleichen Teilen zu Erben einsetzt, „weil ich keinen Sohn habe". Sieben Monate nach seinem Tod wird A von einem gesunden Sohn entbunden.

Frage

1. Wie sind Schenkung und Darlehen zwischen A und B einerseits und V andererseits steuerlich zu beurteilen?

2. Welcher Betrag ist Bemessungsgrundlage für die Grunderwerbsteuer?

3. Sind die Einnahmen aus der Vermietung einkommensteuerpflichtige Zuflüsse?

4. Wie sind die Verträge zwischen A/B und X/Y steuerlich zu bewerten?

5. Wer ist steuerlich als Erbe des B anzusehen?

Antwort

1. Es handelt sich steuerlich weder um eine Schenkung noch um ein Darlehen, sondern um die Zuwendung von 7.500 Euro jährlich von A und B an V.
2. Die Bemessungsgrundlage für die Grunderwerbsteuer beträgt 300.000 Euro.
3. Es handelt sich um steuerpflichtige Einkünfte aus Gewerbebetrieb oder Vermietung und Verpachtung.
4. Es handelt sich um einen Grundstückskaufvertrag.
5. A und S sind die Erben.

Begründung

1. Im Steuerrecht sind tatsächliche und rechtliche Vorgänge steuerlich zu beurteilen, um festzustellen, ob diese Vorgänge einen steuerlichen Tatbestand verwirklichen, sodass eine Steuer festzusetzen ist, § 38 AO. Dabei folgt das Steuerrecht den Regeln der Privatrechtsordnung.

Bürgerlich-rechtlich betrachtet haben A und B dem V 100.000 Euro geschenkt, § 516 BGB. Die Art und Weise der Schenkung ist in das Belieben der Partner der Schenkung gestellt. Das bürgerliche Recht sieht dafür keine weiteren Voraussetzungen vor. Es ist nach bürgerlichem Recht nicht untersagt, den geschenkten Betrag sofort wieder zurückzugeben. Bürgerlich-rechtlich hat V ein Darlehen an A und B gegeben, § 607 BGB. Die Einzelheiten des Darlehens, wie Laufzeit, Kündigung oder Zinsen, bleiben den Vereinbarungen der Vertragspartner vorbehalten.

Das Steuerrecht hat jedoch nicht nur den rein rechtlichen Gehalt von tatsächlichen Vorgängen zu übernehmen. Die Einkommensteuer soll die **wirtschaftliche Leistungsfähigkeit** von natürlichen Personen besteuern. Der Einkommensteuer unterliegt der Geldbetrag, den der Steuerpflichtige durch seine Teilnahme am allgemeinen wirtschaftlichen Verkehr im Laufe eines Jahres hinzuerworben hat. Das Steuerrecht hat deshalb neben der bürgerlich-rechtlichen Gestaltungsweise auch den wirtschaftlichen Gehalt der steuerlich relevanten Vorgänge zu beurteilen.[1]

So sind nach § 39 Abs. 1 AO Wirtschaftsgüter dem Eigentümer zuzurechnen. Bürgerlich-rechtlich aber gibt es Eigentum nicht an Wirtschaftsgütern, sondern nur an Sachen. Wirtschaftsgüter können aber auch aus mehreren Sachen, Rechten oder aus Firmenwert, Kundenstamm und ähnlichen bürgerlich-rechtlich nicht als Sachen vorhandenen Dingen bestehen.[2]

Die Rechtsbeziehungen zwischen A/B einerseits und V andererseits stellen sich zwar bürgerlich-rechtlich als Schenkung und Darlehen dar, wirtschaft-

---

1 BFH vom 08.03.1977, BStBl 1977 II S. 629, und vom 25.01.1996, BStBl 1997 II S. 382.
2 BFH vom 26.11.2014, BStBl 2015 II S. 325.

lich gesehen ist es jedoch ein ganz anderer Vorgang. Unter wirtschaftlichen Aspekten setzt eine Schenkung voraus, dass der Schenker ärmer und der Beschenkte reicher wird. Hier ist wirtschaftlich nichts geschehen. A und B haben nach wie vor die 100.000 Euro. Wirtschaftlich ernsthaft durchgeführte Verträge verlangen eine Änderung der bis dahin bestehenden wirtschaftlichen Verhältnisse.[1] Auch die Darlehensvereinbarung entspricht nicht dem, was wirtschaftlich unter einem Darlehen zu verstehen ist. Untypisch für ein Darlehen sind die Unkündbarkeit bei einem festen, nicht an die sich ändernden wirtschaftlichen Verhältnisse anzupassenden Zinssatz und das Fehlen jeglicher Sicherheiten bei einer nicht bestimmbaren Laufzeit des Darlehens.

Bei der Prüfung, ob die bürgerlich-rechtliche Form und Bezeichnung das zutreffend wiedergibt, was die Beteiligten wollten und wirtschaftlich erstrebten, ist hier zu dem Ergebnis zu kommen, dass weder Schenkung von 100.000 Euro noch Darlehen und Zinsleistung vorliegen, sondern eine jährliche Zuwendung von 7.500 Euro von A und B an V. Diese Zuwendung ist eine Form der Einkommensverwendung, die sich nicht steuermindernd auswirken darf, § 12 Nr. 2 EStG.

Die steuerrechtliche Würdigung eines Sachverhalts darf sich nicht am äußeren Bild oder an der zufälligen oder willkürlichen Bezeichnung orientieren. Eine andere Betrachtung, als es äußerlich erscheint, ist vor allem dann geboten, wenn nicht ein wirtschaftlicher Interessenausgleich wie unter fremden Personen die Vereinbarung prägt, sondern persönliche, familiäre oder freundschaftliche Beziehungen maßgebend sind.[2]

2. Der Kaufvertrag über 250.000 Euro wurde nur zum Schein geschlossen, um die Kosten und Steuern für dieses Geschäft möglichst niedrig zu halten. Nach § 117 BGB sind **Scheingeschäfte** nichtig, sie entfalten keine Rechtswirkungen.[3] Das gilt nach § 41 Abs. 2 Satz 1 AO ebenso für das Steuerrecht. Der in § 117 Abs. 2 BGB zum Ausdruck kommende Gedanke findet sich auch in § 41 Abs. 2 Satz 2 AO. Es handelt sich auch hier um eine Form der wirtschaftlichen Betrachtungsweise. Für die Besteuerung ist allein das durch das Scheingeschäft verschleierte tatsächliche Rechtsgeschäft maßgebend.[4] Bemessungsgrundlage für die Grunderwerbsteuer ist der für das Grundstück gezahlte Kaufpreis, unabhängig davon, ob dieser dem notariellen Vertrag entspricht oder rechtswidrig von den Vertragsparteien anders gestaltet wurde. Solche Scheingeschäfte kommen dort häufig vor, wo zwischen den Parteien eines Vertrags Interessengleichheit

---

1 BFH vom 29.08.2007, BStBl 2008 II S. 502.

2 BFH vom 25.01.2000, BStBl 2000 II S. 393, vom 19.02.2002, BStBl 2002 II S. 674, und vom 27.10.2005, BStBl 2006 II S. 359.

3 BFH vom 09.11.1994 – XI R 160/93, BFH/NV 1995 S. 659.

4 BFH vom 05.09.2007 – IX B 250/06, BFH/NV 2007 S. 2233.

und nicht wirtschaftliche Konkurrenz herrscht. Für die Grunderwerbsteuer ist daher der tatsächlich gezahlte Betrag von 300.000 Euro maßgebend.

3. Das Vermieten der Räume an die illegal in Deutschland lebenden Mieterinnen zu überhöhten Preisen unter Ausnutzung ihrer Besorgnis, abgeschoben zu werden, verstößt gegen die guten Sitten und ist nichtig, § 138 BGB. Aus solchen Verträgen ergeben sich keine Rechtsfolgen für die scheinbar Verpflichteten oder Berechtigten. Derjenige, der aus einem solchen Vertrag Ansprüche herleiten will, findet keinen Schutz durch die geltende Rechtsordnung. Er kann etwaige Forderungen nicht einklagen.

Für die Besteuerung ist das unerheblich. § 40 AO garantiert die Wertneutralität des Steuerrechts.[1] Für die Beurteilung, ob ein einkommensteuerlicher Zufluss vorliegt oder nicht, ist allein maßgebend, ob A und B im Rahmen einer der sieben Einkunftsarten Geld zugeflossen ist. Die Einnahmen, die sie aus der Vermietung erhalten haben, gehören entweder zu den Einkünften aus Gewerbebetrieb (§ 15 EStG) oder zu den Einkünften aus Vermietung und Verpachtung (§ 21 EStG). Für die Besteuerung ist ausschließlich entscheidend, dass sie Geld erhalten haben. Dabei ist ohne Bedeutung, ob dieses mit Rechtsgrund oder ohne bzw. ob dieses aus rechtlich zu billigenden oder aus verbotenen, **sittenwidrigen Geschäften** geschehen ist. Anderenfalls würden diejenigen, die verbotene oder kriminelle Geschäfte tätigen und daraus Gewinne erzielen, gegenüber den ehrlichen Steuerpflichtigen bevorzugt werden.

4. Bürgerlich-rechtlich haben die Beteiligten keinen Grundstückskaufvertrag, sondern zwei Kaufverträge über Gesellschaftsanteile geschlossen.

Wirtschaftlich betrachtet wollten die Beteiligten aber ein Grundstück an X und Y veräußern. Sie wählten diese Vertragsgestaltung nur, weil die Veräußerung von Gesellschaftsanteilen keine Grunderwerbsteuer auslöst. Es handelt sich grundsätzlich um ein **Umgehungsgeschäft** (§ 42 AO).[2] Die gewählte Rechtsform ist zwar bürgerlich-rechtlich zulässig, jedoch insoweit missbräuchlich, als sie das, was wirtschaftlich gewollt und durchgeführt wurde, tatsächlich nicht wiedergibt. Das Motiv, Steuern zu sparen, macht eine rechtliche Gestaltung noch nicht unangemessen.[3] Hier allerdings wurde eine rechtliche Gestaltung gewählt, die gemessen an dem angestrebten Ziel unangemessen ist, ausschließlich der Steuerminderung dienen soll und auch durch wirtschaftliche oder sonst beachtliche außersteuerliche Gründe nicht zu rechtfertigen ist.[4]

---

1 BVerfG vom 12.04.1996 – 2 BvL 18/93, NJW 1996 S. 2086.

2 BFH vom 11.03.2003, BStBl 2003 II S. 627, vom 23.11.2011, BStBl 2012 II S. 355, und vom 01.12.2004 – II R 23/02, BFH/NV 2005 S. 721.

3 BFH vom 16.01.1992, BStBl 1992 II S. 541.

4 BFH vom 30.08.2012 – III R 40/10, BFH/NV 2013 S. 193.

Um allen Zweifels- und Auslegungsprobleme, die die Anwendung des § 42 AO wegen seiner unbestimmten Rechtsbegriffe mit sich bringt, aus dem Weg zu gehen und um langwierige Rechtsbehelfsverfahren zu vermeiden, hat der Gesetzgeber diesen besonderen Fall des Gestaltungsmissbrauchs in § 1 Abs. 2a GrEStG geregelt und ausdrücklich festgestellt, dass es sich bei dieser Art „Gesellschafterwechsel" um eine Grundstücksübereignung handelt, die grunderwerbsteuerpflichtig ist.

5. Nach den Vorschriften des Erbrechts sind das Testament und die darin getroffene Regelung wirksam. A und S sind Erbinnen geworden. Allerdings ist das Testament anfechtbar, weil aus der Formulierung abzulesen ist, dass B bei Kenntnis der Tatsache, dass er einen Sohn haben wird, das Testament so nicht abgefasst, sondern seinen Sohn als Erben eingesetzt hätte, § 2078 BGB.

Für die steuerliche Beurteilung kann nur davon ausgegangen werden, was augenblicklich tatsächlich ist. Solange eine Anfechtung des Testaments nicht durchgeführt und rechtswirksam geworden ist, muss S als Erbin behandelt werden, da sie es zunächst auch ist. Die bloße Möglichkeit, dass sie diese Rechtsstellung verlieren kann, ist für die Besteuerung unerheblich.

Fall 5

Abgabe von Steuererklärungen – rechtliches Gehör – Schätzung
AO §§ 88, 90, 149 ff., 162

Sachverhalt

Der Einzelhandelskaufmann Paul Panther (P) hatte bis zum 31.07.02 weder eine Einkommensteuer- noch eine Umsatzsteuererklärung für 01 beim zuständigen Finanzamt eingereicht. Auf einen entsprechenden Antrag des P setzte das Finanzamt eine Frist zur Abgabe der Erklärungen bis zum 30.09.02. Die Frist wurde noch einmal auf Antrag des P bis zum 31.01.03 verlängert.

Am 29.01.03 gingen dem Finanzamt beide Erklärungen in Papierform zu. Die im Übrigen vollständige Einkommensteuererklärung enthielt keine Angaben über den Gewinn aus seinem Gewerbebetrieb und war von P als „vorläufig" bezeichnet. P teilte dem Finanzamt gleichzeitig mit, er habe seinen Jahresabschluss für 01 noch nicht vollständig erstellen können. Das Finanzamt forderte ihn auf, die Erklärungen bis zum 15.03.03 elektronisch und vollständig einzureichen, anderenfalls werde es ihn schätzen. P beantwortete das Schreiben nicht. Am 20.04.03 schätzte das Finanzamt die Besteuerungsgrundlagen. Es legte dabei die in Papierform vorliegenden

Angaben zugrunde. Den einkommensteuerrechtlichen Gewinn aus Gewerbebetrieb schätzte das Finanzamt auf Grundlage der angegebenen Umsatzzahlen und des Vorjahresgewinns. Der darauf beruhende Einkommensteuerbescheid wurde dem P am 28.05.03 bekannt gegeben.

Frage

1. Durfte das Finanzamt den P unter Setzung einer Frist zur Abgabe der Erklärungen auffordern?
2. Durfte das Finanzamt die Besteuerungsgrundlagen schätzen?

Antwort

1. Das Finanzamt ist berechtigt, Fristen zur Abgabe der Steuererklärungen zu setzen.
2. Das Finanzamt durfte die Besteuerungsgrundlagen schätzen.

Begründung

1. Nach § 149 Abs. 1 AO i. V. m. § 25 Abs. 3 Satz 1 EStG und § 56 EStDV ist P verpflichtet, die Einkommensteuererklärung 01 abzugeben. Für die Umsatzsteuererklärung 01 ergibt sich die **Verpflichtung** aus § 18 UStG. Um eine ordnungsgemäße Durchführung des Besteuerungsverfahrens zu gewährleisten, sind für die Abgabe bzw. Übermittlung der Erklärungen Fristen gesetzt. Die Finanzbehörde ist aus fiskalischem Interesse bemüht, die Steuern alsbald nach Ablauf des jeweiligen Veranlagungszeitraums festzusetzen. Dem Steuerpflichtigen muss jedoch ausreichend Zeit gelassen werden, nach Ablauf des Veranlagungszeitraums alle Daten zusammenzutragen, die für eine vollständige Erklärung notwendig sind.

Nach § 149 Abs. 2 Satz 1 AO werden dem Steuerpflichtigen 7 Monate Zeit eingeräumt. Da weder das Einkommensteuer- noch das Umsatzsteuergesetz andere Fristen zur Abgabe der Erklärungen setzen, hätte P beide Erklärungen bis zum 31.07.02 einreichen müssen. Das Finanzamt ist befugt, diese Frist zu verlängern, § 109 Abs. 1 AO, wenn der Steuerpflichtige nicht in der Lage ist, die Erklärungen bis zum 31.07.02 einzureichen.[1] Die bis zum 31.01.03 gewährte **Fristverlängerung** von weiteren 8 Monaten erscheint ausreichend und angemessen.

2. § 162 Abs. 1 AO bestimmt, dass die Finanzbehörde die Besteuerungsgrundlagen zu schätzen hat, wenn sie diese nicht ermitteln kann. Da sich die für die Besteuerung erheblichen Sachverhalte in der Sphäre des Steuerpflichtigen abspielen, benötigt das Finanzamt für die Ermittlung der Besteuerungsgrundlagen zwingend die Mitwirkung durch den Steuerpflichtigen, § 90 Abs. 1 AO. Dieser kommt seiner Mitwirkungspflicht insbesondere dadurch nach, dass er Steuererklärungen abgibt.

---

1 Vgl. dazu BFH vom 28.06.2000, BStBl 2000 II S. 514.

Die AO enthält in § 150 AO keine Definition des Begriffs **„Steuererklä-rung".** Es ist allgemein anerkannt, dass Steuererklärungen formalisierte Auskünfte des Bürgers sind, in denen er die für die Besteuerung relevanten Sachverhalte vollständig und wahrheitsgemäß aufführt. Zweck der Steuererklärungen ist es, dem Finanzamt eine Grundlage für die Ermittlung der Besteuerungsgrundlagen zu geben, damit nach Möglichkeit die richtige, mit Ablauf des Veranlagungszeitraums entstandene Steuer festgesetzt werden kann.

Form und Inhalt der Steuererklärungen richten sich nach § 150 AO und den Einzelsteuergesetzen. Danach ist zwischen Erklärungen in Papierform und elektronischen Erklärungen zu unterscheiden, § 150 Abs. 6, § 87a AO. Eine Wahl zwischen beiden Erklärungsformen haben z. B. Steuerpflichtige bei der Einkommensteuer, sofern sie keine Gewinneinkünfte erzielen. Unternehmer, Land- und Forstwirt, Selbständige und Gewerbetreibende hingegen sind verpflichtet, alle Steuererklärungen und Gewinnermittlungen elektronisch zu übermitteln.[1]

P hat am 29.01.03 die Einkommensteuer- und die Umsatzsteuererklärung 01 in Papierform abgegeben. Nach § 150 Abs. 6 AO i. V. m. § 25 Abs. 4 EStG hätte die Einkommensteuer in der in § 87a AO beschriebenen elektronischen Form erklärt werden müssen, da P Einkünfte nach § 2 Abs. 1 Nr. 2 EStG bezieht. Das Gleiche gilt nach § 18 Abs. 3 UStG für die Umsatzsteuer.

Auch inhaltlich erfüllt die Einkommensteuererklärung nicht die Anforderungen an eine ordnungsgemäße Steuererklärung. Ohne die Angabe der Einkünfte aus Gewerbebetrieb ist eine Ermittlung und Festsetzung der Steuer nicht möglich. „Vorläufige" Erklärungen kennt das Gesetz nicht.

P ist mithin seinen Erklärungspflichten nicht nachgekommen, sodass das Finanzamt die Besteuerungsgrundlagen zu schätzen hatte. **Schätzen** bedeutet, dass das Finanzamt aus den vorliegenden Indizien die Besteuerungsgrundlagen, die es nicht ermitteln kann, aufgrund von Wahrscheinlichkeitsschlüssen so ansetzt, dass das Ergebnis die größtmögliche Wahrscheinlichkeit für sich hat, den tatsächlichen Besteuerungsgrundlagen zu entsprechen.[2] Dabei bedient sich das Finanzamt als einer der möglichen Erkenntnisquellen der Angaben aus den formlosen und unvollständigen Papiererklärungen.[3] Bezüglich des Gewinns aus Gewerbebetrieb muss das Finanzamt aus anderen Quellen Erkenntnisse über den steuerlich relevanten Sachverhalt gewinnen.

Das Gesetz schreibt der Behörde nicht vor, wie sie zu schätzen hat. Die Schätzung muss in sich schlüssig sein. Ihre Ergebnisse müssen wirtschaft-

---

1 Von Wedelstädt in AO-StB 4/2015 S. 99.

2 BFH vom 09.05.2006 – XI B 104/05, BFH/NV 2006 S. 1801.

3 BFH vom 28.02.2002, BStBl 2002 II S. 642.

lich vernünftig und möglich sein.[1] Die jeweils anzuwendende **Schätzungs-methode** hängt davon ab, auf welchem Weg am ehesten den tatsächlich verwirklichten Steuertatbeständen nahegekommen wird. Für die Durch-führung der Schätzung haben sich im Wesentlichen zwei Methoden her-ausgebildet:

- Äußerer Betriebsvergleich
  Zur Ermittlung der Besteuerungsgrundlagen werden die gleichen Merk-male anderer vergleichbarer Betriebe herangezogen. Dem liegt die Überlegung zugrunde, dass Unternehmen gleicher Art in gleicher Lage bei gleichen oder ähnlichen Voraussetzungen auch vergleichbare Ergeb-nisse erzielen können. Die Finanzverwaltung hat für eine Reihe von Gewerbezweigen Richtsätze für die Ermittlung des Gewinns zusammen-gestellt. Aufbauend auf Erfahrungen geben diese Richtsatzsammlungen Anhaltspunkte für die Höhe des Rohaufschlags auf den Wareneinsatz, den Roh- und Reingewinn.

- Innerer Betriebsvergleich
  Soweit für andere Veranlagungszeiträume des Steuerpflichtigen An-gaben über Umsatz oder Gewinn vorliegen, weil er Steuererklärungen abgegeben hat oder Außenprüfungen durchgeführt wurden, kann aus diesen Zahlen auf die Besteuerungsgrundlagen des zu schätzenden Zeitraums geschlossen werden.

Beide Methoden enthalten einen erheblichen Unsicherheitsfaktor, da es nur eine Annahme ist, dass die Ergebnisse bei vergleichbaren Betrieben auch vergleichbar sind oder dass die Ergebnisse anderer Veranlagungs-zeiträume einen Rückschluss auf diesen Zeitraum zulassen. Der Steuer-pflichtige hat keinen Anspruch auf Anwendung der einen oder der anderen Methode.[2] Je weniger Angaben seitens des Steuerpflichtigen oder aufgrund der eigenen Ermittlungen des Finanzamts vorliegen, umso ungenauer wird das Ergebnis der Schätzung. Im vorliegenden Fall hat das Finanzamt als wesentlichen Anhaltspunkt die Angaben in der voll-ständig ausgefüllten Umsatzsteuererklärung; mit Hilfe des erklärten Umsatzes ist ein Rückschluss auf den erzielten Gewinn möglich. Soweit die festgesetzte Einkommensteuer höher als die tatsächlich entstandene ist, kann der Steuerpflichtige dies im Rechtsbehelfsverfahren rügen und als Begründung für den Einspruch den von ihm ermittelten Gewinn vorle-gen.

---

1 BFH vom 18.12.1984, BStBl 1986 II S. 226.
2 BFH vom 18.10.2011 – X B 14/11, BFH/NV 2012 S. 172.

Fall 6

Zwangsgeld – Verspätungszuschlag – Ermessen

AO §§ 152, 328, 335; EStG § 25 Abs. 3; EStDV §§ 56 ff.

Sachverhalt

Der ledige Isidor Iltis (I) ist Eigentümer mehrerer Mietwohngrundstücke, aus denen er jährlich Einkünfte aus Vermietung und Verpachtung von ca. 50.000 Euro bezieht. Andere Einkünfte hat er nicht. Seine Einkommensteuererklärung 01 reichte er erst nach mehrfacher Erinnerung bei dem für ihn zuständigen Finanzamt ein. Die Erklärung war nicht unterschrieben. Das Finanzamt forderte ihn auf, im Finanzamt zu erscheinen und die Erklärung zu unterschreiben. Nach nochmaliger Erinnerung antwortete I, dass es ausreichen müsse, wenn er eine Erklärung an das Finanzamt geschickt habe. Er habe keine Zeit, zum Unterschreiben der Erklärung im Finanzamt zu erscheinen.

Das Finanzamt forderte ihn nochmals auf, die Erklärung zu unterschreiben, und drohte für den Fall, dass er es nicht innerhalb einer Woche tun würde, die Festsetzung eines Zwangsgeldes i. H. von 300 Euro an. Nachdem auch diese Frist verstrichen war, setzte das Finanzamt das Zwangsgeld in der angedrohten Höhe fest. I zahlte nicht.

Das Finanzamt schätzte daraufhin die Besteuerungsgrundlagen unter Berücksichtigung der Angaben in der Erklärung. I hatte u. a. beantragt, Aufwendungen als außergewöhnliche Belastungen vom Gesamtbetrag der Einkünfte abzuziehen. Das Finanzamt berücksichtigte diese Aufwendungen nicht.

Mit Bescheid vom 31.03.03 (Datum der Aufgabe zur Post) setzte es die Steuer auf 12.330 Euro fest. Da I bereits 10.000 Euro Vorauszahlungen geleistet hatte, ergab sich eine Nachzahlung i. H. von 2.330 Euro. Außerdem setzte das Finanzamt einen Verspätungszuschlag von 225 Euro fest.

Frage

1. Ist I verpflichtet, die Steuererklärung zu unterschreiben?
2. Durfte das Finanzamt das Zwangsgeld gegen I festsetzen?
3. Hat das Finanzamt sein Ermessen ordnungsgemäß ausgeübt?
4. Darf das Zwangsgeld auch nach durchgeführter Steuerfestsetzung noch beigetrieben werden?
5. Durfte das Finanzamt die geltend gemachten Aufwendungen für außergewöhnliche Belastungen außer Ansatz lassen?
6. Durfte das Finanzamt einen Verspätungszuschlag in dieser Höhe festsetzen?

Antwort

1. Nach § 150 Abs. 3 AO, § 25 Abs. 3 Satz 1 EStG muss I die Erklärung eigenhändig unterschreiben.
2. Das Finanzamt konnte die Unterschriftsleistung durch die Festsetzung des Zwangsgeldes erzwingen.
3. Das Finanzamt hat sein Ermessen pflichtgemäß nach § 5 AO ausgeübt.
4. Das Zwangsgeld kann auch nach durchgeführter Veranlagung noch beigetrieben werden.
5. Die Aufwendungen konnten nicht als außergewöhnliche Belastungen abgezogen werden.
6. Ein Verspätungszuschlag in dieser Höhe ist zulässig.

Begründung

1. Für die Einkommensteuererklärung sieht § 150 Abs. 3 AO i. V. m. § 25 Abs. 3 Satz 1 EStG die **eigenhändige Unterschrift** des Steuerpflichtigen vor. Diese Regelung geht von der Vorstellung aus, dass die Einkommensteuererklärung eine Reihe von sog. Wissenserklärungen enthält, wie Angaben über den Familienstand, das Alter, die Zahl der Kinder des Steuerpflichtigen, und dass solche Angaben eigentlich nur der Steuerpflichtige selbst machen kann. Außerdem soll dem Steuerpflichtigen durch die Verpflichtung zur eigenhändigen Unterschrift deutlich gemacht werden, dass er seine Verpflichtung zur vollständigen und wahrheitsgemäßen Ausfüllung der Erklärung auch ernst zu nehmen hat.

Grundsätzlich kann sich der Steuerpflichtige bei allen Verfahrenshandlungen vertreten lassen, § 80 Abs. 1 Satz 2 AO. Zu diesen Verfahrenshandlungen gehört auch die Abgabe der Steuererklärung, sodass der **Bevollmächtigte** grundsätzlich die Steuererklärung für den Steuerpflichtigen unterzeichnen darf. Soweit jedoch die Einzelsteuergesetze, wie § 25 Abs. 3 Satz 1 EStG, die eigenhändige Unterschrift vorschreiben, ist die Unterzeichnung durch den Bevollmächtigten nur unter den Voraussetzungen des § 150 Abs. 3 AO zulässig. Das Recht zur Vertretung in § 80 Abs. 1 AO wird insoweit eingeschränkt.

2. I ist nach § 149 Abs. 1 Satz 1 AO, § 25 Abs. 3 EStG und § 56 Nr. 2 Buchst. a EStDV verpflichtet, für das Jahr 01 eine Einkommensteuererklärung abzugeben, da sein Gesamtbetrag der Einkünfte über dem Grundfreibetrag nach § 32a Abs. 1 Nr. 1 EStG liegt. Außerdem ist er über § 149 Abs. 1 Satz 2 AO bereits durch die Aufforderung des Finanzamts zur Abgabe verpflichtet.

Fraglich ist, ob I dieser Verpflichtung durch Abgabe seiner „Erklärung" nachgekommen ist. Die Erklärung in Papierform erfüllt die Formerfordernisse des § 150 Abs. 1 Nr. 1 AO i. V. m. § 25 Abs. 4 EStG, da I keine Gewinneinkünfte erzielt. Allerdings fehlt der „Erklärung" die in § 150 Abs. 3 AO und § 25 Abs. 3 EStG zwingend vorgeschriebene Unterschrift.

I ist damit seiner Verpflichtung nicht oder nur unvollständig nachgekommen, indem er die Erklärung nicht unterschreibt. Das Gesetz gibt dem Finanzamt in dieser Situation die Möglichkeit, **Zwangsmaßnahmen** gegen I zu ergreifen, damit er seiner Verpflichtung nachkommt.

Zunächst hat das Finanzamt den I per Verwaltungsakt aufgefordert, die Erklärung zu unterschreiben. Da I dieser Aufforderung nicht nachkommt, kann die Verpflichtung gem. § 328 Abs. 1 AO mit den dort genannten Mitteln erzwungen werden. Da die Zwangsmittel zu einem bestimmten Verhalten anhalten sollen, sind sie eine Art Beugemittel und nicht eine Strafe für sein bisheriges Verhalten.

Das Finanzamt hat dem I das Zwangsmittel zunächst schriftlich angedroht, § 332 Abs. 1 AO. In der **Androhung** muss das Finanzamt angeben, welche Handlung von I erzwungen und welches Zwangsmittel angewendet werden soll, § 332 Abs. 2 Satz 2 AO. Auch die Höhe des beabsichtigten Zwangsgeldes muss genannt sein, § 332 Abs. 2 Satz 3 AO. Darüber hinaus muss dem I mit der Androhung eine angemessene Frist gesetzt werden, seiner Verpflichtung zur Unterschrift nunmehr nachzukommen, § 332 Abs. 1 Satz 3 AO. Der Zeitraum von einer Woche erscheint angemessen, um eine Steuererklärung zu unterschreiben. I hat auch keine Gründe vorgebracht, weshalb er in dieser Zeit die Erklärung nicht unterschrieben hat. Das Finanzamt darf nach Ablauf der gesetzten Frist ein Zwangsgeld festsetzen.

3. Über das Zwangsgeld bestimmt § 329 AO nur, dass es den Betrag von 25.000 Euro nicht übersteigen darf. Der Verwaltung wird ein weitgehender Entscheidungsspielraum gelassen, um auf die Besonderheiten jedes Falls angemessen reagieren zu können. Bei der Ausübung seines Ermessens hat das Finanzamt § 5 AO zu beachten.[1] Sowohl bei der Entscheidung, ob ein Zwangsgeld festgesetzt werden soll **(Entschließungsermessen),** als auch bei der Entscheidung über die Höhe des Zwangsgeldes **(Auswahlermessen)** hat das Finanzamt sein Ermessen pflichtgemäß auszuüben. Dabei hat es nach § 5 AO den Zweck der Vorschrift und die Grenzen des Ermessens zu beachten. Darüber hinaus darf die Entscheidung nicht gegen den verfassungsrechtlichen Grundsatz der Verhältnismäßigkeit verstoßen. Eine Maßnahme ist verhältnismäßig, wenn sie geeignet, erforderlich und angemessen ist.

Das Finanzamt hat das Zwangsgeld so zu bemessen, dass der erstrebte Erfolg eintritt. Erfolg in diesem Sinne ist nicht die Bezahlung des Zwangsgeldes, sondern die Vornahme der unterlassenen Unterschrift (Zweck der Vorschrift). Das Zwangsgeld muss deshalb einerseits so hoch sein, dass es den Steuerpflichtigen empfindlich trifft und er sich ernsthaft überlegt, ob es nicht besser sei, die geforderte Handlung vorzunehmen, anstatt zu bezahlen (**Geeignetheit** der Maßnahme). Andererseits darf das Zwangs-

---

1 BFH vom 09.11.2011 – V B 43/11, BFH/NV 2012 S. 170.

34

geld auch nicht so hoch sein, dass der Steuerpflichtige dadurch noch mehr „verprellt" und uneinsichtig wird und sich nun erst recht weigert, die geforderte Handlung vorzunehmen (**Erforderlichkeit** der Maßnahme). Außerdem sind die wirtschaftlichen Verhältnisse des Steuerpflichtigen zu berücksichtigen. Lebt er am Rande des Existenzminimums, ist ihm häufig ein Zwangsgeld, gleich welcher Höhe, egal, da er doch nicht zahlen kann. Lebt er in wirtschaftlich hervorragenden Verhältnissen, kommt es nicht selten vor, dass der Steuerpflichtige ohne weiteres Zwangsgelder bezahlt, nur um sich eine ihm lästige Verpflichtung fernzuhalten (**Angemessenheit** der Maßnahme).

Unter Berücksichtigung dieser Umstände ist die Festsetzung des Zwangsgeldes gegen I als rechtsfehlerfrei anzusehen.

4. Nach § 335 AO kann das Zwangsgeld nicht mehr vollzogen werden, wenn I seiner Verpflichtung nachgekommen ist. Das Zwangsgeld soll keine Strafe für die unterlassene Unterschrift sein, sondern I anhalten, sie zu leisten. Für den Vollzug des Zwangsgeldes ist kein Raum mehr, wenn I die Erklärung unterschreibt. Mit der Veranlagung aufgrund einer Schätzung der Besteuerungsgrundlagen entfällt aber nicht die Verpflichtung des I, eine ordnungsgemäße Steuererklärung abzugeben, § 149 Abs. 1 Satz 4 AO. Das Finanzamt könnte auch nach durchgeführter Veranlagung noch die Unterschriftsleistung erzwingen und das Zwangsgeld beitreiben. Es hat allerdings zu prüfen, ob das noch zweckmäßig ist. Das wäre wohl nur der Fall, wenn weitere Besteuerungsmerkmale dadurch bekannt werden könnten, wofür in dem hier zu beurteilenden Sachverhalt keine Anhaltspunkte ersichtlich sind.

5. Weil Steuererklärungen ohne Unterschrift nicht als Steuererklärung anzusehen sind und als nicht abgegeben gelten, hat I auch keine rechtswirksamen **Anträge** auf die Gewährung von Steuervergünstigungen gestellt.[1] Da der Abzug von Aufwendungen als außergewöhnliche Belastungen nach §§ 33, 33a EStG von einem Antrag des Steuerpflichtigen abhängig ist, kann diese Steuervergünstigung mangels entsprechenden Antrags nicht gewährt werden.

6. Ein **Verspätungszuschlag kann festgesetzt werden** (Ermessen), wenn die Voraussetzungen des § 152 Abs. 1 AO vorliegen. I ist seiner Verpflichtung zur Abgabe einer (unterschriebenen) Steuererklärung nicht nachgekommen. Ihm ist für die Abgabe eine angemessene Frist gesetzt worden.[2] Er hat keine glaubhaften Gründe vorgetragen, die seine Säumnis entschuldigen. Die pauschale Behauptung, er habe keine Zeit, die Unterschrift zu leisten, greift nicht. Er ist verpflichtet, sich zur Erfüllung seiner steuerlichen Pflichten Zeit zu nehmen. Die Unterschrift unter einer Steuer-

---

1 BFH vom 28.02.2002, BStBl 2002 II S. 642.
2 BFH vom 11.06.1997, BStBl 1997 II S. 642.

erklärung erfordert keinen unzumutbaren Zeitaufwand. Die Voraussetzungen für die Festsetzung eines Verspätungszuschlags sind erfüllt.

Ein **Verspätungszuschlag ist festzusetzen** (kein Ermessen), wenn die Steuererklärung nicht binnen 14 Monaten nach Ablauf des Kalenderjahres abgegeben wurde (§ 152 Abs. 2 Nr. 1 AO). I hat bis zum 28.02.03 keine (unterschriebene) Einkommensteuererklärung 01 beim Finanzamt eingereicht. Gegen ihn muss ein Verspätungszuschlag festgesetzt werden, da keine der in § 152 Abs. 3 AO genannten Ausnahmen zutreffen. Insbesondere war ihm weder eine Fristverlängerung gewährt worden noch ergab die Einkommensteuerveranlagung 01 eine Steuer i. H. von 0 Euro oder eine Erstattung.

Die **Höhe des Verspätungszuschlags** beträgt 0,25 % der um die festgesetzten Vorauszahlungen und die anzurechnenden Abzugsbeträge verminderten festgesetzten Steuer, mindestens jedoch 25 Euro für jeden angefangenen Monat der eingetretenen Verspätung, § 152 Abs. 5 Satz 2 AO.

I war nach § 149 Abs. 2 AO verpflichtet, seine Einkommensteuererklärung 01 spätestens bis zum 31.07.02 abzugeben. Hätte I sich durch einen Steuerberater vertreten lassen, wäre ihm eine Frist bis zum 28.02.03 eingeräumt worden, § 149 Abs. 3 AO. Die Berechnung der Monate der Verspätung beginnt mithin am 01.08.02. Sie endet normalerweise mit Abgabe der Steuererklärung. Bei Nichtabgabe endet sie mit Wirksamkeit der erstmaligen Steuerfestsetzung, § 152 Abs. 9 AO. Der Schätzungsbescheid gegen I ist am 03.04.03 wirksam geworden, § 122 Abs. 2 Nr. 1 AO. Die Dauer seiner Verspätung umfasst 9 angefangene Monate.

Bemessungsgrundlage für die Festsetzung des Verspätungszuschlags ist die gegen I festgesetzte Einkommensteuer 01 (12.330 Euro), vermindert um die festgesetzten Vorauszahlungen (10.000 Euro). Der sich aus dieser Rechnung ergebende Betrag von 2.330 Euro entspricht der von I zu leistenden Nachzahlung.

Bei Anwendung des vorgeschriebenen Prozentsatzes von 0,25 auf die Bemessungsgrundlage von 2.330 Euro ergibt sich ein Betrag von 5,83 Euro. Damit ist der vom Gesetzgeber festgelegte Mindestbetrag von 25 Euro nicht erreicht. Erst bei einer Nachzahlung über 10.000 Euro wird dieser überschritten. Bei allen geringeren Nachzahlungen ist der Mindestbetrag anzuwenden. Da I den Mindestbetrag von 25 Euro für 9 angefangene Monate zu bezahlen hat, war der vom Finanzamt festgesetzte Verspätungszuschlag i. H. von 225 Euro rechtmäßig.

Wenn die Festsetzung eines Verspätungszuschlags nicht von Amts wegen zu erfolgen hat, weil die Voraussetzungen des § 152 Abs. 2 oder 3 AO

nicht erfüllt sind, steht die Festsetzung im **Ermessen** der Finanzbehörde.[1]
Das ist z. B. der Fall, wenn die Erklärung innerhalb von 14 Monaten nach
Ablauf des Kalenderjahres abgegeben wird (§ 152 Abs. 2 Nr. 1 AO), wenn
die Steuer mit 0 Euro festgesetzt wird (§ 152 Abs. 3 Nr. 2 AO) oder wenn
die Steuerfestsetzung zu einer Erstattung führt (§ 152 Abs. 3 Nr. 3 AO).

Das Finanzamt hat sein Ermessen pflichtgemäß auszuüben, § 5 AO. Es
hat zunächst zu entscheiden, ob ein Verspätungszuschlag festgesetzt werden soll **(Entschließungsermessen)**. Dabei ist der Zweck des Verspätungszuschlags zu berücksichtigen. Der Zuschlag soll den Steuerpflichtigen zur
rechtzeitigen Abgabe künftiger Erklärungen anhalten. Weiterhin ist der
Grad des Verschuldens an der verspäteten oder fehlenden Abgabe der
Erklärung zu bedenken. Gegen einen Steuerpflichtigen, der wiederholt
seiner Pflicht zur Abgabe von Erklärungen nicht oder nur zögerlich nachkommt und keine Entschuldigungsgründe vortragen kann, ist die Festsetzung eines Verspätungszuschlags angemessen.

Weiterhin hat das Finanzamt zu entscheiden, in welcher Höhe der Verspätungszuschlag festgesetzt werden soll **(Auswahlermessen)**. Der Gesetzgeber gibt lediglich vor, dass ein einzelner Verspätungszuschlag nicht mehr
als 25.000 Euro betragen darf, § 152 Abs. 10 AO. Innerhalb dieses Rahmens hat das Finanzamt bei der Bemessung der Höhe des Zuschlags die
Dauer der Verspätung, die Höhe der Steuer und die Häufigkeit von Ver-
spätungen zu berücksichtigen. Es wird sich dabei weitestgehend an die
Vorgaben des § 152 Abs. 5 AO halten. Nur in begründeten Ausnahmefällen wird der Zuschlag abweichend von dieser Regelung pauschal erhoben
werden.

Fall 7

Steuerfestsetzung unter dem Vorbehalt der Nachprüfung –
Bestandskraft

AO §§ 88, 164

Sachverhalt

Der Fleischgroßhändler Richard Rind (R) gab in seiner Gewinnermittlung
für 02 u. a. Aufwendungen für eine Reise nach Argentinien als Betriebsausgaben an. Entsprechend einer Weisung der vorgesetzten Behörde zur
Behandlung dieser Reise strich das Finanzamt die Aufwendungen und
erließ einen Einkommensteuerbescheid unter dem Vorbehalt der Nach-

---

1 AEAO § 152 Nr. 2.

prüfung, da R regelmäßig der Außenprüfung unterliegt. Sechs Wochen nach Bekanntgabe des Bescheids erfährt das Finanzamt durch eine Mitteilung von bisher nicht erklärten Einnahmen des R. Außerdem teilt R dem Finanzamt schriftlich mit, er habe seine Lebensversicherungsbeiträge versehentlich nicht in die Erklärung aufgenommen.

Frage

1. Durfte das Finanzamt den Bescheid unter dem Vorbehalt der Nachprüfung erlassen?
2. Muss das Finanzamt nach Erhalt der Mitteilung und des Antrags des R den Bescheid ändern?
3. Dürfte ein Änderungsbescheid weiterhin unter dem Vorbehalt der Nachprüfung stehen?
4. Welche Auswirkung hat es auf den Vorbehalt, wenn das Finanzamt einen Änderungsbescheid erlässt, in dem keine Aussage zu dem Vorbehalt gemacht wird?

Antwort

1. Der Bescheid durfte nach § 164 Abs. 1 AO unter dem Vorbehalt der Nachprüfung ergehen.
2. Das Finanzamt muss den Bescheid nicht sofort ändern.
3. Der Änderungsbescheid kann weiterhin unter dem Vorbehalt der Nachprüfung stehen.
4. Der Vorbehalt bleibt bestehen, bis er ausdrücklich aufgehoben wird.

Begründung

1. Die AO verpflichtet das Finanzamt, bei einer Veranlagung den gesamten Sachverhalt so vollständig wie möglich aufzuklären, § 85 AO. Damit soll gewährleistet werden, dass die mit Ablauf des Veranlagungszeitraums entstandene Steuer richtig erkannt und festgesetzt wird. Die Kompliziertheit des Steuerrechts, insbesondere des Einkommensteuerrechts, und die Mannigfaltigkeit der möglichen Sachverhalte, die auf die Höhe der Steuer Einfluss haben können, lassen es kaum zu, dass die tatsächlich entstandene Steuer ermittelt und festgesetzt werden kann. Eine bis in die letzten Einzelheiten gehende Überprüfung des Sachverhalts ist praktisch undurchführbar und würde die Steuerfestsetzung endlos hinauszögern. Die Veranlagung zur Einkommensteuer ist weitgehend ein Massenverfahren. Es kommt für die Gleichmäßigkeit der Besteuerung nicht nur darauf an, möglichst genau, sondern auch möglichst zeitnah zu dem Veranlagungszeitraum die Steuer festzusetzen. Deshalb ist das Finanzamt befugt, Art und Umfang der notwendigen Ermittlungen unter Berücksichtigung allgemeiner Erfahrungen und unter Beachtung der Wirtschaftlichkeit und

Zweckmäßigkeit des behördlichen Handelns selbst zu bestimmen, § 88 Abs. 2 AO.[1]

Die rechtliche Möglichkeit dafür bietet vor allem § 164 AO. Die Vorschrift erlaubt dem Finanzamt, die Steuer ohne Prüfung allein aufgrund der vorliegenden Angaben aus der Steuererklärung oder anderer Erkenntnisse festzusetzen. Eine spätere genaue Prüfung beispielsweise im Rahmen einer Außenprüfung bleibt vorbehalten.

Die Steuer kann damit zunächst rasch festgesetzt werden, und es bleibt dem Finanzamt überlassen, die Fälle auszusuchen, bei denen es eine Prüfung für notwendig hält. Einzige Voraussetzung für die Festsetzung der Steuer unter dem Vorbehalt der Nachprüfung ist, dass der Steuerfall noch nicht abschließend geprüft sein darf. Weicht das Finanzamt von der eingereichten Steuererklärung ab, so stellt dies keine abschließende Prüfung dar.[2] Die Überprüfung der Abzugsfähigkeit der Aufwendungen für die Argentinienreise ist keine abschließende Prüfung des ganzen Falls.

Die Kennzeichnung des Vorbehalts muss für den Steuerpflichtigen eindeutig erkennbar sein. Nur ein Hinweis im Steuerbescheid auf Anlagen oder sonstige Unterlagen bewirkt grundsätzlich keinen wirksamen Vorbehalt.[3] Der Vorbehalt erfasst stets den gesamten Fall, er kann nicht auf einzelne Besteuerungsgrundlagen beschränkt werden. Einer Begründung des Vorbehalts bedarf es nicht, sie ist aber möglich und unschädlich.[4]

2. Die Änderung eines Steuerbescheids ist immer dann möglich, wenn es eine Vorschrift gibt, die die beabsichtigte Änderung zulässt. Zunächst ist der Bescheid mit seiner Bekanntgabe wirksam und bindet das Finanzamt und den Steuerpflichtigen R, § 124 Abs. 1 AO.

Diese Bindung an den Regelungsinhalt des Verwaltungsakts ist aber nicht absolut. Sie kann durch ein Rechtsbehelfsverfahren oder durch Anwendung von Änderungsvorschriften durchbrochen und der Regelungsinhalt des Verwaltungsakts kann geändert werden, § 124 Abs. 2 AO. Ist ein Rechtsbehelfsverfahren nicht mehr möglich und der Verwaltungsakt unanfechtbar, weil z. B. alle Rechtsbehelfe/Rechtsmittel ausgeschöpft wurden, wird der Verwaltungsakt bestandskräftig. **Bestandskraft** bezeichnet die Bindung der Beteiligten und der Behörde an den Inhalt des Verwaltungsakts. Die Bindungswirkung kann nur mit Hilfe einer Änderungsvorschrift durchbrochen werden (vgl. Überschrift zu §§ 172 ff. AO). Bescheide unter dem Vorbehalt der Nachprüfung sind aber auch außerhalb des Rechtsbehelfsverfahrens wegen der umfassenden Änderungsmöglichkeit des § 164 Abs. 2 AO uneingeschränkt änderbar. Die Bestandskraft tritt mit Aufhebung oder Weg-

---

1 AEAO zu § 88.

2 BFH vom 04.08.1983, BStBl 1984 II S. 6.

3 BFH vom 02.03.1993 – IX R 93/89, BFH/NV 1993 S. 704.

4 BFH vom 27.09.2007 – IX B 19/07, BFH/NV 2008 S. 27.

fall des Vorbehalts ein. Bescheide unter dem Vorbehalt der Nachprüfung werden mit der Unanfechtbarkeit nur eingeschränkt bestandskräftig **(formelle Bestandskraft)**. Erst mit Wegfall des Vorbehalts werden sie vollständig bestandskräftig **(materielle Bestandskraft)**. Gleiches gilt bei vorläufigen Bescheiden für den vorläufigen Teil des Verwaltungsakts, § 165 AO.

Eine Anfechtung des Einkommensteuerbescheids 02 durch R ist nicht mehr möglich, da die Einspruchsfrist von einem Monat seit Bekanntgabe abgelaufen ist, § 355 AO. Der Bescheid ist formell bestandskräftig.

Bei der Festsetzung unter dem Vorbehalt der Nachprüfung hat das Finanzamt gegenüber R deutlich gemacht, dass es den Bescheid ggf. wieder ändern will. § 164 Abs. 2 AO erlaubt der Behörde, den Bescheid jederzeit ohne weitere Voraussetzungen zu ändern. Der Vorbehaltsbescheid ist formell, aber nicht materiell bestandskräftig.[1]

Die Vorbehaltsfestsetzung hat einerseits für das Finanzamt den Vorteil, den materiell nicht bestandskräftigen Bescheid jederzeit ändern zu können; R muss aus Gründen der Chancengleichheit andererseits das Recht haben, nicht nur innerhalb der begrenzten Einspruchsfrist Anträge auf Änderung in Form eines Einspruchs stellen zu können, sondern jederzeit, solange der Vorbehalt besteht, die Änderung begehren zu dürfen.

Das Finanzamt muss die Änderungen nicht sofort durchführen. Es kann damit bis zur abschließenden Prüfung des Falls warten, § 164 Abs. 2 Satz 3 AO. Das ist dem R auch zuzumuten. Er hätte die Lebensversicherungsbeiträge bereits in der Steuererklärung angeben können. Außerdem soll die Vorbehaltsfestsetzung der Arbeitsvereinfachung dienen. Das Finanzamt soll nicht gezwungen sein, auf jeden Antrag des R sofort mit einem Änderungsbescheid reagieren zu müssen. Das gilt vor allem dann, wenn eine abschließende Prüfung beispielsweise bei einer Außenprüfung zeitnah bevorsteht. Zögert das Finanzamt die Bearbeitung hinaus, kann R wegen der Ablaufhemmung in § 171 Abs. 3 AO kein Rechtsnachteil durch Ablauf der Festsetzungsfrist entstehen.

3. Die Änderung des Steuerbescheids muss noch keine abschließende Prüfung bedeuten. Das gilt vor allem, wenn das Finanzamt nur die beiden im Sachverhalt genannten Punkte berücksichtigt und nicht weiter kontrolliert, ob der Bescheid noch andere Fehler enthält.[2] Deshalb kann der Änderungsbescheid weiter unter dem Vorbehalt der Nachprüfung stehen. Das Finanzamt muss nicht begründen, weshalb die Vorbehaltsfestsetzung erfolgt und bestehen bleibt. Gleiches gilt auch für die Aufhebung des Vorbehalts ohne Änderung des Bescheids.[3] Eine Vorbehaltsfestsetzung kann durch eine andere Vorbehaltsfestsetzung ersetzt werden. Dies bietet sich insbesondere

---

1 BFH vom 13.11.1975, BStBl 1977 II S. 126.

2 BFH vom 30.04.1987, BStBl 1987 II S. 486.

3 BFH vom 10.07.1996, BStBl 1997 II S. 5.

dann an, wenn es sich um tatsächlich und rechtlich geklärte Punkte handelt, es Änderungen mit erheblichen steuerlichen Auswirkungen sind oder die abschließende Prüfung im Rahmen einer Außenprüfung sich nicht alsbald durchführen lässt.

Bei jeder neuen Änderung können alle Teile des Bescheids überprüft und geändert werden.[1] Das Finanzamt ist nicht an eine in einem vorangegangenen Bescheid geäußerte Rechtsauffassung gebunden. Allerdings gilt im Rahmen des § 164 Abs. 2 AO auch der in § 176 AO normierte Vertrauensschutz.[2]

4. Für das Finanzamt ist es zweckmäßig, den Vorbehalt ohne abschließende Prüfung aufzuheben, wenn weitere Überprüfungen nicht mehr beabsichtigt sind.[3] Anderenfalls könnte R immer wieder die Änderung des Bescheids beantragen.

Wegen der erheblichen Folgen für die Änderbarkeit des Bescheids muss der Vorbehalt der Nachprüfung für den Steuerpflichtigen aus dem Bescheid eindeutig erkennbar sein. Er sollte an auffälliger Stelle des Bescheids aufgeführt werden, am besten im Bescheidkopf, nicht nur in den Erläuterungen.

Dies gilt auch für den Bescheid, der einen unter dem Vorbehalt der Nachprüfung stehenden Bescheid ändert. Wird aber der Vorbehalt in dem Änderungsbescheid nicht mehr ausdrücklich erwähnt, ist der Vorbehalt damit nicht „automatisch" weggefallen. Durch die Änderung bestimmter Teile des Bescheids wird die dem Bescheid beigefügte Nebenbestimmung „Vorbehalt der Nachprüfung" nicht berührt.[4]

Der BFH[5] stellt fest, dass es keine Rechtsnorm gibt, nach der ein Nachprüfungsvorbehalt kraft Gesetzes wirkungslos wird, wenn er in einem Änderungsbescheid nicht ausdrücklich aufrechterhalten bzw. wiederholt wird. Der Gesetzgeber hat zwar bestimmt, dass die Aufhebung des Vorbehalts einer Steuerfestsetzung ohne Vorbehalt gleichsteht, § 164 Abs. 3 Satz 2 AO. Er hat aber nicht umgekehrt angeordnet, dass eine Steuerfestsetzung ohne Vorbehalt der Aufhebung des Vorbehalts gleichsteht. Lediglich für den Fall des Ablaufs der Festsetzungsfrist sieht § 164 Abs. 4 AO einen Wegfall des Vorbehalts vor.[6] Deshalb bleibt der Vorbehalt so lange bestehen, bis er ausdrücklich mit einem entsprechenden Verwaltungsakt aufgehoben wird.[7] Dies gilt auch, wenn das Finanzamt gem. § 164 Abs. 3

---

1 BFH vom 10.06.1999, BStBl 1999 II S. 691.

2 BFH vom 07.02.1990, BStBl 1990 II S. 1032.

3 BFH vom 28.05.1998, BStBl 1998 II S. 502.

4 Tipke/Kruse, § 164 Tz. 44.

5 BFH vom 16.10.1984, BStBl 1985 II S. 448.

6 BFH vom 31.10.2000, BStBl 2001 II S. 156.

7 AEAO zu § 164 Nr. 6.

Satz 3 AO zur Aufhebung des Vorbehaltsvermerks verpflichtet ist. Kommt das Finanzamt seiner Verpflichtung nicht nach, hat der Steuerpflichtige die Möglichkeit, die Aufhebung zu beantragen. Tut er dies nicht, so bleibt der Vorbehalt bestehen und eröffnet Änderungsmöglichkeiten nach § 164 Abs. 2 AO.[1] Wird der Vorbehalt nicht aufgehoben, entfällt er endgültig mit Eintritt der Festsetzungsverjährung, regelmäßig 4 Jahre nach Ablauf des Jahres, in dem die Steuererklärung abgegeben wurde, § 164 Abs. 4 AO.[2]

Fall 8

Steuerfestsetzung unter dem Vorbehalt der Nachprüfung – Nebenbestimmungen

AO § 120 Abs. 1, § 164

Sachverhalt

Der Kaufmann Ludwig Luchs (L) erhielt einen Einkommensteuerbescheid ohne Vorbehalt der Nachprüfung. Sechs Wochen später erfuhr das Finanzamt von bisher nicht erklärten Einnahmequellen des L. Soweit die daraus geflossenen Einnahmen bekannt wurden, erließ das Finanzamt einen Änderungsbescheid gem. § 173 Abs. 1 Nr. 1 AO, den es unter den Vorbehalt der Nachprüfung stellte. Ein Jahr später änderte das Finanzamt den Bescheid wegen eines Rechtsfehlers nach § 164 Abs. 2 AO. Dagegen legte L Einspruch ein, weil er die Anwendung der Änderungsvorschrift nicht für gerechtfertigt hielt. Das Finanzamt wies den Einspruch als unbegründet zurück. In der Einspruchsentscheidung heißt es: „Der Vorbehalt der Nachprüfung bleibt bestehen." Ein Jahr später wird der Bescheid nach einer Außenprüfung erneut geändert.

Frage

1. Durfte der Änderungsbescheid erstmals unter dem Vorbehalt der Nachprüfung ergehen?
2. Durfte das Finanzamt den Änderungsbescheid nach § 164 AO ändern?
3. Durfte die Einspruchsentscheidung unter dem Vorbehalt der Nachprüfung stehen?
4. Darf der Vorbehalt in einem Änderungsbescheid nach der Außenprüfung bestehen bleiben?

---

1 BFH vom 18.08.2009 – X R 8/09, BFH/NV 2010 S. 161.
2 AEAO zu § 164 Nr. 7.

Antwort

1. Die erstmalige Aufnahme des Vorbehalts in den Änderungsbescheid hätte nur auf Antrag des L oder mit dessen Zustimmung erfolgen dürfen.
2. Der Änderungsbescheid durfte nach § 164 Abs. 2 AO geändert werden.
3. Der Vorbehalt kann in der Einspruchsentscheidung aufrechterhalten werden.
4. Der Vorbehalt ist nach der Außenprüfung aufzuheben.

Begründung

1. Ein Steuerbescheid kann unter dem Vorbehalt der Nachprüfung ergehen, wenn der Steuerfall noch nicht abschließend geprüft ist. Die Entscheidung, ob eine Veranlagung endgültig oder unter Vorbehalt erfolgt, trifft die Finanzverwaltung üblicherweise bei der erstmaligen Festsetzung der Steuer. Entscheidet sie sich für eine Vorbehaltsfestsetzung, steht ihr in den folgenden Jahren die unbegrenzte Änderungsmöglichkeit des § 164 Abs. 2 AO zur Verfügung. Der Steuerbescheid wird materiell nicht bestandskräftig. Die Behörde macht von dieser Möglichkeit insbesondere dann Gebrauch, wenn der Steuerfall durch die Betriebsprüfung geprüft werden soll oder wenn umfangreiche Nachforschungen zu einem späteren Zeitpunkt erfolgen sollen. Ergeht der Steuerbescheid ohne Vorbehalt der Nachprüfung, wird er mit seiner Bekanntgabe materiell bestandskräftig. Das bedeutet, dass er nur unter den strengen Voraussetzungen der §§ 172 ff. AO geändert werden kann.

Der Einkommensteuerbescheid des L ist ohne Vorbehalt der Nachprüfung ergangen. Er durfte nach § 173 Abs. 1 Nr. 1 AO zu seinen Ungunsten geändert werden, weil die Tatbestandsmerkmale dieser Änderungsvorschrift erfüllt sind. Die Vorschrift erlaubt aber nur die Berücksichtigung der nachträglich bekanntgewordenen Tatsache, also der von L bisher verschwiegenen Einnahmen. Sie erlaubt nicht die Änderung anderer Teile des Steuerbescheids, insbesondere nicht die nachträgliche Aufnahme eines Vorbehalts der Nachprüfung.[1]

Die Aufnahme des Vorbehalts der Nachprüfung in den Änderungsbescheid wird auch nicht durch eine andere Änderungsvorschrift gerechtfertigt. In Betracht käme § 172 Abs. 1 Nr. 2 Buchst. a AO. Wegen der umfassenden Änderungsmöglichkeit, die § 164 Abs. 2 AO gegenüber den anderen Änderungsvorschriften bietet, sieht der BFH[2] in der erstmaligen Aufnahme eines Vorbehalts in einen Änderungsbescheid eine Schlechterstellung des Steuerpflichtigen, obwohl sich eine Änderung nach § 164 Abs. 2 AO auch zugunsten des Steuerpflichtigen auswirken kann. Will

---

1 BFH vom 30.10.1980, BStBl 1981 II S. 150.
2 BFH vom 30.10.1980, BStBl 1981 II S. 150.

das Finanzamt einen vorbehaltlosen Bescheid durch eine Steuerfestsetzung unter dem Vorbehalt der Nachprüfung ersetzen, geht dies nur durch eine Änderung nach § 172 Abs. 1 Nr. 2 Buchst. a AO auf Antrag oder mit Zustimmung des Steuerpflichtigen. L hat weder einen Antrag auf Aufnahme der Nebenbestimmung gestellt noch hat er dieser zugestimmt. Die Aufnahme des Vorbehalts der Nachprüfung war nicht rechtmäßig.

Die gleiche Auffassung vertritt der BFH[1] bei der erstmaligen Aufnahme eines Vorbehalts in eine Einspruchsentscheidung. Die Aufnahme des Vorbehalts gilt als Verböserung, die nur nach vorherigem Hinweis erfolgen darf, § 367 Abs. 2 Satz 2 AO. Der Steuerpflichtige ist auf die Möglichkeit der Rücknahme des Einspruchs hinzuweisen. Das stellt ihn unter Umständen vor das Dilemma, dass er zwar durch die Rücknahme des Einspruchs die Aufnahme des Vorbehalts verhindern kann, gleichzeitig aber sein Recht auf Überprüfung des Steuerbescheids und Änderung zu seinen Gunsten verliert.

Eine ganz andere Auffassung vertritt der BFH[2] dagegen, wenn der Steuerpflichtige die Aufnahme eines Vorbehalt der Nachprüfung in eine endgültige Steuerfestsetzung nach § 172 Abs. 1 Nr. 2 Buchst. a AO beantragt. Dann strebe der Steuerpflichtige offensichtlich eine Änderung zu seinen Gunsten an und der Antrag könne nur innerhalb der Einspruchsfrist gestellt werden.

2. Die Aufnahme des Vorbehalts der Nachprüfung in den Änderungsbescheid war unrechtmäßig. Der Fehler macht den Verwaltungsakt nicht nichtig, da er weder besonders schwerwiegend noch offenkundig ist, § 125 Abs. 1 AO. Somit ist der Einkommensteuerbescheid trotz seiner Fehlerhaftigkeit wirksam geworden, § 124 Abs. 1 AO. Er bleibt nach § 124 Abs. 2 AO wirksam, bis er aufgehoben oder geändert wird. L hätte mit einem Einspruch die Möglichkeit gehabt, die rechtswidrige Nebenbestimmung entfernen zu lassen. Dafür hätte er gegen den ersten Änderungsbescheid Einspruch einlegen müssen mit der Begründung, die Aufnahme des Vorbehalts der Nachprüfung sei zu Unrecht erfolgt. Die Nebenbestimmung allein ist nicht anfechtbar. Nach § 347 Abs. 1 Nr. 1 AO ist ein Einspruch nur gegen Verwaltungsakte statthaft. Der Vorbehalt der Nachprüfung ist kein Verwaltungsakt, sondern eine Nebenbestimmung i. S. des § 120 Abs. 1 AO, die untrennbar mit dem Steuerbescheid verbunden ist und ohne ihn nicht existieren kann.[3]

L hat gegen den ersten Änderungsbescheid nicht Einspruch eingelegt. Der unrechtmäßige Bescheid ist mit Ablauf der Einspruchsfrist in Bestandskraft erwachsen. Das bedeutet, dass der Bescheid – so fehlerhaft

---

1 BFH vom 12.06.1980, BStBl 1980 II S. 527.
2 BFH vom 24.02.2010 VIII B 208/09, BFH/NV 2010 S. 1080.
3 BFH vom 30.10.1980, BStBl 1981 II S. 150, und vom 04.08.1983, BStBl 1984 II S. 85.

er auch sein mag – für die Finanzverwaltung und den Steuerpflichtigen mit dem bekannt gegebenen Inhalt bindend ist. Das Finanzamt durfte die zweite Änderung auf § 164 Abs. 2 AO stützen, weil der Vorbehalt wirksam war. Das Finanzamt hatte den Vorbehalt nicht aufgehoben, § 164 Abs. 3 AO. Er war auch nicht durch Eintritt der Festsetzungsverjährung entfallen, § 164 Abs. 4 AO. Der Einspruch des L gegen den zweiten Änderungsbescheid ist mithin unbegründet.

3. Im Einspruchsverfahren sind die Vorschriften, die für das Steuerfestsetzungsverfahren gelten, sinngemäß anzuwenden, § 365 Abs. 1 AO. Das bezieht sich auch auf § 164 AO, sodass das Finanzamt einen Nachprüfungsvorbehalt in der Einspruchsentscheidung aufheben[1] oder beibehalten kann[2].

Auch im Einspruchsverfahren steht es im Ermessen des Finanzamts, ob es den Fall jetzt abschließend prüfen will oder diese Prüfung weiterhin vorbehalten bleiben soll. Die in § 367 Abs. 2 Satz 1 AO vorgesehene Prüfung „in vollem Umfang" bedeutet nur, dass das Finanzamt an das Einspruchsbegehren nicht gebunden ist, vielmehr so entscheiden kann, als regele es die Sache erstmals. Des Weiteren heißt es in § 367 Abs. 2 Satz 2 AO, dass die Sache „erneut" zu prüfen ist. Daraus ist zu schließen, dass das Finanzamt nicht gezwungen ist, den Fall umfassender (= abschließend) zu prüfen als bei Erlass des unter Vorbehalt stehenden, angefochtenen Bescheids. Diese Auslegung entspricht dem Sinn und Zweck des § 164 AO, dem Finanzamt die rechtliche Möglichkeit zu geben, selbst zu bestimmen, wann und in welcher Intensität ein Steuerfall geprüft wird. Anderenfalls könnte jeder Steuerpflichtige, dessen Bescheid unter dem Vorbehalt der Nachprüfung steht, das Finanzamt mit einem Einspruch zwingen, den Vorbehalt aufzuheben. Das Finanzamt müsste dann im Rahmen des Einspruchsverfahrens Außenprüfungen durchführen, um die umfassende Änderungsmöglichkeit des § 164 Abs. 2 AO im geplanten Umfang zu nutzen.

4. In § 164 Abs. 3 Satz 3 AO ist die Aufhebung des Vorbehalts der Nachprüfung für den Fall ausdrücklich vorgesehen, dass die Außenprüfung zu keiner Änderung der bisherigen Steuerfestsetzung führt. Daraus folgt nicht, dass der Vorbehalt immer bestehen bleiben kann, wenn durch die Außenprüfung der Steuerbescheid geändert wird.

Zweck einer Außenprüfung ist es, alle bisher nicht bekannten steuerlich relevanten Tatsachen aufzuklären und den Fall abschließend rechtlich zu prüfen. Damit ergibt sich aus § 164 Abs. 1 AO, dass nach einer Außenprüfung regelmäßig der Vorbehalt aufzuheben ist, da die Voraussetzungen des § 164 Abs. 1 AO nicht mehr vorliegen. Es wäre sinnwidrig, wenn das

---

1 BFH vom 10.07.1996, BStBl 1997 II S. 5.

2 BFH vom 12.06.1980, BStBl 1980 II S. 527, und vom 05.02.1986, BStBl 1986 II S. 448; AEAO zu § 367 Nr. 5.

Finanzamt zunächst eine Außenprüfung durchführt, in dem Änderungsbescheid L aber mitteilt, dass eine weitere abschließende Prüfung vorbehalten bleibt. Es würde auch die Regelung des § 173 Abs. 2 AO unterlaufen werden, der eine Änderung wegen nachträglich bekannt gewordener Tatsachen nach einer Außenprüfung ausschließt.

Wenn selbst die Außenprüfung nicht zu einer umfassenden und abschließenden Aufklärung des Falls kommen kann, wäre es sinnlos, den Vorbehalt aufrechtzuerhalten, da mit einer weiteren Klärung des Falls nicht mehr zu rechnen ist. Ist aber in einzelnen Punkten, die zurzeit noch nicht geklärt werden können, eine genauere Ermittlung zu erwarten, sollte der Bescheid insoweit vorläufig nach § 165 Abs. 1 AO ergehen (vgl. Fall 9). Der Vorbehalt der Nachprüfung ist aber aufzuheben. Wird er nicht ausdrücklich aufgehoben, bleibt er bestehen, bis er ausdrücklich aufgehoben wird,[1] oder entfällt mit Ablauf der Festsetzungsfrist, § 164 Abs. 4 AO.[2]

Das gilt auch dann, wenn das Finanzamt dem Steuerpflichtigen gem. § 202 Abs. 1 AO mitgeteilt hat, die Außenprüfung habe zu keiner Änderung der Besteuerungsgrundlagen geführt.[3]

Fall 9

Steuerfestsetzung unter dem Vorbehalt der Nachprüfung – vorläufige Festsetzung

AO §§ 164, 165, 171 Abs. 8

Sachverhalt

Die Kauffrau Ondra Otter (O) gab ihre Einkommensteuererklärung für 02 im Jahr 03 beim Finanzamt ab. Sie machte unter anderem Krankheitskosten von 10.000 Euro als außergewöhnliche Belastungen geltend. Das Finanzamt setzte die Steuer nach den Angaben in der Erklärung unter Vorbehalt der Nachprüfung fest.

Im Jahr 05 fand bei O eine Außenprüfung statt, die auch das Jahr 02 umfasste. Der Prüfer stellte fest, dass O wegen der Erstattung der Krankheitskosten durch ihre Krankenkasse i. H. von 8.000 Euro einen Rechtsstreit vor dem zuständigen Sozialgericht führt, nachdem die Kasse die Erstattung abgelehnt hatte.

---

1 BFH vom 18.08.2009 – X R 8/09, BFH/NV 2010 S. 161.
2 BFH vom 30.12.2015 – IX B 98/15, BFH/NV 2016 S. 533.
3 BFH vom 15.12.1994 – V R 135/93, BFH/NV 1995 S. 938.

Nach Abschluss der Außenprüfung erging am 10.12.05 ein Änderungsbescheid, in dem es hieß:

"Der Vorbehalt der Nachprüfung wird aufgehoben.

Der Bescheid ergeht vorläufig nach § 165 Abs. 1 Satz 1 AO, soweit er die Berücksichtigung der Krankheitskosten als außergewöhnliche Belastung betrifft, da wegen des schwebenden Rechtsstreits vor dem Sozialgericht nicht feststeht, ob die Kosten erstattet werden oder nicht.

Die Festsetzung der Einkommensteuer ist gem. § 165 Abs. 1 Satz 2 Nr. 3 AO vorläufig hinsichtlich des Abzugs einer zumutbaren Belastung (§ 33 Abs. 3 EStG) bei der Berücksichtigung von Aufwendungen für Krankheit oder Pflege als außergewöhnliche Belastung."

Frage

1. Darf der Bescheid vom 10.12.05 vorläufig ergehen?
2. Was ist zu veranlassen, wenn das Sozialgericht am 10.06.07 rechtskräftig entscheidet, dass die Krankenkasse 8.000 Euro zu erstatten hat, und das Finanzamt davon erst am 01.08.08 erfährt?
3. Was ist zu veranlassen, wenn das Bundesverfassungsgericht über die anhängigen Verfassungsbeschwerden entscheidet?

Antwort

1. Das Finanzamt muss den Vorbehalt der Nachprüfung aufheben und darf den Steuerbescheid in dem genannten Umfang für vorläufig erklären.
2. Das Finanzamt kann den Bescheid in Bezug auf die zu erstattenden Krankheitskosten bis zum 01.08.09 nach § 165 Abs. 2 AO ändern, § 171 Abs. 8 Satz 1 AO.
3. Das Finanzamt kann bis zum Ablauf von zwei Jahren nach Kenntnis von der Entscheidung des Gerichts die daraus für den Bescheid notwendigen Konsequenzen ziehen, § 171 Abs. 8 Satz 2 AO.

Begründung

1. Die Außenprüfung dient dazu, alle bei der Veranlagung nicht erkannten steuerlich relevanten Sachverhalte aufzudecken, um möglichst die tatsächlich entstandene Steuer festzusetzen. Ergeht nach einer Außenprüfung ein geänderter Steuerbescheid, kann dieser regelmäßig nicht mehr mit dem **Vorbehalt der Nachprüfung** versehen werden.

Die Aufrechterhaltung des Vorbehalts der Nachprüfung wäre nicht das geeignete Mittel, um dem Finanzamt die Möglichkeit zu geben, die Entscheidung des Gerichts zu verwerten. Das Finanzamt muss die Krankheitskosten als außergewöhnliche Belastung steuermindernd berücksichtigen, soweit O keine Erstattung von der Krankenkasse erhält. Um die Höhe des zu berücksichtigenden Betrags festzustellen, muss das Finanzamt die Entscheidung des Sozialgerichts abwarten. Das Finanzamt kann diese Frage nicht selbst entscheiden. Der steuerlich relevante Sachverhalt kann vom Finanzamt nicht selbständig ermittelt werden.

Um sich eine jederzeitige Änderungsmöglichkeit des Bescheids hinsichtlich der außergewöhnlichen Belastungen offenzuhalten, könnte das Finanzamt den Bescheid unter dem Vorbehalt der Nachprüfung ergehen lassen. Ein Vorbehalt i. S. des § 164 Abs. 1 AO erfasst jedoch den gesamten Steuerbescheid. Hier aber ist der Steuerfall bis auf einen Punkt abschließend geprüft. Es ist weder notwendig noch zweckmäßig, den gesamten Fall „offen"zuhalten.

Darüber hinaus könnte der Vorbehalt der Nachprüfung auch ins Leere gehen. Mit Ablauf der Festsetzungsfrist entfällt der Vorbehalt, § 164 Abs. 4 Satz 1 AO. Es ist aber nicht sicher und absehbar, ob die sozialrechtliche Vorfrage bis zu diesem Zeitpunkt bereits entschieden ist.

Um diesen Schwierigkeiten aus dem Weg zu gehen, gibt es neben der Vorbehaltsfestsetzung in § 164 AO noch die vorläufige Festsetzung, § 165 AO.

Die Frage, ob der Fall abschließend geprüft wird oder nicht und ein Vorbehalt der weiteren Nachprüfung (§ 164 Abs. 1 AO) aufgenommen wird, liegt in der Entscheidung des Finanzamts. Für die **Vorläufigkeit** nach § 165 Abs. 1 AO setzt das Gesetz objektive, von dem Willen des Finanzamts unabhängige Kriterien. Die von § 165 Abs. 1 AO vorausgesetzte Ungewissheit muss sich auf Tatsachen beziehen. Der für die Steuerfestsetzung notwendige Sachverhalt muss sich vorübergehend nicht aufklären lassen, ohne dass das Finanzamt die rechtliche oder tatsächliche Möglichkeit hat, im Rahmen seiner Amtsermittlung den Sachverhalt zu klären. Unsicherheiten in der steuerrechtlichen Beurteilung des ermittelten Sachverhalts sind kein Grund für die Vorläufigkeit.[1]

Soweit ein Steuerfall in einem ganz konkreten Punkt nicht abschließend entschieden werden kann, weil das Finanzamt die Entscheidung anderer abwarten muss, kann die Festsetzung in diesem Punkt vorläufig erfolgen.[2] Dabei kann das Finanzamt nachrangige Ermittlungen und Nachprüfungen (zum Beispiel zur Höhe der geltend gemachten Krankheitskosten) zurückstellen, solange offen ist, ob ihnen bei der Steuerfestsetzung überhaupt eine Bedeutung zukommt.[3] Damit wird dem Finanzamt die Möglichkeit eröffnet, diesen genau abgegrenzten Teil des Bescheids zu ändern, wenn die sozialrechtliche Vorfrage geklärt ist. Im Übrigen wird der Bescheid materiell bestandskräftig, kann also nicht mehr (wie bei § 164 Abs. 2 AO) jederzeit und in jedem Punkt geändert werden. Sowohl für O wie für das Finanzamt tritt ein erhöhtes Maß an Rechtssicherheit

---

1 BFH vom 08.07.1998, BStBl 1998 II S. 702.
2 BFH vom 26.09.1990, BStBl 1990 II S. 1043.
3 BFH vom 13.01.2009 – X B 55/09, BFH/NV 2010 S. 168.

ein. Beide können davon ausgehen, dass die Steuer und die Besteuerungsgrundlagen, von dem eng begrenzten vorläufigen Punkt abgesehen, unverändert bleiben.

Die Vorläufigkeit ist ebenfalls eine Nebenbestimmung i. S. des § 120 Abs. 1 AO, die nicht isoliert mit Rechtsbehelfen anfechtbar ist.[1] Sie ist in dem Bescheid genau nach Art und Umfang bezeichnet und auch begründet worden; damit ist für O klar erkennbar, inwieweit der Bescheid noch geändert werden kann.[2] Der **Umfang** des Vorläufigkeitsvermerks ist hinreichend dargelegt i. S. von § 165 Abs. 1 AO, wenn er sich aus der Begründung des Vermerks oder aus anderen Umständen im Weg der Auslegung ermitteln lässt.[3] Es ist nicht erforderlich, die betragsmäßige Auswirkung der vorläufigen Festsetzung anzugeben und die anhängigen Musterverfahren nach Gericht und Aktenzeichen zu benennen.[4] Enthält der Steuerbescheid zum Umfang der Vorläufigkeit keinerlei Angaben und ergibt sich dieser auch nicht aus anderen Gründen, so ist der Vermerk inhaltlich nicht hinreichend bestimmt und folglich nichtig.[5] Ein Vorläufigkeitsvermerk, der keine Angaben über den **Grund** der Vorläufigkeit enthält, ist lediglich rechtswidrig, nicht aber nichtig.[6]

2. Im Gegensatz zum Vorbehalt der Nachprüfung entfällt die Vorläufigkeit nicht mit dem Eintritt der **Festsetzungsverjährung.** Die Festsetzungsfrist beträgt 4 Jahre, § 169 Abs. 2 Satz 1 Nr. 2 AO. Sie begann mit Ablauf des Jahres 03, da O in diesem Jahr die Steuererklärung 02 abgegeben hat, § 170 Abs. 2 Nr. 1 AO. Sie endet mit Ablauf des Jahres 07. Nach diesem Zeitpunkt ist eine Änderung des Bescheids, soweit er nicht vorläufig ist, nicht mehr möglich. Hinsichtlich des vorläufigen Teils tritt jedoch eine Ablaufhemmung ein. Nach § 171 Abs. 8 Satz 1 AO endet die Festsetzungsfrist erst nach Ablauf eines Jahres, nachdem das Finanzamt von der Entscheidung des Gerichts erfahren hat. Es kommt nicht auf die Entscheidung selbst, sondern auf die Kenntnis des Finanzamts an, d. h., das Finanzamt muss positive Kenntnis erhalten. Ein „Kennenmüssen" von Tatsachen steht dem nicht gleich.[7] Von diesem Zeitpunkt an hat das Finanzamt ein Jahr Zeit, die Folgerungen aus dem Urteil zu ziehen. Das Finanzamt muss bis zum 01.08.09 die Änderung des Steuerbescheids durchgeführt und die außergewöhnlichen Belastungen in Höhe des zu erstattenden Betrags gestrichen haben. Bei der Änderung nach § 165 Abs. 2 AO sind andere materielle Fehler im Rahmen der Änderung mit zu berücksichtigen. § 177

1 BFH vom 25.10.1989, BStBl 1990 II S. 278.

2 BFH vom 02.12.1999, BStBl 2000 II S. 284, und vom 20.11.2012, BStBl 2013 II S. 359.

3 BFH vom 13.01.2000, BStBl 2001 II S. 67.

4 BFH vom 30.09.2010, BStBl 2011 II S. 11.

5 BFH vom 12.07.2007, BStBl 2008 II S. 2.

6 BFH vom 30.06.1994 – V R 106/91, BFH/NV 1995 S. 466.

7 BFH vom 25.07.2000, BStBl 2001 II S. 9, und vom 26.10.2005 – II R 9/01, BFH/NV 2006 S. 478.

Abs. 4 AO steht dem nicht entgegen.[1] Nach § 169 Abs. 2 Satz 3 AO reicht es für die Fristwahrung aus, wenn der geänderte Bescheid bis zu diesem Tage zur Post gegeben wurde.

Die Vorbehaltsfestsetzung erfasst sachlich immer den ganzen Bescheid. Eine teilweise Vorbehaltsfestsetzung gibt es nicht. Sie ist aber zeitlich durch den Ablauf der Festsetzungsfrist beschränkt. Die vorläufige Festsetzung hingegen ist regelmäßig sachlich auf einen oder mehrere bestimmte Punkte beschränkt, sie wird aber zeitlich nicht durch den Ablauf der Festsetzungsfrist begrenzt.

Beide Rechtsinstitute sind nebeneinander anwendbar, § 165 Abs. 3 AO. Hätte das Finanzamt bereits bei der ersten Veranlagung von dem Rechtsstreit gewusst, hätte es den Bescheid gleichzeitig unter dem Vorbehalt der Nachprüfung und hinsichtlich der außergewöhnlichen Belastungen vorläufig ergehen lassen können.

3. Nach § 165 Abs. 1 **Satz 1** AO kann ein Steuerbescheid vorläufig ergehen, wenn tatsächliche Vorfragen unklar sind, die das Finanzamt selbst nicht aufklären kann. Es ist nicht Sinn der Vorschrift, dem Finanzamt zu ermöglichen, die Entscheidung über Rechtsfragen aufzuschieben, die zur ordnungsgemäßen Steuerfestsetzung gehören. Nach § 165 Abs. 1 **Satz 2** AO kann das Finanzamt eine Steuerfestsetzung vorläufig vornehmen, wenn zwar der Sachverhalt aufgeklärt, seine rechtliche Beurteilung aber noch ungewiss ist, weil das Bundesverfassungsgericht eine Vorschrift eines für den Fall einschlägigen Steuergesetzes für verfassungswidrig erklärt und dem Gesetzgeber eine Neuregelung aufgegeben hat, die zur Zeit der Veranlagung noch aussteht, § 165 Abs. 1 Satz 2 Nr. 2 AO. Gleiches gilt, wenn ein Verfahren vor dem Europäischen Gerichtshof, dem Bundesverfassungsgericht oder einem obersten Bundesgericht wie dem BFH über die Anwendung eines Gesetzes schwebt, § 165 Abs. 1 Satz 2 Nr. 3 AO.[2] Da die Verfassungsmäßigkeit der in dem Vorläufigkeitsvermerk genannten Punkte zurzeit vom Bundesverfassungsgericht geprüft wird, durfte der Bescheid insoweit vorläufig ergehen. Zum genauen Text der Vorläufigkeitsvermerke siehe BMF vom 10.12.2012.[3]

Die Regelung betrifft nicht nur die Fälle der Nichtigkeitserklärung von Steuergesetzen durch das Bundesverfassungsgericht. Insbesondere wenn die Finanzbehörden mit zahlreichen Einsprüchen überhäuft zu werden drohen, ist es zweckmäßig, von der vorläufigen Steuerfestsetzung Gebrauch zu machen. Steuerpflichtige sind dann nicht gezwungen, durch Rechtsbehelfe ihre Fälle offenzuhalten, um in den Genuss der Neuregelung bzw. der Entscheidung des Gerichts zu kommen.

---

1 BFH vom 02.03.2000, BStBl 2000 II S. 332.
2 AEAO zu § 165 Nr. 4 und 5, BFH vom 22.03.1996, BStBl 1996 II S. 506.
3 BMF vom 10.12.2012, BStBl 2012 I S. 1174, und BFH vom 30.09.2010, BStBl 2011 II S. 11.

Erweist sich die vorläufige Steuerfestsetzung nach Beseitigung der Ungewissheit als richtig, muss sie grundsätzlich nach § 165 Abs. 2 Satz 2 AO für endgültig erklärt werden. Um den Verwaltungsaufwand möglichst gering zu halten, ist die Endgültigkeitserklärung in den Fällen des § 165 Abs. 1 Satz 2 AO von einem Antrag des Steuerpflichtigen abhängig, wenn die Steuerfestsetzung nicht bereits aus anderen Gründen zu ändern ist, § 165 Abs. 2 Satz 3 AO. Stellt der Steuerpflichtige diesen Antrag nicht, wird sie mit Ablauf der Festsetzungsfrist endgültig.

Fall 10

Steueranmeldungen

AO §§ 149, 150, 164, 167, 168

Sachverhalt

Die Kauffrau Jutta Jaguar (J) eröffnet im Oktober 01 einen Gewerbebetrieb. Am 12.11.01 reicht J beim zuständigen Finanzamt eine Umsatzsteuer-Voranmeldung für Oktober 01 ein, aus der sich eine Zahllast von 1.000 Euro ergibt. Den Betrag zahlt sie am gleichen Tag. Da sie sich bei der Erstellung der Voranmeldung verrechnet hat, reicht sie am 20.11.01 eine berichtigte Anmeldung ein mit einer Zahllast von 1.200 Euro. Den Differenzbetrag von 200 Euro zahlt sie am gleichen Tag.

Für November 01 reicht J beim Finanzamt am 11.12.01 eine Umsatzsteuer-Voranmeldung ein, aus der sich ein Erstattungsbetrag von 5.000 Euro ergibt. Diesen Betrag überweist das Finanzamt am 20.12.01 auf das Bankkonto der J. Da auch die Voranmeldung für Dezember 01 einen erheblichen Erstattungsbetrag enthält, lässt das Finanzamt die Voranmeldungen im Januar 02 durch eine Umsatzsteuer-Sonderprüfung überprüfen. Danach erlässt das Finanzamt für November 01 einen geänderten Bescheid, aus dem sich nur noch eine Erstattung von 3.000 Euro ergibt.

Im Mai 02 reicht J ihre Umsatzsteuer-Jahreserklärung für 01 beim Finanzamt ein. Aus dieser ergibt sich eine Abschlusszahlung von 1.000 Euro. Da J sich verrechnet hat, erlässt das Finanzamt im Juni 02 einen Umsatzsteuerbescheid und setzt die Abschlusszahlung auf 1.100 Euro fest. Der Bescheid enthält keine Aussage zum Vorbehalt der Nachprüfung.

Frage

Welche rechtlichen Folgen hat die

1. Einreichung der Voranmeldung für Oktober 01?

2. Einreichung der berichtigten Voranmeldung für Oktober 01?
3. Einreichung der Voranmeldung für November 01?
4. Änderung der Voranmeldung für November 01 durch das Finanzamt?
5. Einreichung der Umsatzsteuer-Jahreserklärung?
6. Änderung der Umsatzsteuer-Jahreserklärung durch das Finanzamt?

Antwort

1. Die Voranmeldung steht mit Eingang beim Finanzamt einer Steuerfestsetzung unter dem Vorbehalt der Nachprüfung gleich.
2. Die berichtigte Voranmeldung ist ein Antrag auf Änderung nach § 164 Abs. 2 AO. Sie steht ebenfalls mit Eingang beim Finanzamt einer Steuerfestsetzung unter dem Vorbehalt der Nachprüfung gleich.
3. Die Voranmeldung ist ein Antrag auf Steuerfestsetzung, der nach Zustimmung durch das Finanzamt einer Steuerfestsetzung unter dem Vorbehalt der Nachprüfung gleichsteht.
4. Die Änderung ist die Festsetzung einer Vorauszahlung.
5. Auch die Jahreserklärung ist eine Steueranmeldung, die mit Eingang beim Finanzamt einer Steuerfestsetzung unter dem Vorbehalt der Nachprüfung gleichsteht.
6. Die abweichende Festsetzung ist ein geänderter Steuerbescheid.

Begründung

1. Nach § 149 Abs. 1 Satz 1 AO und § 18 Abs. 1 UStG hat J dem Finanzamt zum Zweck der Vorauszahlung auf die Jahressteuerschuld monatlich eine elektronische Umsatzsteuererklärung einzureichen. In der Steuererklärung hat J die Steuer, die sich aus der Differenz zwischen Umsatzsteuer und Vorsteuern ergibt, selbst zu berechnen. Diese Steuererklärungen bezeichnet die Abgabenordnung als **Steueranmeldungen,** § 150 Abs. 1 Satz 3 AO.[1] Zur Feststellung, welche Steuer festzusetzen und von J zu zahlen ist, bedarf es keines Veranlagungsverfahrens und keines Bescheids mehr. Nach § 168 Satz 1 AO „verwandelt" sich die Steuererklärung bei Eingang im Finanzamt in eine Steuerfestsetzung. Die selbst berechnete Steuer ist ohne vorherige festsetzende Tätigkeit durch das Finanzamt zu zahlen und vollstreckbar, § 249 Abs. 1 AO, § 254 Abs. 1 Satz 4 AO. Damit das Finanzamt die Möglichkeit hat, diese Steuer auf ihre Richtigkeit zu überprüfen, steht die Festsetzung kraft Gesetzes unter dem Vorbehalt der Nachprüfung, § 168 AO.

2. J hat erkannt, dass die von ihr abgegebene Umsatzsteuer-Voranmeldung Oktober 01 zu ihren Gunsten unrichtig war. Deshalb war sie nach § 153 Abs. 1 Nr. 1 AO verpflichtet, diese zu berichtigen. Dieser Pflicht ist J durch Abgabe der berichtigten Voranmeldung nachgekommen. Da sich aus dieser Berichtigungserklärung eine weitere Zahlungsverpflichtung

---

1 AEAO zu § 167 Nr. 1.

ergibt, ist die Anmeldung ebenfalls mit Eingang beim Finanzamt einer Steuerfestsetzung unter dem Vorbehalt der Nachprüfung gleichzusetzen, § 168 Satz 1 AO.[1]

3. Da sich aus der Voranmeldung ein Erstattungsbetrag für J ergibt, kann die Anmeldung nicht bereits mit Eingang beim Finanzamt eine Steuerfestsetzung sein. Dem Finanzamt muss die Möglichkeit eingeräumt werden, die beantragte Erstattung auf ihre Richtigkeit zu überprüfen. Die Voranmeldung ist deshalb mit Eingang beim Finanzamt als ein Antrag auf Steuerfestsetzung zu sehen, der erst nach Zustimmung durch das Finanzamt zu einer Steuerfestsetzung unter dem Vorbehalt der Nachprüfung wird, § 168 Satz 2 AO. Aus Vereinfachungsgründen kann die Zustimmung für Anmeldungen mit geringen Erstattungsbeträgen allgemein erteilt werden. Ist die Zustimmung nicht allgemein erteilt worden, muss in angemessener Frist entschieden werden, anderenfalls hätte J die Möglichkeit eines Untätigkeitseinspruchs, § 347 Abs. 1 Satz 2 AO.

Die **Zustimmung** ist ein Verwaltungsakt, der keiner besonderen Form bedarf, § 168 Satz 3 AO. Die Steuerfestsetzung wird allerdings erst dann wirksam, wenn die Zustimmung J mitgeteilt worden ist.[2] Sie erfolgt im vorliegenden Fall stillschweigend durch die Auszahlung des beantragten Erstattungsbetrags von 5.000 Euro. Wird J schriftlich über die Zustimmung unterrichtet, z. B. durch eine Abrechnungsmitteilung, ist davon auszugehen, dass ihr die Zustimmung am 3. Tag nach Aufgabe zur Post bekannt geworden ist.[3]

4. Die Änderung der mit der Zustimmung erfolgten Festsetzung von 5.000 Euro erfolgt nach § 164 Abs. 2 AO. Es handelt sich um die Festsetzung einer Vorauszahlung, die kraft Gesetzes unter dem Vorbehalt der Nachprüfung steht, § 164 Abs. 1 Satz 2 AO. Eine Aufhebung des Vorbehalts ist nicht möglich und wäre auch wenig sinnvoll, da die einzelnen monatlich angemeldeten oder festgesetzten Beträge als Summe in die Jahreserklärung übernommen werden.

5. J hat für das Kalenderjahr eine Jahreserklärung abzugeben, in der sie die Steuer selbst zu berechnen hat, § 18 Abs. 3 Satz 1 UStG. Die Umsatzsteuer-Jahreserklärung ist ebenfalls eine Steueranmeldung. Im Idealfall entspricht die Jahressteuer der Summe der vorangemeldeten Beträge, sodass keine Abschlusszahlung mehr zu leisten ist. Üblicherweise ergeben sich aber Abweichungen von der Summe der vorangemeldeten Beträge, sodass es hier zu der Abschlusszahlung von 1.000 Euro kommt. Mit Eingang beim Finanzamt handelt es sich – wie bei den monatlichen

---

1 AEAO zu § 168 Nr. 12.
2 BFH vom 28.02.1996, BStBl 1996 II S. 660; AEAO zu § 168 Nr. 2.
3 AEAO zu § 168 AO Nr. 9.

Voranmeldungen – um eine Steuerfestsetzung unter dem Vorbehalt der Nachprüfung, § 168 Satz 1 AO.

6. Da die Steuerfestsetzung kraft Gesetzes (§ 164 Abs. 1 Satz 2 AO) unter dem Vorbehalt der Nachprüfung steht, kann das Finanzamt sie jederzeit überprüfen und nach § 164 Abs. 2 AO ändern. Der Vorbehalt der Nachprüfung entfällt grundsätzlich nur, wenn er entweder ausdrücklich aufgehoben wird oder die Festsetzungsfrist abgelaufen ist. Das bedeutet, dass der Vorbehalt auch bestehen bleibt, wenn er in einem Änderungsbescheid nicht ausdrücklich wiederholt wird (siehe Fall 7 Nr. 4). Für den Umsatzsteuer-Jahresbescheid kann das so nicht gelten. In den übrigen Fällen hat die Steuerpflichtige vom Finanzamt einen Steuerbescheid erhalten, in dem der Vorbehalt ausdrücklich enthalten war; dann kann davon ausgegangen werden, dass der Vorbehalt bestehen bleibt, wenn er nicht ausdrücklich aufgehoben wird. Für die Umsatzsteuer 01 hat J aber bisher noch nie einen Jahressteuerbescheid vom Finanzamt erhalten, da ihre Jahressteuererklärung mit Eingang beim Finanzamt bereits eine Steuerfestsetzung war. Der erste Bescheid, den sie vom Finanzamt erhält, ist der Änderungsbescheid, der keine Aussage über einen Vorbehalt der Nachprüfung enthält. Deshalb darf sie davon ausgehen, dass ein Vorbehalt nicht (mehr) besteht. Bei Umsatzsteuer-Jahresbescheiden besteht der Vorbehalt nur dann fort, wenn er in dem Änderungsbescheid ausdrücklich aufgenommen worden ist.[1]

Fall 11

Gesonderte und einheitliche Feststellung von Besteuerungsgrundlagen – Zuständigkeit

AO §§ 18, 19, 26, 27, 179, 180, 181, 182

Sachverhalt

Der Kinderarzt Dr. Hans Hase (H) aus Celle und seine Cousine Inge Igel (I) aus Göttingen beerben überraschend ihre gemeinsame, am 01.01.02 verstorbene Tante Tamara Tiger (T). Die Erbschaft besteht aus einem Mehrfamilienhaus und einem Einfamilienhaus in Burgdorf.

Durch die Erbschaft kommen sich H und I näher und heiraten im Januar 03. Sie beziehen am 01.02.03 das ererbte Einfamilienhaus in Burgdorf. H fährt täglich in seine Praxis nach Celle, während I ihr in Göttingen gelegenes Haus vermietet. In allen genannten Orten befinden sich Finanzämter.

---

1 BFH vom 29.10.1987, BStBl 1988 II S. 45, und vom 02.12.1999, BStBl 2000 II S. 284; AEAO zu § 168 Nr. 7.

Frage

1. Welche Finanzämter sind für die Einkommensteuerveranlagung 02 und 03 des H und der I zuständig?
2. Wie und von welchem Finanzamt werden für 02 und 03 die Einkünfte aus der Erbschaft ermittelt?
3. Wie und von welchen Finanzämtern werden für 03 die Einkünfte aus der Arztpraxis und dem vermieteten Haus in Göttingen ermittelt?

Antwort

1. Die Einkommensteuerveranlagung 02 für H wird vom Finanzamt Celle, die für I vom Finanzamt Göttingen durchgeführt. Für das Jahr 03 erfolgt für H und I eine Ehegattenveranlagung, für die das Finanzamt Burgdorf zuständig ist.
2. Für 02 werden die Einkünfte aus Vermietung und Verpachtung aus dem geerbten Haus vom Finanzamt Burgdorf gesondert und einheitlich für H und I festgestellt.
   Für 03 erübrigt sich eine gesonderte und einheitliche Feststellung, weil ein Fall von geringer Bedeutung vorliegt.
3. Die Einkünfte aus der Arztpraxis werden für 03 vom Finanzamt Celle gesondert festgestellt. Die Einkünfte aus dem vermieteten Haus in Göttingen werden bei der Einkommensteuerveranlagung der Eheleute H und I vom Finanzamt Burgdorf ermittelt.

Begründung

1. Für die Einkommensbesteuerung natürlicher Personen ist nach § 19 Abs. 1 AO das Finanzamt zuständig, in dessen Bezirk der Steuerpflichtige seinen Wohnsitz hat. Im Jahr 02 wohnte H in Celle, das dortige Finanzamt ist für seine Einkommensteuer zuständig. I wohnte in Göttingen, für sie ist deshalb das Finanzamt Göttingen zuständig.

Im Jahr 03 wird für H und I eine Ehegattenveranlagung durchgeführt, § 26 EStG. Unabhängig davon, wie sie ihr Wahlrecht ausüben, ist das Finanzamt Burgdorf zuständig, da sie im Bezirk dieses Finanzamts ihren gemeinsamen ehelichen Wohnsitz haben, § 19 Abs. 1 AO.

2. Grundsätzlich hat das jeweilige Wohnsitzfinanzamt bei der Veranlagung zur Einkommensteuer alle Grundlagen für die Besteuerung zu ermitteln. Das ist verwaltungsökonomisch nicht immer sinnvoll. Die Finanzämter Celle und Göttingen müssten die Einkünfte ermitteln, die H und I im Jahr 02 aus dem ererbten Mehrfamilienhaus in Burgdorf erzielten. Beide Finanzämter würden die gleiche Arbeit tun. Jedes würde die Einkünfte ermitteln und dann den auf den zu veranlagenden Steuerpflichtigen entfallenden Anteil feststellen. Fehler und unterschiedliche Ergebnisse ließen sich dabei nicht ausschließen.

Deshalb schreibt § 179 Abs. 1 AO für die in § 180 AO beschriebenen Fall-konstellationen vor, dass die Besteuerungsgrundlagen gesondert – also abgetrennt vom Besteuerungsverfahren – festzustellen sind. Darüber hinaus schreiben die Einzelsteuergesetze gesonderte Feststellungen vor. Sind mehrere Personen an einer Feststellung beteiligt, hat das zuständige Feststellungsfinanzamt sie nur einmal und einheitlich für alle Beteiligten durchzuführen, § 179 Abs. 2 Satz 2 AO.

Die Einkünfte aus dem ererbten Mehrfamilienhaus sind gesondert (§ 179 Abs. 1 AO) und einheitlich (§ 179 Abs. 2 Satz 2 AO) festzustellen, weil Ein-künfte aus Vermietung und Verpachtung erzielt werden, an denen mehrere Personen, nämlich H und I, beteiligt sind, § 180 Abs. 1 Nr. 2 Buchst. a AO. Es ergeht ein Feststellungsbescheid, in dem nicht nur die Höhe der Ein-künfte, sondern auch deren Verteilung auf die Beteiligten festgelegt wird. Dieser Feststellungsbescheid ist ein Grundlagenbescheid, § 171 Abs. 10 AO. Er ist bindend für die Folgebescheide, § 182 Abs. 1 AO. Das bedeutet, dass die festgestellten Besteuerungsgrundlagen zwingend in die Einkommen-steuerveranlagungen von H und I einzufließen haben.[1] Für den Feststel-lungsbescheid gelten nach § 181 Abs. 1 Satz 1 AO die Vorschriften über die Steuerfestsetzung sinngemäß.

Die Zuständigkeit für solche Feststellungen ist in § 18 AO geregelt. Für die Einkünfte aus Vermietung und Verpachtung gilt nach § 18 Abs. 1 Nr. 4 AO das Finanzamt als zuständig, von dessen Bezirk aus die Einkünfte ver-waltet werden. Es müsste geklärt werden, ob H oder I die Einkünfte ver-waltet, ehe festgestellt werden könnte, ob das Finanzamt Celle oder Göttingen zuständig ist.

Die beteiligten Finanzämter sollten noch ein Weiteres bedenken. Bis zum Tod der T war das Finanzamt Burgdorf zuständig. Im Jahr 03, wenn H und I gemeinsam in Burgdorf wohnen, ist es wieder zuständig, da anzuneh-men ist, dass die von beiden gemeinsam erzielten Einkünfte von ihrem gemeinsamen Wohnort aus verwaltet werden. Dieser Umstand ist bei der frühestens im Laufe des Jahres 03 erfolgenden Veranlagung für 02 bereits bekannt. Es ist zu prüfen, ob es sinnvoll ist, allein für das Jahr 02 eine neue Zuständigkeit für diese Einkünfte zu begründen.

Einen Ausweg für solche Fälle bietet § 27 AO an. Im Einvernehmen mit dem eigentlich zuständigen Finanzamt und unter Zustimmung von H und I kann vereinbart werden, dass auch für das Jahr 02 das Finanzamt Burgdorf für die gesonderte und einheitliche Feststellung der Einkünfte zuständig bleibt.

Bei der Veranlagung für das Jahr 03 muss das Finanzamt Burgdorf prüfen, ob eine gesonderte und einheitliche Feststellung der Einkünfte aus dem vermieteten Mehrfamilienhaus notwendig ist. Es ist zu berücksichtigen, dass zunächst die Einkünfte nach § 180 Abs. 1 Nr. 2 Buchst. a AO gesondert

---

[1] BFH vom 29.02.2012 – IX R 21/10, BFH/NV 2012 S. 1297.

festgestellt und auf H und I aufgeteilt werden müssten. Anschließend würden die Einkünfte in die Einkommensteuerveranlagung der beiden Ehegatten übernommen und erschienen wiederum in einem Bescheid. Es ist einfacher und zeitsparender, die gesonderte und einheitliche Feststellung zu unterlassen und die Einkünfte gleich bei der Einkommensteuerveranlagung zu ermitteln. Die gesonderte und einheitliche Feststellung ist nicht Selbstzweck, sondern soll der Einkommensteuerveranlagung dienen. In diesem Fall ist sie überflüssig. Sie hat nach § 180 Abs. 3 Nr. 2 AO zu unterbleiben, weil ein **Fall von geringer Bedeutung** vorliegt. Ein solcher ist beispielsweise gegeben, wenn zusammenveranlagte Eheleute gemeinsam Mieteinkünfte[1] oder Einkünfte aus Land- und Forstwirtschaft[2] erzielen und diese Einkünfte verhältnismäßig einfach zu ermitteln sind und ihre Aufteilung feststeht.[3]

3. Vom Jahr 03 an müssen die Einkünfte aus der Arztpraxis vom Finanzamt Celle nach § 179 Abs. 1 AO i. V. m. § 180 Abs. 1 Nr. 2 Buchst. b AO gesondert festgestellt werden. Es ist zweckmäßiger, wenn das Finanzamt Celle den Gewinn der in seinem Bezirk belegenen Praxis ermittelt und dem Finanzamt Burgdorf zur Verwendung bei der Einkommensteuerveranlagung mitteilt. Das Finanzamt Celle kann die Richtigkeit der Angaben besser und kostengünstiger (z. B. durch eine Außenprüfung) überprüfen als das Finanzamt Burgdorf.

Für die Einkünfte aus dem in Göttingen belegenen vermieteten Haus der I findet keine gesonderte Feststellung der Einkünfte statt, wenn I nach Burgdorf zieht. Diese Einkunftsart ist in § 180 Abs. 1 Nr. 2 Buchst. b AO nicht aufgeführt. I muss diese Einkünfte zusammen mit ihren übrigen Einkünften und denen ihres Mannes in der gemeinsamen Einkommensteuererklärung 03 angeben.

Fall 12

Festsetzungsfrist

AO §§ 169 ff.

Sachverhalt

Kuno Käse (K) betreibt in Celle ein Modefachgeschäft. Die Einkommensteuererklärung für 01 gab K im Oktober 02 ab. Durch Bescheid vom 20.01.03 wurde die Einkommensteuer für 01 festgesetzt.

---

1 BFH vom 20.01.1976, BStBl 1976 II S. 305.
2 BFH vom 04.07.1985, BStBl 1985 II S. 576.
3 AEAO zu § 180 Nr. 4.

Für 02 gab K trotz mehrfacher Erinnerung keine Steuererklärung ab. Daraufhin schätzte das Finanzamt im Jahr 06 die Besteuerungsgrundlagen und setzte die Steuer mit Bescheid vom 10.02.06 fest. Die Bescheide 01 und 02 ergingen unter dem Vorbehalt der Nachprüfung.

Am 12.07.06 erhielt K eine Prüfungsanordnung, die auch die Jahre 01 und 02 umfasste. Die Außenprüfung begann am 15.08.06 und sollte etwa drei Wochen dauern. Am Tage nach dem Prüfungsbeginn erlitt der Prüfer (P) einen schweren Verkehrsunfall. Da das Finanzamt keinen anderen geeigneten Prüfer zur Verfügung hatte, setzte P nach seiner Genesung die Prüfung am 13.04.07 fort und beendete sie am 15.05.07.

Gegen die Änderungsbescheide für 01 und 02 nach der Außenprüfung legte K form- und fristgerecht Einsprüche ein und beantragte, den Änderungsbescheid 01 aufzuheben und den Änderungsbescheid 02 wegen weiterer geltend gemachter Betriebsausgaben zu ändern.

Frage

1. Durften die Änderungsbescheide 01 und 02 ergehen?
2. Wie hat das Finanzamt auf den Einspruch gegen den Bescheid **01** zu entscheiden?
3. Wann läuft die Festsetzungsfrist für **02** ab?
4. Wann wäre die Festsetzungsfrist abgelaufen, wenn das Finanzamt nach der Außenprüfung weder für 01 noch für 02 Änderungsbescheide erlassen hätte?

Antwort

1. Der Änderungsbescheid 01 durfte nicht mehr ergehen, der Änderungsbescheid 02 durfte noch ergehen.
2. Der Änderungsbescheid **01** ist wegen Ablaufs der Festsetzungsfrist aufzuheben.
3. Die Festsetzungsfrist für **02** läuft mit Bestandskraft des angefochtenen Bescheids ab.
4. Die Festsetzungsfrist für 01 ist mit dem 31.12.06 abgelaufen; die Festsetzungsfrist für 02 würde mit dem Ablauf des 31.12.11 enden.

Begründung

1. Das Finanzamt kann frühestens nach Ablauf des Veranlagungszeitraums eine Steuer festsetzen, da dann alle Tatbestandsmerkmale verwirklicht sind und die Höhe der Steuer feststeht. Das Finanzamt ist aber auch gehalten, diese Tätigkeit so schnell wie möglich vorzunehmen. Der Steuerpflichtige soll möglichst zeitnah wissen, welche Steuer er schuldet. Das Gesetz gibt deshalb dem Finanzamt einen bestimmten Zeitraum, in dem die Steuer festzusetzen ist. Nach Ablauf dieses Zeitraums ist aus Gründen des Rechtsfriedens eine bisher unterbliebene Festsetzung ebenso wenig möglich wie die Änderung einer fehlerhaften Festsetzung, § 169 Abs. 1 Satz 1 AO.[1] Der Vorbehalt der Nachprüfung hat keine Auswirkung auf den Lauf der Festsetzungsfrist.

Dauer

Die Festsetzungsfrist beträgt 4 Jahre, § 169 Abs. 2 Nr. 2 AO. Im Fall der Steuerordnungswidrigkeit (§ 378 AO) oder im Fall der Steuerhinterziehung (§ 370 AO) verlängert sich die Festsetzungsfrist **punktuell** für die verkürzte Steuer auf 5 Jahre und für die hinterzogene Steuer auf 10 Jahre.[2]

Beginn

Die Festsetzungsfrist beginnt nach § 170 Abs. 1 AO mit Ablauf des Kalenderjahres, in dem die Steuer entstanden ist. Dieser Grundsatz gilt allerdings nur für Steuerpflichtige, die nicht verpflichtet sind, eine Steuererklärung abzugeben.[3] Bei Steuerpflichtigen, die nach § 149 Abs. 1 AO zur Abgabe einer Steuererklärung verpflichtet sind, beginnt die Festsetzungsfrist nach § 170 Abs. 2 Nr. 1 AO erst mit Ablauf des Kalenderjahres, in dem die Steuererklärung abgegeben wird (Anlaufhemmung).[4]

Ende

Das Ende der Festsetzungsfrist kann in den in § 171 AO aufgezählten Fällen hinausgeschoben werden. Der Ablauf der Frist wird gehemmt (Ablaufhemmung).

01

Für 01 beginnt die Festsetzungsfrist mit Ablauf des Jahres, in dem K seine Einkommensteuererklärung 01 abgegeben hat, denn K ist nach § 149 Abs. 1 Satz 1 AO, § 25 Abs. 3 EStG und § 56 EStDV als Gewerbetreibender zur Abgabe der Erklärung verpflichtet. K hat die Erklärung im Jahr 02 abgegeben. Die Festsetzungsfrist beginnt am 31.12.02 und endet bei regelmäßigem Fristablauf mit Ablauf des Jahres 06. Da vor dem Ende der regulären Festsetzungsfrist mit einer Außenprüfung begonnen wurde, könnte eine **Ablaufhemmung** nach § 171 Abs. 4 AO in Betracht kommen. Die Zusendung der Prüfungsanordnung bewirkt noch keine Ablaufhemmung, da sie vor Beginn der Prüfung erfolgt, § 197 Abs. 1 AO. Dennoch kommt der Prüfungsanordnung eine zentrale Bedeutung zu. Ohne eine wirksame Prüfungsanordnung, kann keine Ablaufhemmung nach § 171 Abs. 4 AO eintreten.[5] Außerdem bestimmt der Inhalt der Prüfungsanord-

---

1 BFH vom 19.08.1999, BStBl 2000 II S. 330.

2 BFH vom 29.10.2013, BStBl 2014 II S. 295, und vom 26.02.2008, BStBl 2008 II S. 659.

3 BFH vom 14.04.2011, BStBl 2011 II S. 746.

4 BFH vom 28.03.2012, BStBl 2012 II S. 711, und vom 15.05.2013, BStBl 2014 II S. 238.

5 BFH vom 13.10.2016 – IV R 20/14, BFH/NV 2017 S. 475.

nung, für welche Steuerarten und -zeiträume die Verjährung gehemmt wird.[1] Beginn der Prüfung i. S. des § 171 Abs. 4 AO bedeutet, dass – wenn auch nur stichprobenartig – tatsächlich Prüfungshandlungen für die in der Prüfungsanordnung genannten Steuerarten und Besteuerungszeiträume vorgenommen wurden. Dabei muss es sich um Maßnahmen handeln, die für den Steuerpflichtigen als Prüfungshandlungen erkennbar sind und geeignet erscheinen, sein Vertrauen in den Ablauf der Verjährungsfrist zu beseitigen.[2]

Die Frist läuft mit dieser Ablaufhemmung nicht ab, bevor die aufgrund der Prüfung ergehenden Bescheide unanfechtbar werden, § 171 Abs. 4 Satz 1 AO. Der Beginn der Prüfung ist jedoch unbeachtlich und hemmt den Ablauf der Frist nicht, wenn die Prüfung unmittelbar nach ihrem Beginn[3] wieder unterbrochen und nicht vor Ablauf von 6 Monaten wieder aufgenommen wird, § 171 Abs. 4 Satz 2 AO. Es soll verhindert werden, dass das Finanzamt durch den formalen Beginn einer Prüfung und sofortige Unterbrechung die Möglichkeit hat, den Ablauf der Frist zu verhindern.[4]

Die Prüfung bei K wurde am Tage nach dem Beginn unterbrochen. Bei einer auf drei Wochen angesetzten Prüfung ist eine am nächsten Tag eintretende **Unterbrechung** „unmittelbar" nach Beginn i. S. des § 171 Abs. 4 Satz 2 AO. Die Unterbrechung vom 16.08.06 bis 13.04.07 dauert länger als 6 Monate und ist vom Finanzamt zu vertreten. Ein Entschuldigungsgrund ist nicht ersichtlich. Die Krankheit des Prüfers kann nicht zu Lasten des K gehen. Das Finanzamt hätte vor Ablauf der 6 Monate einen anderen Prüfer mit der Außenprüfung bei K betrauen müssen. Da die Prüfung erst nach Ablauf der regulären Festsetzungsfrist fortgesetzt wurde, greift die Ablaufhemmung des § 171 Abs. 4 Satz 1 AO nicht.[5] Es bleibt für die Einkommensteuer 01 beim Fristablauf am 31.12.06.

Die vom Prüfer im Jahr 07 festgestellten Mehreinkünfte durften nicht berücksichtigt werden. Der Anspruch auf die Mehrsteuern ist mit Ablauf des 31.12.06 erloschen, § 47 AO. Nach Ablauf der Frist kann ein Bescheid weder zugunsten noch zuungunsten des K geändert werden. Bei Versäumen der Frist ist eine Wiedereinsetzung in den vorigen Stand (§ 110 AO) nicht möglich.[6] Der Änderungsbescheid 01 hätte nicht erlassen werden dürfen. Er ist rechtswidrig, aber nicht nichtig. Zwar ist die Festsetzung

---

1 BFH vom 18.07.1991, BStBl 1991 II S. 824, und vom 25.01.1996, BStBl 1996 II S. 338; AEAO zu § 171 Nr. 3.

2 BFH vom 26.04.2017, BStBl 2017 II S. 1159 m. w. N.

3 BFH vom 24.04.2003, BStBl 2003 II S. 739, vom 31.08.2011 – I B 9/11, BFH/NV 2011 S. 2011, und vom 26.06.2014 – IV R 51/11, BFH/NV 2014 S. 1716.

4 BFH vom 24.04.2003, BStBl 2003 II S. 739, und vom 17.03.2010, BStBl 2011 II S. 7.

5 BFH vom 13.02.2003, BStBl 2003 II S. 552.

6 BFH vom 19.08.1999, BStBl 2000 II S. 330.

eines durch Verjährung erloschenen Steueranspruchs ein besonders schwerwiegender Fehler im Sinne des § 125 Abs. 1 AO. Er ist aber nicht offenkundig, da bei Ermittlung der Frist Ablaufhemmungen zu beachten sind und die Frist nur geringfügig überschritten wurde.[1]

02

Für 02 hat K keine Steuererklärung abgegeben. Damit auch hier die Festsetzungsfrist beginnen kann, setzt § 170 Abs. 2 Nr. 1 AO fest, dass die Frist spätestens mit Ablauf des dritten auf die Entstehung der Steuer folgenden Jahres beginnt. Die Einkommensteuer 02 entsteht nach § 38 AO i. V. m. § 36 Abs. 1 EStG mit Ablauf des Jahres 02. Die Festsetzungsfrist beginnt daher mit Ablauf des Jahres 05. Die Frist endet 4 Jahre später mit Ablauf des Jahres 09.

Die Außenprüfung hat keinen Einfluss auf den Verlauf der Frist, es tritt keine Ablaufhemmung ein. Die Prüfung beginnt und endet während der laufenden Frist. Der Änderungsbescheid für 02 aus dem Jahr 07 erging vor Ablauf der Frist am 31.12.09.

2. Gegen die Änderungsbescheide nach der Außenprüfung ist als Rechtsbehelf der Einspruch gegeben, § 347 Abs. 1 Nr. 1 AO. Damit der Steuerpflichtige alle Rechtsbehelfe und Rechtsmittel voll ausschöpfen kann, sieht § 171 Abs. 3a AO eine Ablaufhemmung vor, nach der die Frist nicht abläuft, bevor über die Rechtsbehelfe rechtskräftig entschieden worden ist.

Für 01 bedeutet dies aber nicht, dass die bereits mit dem 31.12.06 abgelaufene Festsetzungsfrist wieder auflebt und das Finanzamt die Möglichkeit hätte, den Steuerbescheid inhaltlich zu ändern. Der Einspruch für 01 hat nur das Ziel festzustellen, dass der Bescheid nach Ablauf der Festsetzungsfrist erging und ersatzlos aufzuheben ist. Der vorherige, durch ihn geänderte Bescheid wird wieder rechtswirksam und ist wegen Ablaufs der Festsetzungsfrist nicht mehr änderbar.

3. Für 02 überschneiden sich die Ablaufhemmungen des § 171 Abs. 3a und des § 171 Abs. 4 AO. Nach der zeitlich vorgehenden Ablaufhemmung des Abs. 4 endet die Frist erst, wenn der nach der Außenprüfung ergangene Bescheid unanfechtbar wird, also mit Abschluss des Rechtsbehelfsverfahrens; aus Abs. 3a ergibt sich das Gleiche, da der Einspruch des K, der vor Ablauf der durch § 171 Abs. 4 AO gehemmten Frist eingelegt wurde, ebenfalls eine Ablaufhemmung bis zu dem gleichen Zeitpunkt auslöst.

Allerdings kann der Umfang der Ablaufhemmung nach § 171 Abs. 4 und Abs. 3a AO unterschiedlich sein. Bei einer Außenprüfung (§ 171 Abs. 4 AO) wird der Umfang durch die Prüfungsanordnung bestimmt. Da die Einkommensteuer 02 Gegenstand der Außenprüfung war, ist der Ablauf der Festsetzungsfrist für die gesamte Einkommensteuer 02 gehemmt, bis der

---

1 BFH vom 06.05.1994 – V B 28/94, BFH/NV 1995 S. 275.

Bescheid bestandskräftig ist. Bezöge sich die Prüfungsanordnung nur auf die Einkünfte aus Gewerbebetrieb, so wären auch nur diese in ihrer Verjährung gehemmt. Für den Rest des Bescheids würde die Festsetzungsfrist ablaufen. Beim Einspruch dagegen umfasst die Ablaufhemmung nach § 171 Abs. 3a Satz 2 AO stets den gesamten Steueranspruch. Auf den vom Einspruchsführer gestellten Antrag kommt es insoweit nicht an. Damit entspricht diese Regelung der Verpflichtung des Finanzamts, den Steuerfall in vollem Umfang erneut zu prüfen, und damit auch dem Recht, den Bescheid ggf. zum Nachteil des Steuerpflichtigen zu ändern, § 367 Abs. 2 AO. Die Ablaufhemmung tritt jedoch nur ein, wenn der Einspruch zulässig ist, § 171 Abs. 3a Satz 2 Halbsatz 2 AO.

4. Es ist dem Finanzamt nicht gesetzlich vorgeschrieben, innerhalb welcher Zeit nach Abschluss der Außenprüfung Änderungsbescheide erlassen werden müssen. Das hätte zur Folge, dass wegen des § 171 Abs. 4 Satz 1 AO die Festsetzungsfrist nie ablaufen würde, wenn das Finanzamt keine Bescheide erlassen würde.

In § 171 Abs. 4 Satz 3 AO ist vorgesehen, dass mit Ablauf des Jahres, in dem die Schlussbesprechung stattgefunden hat, eine neue 4-jährige Frist läuft. Innerhalb dieses Zeitraums müssen die Bescheide ergehen, anderenfalls erlöschen die Ansprüche durch Eintritt der Festsetzungsverjährung, § 47 AO. Der Steuerpflichtige hat keine Möglichkeit, diese Frist zu verkürzen, woran er angesichts der drohenden Zinsfestsetzung ein Interesse hätte. Auch langjährige Unterbrechungen der Außenprüfung vor Durchführung der Schlussbesprechung kann der Steuerpflichtige nicht verhindern. Wenn er allerdings auf die Schlussbesprechung verzichtet (§ 201 Abs. 1 AO), tritt 4 Jahre nach Ablauf des Kalenderjahres der letzten Ermittlungstätigkeit Festsetzungsverjährung ein.[1]

Für **01** ergäben sich keine Änderungen, da die Frist mit Ablauf des 31.12.06 endet. Eine Ablaufhemmung nach § 171 Abs. 4 AO kommt nicht in Betracht.

Für **02** würde die in § 171 Abs. 4 Satz 3 AO vorgesehene Frist mit Ablauf des Jahres 07 beginnen, da die Prüfung im Jahr 07 mit einer Schlussbesprechung endete. Die 4-jährige Frist würde mit Ende des Jahres 11 ablaufen.

---

1 BFH vom 26.06.2014 – IV R 51/11, BFH/NV 2014 S. 1716, und BVerfG vom 21.07.2016 – 1 BvR 3092/15, DB 2016 S. 1976.

Fall 13

Festsetzungsfrist – Feststellungsfrist

AO §§ 169 ff., 181

Sachverhalt

Der Kaufmann Bruno Balg (B) betreibt einen Pelzhandel und ist außerdem als Kommanditist an einer Tierverwertungs-KG (KG) beteiligt.

Seine Einkommensteuererklärung für 01 reichte er im Januar 03 beim zuständigen Wohnsitzfinanzamt ein. Der Bescheid erging im April 03.

Die KG reichte die Erklärung zur gesonderten und einheitlichen Gewinnfeststellung 01 im Jahr 02 beim zuständigen Betriebsfinanzamt ein. Der Gewinnfeststellungsbescheid erging in 02 unter dem Vorbehalt der Nachprüfung.

Im Jahr 07 fand bei der KG eine Außenprüfung statt, die auch das Jahr 01 erfasste. Am 11.11.07 ging der Änderungsbescheid 01 ordnungsgemäß adressiert zur Post.

Frage

1. Durfte das Finanzamt am 11.11.07 noch einen geänderten Gewinnfeststellungsbescheid erlassen?
2. Bis zu welchem Zeitpunkt kann das Wohnsitzfinanzamt die Mitteilung des Betriebsfinanzamts über den geänderten Gewinnfeststellungsbescheid noch verwerten und einen geänderten Einkommensteuerbescheid 01 erlassen?

Antwort

1. Der geänderte Gewinnfeststellungsbescheid durfte trotz Ablaufs der Feststellungsfrist noch ergehen, weil für den Einkommensteuerbescheid noch keine Festsetzungsverjährung eingetreten war.
2. Der geänderte Einkommensteuerbescheid muss spätestens am 14.11.09 das Finanzamt verlassen haben.

Begründung

1. Die Regeln über die Festsetzungsfrist finden nach § 181 Abs. 1 Satz 1 AO auch für die gesonderte Feststellung von Besteuerungsgrundlagen Anwendung **(Feststellungsfrist)**.

Die Frist beträgt ebenfalls 4 Jahre, § 169 Abs. 2 Nr. 2 AO. Die Verpflichtung zur Abgabe einer Erklärung zur gesonderten Gewinnfeststellung i. S. des § 181 Abs. 1 Satz 2 AO ergibt sich aus § 181 Abs. 2 AO. Die Feststellungsfrist für die Gewinnfeststellung 01 beginnt nach § 170 Abs. 2 Nr. 1 AO mit Ablauf des Jahres 02 und endet 4 Jahre später mit Ablauf des Jahres 06. Die Feststellungsfrist wird hinsichtlich aller Beteiligten durch wirksame Bekanntgabe gegenüber nur einem Beteiligten vor Ablauf der Frist gewahrt. Die Bekanntgabe gegenüber den anderen Beteiligten kann auch nach Ablauf der Feststellungsfrist noch wirksam erfolgen.[1]

Die im Jahr 07 durchgeführte Außenprüfung kann zu keiner Ablaufhemmung nach § 171 Abs. 4 AO führen. Grundsätzlich setzen die Ablaufhemmungen des § 171 AO voraus, dass das Ereignis, das die Ablaufhemmung auslöst, innerhalb der Frist liegt und das noch nicht eingetretene Ende der Frist hinausgezögert wird; der Ablauf der noch laufenden Frist wird gehemmt, nicht eine bereits abgelaufene Frist wieder in Gang gesetzt.

Es ist aber zu berücksichtigen, dass es sich hier um einen Feststellungsbescheid handelt, der nicht Selbstzweck ist, sondern Besteuerungsgrundlagen für eine anderweitige Steuerfestsetzung liefern soll. Die gesonderte Feststellung ist ein aus der Ermittlung der Besteuerungsgrundlagen innerhalb der Veranlagung herausgelöster Teil. Um dem gerecht zu werden, sieht § 181 Abs. 5 AO vor, dass auch nach dem 31.12.06 die gesonderte Feststellung noch durchgeführt werden darf, wenn die Festsetzungsfrist für den Einkommensteuerbescheid 01 des B noch nicht abgelaufen ist.

Die Festsetzungsfrist für den Einkommensteuerbescheid 01 begann gem. § 170 Abs. 2 Nr. 1 AO mit Ablauf des Jahres 03 und endet 4 Jahre später mit Ablauf des Jahres 07. Da im Zeitpunkt der gesonderten Feststellung, im November 07, die Festsetzungsfrist für den Einkommensteuerbescheid noch nicht abgelaufen war, darf der Feststellungsbescheid noch ergehen.

2. Hinsichtlich der Berücksichtigung des geänderten Gewinns aus der KG nach § 175 Abs. 1 Nr. 1 AO greift die Ablaufhemmung des § 171 Abs. 10 AO.[2] Obwohl die Festsetzungsfrist für die Einkommensteuer 01 mit Ablauf des 31.12.07 endet, kann die Änderung des Gewinnfeststellungsbescheids unter den Voraussetzungen des § 171 Abs. 10 AO berücksichtigt werden. Die genannte Vorschrift beinhaltet eine Ablaufhemmung für solche Steuerfestsetzungen, die auf Grundlagenbescheiden beruhen. Soweit ein Grundlagenbescheid für einen Folgebescheid Bindungswirkung entfaltet, läuft die Festsetzungsfrist für den Folgebescheid nicht vor Ablauf von 2 Jahren nach Bekanntgabe des Grundlagenbescheids ab. Anderenfalls würde die noch zulässige Änderung des Grundlagenbescheids sinnlos sein. Dem steht § 181 Abs. 5 Satz 1 letzter Halbsatz AO („hierbei bleibt § 171 Abs. 10 AO außer Betracht") nicht entgegen. Er soll lediglich einen Zirkel der Festsetzungsfristen zwischen Grundlagen- und Folgebescheid verhindern.

---

1 BFH vom 27.04.1993, BStBl 1994 II S. 3, und vom 13.09.1994, BStBl 1995 II S. 39.
2 AEAO zu § 171 Nr. 6.

Der geänderte Gewinnfeststellungsbescheid vom 11.11.07 ist in Höhe des Gewinnanteils Grundlagenbescheid und bindend für die Einkommensteuer 01 des K, § 182 Abs. 1 AO. Die Änderung des Einkommensteuerbescheids muss innerhalb von 2 Jahren nach Bekanntgabe des Gewinnfestsetzungsbescheids erfolgen.

Bekanntgabe des am 11.11.07 zur Post gegebenen Gewinnfeststellungsbescheids ist nach § 122 Abs. 2 AO am 14.11.07. Die 2-Jahres-Frist des § 171 Abs. 10 AO beginnt gem. § 108 Abs. 1 AO i. V. m. § 187 Abs. 1 BGB mit dem 15.11.07 und endet nach § 188 Abs. 2 BGB mit Ablauf des 14.11.09. Der geänderte Einkommensteuerbescheid muss spätestens bis zum Ablauf des 14.11.09 zur Post gegeben worden sein. Nach § 169 Abs. 1 Satz 3 Nr. 1 AO reicht es zur Fristwahrung aus, wenn der Bescheid den Bereich des Finanzamts vor Ablauf der Frist verlässt. Auf den Zeitpunkt der Bekanntgabe kommt es nicht an. Nach dem Beschluss des Großen Senats des BFH vom 25.11.2002[1] ist die Festsetzungsfrist aber nur dann gewahrt, wenn der Steuerbescheid dem Steuerpflichtigen auch tatsächlich zugeht und wirksam wird. Ein unwirksamer Verwaltungsakt erzeugt keine Rechtswirkungen und ist nicht geeignet, die Festsetzungsfrist zu wahren oder Ablaufhemmungen nach § 171 AO auszulösen. Das gilt auch dann, wenn nach dem missglückten Bekanntgabeversuch eine nochmalige Bekanntgabe außerhalb des durch § 169 Abs. 1 Satz 3 AO bestimmten Zeitpunktes erfolgt.

Eine Änderung der Einkommensteuerbescheide der übrigen an der KG beteiligten Gesellschafter ist nur zulässig, soweit deren Festsetzungsfrist ebenfalls im Zeitpunkt der Bekanntgabe des geänderten Gewinnfeststellungsbescheids noch nicht abgelaufen war. Bei den anderen Beteiligten ist eine Änderung nicht mehr zulässig.[2] Damit kann es dazu kommen, dass die Summe der Gewinnanteile in den Einkommensteuerbescheiden der Beteiligten nicht mehr dem Gesamtgewinn der KG in dem Feststellungsbescheid entspricht.

Der nach § 181 Abs. 5 Satz 2 AO in den Feststellungsbescheid aufzunehmende Hinweis

> „Der Feststellungsbescheid ist nach Ablauf der Feststellungsfrist ergangen. Nach § 181 Abs. 5 AO kann er deshalb nur solchen Steuerfestsetzungen zugrunde gelegt werden, deren Festsetzungsfrist im Zeitpunkt der gesonderten Feststellung noch nicht abgelaufen war."

hat nicht nur Begründungsfunktion, sondern Regelungscharakter. Er muss inhaltlich hinreichend bestimmt sein, § 119 Abs. 1 AO, und die Regelung des § 181 Abs. 5 AO für alle Beteiligten verständlich zum Ausdruck brin-

---

1 BFH vom 25.11.2002, BStBl 2003 II S. 548.

2 BFH vom 27.08.1997, BStBl 1997 II S. 750; AEAO zu § 181 Nr. 1; die gegenteilige Entscheidung des BFH vom 10.12.1992, BStBl 1994 II S. 381 (dazu Nichtanwendungserlass des BMF vom 24.05.1994, BStBl 1994 I S. 302), betrifft nur einen speziellen Fall zum Bilanzenzusammenhang.

gen. Fehlt der Hinweis oder entspricht er nicht den inhaltlichen Anforderungen, so ist der Feststellungsbescheid rechtswidrig, aber nicht nichtig. Eine Nachholung durch Ergänzungsbescheid (§ 179 Abs. 3 AO) ist nicht zulässig.[1] Es besteht jedoch die Möglichkeit der Nachholung im Rahmen der Korrekturvorschriften der AO oder eines Einspruchsverfahrens.[2]

Fall 14

Verwaltungsakt: Begriff – Entstehung – Form – Inhalt

AO §§ 118, 119, 121, 122

Sachverhalt

Der Kaufmann Egbert Elster (E) beantragte bei dem für ihn zuständigen Finanzamt mit beachtlichen Gründen, ihm die Einkommensteuerabschlusszahlung 01 von 2.900 Euro, die am 10.05.03 fällig wurde, für 3 Monate zu stunden.

Am 25.04.03 fertigte der Bearbeiter Bernd Bär (B) der Erhebungsstelle ein Schreiben an E, das lautete: „Hiermit stunde ich Ihnen antragsgemäß Ihre Einkommensteuerabschlusszahlung 01 i. H. von 2.900 Euro bis zum 31.07.03." B unterschrieb den Stundungsbescheid und sandte ihn an E, der ihn am 29.04.03 erhielt.

Nach den einschlägigen Verwaltungsvorschriften durfte B bei Stundungsanträgen über 2.500 Euro nur dann alleine entscheiden, wenn die Stundung für einen Zeitraum von nicht mehr als 2 Monaten gewährt wurde. Bei darüber hinausgehenden Beträgen oder Zeiträumen hätte der zuständige Sachgebietsleiter entscheiden müssen.

Frage

Ist die Einkommensteuerabschlusszahlung 01 wirksam gestundet worden?

Antwort

Die Einkommensteuerabschlusszahlung ist wirksam gestundet worden, da E einen die Fälligkeit hinausschiebenden Verwaltungsakt erhalten hat.

---

1 BFH vom 18.03.1998, BStBl 1998 II S. 426.
2 BFH vom 25.11.2008, BStBl 2009 II S. 287 m. w. N.

Begründung

Fälligkeit der Einkommensteuerabschlusszahlung i. S. von § 220 AO bedeutet, dass E den Betrag bis spätestens zum 10.05.03 an die Finanzkasse gezahlt haben muss. Die Verpflichtung des Schuldners E, den Betrag zahlen zu müssen, ist gleichzeitig das Recht des Gläubigers, vertreten durch das Finanzamt, den Betrag fordern zu dürfen. Der Gläubiger kann auf dieses Recht zeitweilig verzichten, indem er die Fälligkeit auf einen späteren Zeitpunkt hinausschiebt, den Betrag stundet. Um die gleichmäßige Behandlung aller Schuldner zu gewährleisten, darf das Finanzamt nicht beliebig, sondern nur unter den Voraussetzungen des § 222 AO eine **Stundung** aussprechen. Die Stundung ist die Äußerung des behördlichen Willens, den am 10.05.03 fälligen Betrag erst am 31.07.03 fordern zu wollen.

Willensbekundungen einer Behörde erfolgen grundsätzlich in der Form eines Verwaltungsakts. Was ein **Verwaltungsakt** ist, wird in § 118 AO beschrieben. Jede hoheitliche Maßnahme des Finanzamts ist ein Verwaltungsakt. Hoheitlich handelt die Behörde bei einer Stundung, weil sie in Erfüllung der Aufgaben tätig wird, die ihr kraft Gesetzes zugewiesen sind und deren Erledigung nur von ihr als Hoheitsträger vorgenommen werden kann. Es ist Aufgabe des Finanzamts, die Steuern festzusetzen und zu erheben. Keine Privatperson könnte eine Steuer stunden. Mit der hoheitlichen Maßnahme wird die Zahlungsverpflichtung des E geregelt. Regelung bedeutet die einseitige, verbindliche und rechtsfolgebegründende Ordnung eines konkreten Lebenssachverhalts.[1] Es handelt sich um die Regelung eines bestimmten Einzelfalls, die Zahlung einer Steuer durch eine genau bezeichnete Person. Die Stundung ist eine Regelung auf dem Gebiet des Steuerrechts, mithin des öffentlichen Rechts. Die Tätigkeit der Behörde ist auf unmittelbare Rechtswirkung nach außen gerichtet, weil mit Bekanntgabe der Stundung der Fälligkeitszeitpunkt auf den 31.07.03 verschoben wird.

Der Verwaltungsakt entsteht in mehreren Phasen. Zunächst muss der für die Behörde tätige Amtsträger B anhand der vorliegenden Unterlagen, vor allem des Antrags des E, entscheiden, ob die Voraussetzungen für eine Stundung vorliegen und ob er einen Stundungsverwaltungsakt erlassen soll. Hat er sich entschieden, seinen Willen gebildet, muss er diesen äußern, damit er für Außenstehende erkennbar wird. Zu diesem Zweck bringt er seine Entscheidung zu Papier. Die Unterschrift des B soll jedem Dritten erkennbar machen, dass die Äußerung des Willens abgeschlossen ist. Außerdem lässt sich aus ihr ableiten, wer für die Behörde gehandelt hat. Die Bekanntgabe des Verwaltungsakts ist der wesentliche Schritt, der für die Wirksamkeit des Verwaltungsakts notwendig ist, § 124 AO.[2] Mit Abschluss der Willensbildung ist der Verwaltungsakt ein bloßes Internum

---

1 BFH vom 12.09.1985, BStBl 1986 II S. 537.

2 Vgl. Große in DStZ 1990 S. 348.

ohne Rechtswirkung nach außen. Einzelne Phasen der Entstehung können aber rechtlich erheblich sein, so der Abschluss der Willensäußerung für § 173 AO oder die Aufgabe zur Post für § 169 Abs. 1 Nr. 1 AO. Die Behörde kann nicht selbst, sondern nur durch ihre Amtsträger tätig werden. Verwaltungsakte werden von Personen erlassen, die befugt sind, für die Behörde zu handeln. **Nichtakte** sind Handlungen, die einer Behörde nicht zugerechnet werden können, weil sie von einer Person ausgehen, die unter keinen denkbaren Gesichtspunkten zu behördlichem Handeln befugt ist.[1] B war nach den innerdienstlichen Anweisungen nicht berechtigt, eine Stundung in diesem Umfange zu verfügen. Allerdings ist B unter bestimmten Umständen zum Erlass eines Stundungsverwaltungsakts befugt. Lediglich die innerdienstliche Abgrenzung der Zuständigkeit hinderte B, diese Stundung zu erlassen. Er hätte seinen Entwurf dem zuständigen Sachgebietsleiter zur endgültigen Entscheidung und abschließenden Zeichnung zuleiten müssen. Überschreitet ein Bearbeiter seine Befugnisse zur abschließenden Zeichnung, so weist ein Verwaltungsakt im Allgemeinen keinen Mangel auf, wenn der Bearbeiter zur Mitwirkung an dem Verwaltungsakt befugt und seine Kompetenzüberschreitung nicht schwerwiegend ist.[2] Hinzu kommt, dass E dem Verwaltungsakt in keiner Weise ansehen kann, ob B dafür zuständig war oder nicht. Sein Vertrauen in die richtige Handhabung der Vorschriften durch die Amtsträger des Finanzamts muss geschützt werden.[3] Der Verwaltungsakt ist mit seiner Bekanntgabe wirksam geworden. E braucht erst am 31.07.03 zu bezahlen.

Damit ein Verwaltungsakt ordnungsgemäß erlassen worden ist, müssen die Regeln über **Form und Inhalt des Verwaltungsakts** beachtet werden. Nach § 119 Abs. 1 AO ist entscheidend, dass der Verwaltungsakt so abgefasst wurde, dass E versteht, was von ihm gewollt ist, damit er ihn befolgen kann. Es bleibt dem Zweck und der Notwendigkeit des einzelnen Verwaltungsakts vorbehalten, wie er aussieht. Dabei ist entscheidend, wie der Adressat den materiellen Gehalt des Verwaltungsakts verstehen darf und muss.[4] Es ist zunächst zu überprüfen, welche Anweisungen die speziellen Vorschriften für den zu erlassenden Verwaltungsakt für die Form und den Inhalt aufstellen. In § 222 AO ist zu der Form der Stundung nichts gesagt. Sie ist ordnungsgemäß, wenn sie den allgemeinen Vorschriften über die Form in den §§ 119 und 121 AO entspricht. Da die Stundung schriftlich abgefasst wurde, muss sie das Finanzamt und die Unterschrift des für die Stundung zuständigen Beamten enthalten, § 119 Abs. 3 Satz 2 AO.

Nach § 121 AO ist die Stundung zu begründen, soweit das notwendig ist, damit E versteht, warum die Behörde ihm gegenüber so und nicht anders

---

1 BFH vom 27.06.1986, BStBl 1986 II S. 832.

2 BFH vom 29.01.1981, BStBl 1981 II S. 404, und vom 13.05.1987, BStBl 1987 II S. 592.

3 Vgl. aber auch BFH vom 28.09.1984, BStBl 1985 II S. 42.

4 BFH vom 06.07.1994 – II R 126/91, BFH/NV 1995 S. 178.

gehandelt hat. Da die Stundung entsprechend seinem Antrag ergeht, ist es zu ihrem Verständnis ausreichend, wenn E mitgeteilt wird, wann er die Steuer nunmehr zu zahlen hat. Einer besonderen Begründung bedarf es deshalb nicht, § 121 Abs. 2 Nr. 1 AO. Der Absatz 2 des § 121 AO ist lediglich eine Erläuterung des Absatzes 1. Er zählt nicht abschließend Fälle auf, in denen eine **Begründung des Verwaltungsakts** zu seinem Verständnis nicht erforderlich ist.

Um der Rechtsschutzgarantie des Art. 19 Abs. 4 GG gerecht zu werden, muss dem von einem Verwaltungsakt betroffenen Bürger die Möglichkeit gegeben werden, sich gegen die Regelung des Verwaltungsakts zu wehren. Damit er weiß, welcher Rechtsbehelf gegeben ist, muss ihm die Behörde darüber eine Belehrung erteilen. Eine Belehrung des E über den gegen die Stundung gegebenen Einspruch konnte unterbleiben, da seinem Antrag in vollem Umfang entsprochen wurde und er gegen die Entscheidung in keinem Fall Einspruch einlegen würde. Das Fehlen der **Rechtsbehelfsbelehrung** führt nicht zur Nichtigkeit oder Unwirksamkeit des Verwaltungsakts, sondern bewirkt nur eine Anlaufhemmung der Einspruchsfrist, § 356 Abs. 2 AO. Der theoretisch mögliche Einspruch kann bis zum Ablauf eines Jahres nach Bekanntgabe der Stundung eingelegt werden.

Fall 15

Adressierung von Verwaltungsakten – Bekanntgabezeitpunkt – Wohnsitz

AO §§ 8, 19, 122, 124; BGB § 130

Sachverhalt

Dora Dusselkopf ist Schlagersängerin. Sie tritt seit Jahren unter dem Künstlernamen Marina **Mirana** (M) mit großem Erfolg in der Öffentlichkeit auf. Sie ist Eigentümerin eines Einfamilienhauses in Cuxhaven, Bismarckallee 7. Bei ihren Tourneen und zahlreichen anderen beruflichen Verpflichtungen in verschiedenen Städten Europas wohnt sie in Hotels. Soweit es ihre Zeit erlaubt, hält sie sich in ihrem Haus auf. Als Autogrammadresse für die zahlreiche Fanpost gibt sie in der Öffentlichkeit „Cuxhaven, Postfach 2226" an.

Das Finanzamt Cuxhaven veranlagt sie zur Einkommensteuer 02. Der Bescheid wird am Montag, dem 06.02.04, mit einfachem Brief zur Post gegeben. Er enthält die Anschrift „Frau Marina **Marani,** Bismarckallee 7, Cuxhaven". M befindet sich zu dieser Zeit auf Tournee in Schweizer Wintersportorten. Sie kehrt am 12.04.04 für einige Tage nach Cuxhaven zurück und findet den Bescheid in ihrem Hausbriefkasten.

Frage

1. Ist das Finanzamt Cuxhaven für die Einkommensteuerveranlagung der M zuständig?
2. Ist der Einkommensteuerbescheid 02 wirksam bekannt gegeben worden?
3. Wann wird der Bescheid wirksam?

Antwort

1. Das Finanzamt Cuxhaven ist für die Einkommensteuerveranlagung zuständig.
2. Trotz Verwendung des Künstlernamens und des Schreibfehlers ist der Bescheid wirksam bekannt gegeben worden.
3. Der Bescheid wird am 09.02.04 wirksam.

Begründung

1. Die **Zuständigkeit** der Finanzämter für die Einkommensteuerveranlagung ist regional gegliedert. Nach § 19 Abs. 1 AO ist das Finanzamt Cuxhaven für die Einkommensteuerveranlagung all der Personen zuständig, die im Amtsbezirk ihren Wohnsitz oder gewöhnlichen Aufenthalt haben. Ob M in Cuxhaven einen Wohnsitz oder gewöhnlichen Aufenthalt hat, ergibt sich aus den §§ 8 bzw. 9 AO.

M unterhält in ihrem Haus eine Wohnung. Es ist anzunehmen, dass zum Wohnen geeignete Räume vorhanden sind. Als Eigentümerin kann sie über die Wohnung rechtlich und – da sie Zugang zu dem Haus hat – tatsächlich verfügen. M hat die Wohnung inne, weil sie sie als Bleibe mit einer gewissen Regelmäßigkeit aufsucht. Die äußeren Umstände lassen darauf schließen, dass sie die Wohnung beibehalten und benutzen wird. Sie verfügt über keine weitere Wohnung und hält sich sonst nur in Hotels auf. Die Wohnung ist der Mittelpunkt ihres privaten Lebens.[1] Die Angabe eines Cuxhavener Postfachs deutet ebenfalls darauf hin, dass sie auch in Zukunft an diesen Ort zurückzukehren gedenkt.[2]

Der Wohnsitz der M ist Cuxhaven. Das Finanzamt Cuxhaven ist für die Einkommensbesteuerung der M zuständig.

2. Ein Bescheid wird mit seiner Bekanntgabe wirksam (§ 124 AO) und entfaltet alle mit ihm verbundenen Rechtswirkungen, wie Fälligkeit, Zahlungsverjährung oder Einspruchsfrist. Für eine **wirksame Bekanntgabe** müssen **drei Voraussetzungen** erfüllt sein:

---

1 BFH vom 19.03.1997, BStBl 1997 II S. 447, und vom 23.06.2015, BStBl 2016 II S. 102.
2 BFH vom 17.05.1995, BStBl 1996 II S. 2.

– eindeutige und zweifelsfreie Benennung des Adressaten

Der Steuerbescheid ist die Regelung eines Einzelfalls, § 118 AO. Aus ihm muss unverwechselbar deutlich werden, für welche Person der Bescheid seinem Inhalt nach bestimmt ist, wer der Adressat der hoheitlichen Maßnahme ist. Dabei ist zwischen Inhalts- und Bekanntgabeadressat zu unterscheiden: **Inhaltsadressat**[1] ist der Steuerschuldner, für ihn erfolgt die Regelung des Steuerbescheids. **Bekanntgabeadressat**[2] ist derjenige, dem der Verwaltungsakt bekannt gegeben werden soll, das ist i. d. R. der Inhaltsadressat. Es kommen jedoch auch Dritte in Betracht (siehe Fall 17), die für den Inhaltsadressaten steuerliche Pflichten zu erfüllen haben.

Um die häufigen Fehler bei Adressierung und Bekanntgabe von Verwaltungsakten zu reduzieren, hat die Finanzverwaltung im Anwendungserlass zur AO (AEAO zu § 122) umfangreiche Erläuterungen zu diesem Fragenkreis gegeben.

Der Steuerbescheid richtet sich an Dora Dusselkopf, die durch die Erzielung von Einkünften Tatbestände des Einkommensteuergesetzes verwirklicht hat und damit Steuerschuldnerin ist, § 43 AO. Sie ist Inhaltsadressatin, für sie ist der Bescheid seinem Inhalt nach bestimmt. Sie ist auch Bekanntgabeadressatin, sie soll aufgrund des Bescheids handeln. Die Adressierung soll gewährleisten, dass derjenige, für den der Bescheid seinem Inhalt nach bestimmt ist, den Bescheid auch tatsächlich erhält. Grundsätzlich ist der Bescheid mit Namen und Anschrift der Steuerpflichtigen zu versehen.[3] Die Verwendung des Künstlernamens anstelle des bürgerlichen Namens schließt nicht aus, dass der Bescheid die Steuerpflichtige auch erreicht. Es ist gewährleistet, dass der Bescheid bei der richtigen Steuerpflichtigen ankommt, da sie unter diesem Namen allgemein bekannt ist. Bei einer Steuerpflichtigen, die als Schlagersängerin stets im Rampenlicht der Öffentlichkeit steht, sollte das Finanzamt den bürgerlichen Namen nicht verwenden, insbesondere da M einen Namen trägt, der sie in dem an Schlagersängerinnen interessierten Teil der Öffentlichkeit und bei der einschlägigen Presse herabsetzen oder der Lächerlichkeit preisgeben könnte. Der bürgerliche Name der M wird durch das Steuergeheimnis, § 30 AO, geschützt. Das Finanzamt ist verpflichtet, die Kenntnis des bürgerlichen Namens für sich zu behalten.

Die Adressierung muss den Adressaten zweifelsfrei erkennen lassen. Der geringfügige Schreibfehler im Künstlernamen der M schließt das nicht aus. Er ist unbeachtlich.[4] Die Adressierung ist dann nicht ordnungsgemäß und

---

1 AEAO zu § 122 Nr. 1.3.

2 AEAO zu § 122 Nr. 1.4.

3 BFH vom 23.08.2017 – I R 52/15, BFH/NV 2018 S. 401.

4 AEAO zu § 122 Nr. 4.2.4; BFH vom 17.11.2005, BStBl 2006 II S. 287, und vom 29.08.2012 – XI R 40/10, BFH/NV 2013 S. 182 m. w. N.

führt zu keiner Bekanntgabe, wenn der Schreibfehler im Namen nicht mehr erkennen lässt, wer gemeint ist. Da nicht anzunehmen ist, dass unter der angegebenen Adresse eine weitere Person mit gleichem oder ähnlichem Namen wohnt, sodass es zu Verwechslungen kommen könnte, ist der Bescheid ordnungsgemäß adressiert.[1]

– tatsächlicher Zugang beim Empfänger

Unter Zugang i. S. des § 130 BGB wird nicht die tatsächliche Kenntnisnahme verstanden. Vielmehr ist ein Schriftstück schon dann zugegangen, wenn es derart in den Machtbereich des Empfängers gelangt ist, dass er unter Ausschluss unbefugter Dritter von dem Schriftstück Kenntnis nehmen und diese Kenntnisnahme nach allgemeinen Gepflogenheiten auch erwartet werden kann.[2]

Empfänger[3] eines Bescheids ist, wer ihn tatsächlich erhalten soll. Auch das ist i. d. R. der Inhalts- und Bekanntgabeadressat, kann aber auch ein Dritter (z. B. Steuerberater) sein. M ist die Empfängerin des Einkommensteuerbescheids 02, da sie keinen abweichenden Empfangsbevollmächtigten nach § 122 Abs. 1 Satz 2 AO benannt hat. Ihr ist der Bescheid zugegangen, denn er ist derart in ihren Machtbereich gelangt, dass sie hätte Kenntnis nehmen können.

– mit Wissen und Wollen der Behörde

Eine wirksame Bekanntgabe setzt begrifflich den Willen der den Verwaltungsakt erlassenden Behörde voraus, diesen der jeweils betroffenen Person zur Kenntnis zu bringen. Ein ohne Bekanntgabewillen der Behörde bekannt gewordener Verwaltungskat erlangt daher keine Wirksamkeit.[4] Der Bekanntgabewille wird dadurch gebildet, dass der zeichnungsberechtigte Bedienstete die Aktenverfügung des Verwaltungsakts abschließend zeichnet und den Versand des Verwaltungsakts veranlasst oder dass die Bescheiderteilung in anderer Form abschließend veranlasst und die Versendung des Bescheids angewiesen wird.[5] Der Einkommensteuerbescheid 02 der M ist vom Finanzamt Cuxhaven bewusst und gewollt versendet worden.

Der Einkommensteuerbescheid 02 ist gegenüber M wirksam bekannt gegeben worden.

3. Nach § 124 AO wird ein Bescheid im Zeitpunkt seiner **Bekanntgabe** wirksam. Dieser Zeitpunkt ist für das Finanzamt nur erkennbar, wenn der Bescheid M im Finanzamt ausgehändigt würde, nicht aber bei der Über-

---

1 BFH vom 26.03.2012 – VII B 191/11, BFH/NV 2012 S. 1410.
2 Ständige Rechtsprechung des BFH, z. B. BFH vom 14.03.1990, BStBl 1990 II S. 612.
3 AEAO zu § 122 Nr. 1.5.
4 BFH vom 27.06.1986, BStBl 1986 II S. 832, und vom 12.08.1996, BStBl 1996 II S. 627.
5 BFH vom 24.11.1988, BStBl 1989 II S. 344.

sendung mit der Post. Das Gesetz bedient sich in § 122 Abs. 2 AO einer Hilfskonstruktion. Unter der Annahme, dass die meisten Bescheide in einem räumlich engen Bereich um das Finanzamt versandt werden, und unter Berücksichtigung der Arbeitsweise der Post wird unterstellt, dass der Bescheid spätestens am 3. Tag nach Aufgabe zur Post den Empfänger erreicht, sodass er an diesem Tag als bekannt gegeben gilt. Mit dem Begriff „Post" meint das Gesetz nicht nur die Deutsche Post AG, sondern alle Unternehmen, die Postdienstleistungen i. S. des § 4 Abs. 1 Nr. 1 PostG erbringen.[1] Fällt der 3. Tag nach Aufgabe zur Post auf einen Samstag, Sonntag oder Feiertag, so verschiebt sich entsprechend der Vorschrift des § 108 Abs. 3 AO der Tag der Bekanntgabe auf den nächstfolgenden Werktag.[2]

Von dieser **Bekanntgabefiktion** gibt es nach § 122 Abs. 2 Satz 1 AO zwei Ausnahmen. Behauptet der Steuerpflichtige, einen Verwaltungsakt nicht erhalten zu haben, so gilt dieser nicht als bekannt gegeben, solange das Finanzamt nicht das Gegenteil beweisen kann. Ein neuerlicher Bekanntgabeversuch, ggf. mittels Zustellung, ist erforderlich. Dagegen muss die Behauptung, ein Verwaltungsakt sei tatsächlich nach Ablauf der Dreitagesfiktion zugegangen, vom Steuerpflichtigen durch Nachweise belegt werden, damit der von ihm behauptete Bekanntgabetag der Besteuerung zugrunde gelegt wird.[3]

Da der Bescheid an M am 06.02.04 zur Post gegeben wurde, gilt er nach § 122 Abs. 2 AO mit dem 09.02.04 als bekannt gegeben. Der Bescheid wäre auch wirksam bekannt gegeben, wenn er – obwohl an die Wohnanschrift adressiert – in das Postfach der M eingelegt worden wäre. In ein Postfach des Empfängers eingelegte Briefsendungen sind in dem Zeitpunkt zugegangen, in welchem das Postfach normalerweise geleert wird; hierbei ist es unerheblich, ob das Postfach geleert oder der entnommene Brief überhaupt zur Kenntnis genommen wird.[4]

Nun befand sich M zu diesem Zeitpunkt nicht in Cuxhaven. Sie hatte nicht die Möglichkeit, das Schreiben des Finanzamts in Empfang zu nehmen und zu lesen. Darauf aber nimmt die gesetzliche Regelung keine Rücksicht. Eine Steuerpflichtige, die sich wie M häufig und für längere Zeit außerhalb ihres Wohnortes aufhält, muss dafür Sorge tragen, dass Schriftstücke sie erreichen, die an ihren amtsbekannten Wohnort gesandt werden. M hätte z. B. der Post einen Nachsendeauftrag an ihren jeweiligen Aufenthaltsort oder ihre Konzertagentur geben können. Sie hätte auch eine Person

---

1 BFH vom 18.04.2013 – X B 47/12, BFH/NV 2013 S. 1218.

2 BFH vom 17.09.2002, BStBl 2003 II S. 2, und vom 14.10.2003, BStBl 2003 II S. 898.

3 BFH vom 14.03.1989, BStBl 1989 II S. 534, vom 26.04.1989, BStBl 1989 II S. 695, vom 27.11.2002 – X R 17/01, BFH/NV 2003 S. 586, und vom 20.04.2011 – III B 124/10, BFH/NV 2011 S. 1110.

4 BFH vom 13.10.1994, BStBl 1995 II S. 484, und vom 09.12.1999, BStBl 2000 II S. 175.

ihres Vertrauens bitten können, ihr die Post nachzusenden. Sie hätte schließlich das Finanzamt informieren können, dass sie vor Mitte April 04 nicht zu erreichen ist. Da sie keinerlei Maßnahmen dieser Art getroffen hat, muss sie etwaige Rechtsnachteile tragen. So ist z. B. am 12.04.04 die Rechtsbehelfsfrist bereits abgelaufen. Der Bescheid ist bestandskräftig.

Fall 16

Adressierung und Bekanntgabe von Steuerbescheiden an zusammenveranlagte Ehegatten – Bekanntgabemängel – Zustellung

AO §§ 44, 122, 124, 155; VwZG §§ 3, 7, 8; EStG §§ 26, 26b

Sachverhalt

Die Eheleute Xaver (X) und Ysolde (Y) Zander erzielen beide Einkünfte aus selbständiger Arbeit. Der schon seit Jahren mit der Erstellung der Jahresabschlüsse beauftragte Steuerberater Karl Kasse (K) fertigte nach mehrfacher Erinnerung durch das Finanzamt auch die Einkommensteuererklärung 03. Er sandte sie an die Eheleute mit der Bitte, die Erklärung zu unterschreiben und an das Finanzamt weiterzuleiten. Da Y wegen eines Messebesuchs nicht anwesend war, unterschrieb nur X die Erklärung und gab sie beim Finanzamt ab. Das Finanzamt veranlagte entsprechend den Angaben in der Erklärung, setzte gleichzeitig einen Verspätungszuschlag fest und versandte eine Ausfertigung des Bescheids versehen mit der Anschrift: „Herrn Xaver Zander und Frau Ysolde Zander". Der Brief wurde von dem Postboten in den Hausbriefkasten der X und Y geworfen.

Frage

1. Ist der Einkommensteuerbescheid 03 wirksam geworden?
2. Ist der Verspätungszuschlag wirksam festgesetzt worden?
3. Wie wäre die Rechtslage, wenn der Bescheid den Ehegatten mit Zustellungsurkunde zugestellt worden wäre, obwohl sie dem K Empfangsvollmacht erteilt hatten?

Antwort

1. Der Einkommensteuerbescheid ist wirksam gegen X und Y geworden.
2. Der Verspätungszuschlag ist wirksam gegen X und Y festgesetzt worden.
3. Der Bescheid ist erst wirksam, wenn er von X oder Y an K weitergeleitet wird.

Begründung

Ehegatten werden, sofern sie nichts anderes beantragen, nach §§ 26, 26b EStG zusammenveranlagt. Sie werden gemeinsam als Steuerpflichtige behandelt[1] und schulden die festgesetzte Steuer als Gesamtschuldner, § 44 AO. Gegen sie ergehen zusammengefasste Steuerbescheide, **§ 155 Abs. 3 Satz 1 AO.**[2] Bei dem zusammengefassten Steuerbescheid handelt es sich nicht um einen einheitlichen Verwaltungsakt, sondern um eine aus Zweckmäßigkeitsgründen zusammengefasste Mehrheit von Einzelfallregelungen des öffentlichen Rechts.[3]

1. Der Einkommensteuerbescheid ist nur dann wirksam geworden, wenn er jeden Ehegatten als Adressaten ausweist. Er ist als zusammengefasster Bescheid dem Inhalt nach für jeden Ehegatten bestimmt, § 122 Abs. 1 Satz 1 AO. Aus der Adressierung des Bescheids muss jeder Adressat namentlich hervorgehen. Die Formulierung „Herrn Xaver Zander und Frau Ysolde Zander" lässt erkennen, dass der Bescheid an zwei Personen gerichtet ist.

Der Bescheid muss grundsätzlich jedem Adressaten bekannt gegeben werden. Das kann dadurch erfolgen, dass der Bescheid zweimal gedruckt und versendet wird, wobei einmal Herr Xaver Zander und einmal Frau Ysolde Zander Empfänger wären. Dieser recht kostenintensiven Art der Bekanntgabe von Bescheiden an zusammenveranlagte Eheleute hat der Gesetzgeber eine Reihe von Alternativen gegenübergestellt. So kann der Bescheid einem zur Entgegennahme von Verwaltungsakten Bevollmächtigten (z. B. Steuerberater) mit Wirkung für und gegen beide Ehegatten bekannt gegeben werden, **§ 122 Abs. 1 Satz 3 AO.** Der Bescheid wird dann wirksam, wenn er in den Machtbereich des Empfangsbevollmächtigten gelangt, unabhängig davon, ob und wann die Adressaten selbst den Bescheid erhalten.[4] Die Ehegatten können sich auch gegenseitig zur Entgegennahme des Verwaltungsakts bevollmächtigen. Dann reicht es nach **§ 122 Abs. 6 AO** aus, wenn der Bescheid nur dem zum Empfang bevollmächtigten Ehegatten zugeht. Dieser nimmt den Bescheid sozusagen in zweifacher Eigenschaft zur Kenntnis, zunächst für sich selbst und dann als Vertreter des Ehegatten. Eine solche ausdrückliche gegenseitige Bevollmächtigung wird es in der Praxis wohl nur selten geben.[5] Aus der Tatsache, dass beide miteinander verheiratet sind, kann nicht geschlossen werden, dass sie mit der Bekanntgabe eines Steuerbescheids an einen Ehegatten auch mit Wirkung für den anderen Ehegatten „einverstanden" i. S. des § 122 Abs. 6 AO sind. Im vorliegenden Fall fehlt es an einer

---

1 Vgl. dazu auch BFH vom 24.07.1996, BStBl 1997 II S. 115.

2 AEAO zu § 122 Nr. 2.1.1.

3 BFH vom 24.04.1986, BStBl 1986 II S. 545.

4 AEAO zu § 122 Nr. 1.7.4.

5 Vgl. auch Heinke in DStZ 2000 S. 95.

gegenseitigen Bevollmächtigung. Jeder Ehegatte müsste eine Ausfertigung des Bescheids erhalten.

Für diesen Fall sieht **§ 122 Abs. 7 Satz 1 AO**[1] vor, dass bei zusammenveranlagten Ehegatten die Bekanntgabe eines Steuerbescheids an beide Ehegatten ausreicht, auch wenn ein „Einverständnis" durch die Unterschrift beider Ehegatten unter der Steuererklärung nicht erklärt worden ist. Voraussetzung ist, dass die Ehegatten im Zeitpunkt der Bekanntgabe eine gemeinsame Anschrift haben, da dann normalerweise gewährleistet ist, dass beide Ehegatten von dem Inhalt des Bescheids Kenntnis nehmen können. Der Gesetzgeber ging davon aus, dass eine Bekanntgabe an beide Ehegatten auch dann bewirkt wird, wenn ein Ehegatte die Ausfertigung erhält und die Unterrichtung seines Ehegatten unterlässt. Demzufolge kann es nach dem Zweck der Vorschrift auch nicht darauf ankommen, welcher der Ehegatten die Ausfertigung aus dem gemeinsamen Hausbriefkasten entnimmt.[2] Im Gegensatz zu § 122 Abs. 6 AO erfolgt hier die Bekanntgabe nicht an einen Ehegatten auch mit Wirkung für den anderen, sondern an beide Ehegatten gleichzeitig. Unter „gemeinsamer Anschrift" ist eine gemeinsame Wohnung zu verstehen, nicht etwa verschiedene Wohnungen im gleichen Haus. Leben die Ehegatten im Zeitpunkt der Bekanntgabe nicht mehr in der gleichen Wohnung, ist eine Bekanntgabe nach § 122 Abs. 7 AO nicht möglich. Unerheblich ist, ob das Finanzamt Kenntnis von der Trennung hat oder nicht. Diese Vereinfachungsregel darf nicht so weit gehen, dass ein Ehegatte in seinen Rechten eingeschränkt wird. Es ist deshalb die Bekanntgabe einer Ausfertigung des Bescheids an jeden Ehegatten vorgesehen, wenn dem Finanzamt bekannt ist, dass zwischen den in der gleichen Wohnung lebenden Ehegatten ernstliche Meinungsverschiedenheiten bestehen. Außerdem können die Ehegatten jederzeit die Bekanntgabe je einer Ausfertigung beantragen, § 122 Abs. 7 Satz 2 AO. In Zweifelsfällen sollte das Finanzamt zwei Ausfertigungen versenden, um formale Fehler zu vermeiden.

2. Nach § 155 Abs. 3 Satz 2 AO kann mit dem Einkommensteuerbescheid die Festsetzung eines **Verspätungszuschlags** verbunden werden. Es handelt sich dabei nicht um einen Teil des Steuerbescheids, sondern um einen eigenständigen Verwaltungsakt. Für ihn gelten die gleichen Bekanntgaberegeln wie für den Steuerbescheid. Wenn der Zuschlag nicht ausdrücklich nur für einen Ehegatten bestimmt ist, § 155 Abs. 3 Satz 3 AO, wird er beiden gegenüber wirksam und sie schulden ihn als Gesamtschuldner, § 44 AO.

3. Zustellung[3] ist eine besondere Form der schriftlichen Bekanntgabe, die im Verwaltungszustellungsgesetz (VwZG) geregelt ist. Für einige Verwal-

---

1 AEAO zu § 122 Nr. 2.1.2.
2 BFH vom 13.10.1994, BStBl 1995 II S. 484.
3 AEAO zu § 122 Nr. 3.

tungsakte (z. B. Pfändungen, § 309 Abs. 2 AO) ist die Zustellung gesetzlich vorgeschrieben. Bei allen anderen Verwaltungsakten hat das Finanzamt zwischen dem Nutzen der Zustellung und deren Kosten abzuwägen. Die meisten Verwaltungsakte werden mit einfachem Brief verschickt. Diese Form der Übermittlung ist kostengünstig, hat aber den Nachteil, dass das Finanzamt nicht weiß, ob und wann der Empfänger den Bescheid erhalten hat. Es ist auf die Vermutung des § 122 Abs. 2 AO angewiesen, wonach der Bescheid mit dem 3. Tag nach Aufgabe zur Post als bekannt gegeben gilt.

Die Zustellung dagegen gewährleistet, dass die Behörde weiß, ob und wann der Bescheid beim Empfänger angekommen ist. Die in § 3 VwZG geregelte Zustellung mit Zustellungsurkunde sieht vor, dass mit dem Bescheid eine Urkunde versandt wird, auf der der zustellende Postbote vermerkt, wem er wann das Schreiben des Finanzamts ausgehändigt hat. Diese Urkunde geht an das Finanzamt zurück. Damit kann im Zweifel bewiesen werden, dass der Steuerpflichtige das Schriftstück erhalten hat.

Eine wirksame **Zustellung an mehrere Personen** gemeinsam ist nicht möglich, sondern nur die Zustellung an einen bestimmten Zustellungsempfänger. Das folgt aus dem Wortlaut des Verwaltungszustellungsgesetzes, demzufolge die Zustellung in der Übergabe eines Schriftstücks besteht. Das gilt auch für die Zustellung zusammengefasster Bescheide nach § 155 Abs. 3 AO an Ehegatten.[1] Der zusammengefasste Einkommensteuerbescheid ist nur wirksam geworden, wenn er sowohl dem X als auch der Y zugestellt wurde.

Gegenüber dem gemeinsam bestellten **Empfangsbevollmächtigten** K hätte die Zustellung einer Ausfertigung des zusammengefassten Einkommensteuerbescheids gereicht.

Fraglich ist, ob die Zustellung gegenüber X und Y unter Missachtung der **Empfangsvollmacht** des K zu einer wirksamen Bekanntgabe geführt hat. Nach § 122 Abs. 1 Satz 3 AO **kann** ein Verwaltungsakt auch gegenüber dem Bevollmächtigten bekannt gegeben werden. Das Gleiche gilt nach § 7 Abs. 1 Satz 1 VwZG auch für die Zustellung. Die Entscheidung, den Einkommensteuerbescheid den Steuerpflichtigen X und Y oder dem Bevollmächtigten K zuzustellen, lag mithin im pflichtgemäßen Ermessen des Finanzamts, § 5 AO. Dabei hatte das Finanzamt die Verhältnisse des Einzelfalls und das mutmaßliche Interesse der Steuerpflichtigen zu berücksichtigen.[2] Auch wenn die Ermessensentscheidung fehlerhaft gewesen sein sollte, würde dies nicht zur Unwirksamkeit des Einkommensteuerbescheids führen. Bei Versäumnis der Einspruchsfrist durch X und Y käme allenfalls eine Wiedereinsetzung in Betracht.

---

1 BFH vom 08.06.1995, BStBl 1995 II S. 681; AEAO zu § 122 Nr. 3.1.1.3.
2 BFH vom 03.02.2004, BStBl 2004 II S. 439.

Anders sieht das Ergebnis aus, wenn dem Finanzamt eine **schriftliche Empfangsvollmacht** zugunsten des K vorlag. In diesem Fall schreibt § 122 Abs. 1 Satz 4 AO vor, dass der Verwaltungsakt dem Bevollmächtigten bekannt gegeben werden **soll.** Gleiches gilt für die Zustellung. Zwar regelt § 7 Abs. 1 Satz 2 VwZG, dass die Zustellung gegenüber dem schriftlich Bevollmächtigten erfolgen **muss.** Diese strengere Regel wird aber durch § 122 Abs. 5 Satz 3 AO für Steuerverwaltungsakte außer Kraft gesetzt. Allerdings reduziert sich das Ermessen der Behörde fast auf Null. Ein Verstoß dagegen führt zur Unwirksamkeit des Verwaltungsakts.

Der Fehler kann auch nicht geheilt werden, indem X und Y den Bescheid an K weiterleiten. § 8 VwZG erlaubt zwar die Heilung von Verfahrensfehlern, aber nur wenn es sich um einen Verstoß gegen eine zwingende Vorschrift handelt. Da es sich bei der Versendung eines Steuerverwaltungsakts an die Steuerpflichtigen trotz Vorliegens einer schriftlichen Vollmacht im Gegensatz zum Verwaltungszustellungsgesetz nur um einen Ermessensfehler handelt, kommt eine Heilung nicht in Betracht.

Fall 17

Adressierung und Bekanntgabe von Steuerbescheiden an Gesamtrechtsnachfolger, Minderjährige und Empfangsbevollmächtigte

AO §§ 45, 79, 80, 122, 179, 180, 268; EStG §§ 1, 26, 26b; BGB §§ 1, 104

Sachverhalt

Im Juni des Jahres 03 starb der Hotelier Paul Panda (P). Er wurde von seiner Ehefrau Maria (M), seinem 6-jährigen Sohn Norbert (N) und seinem 20-jährigen Sohn Otto (O) beerbt. Eine Erbauseinandersetzung fand nicht statt. Die Erben betrieben das Hotel weiter.

Der Steuerberater Wilhelm Wiese (W), der seit Jahren für P tätig war, fertigte Umsatz- und Einkommensteuererklärungen für 02 und 03, ließ sie von M und O unterschreiben und reichte sie mit einer Empfangsvollmacht beim zuständigen Finanzamt ein.

Frage

1. Wie sind der Einkommen- und der Umsatzsteuerbescheid 02 zu adressieren?
2. Was ist bei der Veranlagung 03 zu beachten?
3. Wem sind die Bescheide zu übermitteln?

Antwort

1. Der **Einkommensteuerbescheid 02** ist wie folgt zu adressieren (Bescheidkopf):

   „Dieser Bescheid ergeht an folgende Personen:
   1. Frau Maria Panda
   2. die Erben nach dem verstorbenen Hotelier Paul Panda
      a) Frau Maria Panda
      b) Frau Maria Panda
         als gesetzliche Vertreterin des minderjährigen Norbert Panda
      c) Herrn Otto Panda
   Die Adressaten sind Gesamtschuldner, § 44 AO. "

   Der **Umsatzsteuerbescheid 02** ist wie folgt zu adressieren (Bescheidkopf):

   „Dieser Bescheid ergeht an folgende Personen als Erben nach dem verstorbenen Hotelier Paul Panda
   1. Frau Maria Panda
   2. Frau Maria Panda
      als gesetzliche Vertreterin des minderjährigen Norbert Panda
   3. Herrn Otto Panda
   Die Adressaten sind Gesamtschuldner, § 44 AO. "

2. M wird auch in 03 mit den Erben als Rechtsnachfolger des P zusammenveranlagt. Die nach dem Tod des P erzielten Einkünfte aus dem Hotel werden für die Erben gesondert und einheitlich festgestellt.
   Bis zu seinem Tod war P der Unternehmer, die bis dahin erzielten Umsätze werden in einem Umsatzsteuerbescheid erfasst, der ebenso zu adressieren ist wie in 02. Nach seinem Tod ist die Erbengemeinschaft Unternehmer. Es ergeht für 03 ein weiterer Umsatzsteuerbescheid an die Erbengemeinschaft.

3. Alle Bescheide können dem W als Empfangsbevollmächtigten der Erben und der Erbengemeinschaft übermittelt werden.

Begründung

Mit dem Tod verliert P alle Rechte und Pflichten. Seine Rechtsfähigkeit endet, § 1 BGB. Die Erben M, N und O sind seine Gesamtrechtsnachfolger. Alle Rechte und Pflichten des Verstorbenen gehen unverändert auf die Erben über. Die Rechtsstellung, die P im Rahmen des Steuerschuldverhältnisses hatte, haben jetzt seine Erben, § 45 AO. Steuerbescheide, die die Zeit vor dem Tod des P betreffen, sind deshalb an seine Erben zu richten.[1]

1. Einkommensteuer 02: Für 02 wird M mit den Rechtsnachfolgern des P zusammenveranlagt, §§ 26, 26b EStG. Im Jahr 02 lagen die Voraussetzun-

---

1 BFH vom 05.06.1991, BStBl 1991 II S. 820, und vom 17.06.1992, BStBl 1993 II S. 174.

gen für eine Zusammenveranlagung vor. Die Rechte und Pflichten, die daraus für P erwuchsen, haben jetzt seine Erben. Der Einkommensteuerbescheid 02 ist so zu adressieren, dass an die Stelle des P die Erben treten.[1] Dabei sind alle Erben namentlich aufzuführen, da der Verwaltungsakt denjenigen genau bezeichnen muss, an den er sich richtet. Es wäre nicht richtig, den Bescheid „an die Erben nach P" oder ähnlich zu adressieren. M, N und O müssen als Erben des P genannt werden.[2] Sie werden in ihrer Eigenschaft als Rechtsnachfolger mit M zusammenveranlagt. Aus dem Zusammentreffen der erbrechtlichen Regelung mit den Vorschriften über die Zusammenveranlagung ergibt sich, dass M mit sich selbst zusammenveranlagt wird.

Weiterhin ist zu beachten, dass N minderjährig ist. Er ist nicht handlungsfähig, § 79 Abs. 1 Nr. 1 AO, § 104 BGB.[3] Der Steuerbescheid ist eine öffentlich-rechtliche Willenserklärung. Sie richtet sich auch gegen N, der als natürliche Person steuerlich rechtsfähig ist, § 1 EStG (= Inhaltsadressat). Er kann diese Rechte und Pflichten nicht selbst ausüben, solange er nicht die volle Handlungsfähigkeit erlangt hat. Gegen ihn kann kein Verwaltungsakt gerichtet werden. Er kann nicht Bekanntgabeadressat sein. Seine Rechte und Pflichten, hier die Pflicht zur Entgegennahme eines Steuerbescheids, muss M als gesetzliche Vertreterin wahrnehmen, § 34 Abs. 1 AO. Sie ist für N Adressatin des Steuerbescheids. Bei der Adressierung ist zu vermerken, dass sie den Bescheid in ihrer Eigenschaft als gesetzliche Vertreterin erhält.

Wäre P noch am Leben, würde der Bescheid adressiert werden: „Herrn und Frau Panda". Anstelle des „Herrn" müssen jetzt die Erben genannt werden, M, N und O. N wiederum kann nicht Bekanntgabeadressat sein, sondern für ihn seine Mutter. An die Stelle des P treten deshalb M, M für N und O; alle drei werden in ihrer Eigenschaft als Erben anstelle des P mit M zusammenveranlagt. Daraus folgt, dass M dreimal Adressatin des Einkommensteuerbescheids ist: als Erbin, als gesetzliche Vertreterin und als Ehefrau des P.

Umsatzsteuerbescheid 02: Für den Umsatzsteuerbescheid gilt Ähnliches wie für den Einkommensteuerbescheid 02. P war der Unternehmer. Wäre er noch am Leben, wäre er Adressat des Bescheids. An seine Stelle treten seine drei Erben. Für N muss M als Bekanntgabeadressatin genannt werden. Da hier keine Zusammenveranlagung erfolgt, ist M nur zweimal Adressatin des Bescheids.

In beide Bescheide ist der Hinweis auf die Gesamtrechtsnachfolge aufzunehmen. Es muss aus dem Bescheid deutlich werden, in welcher Eigen-

---

1 AEAO zu § 122 Nr. 2.12.2.
2 BFH vom 24.03.1970, BStBl 1970 II S. 501; FG Hamburg vom 23.04.1982, EFG 1983 S. 3.
3 BFH vom 16.04.1997, BStBl 1997 II S. 595.

schaft sie Adressaten des Bescheids sind. Es ist durchaus denkbar, dass O für den Veranlagungszeitraum 02 einen weiteren Einkommensteuerbescheid erhält, in dem die von ihm selbst verwirklichten einkommensteuerlichen Tatbestände erfasst werden.

2. Einkommensteuerbescheid 03: Auch für den Veranlagungszeitraum 03 erfolgt für M und P bzw. seine Erben eine Zusammenveranlagung zur Einkommensteuer. Die Voraussetzungen für die Zusammenveranlagung haben für einen Teil des Jahres vorgelegen. Im Rahmen der Zusammenveranlagung werden alle Einkünfte der M aus dem ganzen Jahr und alle Einkünfte des P bis zu seinem Tod erfasst. Der Bescheid ist ebenso wie der Einkommensteuerbescheid für das Jahr 02 zu adressieren.

Da die Erben nach dem Tod des P den Hotelbetrieb gemeinsam weiterführen, erzielen sie gemeinsam Einkünfte aus Gewerbebetrieb. Nach § 179 Abs. 1 i. V. m. § 180 Abs. 1 Nr. 2 Buchst. a AO werden die Einkünfte gesondert von der Einkommensteuerveranlagung und einheitlich (§ 179 Abs. 2 Satz 2 AO) für alle drei Beteiligten festgestellt.

Die Gewinnanteile werden der Einkommensteuerveranlagung der drei Beteiligten zugrunde gelegt. Da in dem oben erwähnten Einkommensteuerbescheid der M und der Erben des P alle Einkünfte der M aus dem gesamten Veranlagungszeitraum 03 erfasst werden, enthält dieser Bescheid auch den Gewinnanteil aus der Zeit nach dem Tod des P. Da M und alle Erben Gesamtschuldner der sich aus diesem Einkommensteuerbescheid ergebenden Steuerschuld sind, schulden N und O auch die Steuer, die auf den Gewinnanteil ihrer Mutter M entfällt. Soweit sich daraus finanzielle Nachteile für N oder O ergeben, können sie entweder von vornherein eine Einzelveranlagung (§§ 26, 26a EStG) oder nach erfolgter Veranlagung die Aufteilung der Gesamtschuld nach §§ 268 ff. AO beantragen. Sie würden dann aus diesem Steuerbescheid nur die Steuer schulden, die auf die noch von ihrem Vater erzielten Einkünfte entfällt.

Umsatzsteuerbescheide 03: Für den Umsatzsteuerbescheid 03 gilt zunächst Ähnliches wie für 02. Bis zu seinem Tod war P der Unternehmer. An seiner Stelle werden die drei Erben zur Umsatzsteuer veranlagt. Der Bescheid ist ebenso wie der für 02 zu adressieren.

Nach dem Tod des P ist die Erbengemeinschaft der neue Unternehmer. Die Erbengemeinschaft ist umsatzsteuerlich rechtsfähig. Für die bis zum Jahresende 03 erzielten Umsätze ergeht ein zweiter Umsatzsteuerbescheid, dessen Adressatin die Erbengemeinschaft ist.

3. Steuerbescheide müssen nicht dem oder den Adressaten persönlich zugesandt werden. Der Steuerpflichtige kann sich bei der Verpflichtung aus dem Steuerschuldverhältnis, einen Steuerbescheid entgegennehmen zu müssen, vertreten lassen, § 80 Abs. 1, § 122 Abs. 1 Satz 3 AO. Die Bescheide können deshalb dem Bevollmächtigten (Empfänger) übersandt

werden, da W eine ausdrückliche Empfangsvollmacht vorgelegt hat. Das
Finanzamt würde ermessensfehlerhaft handeln, wenn es die Bescheide
nicht dem W, sondern M und O übersenden würde.[1] Ein solcher Bekannt-
gabemangel wird dadurch geheilt, dass er an den Bevollmächtigten weitergeleitet wird. Im Anschriftenfeld der Bescheide ist W aufzuführen, ohne
dass dieser damit Adressat wird, denn die Bescheide richten sich ihrem
Inhalt nach nicht gegen ihn, wie aus dem unter Tz. 1 aufgeführten
Bescheidkopf ersichtlich wird.

Fall 18

Adressierung und Bekanntgabe von Bescheiden
an Gesellschaften und deren Gesellschafter

AO §§ 34, 79, 122, 180, 181, 183; EStG § 1; KStG § 1; UStG §§ 1, 2;
HGB § 125

Sachverhalt

Flora Flamingo (F) ist die alleinige Gesellschafterin und Geschäftsführerin
der Flamingo-GmbH (GmbH). Die GmbH ist die persönlich haftende
Gesellschafterin der Flamingo-GmbH und Co. KG (KG). Kommanditisten
der KG sind F, Rita Reiher (R) und Karla Kranich (K). GmbH und KG
haben ihren Sitz in A-Stadt, XYZ-Straße 10. Zum 31.12.04 scheidet K aus
der KG aus. Das Ausscheiden wird dem Finanzamt im Januar 05 angezeigt. Im März 05 beabsichtigt das Finanzamt folgende Steuerbescheide
bekannt zu geben:

– Körperschaftsteuerbescheid 03 für die GmbH

– Umsatzsteuerbescheid 03 für die KG

– Gewinnfeststellungsbescheid 03 für die Gesellschafter der KG

Frage

1. Wie sind die Bescheide zu adressieren?
2. Wer ist Empfänger der Bescheide?

Antwort

1. Der **Körperschaftsteuerbescheid** ist an die GmbH in A-Stadt, XYZ-
   Straße 10 zu adressieren.

---

1 Zum Ermessen vgl. BFH vom 23.11.1999, BStBl 2001 II S. 463, und vom 05.10.2000, BStBl 2001
  II S. 86; AEAO zu § 122 Nr. 1.7.2 und 1.7.3.

Der **Umsatzsteuerbescheid** ist an die KG in A-Stadt, XYZ-Straße 10 zu adressieren.

Adressaten des **Gewinnfeststellungsbescheids** sind die drei Kommanditistinnen und die Komplementär-GmbH.

2. Empfängerin des **Körperschaftsteuerbescheids** ist die GmbH.

Empfängerin des **Umsatzsteuerbescheids** ist die KG.

Der **Gewinnfeststellungsbescheid** ist der GmbH zugleich mit Wirkung für F und R zuzusenden. K muss eine weitere Ausfertigung des Bescheids erhalten.

Begründung

1. Adressierung des **Körperschaftsteuerbescheids:** Der Körperschaftsteuerbescheid ist seinem Inhalt nach für die GmbH bestimmt.[1] Sie ist gem. § 1 Abs. 1 Nr. 1 KStG steuerpflichtig und damit Inhaltsadressatin. Im Rechtsleben wird die juristische Person wie eine natürliche Person behandelt. Im Unterschied zur natürlichen Person ist die juristische Person selbst nicht handlungsfähig. Sie handelt gem. § 79 Abs. 1 Nr. 3 AO i. V. m. § 34 Abs. 1 AO und § 35 GmbHG durch ihre Geschäftsführerin F. Allerdings hat sich in der Praxis die juristische Person so weit verselbständigt, dass eine Nennung der Geschäftsführerin in der Adressierung unterbleiben kann, wenn der Bescheid an den bekannten Sitz der GmbH übermittelt wird.[2] Es kann im Normalfall davon ausgegangen werden, dass mit Nennung der Firma die steuerpflichtige GmbH ausreichend bezeichnet wird. Die GmbH ist Bekanntgabeadressatin.

Adressierung des **Umsatzsteuerbescheids 03:** Ein Umsatzsteuerbescheid ist seinem Inhalt nach für den Unternehmer bestimmt, denn der Unternehmer verwirklicht die Tatbestände, die der Umsatzsteuer unterliegen, § 1 UStG. Unternehmer ist jeder, der eine gewerbliche oder berufliche Tätigkeit selbständig ausübt, § 2 Abs. 1 Satz 1 UStG. Unternehmer kann jede natürliche oder juristische Person oder auch sonstige Personenvereinigung sein. Für die Unternehmereigenschaft ist es unerheblich, ob der Personenzusammenschluss nach bürgerlich-rechtlichen Grundsätzen rechtsfähig ist. Die KG ist Unternehmerin, sie ist umsatzsteuerlich rechtsfähig. Die Umsatzsteuer muss aus ihrem Vermögen bezahlt werden. Sie ist Inhaltsadressatin des Umsatzsteuerbescheids.[3] Auch die KG ist wie die GmbH selbst nicht handlungsfähig, sie kann ebenfalls nur durch ihren Vertreter handeln, § 79 Abs. 1 Nr. 3 AO. Vertretungsberechtigt ist gem. § 161 Abs. 1 HGB i. V. m. § 125 HGB die GmbH als Komplementärin, die ihrerseits durch F handelt. Ist mit der alleinigen Angabe der Firma der KG die Identität der Steuerpflichtigen gesichert, ist das für eine ordnungsgemäße Adressierung

---

1 AEAO zu § 122 Nr. 2.8.1.1.

2 BFH vom 07.08.1970, BStBl 1970 II S. 814.

3 AEAO zu § 122 Nr. 2.4.1.1; BFH vom 07.04.1987, BStBl 1987 II S. 768.

wie bei dem Körperschaftsteuerbescheid für die GmbH ausreichend. Die KG ist Bekanntgabeadressatin. Es bedarf keines Zusatzes, wie z. B. „z. H. F".[1]

Adressierung des **Gewinnfeststellungsbescheids:** Die gesonderte und einheitliche Feststellung des Gewinns aus der KG ist Teil und Vorarbeit der Einkommensteuerveranlagung der F, R und K sowie der Körperschaftsteuerveranlagung der GmbH. Der Gewinn ist eine der Besteuerungsgrundlagen der Einkommen- und Körperschaftsteuerveranlagung und ist grundsätzlich im Rahmen der Veranlagung zu ermitteln, § 157 Abs. 2 AO. Sind mehrere an dem Gewinn beteiligt, schreiben § 179 Abs. 1 und Abs. 2 Satz 2, § 180 Abs. 1 Nr. 2 Buchst. a AO vor, dass der Gesamtgewinn und die Gewinnanteile gesondert von der Ertragsteuerveranlagung und einheitlich für alle vier Beteiligten ermittelt und dann der Veranlagung zugrunde gelegt werden. Die im Rahmen der Einkommen- und Körperschaftsteuerveranlagung unselbständige Besteuerungsgrundlage „Gewinn aus Gewerbebetrieb" wird hier selbst Gegenstand einer Entscheidung und in einem Verwaltungsakt festgestellt, der die gleichen Qualitäten wie ein Steuerbescheid hat (§ 181 Abs. 1 AO).

Der Gewinnfeststellungsbescheid als Teil der Einkommen- und Körperschaftsteuerveranlagung ist seinem Inhalt nach für die vier Gesellschafterinnen bestimmt, da der Gewinn ihren Ertragsteuerveranlagungen zugrunde gelegt werden soll.[2] Er ist nicht für die KG bestimmt, diese wird nicht zur Einkommensteuer veranlagt. Sie ist einkommensteuerlich gar nicht existent, da sie nicht rechtsfähig ist, § 1 EStG. Inhaltsadressaten des Gewinnfeststellungsbescheids sind die GmbH, F, R und K, sie erzielen gemeinsam die Einkünfte, § 15 Abs. 1 Nr. 2 EStG. Sie sind handlungsfähig i. S. des § 79 AO und damit auch Bekanntgabeadressaten. Der Gewinnfeststellungsbescheid enthält eine Anlage, aus der sich die Verteilung des Gesamtgewinns auf die vier Gesellschafterinnen ergibt. In dieser Anlage sind die vier Gesellschafterinnen mit ihrem Namen und in den meisten Fällen mit dem Wohnsitzfinanzamt und der Steuernummer bezeichnet. Das ist ausreichend, um sie unverwechselbar zu identifizieren, und genügt den Anforderungen, die an eine exakte Adressierung zu stellen sind. Es ist nicht erforderlich, dass der oder die Adressaten eines Bescheids im Anschriftenfeld des Bescheids genannt werden. Es ist ausreichend, dass sie aus dem Bescheid unzweifelhaft hervorgehen.

2. Empfänger des **Körperschaft-** und des **Umsatzsteuerbescheids:** Aus der Adressierung der Bescheide folgt, wem sie bekannt zu geben sind. Die Bescheide sind entsprechend der Adressierung an die GmbH bzw. die KG unter ihrer Geschäftsadresse zu senden. Ist zweifelhaft oder unbekannt, ob

---

1 BFH vom 11.02.1987, BStBl 1987 II S. 325, vom 12.12.1996, BStBl 1997 II S. 299, und vom 16.12.1997, BStBl 1998 II S. 480.
2 AEAO zu § 122 Nr. 2.5 und BFH vom 24.07.2013, BStBl 2016 II S. 633.

die Gesellschaft eine solche Adresse hat, sind die Bescheide an die Geschäftsführerin F zu senden.

Empfänger des **Gewinnfeststellungsbescheids:** Der Gewinnfeststellungsbescheid hat mehrere Adressaten. Grundsätzlich muss der Bescheid jedem Adressaten bekannt gegeben werden. Um zu vermeiden, dass u. U. eine Vielzahl von Ausfertigungen des Bescheids angefertigt und versandt werden müsste, sieht § 183 AO eine Erleichterung vor. Die Regelung dieser Vorschriften geht davon aus, dass in jeder Personenvereinigung einer oder mehrere Beteiligte vorhanden sind, die auch die Rechte der anderen Mitbeteiligten wahrnehmen können. Unter dieser Überlegung reicht es aus, wenn der Gewinnfeststellungsbescheid einmal einer Person für alle anderen bekannt gegeben wird. Diese nimmt den Bescheid für sich und als Vertreter der anderen in Empfang. In § 183 Abs. 1 AO ist eine gewisse Rangfolge der Personen aufgestellt, an die sich das Finanzamt halten kann.

Zunächst sollen die Gesellschafter dem Finanzamt jemanden benennen, der für sie Empfangsbevollmächtigter sein soll, **§ 183 Abs. 1 Satz 1 AO.** Es muss sich dabei nicht um einen der an der Feststellung Beteiligten handeln. Es ist keine erzwingbare Pflicht der Beteiligten, sie „sollen" nur den Empfangsbevollmächtigten bestellen. Die Regelung setzt voraus, dass alle Feststellungsbeteiligten die gleiche Person beauftragen.[1] Die Regelung des § 183 Abs. 1 Satz 1 AO kann keine Anwendung finden, wenn

1. auch nur einer von möglicherweise sehr vielen Beteiligten nicht bereit ist, die von allen anderen Beteiligten beauftragte Person auch als Empfangsbevollmächtigte zu akzeptieren,

2. einer der Beteiligten die erteilte Empfangsvollmacht widerruft,

3. ein neuer Gesellschafter oder Gemeinschafter eintritt und nicht auch den gleichen Empfangsbevollmächtigten wie alle anderen Beteiligten bestimmt,

4. die Beteiligten sich nicht auf eine Person einigen können und von mehreren Gruppen der Beteiligten verschiedene Personen zu Empfangsbevollmächtigten bestimmt werden.

In den genannten vier Fällen ist es zulässig, den Bescheid dem bestellten Empfangsbevollmächtigten zu übermitteln und den übrigen Beteiligten den Bescheid einzeln bekannt zu geben bzw. im vierten Fall den verschiedenen Empfangsbevollmächtigten den Bescheid für „ihre" Beteiligten. Es handelt sich in diesen Fällen um eine Bekanntgabe an den Empfangsbevollmächtigten nach § 122 Abs. 1 Satz 3 AO. Für die wirksame Bekanntgabe ist es ohne Bedeutung, ob diese auf die allgemeine Regelung des § 122 Abs. 1 Satz 3 AO oder die spezielle Vorschrift des § 183 Abs. 1 Satz 1 AO gestützt wird. In beiden Fällen wird erreicht, dass der Bescheid mit Wirkung für und gegen den/die Adressaten an den/die Bevollmächtigten

---

1 Vgl. Tipke/Kruse, § 183 AO Tz. 17; Kunz in Beermann, AO § 183 Rz. 7.

gesandt wird. Durch die Verknüpfung des § 183 AO mit der Einspruchsbefugnis in § 352 AO ist es aber wichtig, ob ein Bescheid nach § 183 Abs. 1 Satz 1 AO oder nach § 122 Abs. 1 Satz 3 AO bekannt gegeben wurde. Nur wenn die Bekanntgabe nach § 183 Abs. 1 Satz 1 AO an **einen** gemeinsamen Bevollmächtigten für alle Beteiligten erfolgte, ist dieser auch nach § 352 Abs. 1 Nr. 1 2. Alternative AO einspruchsbefugt.[1] Bei der Bekanntgabe an mehrere Bevollmächtigte bzw. an einen Bevollmächtigten für einige Beteiligte und Einzelbekanntgabe an andere Beteiligte ist nach § 352 Abs. 1 Nr. 2 AO jeder Beteiligte einspruchsbefugt. Das Ziel des § 352 AO, nur eine einspruchsberechtigte Person für alle haben zu haben, wäre damit verfehlt. In diesen Fällen sollte die Finanzbehörde deshalb von der Bekanntgabe an die verschiedenen Bevollmächtigten bzw. von der zusätzlichen Einzelbekanntgabe Abstand nehmen.

Durch § 183 Abs. 1 Satz 2 bis 4 AO ist gewährleistet, dass auch in diesen Fällen die Bekanntgabe an eine Person erfolgen kann, die dann alleine einspruchsbefugt ist. Ist kein gemeinsamer Empfangsbevollmächtigter bestellt worden, so gilt ein zur Vertretung der Gesellschaft (vgl. § 34 AO) oder der Feststellungsbeteiligten als vom Gesetz fingierter Empfangsbevollmächtigter, **§ 183 Abs. 1 Satz 2 AO.** Ist auch ein solcher nicht vorhanden, kann das Finanzamt die Beteiligten auffordern, **einen** gemeinsamen Empfangsbevollmächtigten zu benennen, **§ 183 Abs. 1 Satz 3 AO;** dabei kann und sollte es den Beteiligten einen Beteiligten als Empfangsbevollmächtigten vorschlagen, § 183 Abs. 1 Satz 4 AO. Auch hier gilt – vor allem im Hinblick auf § 352 Abs. 2 AO –, dass die Beteiligten **einen** gemeinsamen Empfangsbevollmächtigten benennen sollen. Tun sie das, gleich aus welchem Grunde, nicht, kann das Finanzamt den Bescheid an den von ihm vorgeschlagenen Beteiligten (§ 183 Abs. 1 Satz 4 AO) übermitteln. Bei der Aufforderung, einen Bevollmächtigten zu benennen, § 183 Abs. 1 Satz 3 AO, hat das Finanzamt die Beteiligten darauf hinzuweisen, dass der Bescheid dem vom Finanzamt vorgeschlagenen Beteiligten mit Wirkung für und alle Beteiligten bekannt gegeben wird, sofern nicht **ein** anderer Empfangsbevollmächtigter bestellt wird, § 183 Abs. 1 Satz 4 AO. Der gleiche Hinweis ist auch in den Bescheid aufzunehmen, § 183 Abs. 1 Satz 5 AO (siehe auch § 352 Abs. 2 Satz 3 AO).

Da die GmbH, handelnd durch F, Vertreterin der KG ist, ist der Gewinnfeststellungsbescheid der GmbH zuzusenden, § 183 Abs. 1 Satz 2 AO. Es ist im Bescheid darauf hinzuweisen, dass die GmbH den Bescheid auch mit Wirkung für die Gesellschafterinnen der KG erhält, § 183 Abs. 1 Satz 5 AO.[2]

---

1 So auch Szymczak in DB 1994 S. 2254, 2256; vgl. auch Heinke in DStZ 1997 S. 558.
2 BFH vom 23.07.1985, BStBl 1986 II S. 123.

Die Regelung des § 183 Abs. 1 AO kann nicht für K gelten.[1] In § 183 Abs. 1 AO wird davon ausgegangen, dass einer der Gesellschafter Empfangsbevollmächtigter der anderen ist und die anderen auch von dem Inhalt des Bescheids informiert. Ein solcher Informationsfluss kann nur in einer bestehenden Gesellschaft und gegenüber den noch in der KG verbliebenen Gesellschaftern angenommen werden. Nach § 183 Abs. 2 Satz 1 AO ist deshalb vorgesehen, dass die Bekanntgabemöglichkeiten des § 183 Abs. 1 AO dann nicht anzuwenden sind, wenn einer der Gesellschafter aus der Gesellschaft ausgeschieden ist. K wird nach ihrem Ausscheiden nicht mehr von der GmbH vertreten. Es kann nicht so ohne weiteres angenommen werden, dass die GmbH noch bereit ist, als Empfangsbevollmächtigte der K aufzutreten und ihre Rechte wahrzunehmen. K ist deshalb eine Ausfertigung des Gewinnfeststellungsbescheids unmittelbar zuzusenden. Nach § 183 Abs. 3 AO könnte die Bekanntgabe an die GmbH auch noch mit Wirkung für K erfolgen, wenn die GmbH entsprechend § 183 Abs. 1 Satz 1 AO zur gemeinsamen Empfangsbevollmächtigten bestellt worden ist, soweit und solange ein Beteiligter oder der Empfangsbevollmächtigte nicht widersprochen hat.[2] Dies gilt nach Satz 1 der Vorschrift ausdrücklich auch dann, wenn das Finanzamt Kenntnis davon hat, dass ein Beteiligter aus der Gesellschaft oder Gemeinschaft ausgeschieden ist oder dass zwischen den Beteiligten ernstliche Meinungsverschiedenheiten bestehen. Ein Widerruf der Empfangsvollmacht wird dem Finanzamt gegenüber erst wirksam, wenn er diesem zugeht, § 183 Abs. 3 Satz 2 AO.[3] Diese Regelung gilt nicht, wenn sich die Empfangsvollmacht aus der Vertretungsbefugnis für die Gesellschaft (§ 183 Abs. 1 Satz 2 AO) ergeben hat oder durch Verwaltungsakt des Finanzamts begründet worden ist, § 183 Abs. 1 Satz 4 AO.

Die GmbH erhält eine Ausfertigung, die sie selbst, F und R betrifft. K erhält eine weitere Ausfertigung, die nur sie betrifft. Sollte die rechtswirksame Bekanntgabe an einen der Adressaten, gleich aus welchen Gründen, fehlschlagen, wird der Bescheid dennoch dem/den anderen Adressaten gegenüber mit ordnungsgemäßer Bekanntgabe wirksam.[4]

---

1 AEAO zu § 122 Nr. 2.5.5.
2 BFH vom 05.05.2011 X B 139/10 (nv).
3 Vgl. BFH vom 07.02.1995, BStBl 1995 II S. 357.
4 BFH vom 20.12.2000, BStBl 2001 II S. 381.

Fall 19

Adressierung und Bekanntgabe von Bescheiden an aufgelöste Personengesellschaften und deren Gesellschafter

AO §§ 45, 122, 183; HGB §§ 145 ff.

Sachverhalt

Friedrich Fuchs (F) und Gustav Gans (G) sind die Gesellschafter der Jäger-OHG (OHG). Durch Beschluss der Gesellschafter vom 10.11.06 wurde die Gesellschaft aufgelöst und die Durchführung der Liquidation beschlossen. Auf Antrag der Gesellschafter wurde vom zuständigen Amtsgericht der Wirtschaftsprüfer Hartmut Hase (H) zum Liquidator bestellt.

Die Liquidation wurde am 30.06.08 beendet und die OHG am 15.09.08 im Handelsregister gelöscht.

Im Oktober 08 beabsichtigt das Finanzamt, geänderte Gewinnfeststellungs- und Umsatzsteuerbescheide für 05 und 06 zu erlassen.

Frage

1. Wie sind die Bescheide zu adressieren und wem sind sie zuzusenden?
2. Wie wäre zu entscheiden, wenn die Auflösung der OHG in der Weise erfolgt wäre, dass F zum 31.12.06 ausgeschieden und G das Unternehmen als Einzelfirma fortgeführt hätte?

Antwort

1. Adressaten der Gewinnfeststellungsbescheide sind F und G. Jedem ist eine Ausfertigung zuzusenden.

   Die Umsatzsteuerbescheide sind an die OHG, vertreten durch H, zu adressieren und H zuzusenden.

2. G ist Gesamtrechtsnachfolger der OHG. Die Umsatzsteuerbescheide sind an ihn zu adressieren und ihm zuzusenden.

   Für die Gewinnfeststellungsbescheide gilt das Gleiche wie unter 1.

Begründung

1. Adressaten des Gewinnfeststellungsbescheids sind die ehemaligen Gesellschafter F und G. Die Auflösung der OHG hat darauf keinen Einfluss. Die Gewinnfeststellung ist Teil der Einkommensbesteuerung. Rechtssubjekte der Einkommensteuer sind ausschließlich die natürlichen Personen F und G, nicht aber die OHG. Deren Existenz oder Nichtexistenz ist für die Einkommensteuer insoweit belanglos.

Grundsätzlich richtet sich die Frage, wer **Empfänger des Gewinnfeststellungsbescheids ist**, nach § 183 Abs. 1 AO. Diese Vorschrift kann nicht mehr angewendet werden, weil die Gesellschaft aufgelöst wurde.[1] Nach § 183 Abs. 2 AO ist jedem der beiden ehemaligen Gesellschafter als Adressaten der Bescheide eine Ausfertigung zuzusenden. Waren F oder G dem Finanzamt als Empfangsbevollmächtigte (§ 183 Abs. 1 Satz 1 AO) benannt worden, könnte das Finanzamt von dieser Empfangsvollmacht weiterhin Gebrauch machen, bis sie ausdrücklich widerrufen wird, § 183 Abs. 3 AO. Die Auflösung der Gesellschaft und die Bestellung des Liquidators können nicht als Widerruf angesehen werden. Da hier aber neben der einen Ausfertigung nur noch eine weitere Ausfertigung des Bescheids bekannt gegeben werden muss, damit jeder Gesellschafter eine erhält, sollte das Finanzamt hier von § 183 Abs. 3 AO keinen Gebrauch machen. Die Vorschrift dient der Vereinfachung des Verwaltungsaufwands bei vielgliedrigen Gesellschaften.

Inhaltsadressat des Umsatzsteuerbescheids ist die OHG. Sie war die Unternehmerin in den Jahren 05 und 06, sie schuldet die Umsatzsteuer, § 43 AO, § 13a Abs. 1 UStG. **Bekanntgabeadressat** kann nur jemand sein, der steuerlich rechtsfähig ist, da die Entgegennahme von Steuerbescheiden zu den Rechten und Pflichten gehört, die sich aus der Rechtsfähigkeit ableiten.

Die Rechtsfähigkeit natürlicher Personen endet mit deren Tod, die von Personenvereinigungen mit der vollständigen Abwicklung aller Rechtsbeziehungen.[2] Das Ende der Rechtsfähigkeit der OHG ist nicht so genau bestimmbar wie bei natürlichen Personen. Es kann nicht vom Willen der Gesellschafter abhängen, wann die Gesellschaft beendet ist; denn sonst könnten die Gesellschafter zu jedem beliebigen Zeitpunkt ohne Begleichung der Schulden das Ende der OHG erklären. Das in den §§ 145 ff. HGB vorgesehene Liquidationsverfahren dient dazu, die Rechtsbeziehungen der OHG abzuwickeln. Der Liquidator hat die laufenden Geschäfte zu beenden, das Vermögen zu versilbern, die Schulden zu bezahlen und einen etwaigen Überschuss an die Gesellschafter auszuzahlen.

Die Erklärung des Liquidators, die Abwicklung der OHG und damit seine Tätigkeit seien beendet, und die Löschung der OHG im Handelsregister sind Indizien für eine vollständige Beendigung der Gesellschaft. Es lässt sich aber nicht ausschließen, dass dennoch bisher nicht beendete Rechtsbeziehungen bestehen und deshalb die Gesellschaft noch nicht beendet, ihre Rechtsfähigkeit noch nicht erloschen ist. Die Vollbeendigung tritt erst ein, wenn alle Rechtsbeziehungen, zu denen auch das Rechtsverhältnis

---

1 AEAO zu § 122 Nr. 2.5.5 Buchst. c.

2 AEAO zu § 122 Nr. 2.7.1; vgl. auch BFH vom 21.10.1985, BStBl 1986 II S. 230, und vom 01.10.1992, BStBl 1993 II S. 82.

zwischen OHG und Finanzamt gehört, unter den Gesellschaftern beseitigt sind.[1] Das Finanzamt braucht vor Bekanntgabe der Umsatzsteuerbescheide nicht zu prüfen, ob die OHG noch besteht, denn solange noch Bescheide bekannt zu geben sind, ist das Steuerschuldverhältnis zwischen der OHG und dem Finanzamt nicht beendet. Die OHG besteht noch fort.

Die Bekanntgabe an die nicht handlungsfähige OHG setzt voraus, dass sie ordnungsgemäß vertreten wird. Deshalb muss das Finanzamt die Bestellung eines Nachtragsliquidators veranlassen.[2]

Sofern zu erwarten ist, dass die OHG die Umsatzsteuerschulden nicht mehr bezahlen kann, ist von diesem umständlichen Verfahren abzusehen. Das Finanzamt kann auf den Erlass der Umsatzsteuerbescheide verzichten und stattdessen Haftungsbescheide gem. § 191 Abs. 1 AO i. V. m. § 128 HGB an F und G erlassen.

2. Nach dem Ausscheiden des F aus der Gesellschaft besteht keine OHG mehr, da diese aus mindestens zwei Gesellschaftern bestehen muss. Aus der Handelsgesellschaft ist ein Einzelunternehmen geworden. Alle Rechte und Pflichten der OHG sind auf das Einzelunternehmen übergegangen.

Das **Einzelunternehmen** des G ist Gesamtrechtsnachfolger der OHG, § 45 AO. Es kann hier nicht davon gesprochen werden, dass die OHG noch existiert, da sie keine Rechtsbeziehungen mehr nach außen hat. Alle Rechtsbeziehungen werden von G weitergeführt. Die OHG verliert alle Rechte und Pflichten.

Als Gesamtrechtsnachfolger tritt G in die Rechtsstellung der OHG ein. Er wird Steuerschuldner der Umsatzsteuer, die bisher die OHG schuldete. Die geänderten **Umsatzsteuerbescheide** sind deshalb an G als Gesamtrechtsnachfolger der OHG bekannt zu geben.[3]

Die Bekanntgabe der **Gewinnfeststellungsbescheide** erfolgt genauso wie unter 1., da auch hier F und G diejenigen sind, für die die Gewinnfeststellungsbescheide ihrem Inhalt nach bestimmt sind. Jeder der beiden erhält eine Ausfertigung der Bescheide.

1 BFH vom 21.05.1971, BStBl 1971 II S. 540, vom 24.03.1987, BStBl 1988 II S. 316, vom 21.05.1971, BStBl 1971 II S. 540, und vom 24.03.1987, BStBl 1988 II S. 316.

2 BFH vom 06.05.1977, BStBl 1977 II S. 783.

3 BFH vom 15.04.2010 IV R 67/07, BFH/NV 2010 S. 1606; AEAO zu § 122 Nr. 2.7.4.

Fall 20

Unwirksamkeit/Nichtigkeit von Verwaltungsakten

AO §§ 124, 125

Sachverhalt

Klara Korn (K) war Gesellschafterin und Geschäftsführerin der „Korn-brand-GmbH" (GmbH). K verstarb im Juni des Jahres 03 und wurde von ihrer Tochter Berta Brand (B) beerbt. Dem Finanzamt war der Tod der K seit Anfang Juli 03 bekannt.

Da die GmbH ihren Zahlungsverpflichtungen nicht mehr nachkam und über kein nennenswertes Vermögen verfügte, erließ das Finanzamt einen Haftungsbescheid.

Dieser Bescheid war an K adressiert, ohne dass daraus hervorging, dass sie verstorben war. In dem Bescheid wurde K als Geschäftsführerin nach § 191 Abs. 1 AO i. V. m. § 69 AO für die „Steuerschulden der GmbH i. H. von 12.000 Euro als Haftende" in Anspruch genommen. Eine Aufteilung der Schulden auf Steuerarten, Veranlagungszeiträume und Beträge erfolgte nicht.

Da das zuständige Postamt wusste, wer K beerbt hatte, gelangte der Bescheid in die Hände der B.

Frage

1. Kann das Finanzamt aufgrund dieses Bescheids von B Zahlung verlangen?
2. Könnte das Finanzamt von B Zahlung verlangen, wenn es einen inhaltsgleichen Bescheid ordnungsgemäß gegenüber B bekannt geben würde?

Antwort

1. Das Finanzamt kann von B keine Zahlung verlangen. Der Haftungsbescheid ist unwirksam und entfaltet keine Rechtswirkungen.
2. Das Finanzamt kann auch bei ordnungsgemäßer Bekanntgabe keine Zahlung von B verlangen, denn der Bescheid ist aufgrund eines besonders schwerwiegenden Fehlers in seinem Inhalt nichtig und damit unwirksam.

Begründung

1. Das Finanzamt kann von B nur dann Zahlung von 12.000 Euro verlangen, wenn es einen fälligen Anspruch gegen B hat. Der Haftungsanspruch gegen B ist nur dann fällig geworden, wenn gegen B ein wirksamer Verwaltungsakt ergangen ist. Der Verwaltungsakt wird mit seiner Bekanntgabe wirksam, § 124 Abs. 1 AO.

Für eine **wirksame Bekanntgabe** müssen drei Voraussetzungen erfüllt sein:

- Der Verwaltungsakt muss mit Willen der Behörde bekannt gegeben werden. Ein zum Erlass befugter Bediensteter muss die Bekanntgabe willentlich veranlasst haben.[1]
- Der Verwaltungsakt muss dem Empfänger tatsächlich zugehen. Zugang bedeutet, dass der Verwaltungsakt derart in den Machtbereich des Empfängers gelangt, dass dieser Kenntnis nehmen kann und unter normalen Umständen mit der Kenntnisnahme zu rechnen ist. Auf die tatsächliche Kenntnisnahme kommt es nicht an.[2]
- Der Adressat muss eindeutig und zweifelsfrei aus dem Verwaltungsakt hervorgehen.[3] Geringfügige Fehler in der Schreibweise, ohne dass Zweifel an der Identität des Adressaten bestehen, führen nicht zur Unwirksamkeit und können nach § 129 AO berichtigt werden.[4]

Der Haftungsbescheid erfüllt nur eine der drei Voraussetzungen: Er ist mit Willen der Behörde erstellt und versandt worden. In ihm wird K als Empfängerin und Adressatin benannt. Zum einen ist der Bescheid aber nicht in den Machtbereich der K gelangt, da sie im Zeitpunkt der Bekanntgabe bereits tot war. Zum anderen kann die verstorbene K auch nicht mehr Adressatin des Bescheids sein. Ihre Rechts- und Handlungsfähigkeit ist mit dem Tod erloschen. Die Entgegennahme von Verfahrenshandlungen setzt nach § 79 Abs. 1 Nr. 1 AO aber voraus, dass jemand Träger von Rechten und Pflichten i. S. des § 1 BGB ist. Der Haftungsbescheid ist gegenüber K nicht wirksam geworden. Der Anspruch auf Zahlung von 12.000 Euro ist nicht entstanden und damit nach § 45 AO auch nicht auf die Gesamtrechtsnachfolgerin B übergegangen.

Der Haftungsbescheid hätte an B als Inhaltsadressatin gerichtet werden müssen. Durch Gesamtrechtsnachfolge ist sie in die Rechtsstellung der Erblasserin getreten, § 45 AO. Sie hat den Anspruch auf Haftung, den der Staat gegenüber K hatte, geerbt. Als Bekanntgabeadressatin hätte B in ihrer Funktion als Gesamtrechtsnachfolgerin benannt werden müssen. Sofern sie keinen abweichenden Empfangsbevollmächtigten beauftragt hätte, wäre sie auch Empfängerin des Bescheids gewesen.[5]

Aus dem an K gerichteten Verwaltungsakt ist nicht erkennbar, dass er eigentlich für B bestimmt sein muss. B kann, da sie nicht erwähnt ist,

---

1 AEAO zu § 124 Nr. 4 bis 6 und BFH vom 24.11.1988, BStBl 1989 II S. 344.
2 AEAO zu § 124 Nr. 4.3 und BFH vom 11.07.2017 – IX R 41/15 (nv).
3 AEAO zu § 124 Nr. 4.1.
4 AEAO zu § 124 Nr. 4.2.
5 AEAO zu § 124 Nr. 2.12.

nicht erkennen, dass sie als Gesamtrechtsnachfolgerin der K auch den gegen K gerichteten Haftungsanspruch geerbt hat. Die Tatsache, dass sie ihn erhalten hat, ist nur ein Zufall. Der Haftungsbescheid ist auch gegenüber B nicht wirksam geworden.

2. Der Haftungsbescheid ist auch inhaltlich fehlerhaft. Die Schuld, für die K bzw. ihre Rechtsnachfolgerin B haften soll, ist nicht genügend deutlich bezeichnet. Der Haftungsschuldner muss aus dem Haftungsbescheid eindeutig erkennen, für welche Steuerschulden er haften soll. Dazu gehört, dass ihm die einzelnen Haftungsbeträge aufgeschlüsselt nach Steuerart und Veranlagungszeitraum mitgeteilt werden.[1] Die pauschale Bezeichnung in dem Haftungsbescheid lässt die einzelnen Schulden nicht erkennen und gibt der Haftungsschuldnerin keine Möglichkeit, im Einzelnen zu überprüfen, ob sie auch wirklich haftet. Es wäre denkbar, dass sie zwar für Umsatzsteuer, nicht aber für Lohnsteuer haftet. Der Haftungsbescheid lässt jedoch nicht erkennen, welcher Betrag auf welche Steuerart entfällt. Ohne Individualisierung der einzelnen Forderungen ist der Regelungsinhalt des Bescheids nicht erkennbar.

Fraglich ist, welche **Wirkung dieser Fehler** entfaltet. Die absolute Mehrheit aller inhaltlichen Fehler führt lediglich zur Rechtswidrigkeit eines Verwaltungsakts. Solche Fehler können im Einspruchsverfahren geändert werden. Wenn das nicht möglich ist, z. B. weil der Steuerpflichtige keinen zulässigen Einspruch eingelegt hat, erwächst der fehlerhafte Bescheid in Bestandskraft. Danach können die Fehler nur noch behoben werden, wenn die Tatbestandsmerkmale einer Korrekturvorschrift erfüllt sind.

Es gibt aber auch Fehler, die so besonders schwerwiegend und offenkundig sind, dass sie zur **Nichtigkeit** des Verwaltungsakts führen, § 125 Abs. 1 AO. Nichtigkeit bedeutet, dass überhaupt kein Verwaltungsakt vorhanden ist, aus dem sich Rechtsfolgen ergeben könnten. Ein nichtiger Verwaltungsakt ist unwirksam, § 124 Abs. 3 AO.

Die Voraussetzungen für Nichtigkeit sind nur ausnahmsweise gegeben.[2] Die Nichtigkeit eines Verwaltungsakts wird als Ausnahme von dem Grundsatz angesehen, dass ein Akt der staatlichen Gewalt die Vermutung seiner Gültigkeit in sich trage.[3] Ein Verwaltungsakt ist nicht allein deswegen nichtig, weil er der gesetzlichen Grundlage entbehrt oder weil die in Betracht kommenden Rechtsvorschriften – auch diejenigen des formellen Rechts – unrichtig angewendet worden sind. Um das Anfechtungserfordernis im Interesse der Rechtssicherheit nicht zu beeinträchtigen, hat die Rechtsprechung einen besonders schwerwiegenden Fehler nur dann

---

1 BFH vom 22.09.2004 – II R 50/03, BFH/NV 2005 S. 993, und vom 27.08.2009 – V B 75/08, BFH/ NV 2009 S. 1964.

2 BFH vom 23.08.2000, BStBl 2001 II S. 662 [664], und vom 20.12.2000, BStBl 2001 II S. 381.

3 BFH vom 01.10.1981, BStBl 1982 II S. 133.

angenommen, wenn er die an eine ordnungsmäßige Verwaltung zu stellenden Anforderungen in einem so hohen Maß verletzt, dass von niemandem erwartet werden kann, den Verwaltungsakt als verbindlich anzuerkennen.[1]

Der Haftungsbescheid genügt nicht den Anforderungen, die an einen Verwaltungsakt zu stellen sind. Ihm fehlt die nach § 118 AO vorgeschriebene Regelung. Er ist inhaltlich nicht hinreichend bestimmt, § 119 Abs. 1 AO. Er leidet aus diesem Grunde an einem besonders schwerwiegenden Mangel und ist nichtig, § 125 Abs. 1 AO. Der Fehler ist auch in der Weise offenkundig, dass ein verständiger Laie aus dem Haftungsbescheid heraus die Fehler zweifelsfrei erkennen kann.[2]

B braucht die Schuld nicht zu bezahlen, da sie nicht rechtswirksam festgesetzt und fällig geworden ist.

Zur Rüge dieses Fehlers bedarf es keines Einspruchs, da sich Einsprüche gegen fehlerhafte Verwaltungsakte richten, hier aber gar kein Verwaltungsakt vorliegt. Um aber das nötige Maß an Rechtssicherheit zu schaffen und um den Rechtsschein eines Verwaltungsakts zu beseitigen, den das Finanzamt durch diesen nichtigen Haftungsbescheid erweckt hat, hat B einen Anspruch darauf, dass das Finanzamt die Nichtigkeit feststellt, um so deutlich zu machen, dass keine Rechtsfolgen eingetreten sind, § 125 Abs. 5 AO. Es ist höchstrichterlich nicht geklärt, ob es sich bei dieser Feststellung um einen Verwaltungsakt handelt.[3]

Fall 21

Form- und Verfahrensfehler

AO §§ 124, 125, 127, 155, 175 Abs. 1 Nr. 1

Sachverhalt

Josepha Tramm (T), wohnhaft in Stadthagen, war bis Mai 05 Kommanditistin einer GmbH und Co. KG (KG) in Hannover. Mit Bescheid vom Juni 05 änderte das Betriebsfinanzamt Hannover-Süd den Gewinnfeststellungsbescheid 03, der im Oktober 04 ergangen war. Es wurde lediglich eine Ausfertigung des Bescheids an den vertretungsbefugten Geschäftsführer

---

1 BFH vom 01.10.1992, BStBl 1993 II S. 259, vom 03.12.1996, 1997 II S. 306, und vom 31.08.1994 – X R 2/93, BFH/NV 1995 S. 467.

2 BFH vom 01.10.1981, BStBl 1982 II S. 133, vom 22.11.1988 – VII R 173/85, BStBl 1989 II S. 220, und vom 03.12.1996, BStBl 1997 II S. 30.

3 BFH vom 20.08.2014, BStBl 2015 II S. 109.

der KG gesandt, wie auch schon in den Vorjahren, obwohl T dem Finanzamt Hannover-Süd mitgeteilt hatte, dass sie aus der KG ausgeschieden sei. Aufgrund der Mitteilung des Finanzamts Hannover-Süd über den geänderten Gewinn änderte das Finanzamt Stadthagen den Einkommensteuerbescheid 03, der im Dezember 04 ergangen war, mit Bescheid vom 01.09.05. Am 01.11.05 erhielt T vom Finanzamt Hannover-Süd eine Ausfertigung des geänderten Gewinnfeststellungsbescheids zugestellt.

Frage

1. Durfte der Einkommensteuerbescheid 03 am 01.09.05 geändert werden?
2. Welche Folge hat es, wenn die Änderung am 01.09.05 unzulässig war?

Antwort

1. Die Änderung am 01.09.05 war nicht zulässig, da es dafür keine Rechtsgrundlage gab.
2. Der Fehler des Finanzamts hat keine Folgen, da es sich um einen heilbaren Verfahrensfehler handelt.

Begründung

1. Der Einkommensteuerbescheid 03 wurde mit seiner Bekanntgabe im Dezember 04 wirksam. Er bleibt nach § 124 Abs. 2 AO so lange wirksam, bis er aufgehoben oder geändert wird. Ein wirksamer Steuerbescheid darf nur dann aufgehoben oder geändert werden, wenn dies gesetzlich zugelassen ist, § 172 Abs. 1 Nr. 2 AO.

Die **Änderung des Einkommensteuerbescheids** könnte nach § 175 Abs. 1 Nr. 1 AO zulässig sein. Der Anteil der T am Gewinn der KG gehört nach § 15 Abs. 1 Nr. 2 EStG zu ihren Einkünften aus Gewerbebetrieb. Der Gewinn wird nach § 179 Abs. 1 und 2 Satz 2, § 180 Abs. 1 Nr. 2 Buchst. a AO gesondert von den übrigen Besteuerungsgrundlagen und einheitlich für alle an der Gesellschaft Beteiligten vom Betriebsfinanzamt Hannover-Süd festgestellt. Der festgestellte Gewinn der T ist vom Wohnsitzfinanzamt Stadthagen der Einkommensteuerveranlagung zugrunde zu legen, § 182 Abs. 1 AO. Wird der Feststellungsbescheid geändert, ist notwendigerweise auch der Einkommensteuerbescheid zu ändern. Die verfahrensrechtlichen Grundlagen dafür schafft § 175 Abs. 1 Nr. 1 AO.

Der Einkommensteuerbescheid kann aber nur dann geändert werden, wenn auch tatsächlich eine Änderung des Gewinns der T durch einen wirksamen, geänderten Gewinnfeststellungsbescheid erfolgt ist.[1] Die Änderung des Einkommensteuerbescheids ist nur die Folge der Änderung des Gewinnfeststellungsbescheids und von ihr abhängig. Dem steht § 155

---

1 BFH vom 06.12.1995 – II R 24/93, BFH/NV 1996 S. 450.

Abs. 2 AO nicht entgegen. Diese Vorschrift soll dem Wohnsitzfinanzamt ermöglichen, einen Einkommensteuerbescheid erstmals zu erlassen, bevor der Grundlagenbescheid ergangen ist. Eine Änderung der gesondert festzustellenden Besteuerungsgrundlagen in einem Einkommensteuerbescheid setzt immer die rechtswirksame Änderung des Grundlagenbescheids voraus.

Die Änderung des Gewinnfeststellungsbescheids ist dann erfolgt, wenn der Änderungsbescheid wirksam bekannt gegeben worden ist und damit den bisherigen Bescheid wirkungslos werden lässt, § 124 Abs. 2 AO. Dann erst kann daraus die nötige Folgerung für den Einkommensteuerbescheid gezogen werden, § 175 Abs. 1 Nr. 1 AO. Als der Einkommensteuerbescheid am 01.09.05 geändert wurde, war der geänderte **Gewinnfeststellungsbescheid** der T gegenüber nicht wirksam geworden.

T ist Inhalts- und Bekanntgabeadressatin dieses Bescheids. Er enthält ihren Gewinnanteil und ist seinem Inhalt nach für sie bestimmt, § 122 Abs. 1 Satz 1 AO. Sie muss daher den Bescheid auch erhalten, er muss ihr bekannt gegeben werden. Da dieser Bescheid mehrere Adressaten betrifft, nämlich alle Gesellschafter der KG, müsste eigentlich jeder der Gesellschafter eine Ausfertigung des Bescheids erhalten. Nach § 183 Abs. 1 AO ist es aber erlaubt, anders zu verfahren (vgl. Fall 18). Das Finanzamt ist nach § 183 Abs. 1 Satz 2 AO vorgegangen, indem es den geänderten Gewinnfeststellungsbescheid dem vertretungsbefugten Geschäftsführer der KG mit Wirkung für und gegen alle Gesellschafter bekannt gab.

Die Regelung des § 183 Abs. 1 AO kann nur so lange angewendet werden, wie sichergestellt ist, dass derjenige, der den Bescheid erhält, auch alle anderen Gesellschafter über den Inhalt informiert. Kann davon nicht ausgegangen werden, ist, wie § 183 Abs. 2 Satz 1 AO deutlich macht, jedem Beteiligten eine Ausfertigung zu übermitteln.[1] T wird nach ihrem **Ausscheiden aus der Gesellschaft** nicht mehr von dem Geschäftsführer vertreten, und es ist nicht sicher, ob sie wirklich von dem Bescheid erfährt, § 183 Abs. 3 AO. Deshalb sieht § 183 Abs. 2 Satz 1 AO vor, dass ihr eine eigene Ausfertigung des Bescheids bekannt zu geben ist. Die Bekanntgabe an den Geschäftsführer wirkt nur gegenüber den anderen Gesellschaftern. Solange T keinen Bescheid erhalten hat, wirkt die Änderung ihr gegenüber nicht, der bisherige Bescheid ist noch wirksam, § 124 Abs. 2 AO.

Erst am 01.11.05 wurde die Änderung der T gegenüber wirksam. Von diesem Zeitpunkt an hätte das Wohnsitzfinanzamt Stadthagen den Einkommensteuerbescheid ändern dürfen. Der am 01.09.05 erfolgten Änderung fehlt deshalb die Rechtsgrundlage, sie ist rechtswidrig.

---

1 AEAO zu § 122 Nr. 2.5.5.

2. Der fehlerhafte Steuerbescheid könnte **nichtig** sein und keine Rechtswirkungen entfalten, § 125 Abs. 1, § 124 Abs. 3 AO. Er könnte aber auch trotz des Fehlers wirksam sein, § 124 Abs. 2 AO. Dann würde sich die Frage stellen, ob er wegen des Fehlers aufgehoben oder geändert werden kann.

Der Steuerbescheid ist nicht nichtig. Der Fehler, dass der Einkommensteuerbescheid erging, bevor der geänderte Feststellungsbescheid der T bekannt gegeben wurde, ist nicht schwerwiegend i. S. des § 125 Abs. 1 AO. Es ist zu berücksichtigen, dass der Änderungsbescheid über die gesonderte und einheitliche Feststellung des Gewinns der KG, an der T beteiligt war, vor der Änderung des Einkommensteuerbescheids ergangen und allen anderen Gesellschaftern gegenüber wirksam geworden war. Der Änderungsbescheid als solcher war vorhanden, er war nur wegen eines Verfahrensfehlers des Betriebsfinanzamts der T gegenüber nicht wirksam geworden. Das für die Einkommensteuerveranlagung zuständige Wohnsitzfinanzamt Stadthagen war, als es die Mitteilung über den geänderten Gewinnfeststellungsbescheid erhielt, weder rechtlich verpflichtet noch tatsächlich in der Lage festzustellen, ob der geänderte Gewinnfeststellungsbescheid der T gegenüber wirksam geworden war. Aufgrund der Mitteilung über den geänderten Gewinnanteil der T war das Wohnsitzfinanzamt ohne weitere Prüfung verpflichtet, den Einkommensteuerbescheid nach § 175 Abs. 1 Nr. 1 AO zu ändern; es konnte davon ausgehen, dass der Gewinnfeststellungsbescheid ordnungsgemäß ergangen war.

Der Einkommensteuerbescheid ist mit einem Verfahrensfehler behaftet. Dieser könnte nur dadurch bereinigt werden, dass der „zu früh" ergangene Einkommensteuerbescheid aufgehoben und nach dem 01.11.05, als der Gewinnfeststellungsbescheid T gegenüber wirksam wurde, erneut erlassen würde. Es würde sich dabei um inhaltlich genau den gleichen Bescheid handeln. Ein solcher nutzloser Formalismus muss vermieden werden.

Die in der AO und anderen Gesetzen enthaltenen Verfahrensvorschriften sind nicht Selbstzweck. Sie dienen dazu, eine möglichst gerechte, gleichmäßige und nach den materiellen Steuergesetzen richtige Steuerfestsetzung zu gewährleisten. Im vorliegenden Fall ist trotz des Verfahrensfehlers die Einkommensteuer der T richtig festgesetzt worden. Auch bei Beachtung aller Verfahrensvorschriften wäre inhaltlich kein anderer Einkommensteuerbescheid ergangen. Der Bescheid hätte nur nicht zum 01.09.05, sondern erst nach dem 01.11.05 ergehen dürfen.

Die Verletzung von Verfahrensvorschriften ist grundsätzlich dann unbeachtlich, wenn der Verwaltungsakt inhaltlich richtig ist. Dieser Grundgedanke kommt im § 127 AO zum Ausdruck. Die Aufhebung des Einkommensteuerbescheids 03 kann nicht allein deshalb beansprucht werden, weil er unter Verletzung der Vorschriften über das Verfahren zustande gekommen ist, da inhaltlich keine andere Entscheidung getroffen werden kann.[1]

Der geänderte Einkommensteuerbescheid ist trotz des Verfahrensfehlers nicht aufzuheben. Der Verfahrensmangel wird durch die spätere Bekanntgabe des Gewinnfeststellungsbescheids an T geheilt.[2]

Fall 22

Berichtigung wegen einer offenbaren Unrichtigkeit

AO § 129

Sachverhalt

Die geschiedene Barbara Biene (B) ist Gewerbetreibende. Ihr Einkommensteuerbescheid für 06 enthielt mehrere Fehler:

1. Die von B zusammen mit ihrer Einkommensteuererklärung eingereichte Anlage U – die Mitteilung über Unterhaltsleistungen von 13.800 Euro seitens ihres ehemaligen Ehemanns, § 10 Abs. 1a Nr. 1 EStG und § 22 Nr. 1a EStG – war nicht berücksichtigt worden.

2. Eine in den Steuerakten befindliche Mitteilung über mögliche bisher nicht erfasste Einnahmen der B war nicht ausgewertet worden.

3. Die in der Steuererklärung mit Namen und Geburtsdatum ordnungsgemäß angegebene, in Greifswald studierende 22-jährige Tochter der B war nicht berücksichtigt worden.

4. Die von B eingereichte Zusammenstellung der Aufwendungen für ihr steuerlich zu berücksichtigendes Arbeitszimmer enthielt einen Additionsfehler, den das Finanzamt nicht korrigiert hat.

5. Die Veranlagung erfolgte durch Eintragung der betreffenden Kennzahl endgültig, obwohl der Veranlagungsbeamte auf die Erklärung handschriftlich vermerkt hatte, dass wegen einer bevorstehenden Außenprüfung ein Vorbehalt der Nachprüfung aufzunehmen sei.

Vor Ablauf der Einspruchsfrist beantragte B, den Bescheid zu ändern und zusätzliche Werbungskosten zu gewähren. Das Finanzamt erließ einen gem. § 172 Abs. 1 Nr. 2 Buchst. a AO geänderten Bescheid, in welchem die beantragten Werbungskosten gewährt wurden. Die oben genannten Fehler wurden nicht bemerkt und in den Änderungsbescheid übernommen. Der Bescheid wurde bestandskräftig.

---

1 BFH vom 22.09.1983, BStBl 1984 II S. 342.
2 FG Baden-Württemberg vom 07.11.1979, EFG 1980 S. 157.

Frage

Kann der Einkommensteuerbescheid 06 wegen der genannten Fehler nach § 129 AO berichtigt werden?

Antwort

Die Fehler 1., 4. und 5. können nach § 129 AO berichtigt werden, die Fehler 2. und 3. nicht.

Begründung

Die Berichtigung nach § 129 AO setzt voraus, dass dem Finanzamt beim Erlass des Steuerbescheids ein Schreibfehler, Rechenfehler oder eine ähnliche offenbare Unrichtigkeit unterlaufen ist. Der mit der Bekanntgabe wirksame Steuerbescheid bindet die Behörde, § 124 AO. Mit § 129 AO erhält das Finanzamt die Möglichkeit, Fehler in dem Verwaltungsakt zu berichtigen, die dadurch entstanden sind, dass das von der Behörde in dem Verwaltungsakt Niedergeschriebene nicht mit dem übereinstimmt, was sie eigentlich erklären wollte. Hat der Beamte „falsch gedacht" und diesen Fehler zu Papier gebracht, liegt ein Rechtsanwendungsfehler vor. Hat er aber „richtig gedacht" und dann beim Äußern des Gedankens einen (mechanischen) Fehler gemacht, ist § 129 AO anwendbar.[1] Diese Grundsätze gelten auch bei elektronischen Steuererklärungen.[2] Dabei kommt es nicht darauf an, ob der Bearbeiter bei gehöriger Sorgfalt sein Versehen hätte erkennen und die offenbare Unrichtigkeit vermeiden können.[3]

1. Es handelt sich lediglich um einen **Abschreibfehler.** Der Bearbeiter hat übersehen, den in der Anlage U genannten Betrag bei der Veranlagung zu übertragen. Es kann nicht davon ausgegangen werden, dass er den Betrag nach entsprechender Prüfung bewusst und gewollt weggelassen hat, da er hier nach dem klaren Sachverhalt und dem eindeutigen Wortlaut des Gesetzes keinerlei Überprüfungen mehr vorzunehmen hatte. Der Bearbeiter hat mit an Sicherheit grenzender Wahrscheinlichkeit die Anlage U nicht beachtet und sie deshalb nicht ausgewertet. Ein Denk- oder Rechtsanwendungsfehler würde voraussetzen, dass der Bearbeiter die Anlage U zur Kenntnis genommen hat und dann irgendwelche – falschen – Schlüsse gezogen hat. Das wird nicht der Fall gewesen sein. Die – theoretisch vorhandene – Möglichkeit, dass der Bearbeiter den Betrag bewusst außer

---

1 BFH vom 29.03.1985, BStBl 1985 II S. 569, vom 17.02.1993 – X R 47/91, BFH/NV 1993 S. 638, und vom 01.07.2010 – IV R 56/07, BFH/NV 2010 S. 2004.

2 BFH vom 22.05.2019 – XI R 9/18, BStBl 2020 II S. 37.

3 BFH vom 21.01.2010 – III R 22/08, BFH/NV 2010 S. 1410.

Ansatz lassen wollte, ist bei der klaren Sach- und Rechtslage derart fernliegend, dass sie nicht ernsthaft in Erwägung gezogen werden kann.[1]

2. Eine **fehlerhafte Sachverhaltsermittlung** kann nicht durch § 129 AO richtiggestellt werden. Der Bearbeiter hat versäumt, die in den Akten befindliche Mitteilung auszuwerten. Das ist nicht nur eine mit dem ersten Fehler vergleichbare Unachtsamkeit. Hier bedurfte es zunächst einer vollständigen Aufklärung des Sachverhalts, welcher Art der Geldzufluss bei B war, dann war dieser Sachverhalt rechtlich zu würdigen und zu prüfen, ob der Geldzufluss unter eine der im EStG genannten Einkunftsarten fällt. Eine aus rechtlichen oder tatsächlichen Gründen erforderliche, vom Sachbearbeiter jedoch unterlassene Sachverhaltsermittlung ist kein mechanisches Versehen.[2] Eine Unrichtigkeit i. S. des § 129 AO ist bei Fehlern in der Sachverhaltsermittlung oder unrichtiger Tatsachenwürdigung nicht gegeben.[3] Soweit z. B. das Finanzamt auf Vorakten zurückgreifen muss, liegt grundsätzlich keine offenbare Unrichtigkeit vor.

3. Eine Berichtigung nach § 129 AO ist bei **Fehlern in der Rechtsanwendung** ausgeschlossen. Wenn die nicht nur theoretische Möglichkeit eines Fehlers in der Tatsachenwürdigung oder bei der Anwendung einer Rechtsnorm besteht, handelt es sich nicht um eine Unrichtigkeit i. S. des § 129 AO. Ob ein mechanisches Versehen, ein Irrtum über den Programmablauf oder ein die Berichtigung ausschließender Tatsachen- oder Rechtsirrtum vorliegt, muss nach den Verhältnissen des Einzelfalls beurteilt werden.[4]

Es kann nicht ohne weiteres davon ausgegangen werden, dass der Bearbeiter nur übersehen oder vergessen hat, das Kind zu berücksichtigen. Bei einem Kind, das älter als 18 Jahre ist, verlangt § 32 Abs. 4 EStG die Überprüfung einer Reihe von weiteren Voraussetzungen. Es ist also durchaus möglich, dass der Bearbeiter das Kind nicht berücksichtigen wollte. Er kann bei der Rechtsanwendung des Einkommensteuergesetzes auf den vorliegenden Sachverhalt zu einem falschen Ergebnis gekommen sein. Es handelt sich um eine komplexe Vorschrift und die Berücksichtigung von Kindern ist hier nicht so einfach, klar und eindeutig wie bei Kindern, die jünger als 18 Jahre sind, § 32 Abs. 3 EStG. Andererseits kann aber auch hier – wie bei dem ersten Fehler – nur ein rein mechanisches Übersehen die Ursache für den Fehler sein. Da sich aber die Möglichkeit eines Rechtsanwendungsfehlers nicht nur als rein theoretisch darstellt, sondern ein

---

1 BFH vom 18.04.1986, BStBl 1986 II S. 541, vom 26.04.1989 – VI R 39/85, BFH/NV 1989 S. 619, und vom 26.02.2003 – II R 64/00, BFH/NV 2003 S. 867.

2 BFH vom 23.01.1991 – I R 26/90, BFH/NV 1992 S. 359, und vom 14.02.1995 – IX R 101/93, BFH/NV 1995 S. 1033.

3 BFH vom 18.04.1986, BStBl 1986 II S. 541, vom 26.11.1996, BStBl 1997 II S. 422, vom 13.11.1997 – V R 138/92, BFH/NV 1998 S. 419, vom 16.03.2000, BStBl 2000 II S. 372, und vom 30.01.2006 – III B 2/05, BFH/NV 2006 S. 910.

4 Ständige Rechtsprechung, z. B. BFH vom 27.03.1996, BStBl 1996 II S. 509, und vom 10.03.2020 – IX R 29/18, BStBl 2020 II S. 698.

gewisses Maß an Wahrscheinlichkeit für sich hat, scheidet eine Berichtigung nach § 129 AO aus.[1]

4. Der Additionsfehler in der Zusammenstellung der Werbungskosten ist einer der in § 129 AO ausdrücklich genannten Fehler. Nach dieser Vorschrift können aber nur Fehler, die bei **Erlass des Verwaltungsakts** unterlaufen sind, berichtigt werden. Damit sind solche Fehler gemeint, die das Finanzamt macht. Grundsätzlich ausgeschlossen sind dagegen Fehler, die vom Steuerpflichtigen ausgehen. Der Fehler muss irgendwo zwischen Beginn der Willensäußerung durch den zuständigen Bearbeiter und der Bekanntgabe des Bescheids entstanden sein. Zunächst hat hier die Steuerpflichtige B den Rechenfehler gemacht. Es muss allerdings davon ausgegangen werden, dass der zuständige Bearbeiter des Finanzamts bei der Veranlagung die eingereichten Aufstellungen prüft und ggf. nachrechnet, § 85 AO. Der Bearbeiter hat also selbst einen Rechenfehler begangen. Der Fehler der Steuerpflichtigen wird zu seinem eigenen.[2] Deshalb findet § 129 AO immer dann Anwendung, wenn eine zunächst der Steuerpflichtigen unterlaufene Unrichtigkeit für den zuständigen Bearbeiter erkennbar und nachvollziehbar war und er diesen trotzdem in den Steuerbescheid übernahm, sog. „Übernahmefehler".[3]

Die **Übernahmefehler** gewinnen durch die informationstechnologische Entwicklung an Bedeutung. Der BFH hat entschieden, dass § 129 AO auch im Elster-Verfahren Anwendung findet.[4] Wenn ein Bearbeiter im Rahmen der Bearbeitung der Elster-Daten Werte nicht ändert und so die Fehler des Steuerpflichtigen übernimmt, liegt ein Versehen i. S. des § 129 AO vor, sofern ein Denkfehler auszuschließen ist.[5] Beim Einscannen von Steuererklärungen können mechanische Fehler unterlaufen, die einer Berichtigung nach § 129 AO zugänglich sind.[6] Werden Daten einer elektronisch übermittelten oder eingescannten Steuererklärung im Rahmen des Risikomanagements ungeprüft in einen Steuerbescheid übernommen, werden alle Rechenfehler, Schreibfehler und ähnlichen Unrichtigkeiten, die dem Steuerpflichtigen unterlaufen sind, zu Fehlern des Finanzamts. Sie fallen aber nur unter § 129 AO, wenn sie offenbar sind, wenn sich die Unrichtigkeit also ohne weiteres aus der Erklärung, aus den der Erklärung beigefügten Unterlagen oder aus den Akten ergibt.

---

1 BFH vom 27.03.1996, BStBl 1996 II S. 509, und vom 07.03.2002 – IX B 111/01, BFH/NV 2002 S. 894.

2 BFH vom 23.01.1991 I R 26/90, BFH/NV 1992 S. 359, und vom 27.05.2009, BStBl 2009 II S. 946.

3 BFH vom 04.06.2008 – X R 47/07, BFH/NV 2008 S. 1801, vom 16.09.2015 – IX R 37/14, BStBl 2015 II S. 1040, und vom 12.02.2020 – X R 27/18, BFH/NV 2020 S. 1041.

4 Beschluss vom 13.08.2010 – IX B 20/10, BFH/NV 2010 S. 2232.

5 FG Nürnberg vom 15.10.2009, EFG 2011 S. 500.

6 BFH vom 14.01.2020 – VIII R 4/17, BStBl 2020 II S. 433.

5. Eine falsche Kennzahl im Rahmen der EDV kann eine offenbare Unrichtigkeit sein. Im automatisierten Verfahren ist es notwendig, dass der Bearbeiter die rechtliche Entscheidung in die Computersprache übersetzt und in das Datenverarbeitungssystem eingibt. Dabei können ihm „Eingabe- und Übertragungsfehler" unterlaufen, etwa bei der Verwendung falscher Schlüsselzahlen, dem Übersehen notwendiger Eintragungen, bei Irrtümern über den tatsächlichen Ablauf des maschinellen Verfahrens oder bei der Nichtbeachtung der für das maschinelle Veranlagungsverfahren geltenden Dienstanweisung.[1] Auch das versehentliche **Unterbleiben eines Vorbehaltsvermerks** – etwa in Folge der Unterlassung der Übernahme dieses Vermerks aus der Aktenverfügung in den Bescheid oder der Verwendung der falschen Kennziffer – stellt eine gem. § 129 AO jederzeit zu berichtigende offenbare Unrichtigkeit dar.[2]

Im vorliegenden Fall kann ein Fehler in der Rechtsanwendung oder Sachverhaltsermittlung ausgeschlossen werden, da der Bearbeiter seinen Willen – die Veranlagung unter dem Vorbehalt der Nachprüfung durchzuführen – durch den handschriftlichen Vermerk kenntlich gemacht hat. Der Fehler ist für einen sachkundigen Dritten bei Akteneinsicht offenbar. Unerheblich ist, dass die Steuerpflichtige die Unrichtigkeit anhand des Bescheids und der ihr vorliegenden Unterlagen nicht erkennen konnte.[3] Die unterbliebene Nebenbestimmung kann durch eine Berichtigung des Bescheids nach § 129 AO nachgeholt werden. Alternativ kann das Finanzamt auf die Berichtigung nach § 129 AO verzichten und den Bescheid unmittelbar nach § 164 Abs. 2 AO ändern; diese Änderung schließt dann die Wahrnehmung der Berichtigungsmöglichkeit ein.[4]

Es ist kritisch anzumerken, dass die Anwendung dieser ständigen BFH-Rechtsprechung dem Finanzamt einseitig eine allumfassende Änderungsmöglichkeit bestandskräftiger Bescheide eröffnet. Sie führt außerdem dazu, dass rechtmäßige (nicht gegen das Recht verstoßende) Bescheide berichtigt werden können.

Offenbar sind die Unrichtigkeiten im Sinne der Vorschrift, die ohne weitere Prüfung erkannt und berichtigt werden können. Offenbar ist, was für einen kundigen Dritten ohne große Nachforschungen aus dem Bescheid im Zusammenhang mit den übrigen zugänglichen Unterlagen eindeutig erkennbar ist.[5] Offenbar ist, was durchschaubar, eindeutig oder augenfällig ist, wenn die Unrichtigkeit auf der Hand liegt,[6] nicht aber, wenn erst

---

1 BFH vom 11.07.2007 – XI R 17/05, BFH/NV 2007 S. 1810 m. w. N.

2 BFH vom 01.07.2010 – IV R 56/07, BFH/NV 2010 S. 2004 m. w. N.

3 BFH vom 22.02.2006, BStBl 2006 II S. 400.

4 BFH vom 22.02.2006, BStBl 2006 II S. 400, und BFH vom 01.07.2010, IV R 56/07, BFH/NV 2010 S. 2004.

5 BFH vom 08.12.2011 – VI R 45/10, BFH/NV 2012 S. 694.

6 BFH vom 04.09.1984, BStBl 1984 II S. 834.

durch Abfrage subjektiver Einschätzungen seinerzeit Beteiligter ermittelt wird.[1] Die Unrichtigkeit muss nicht aus dem fehlerhaften Bescheid allein für die Steuerpflichtige erkennbar sein. Nach der ständigen Rechtsprechung ist für eine Berichtigung nach § 129 AO nicht erforderlich, dass die Unrichtigkeit aus dem Bescheid selbst erkennbar ist.[2] Es kommt nicht auf die Erkenntnismöglichkeit der Steuerpflichtigen an, die von ihrem subjektiven Bildungsstand und eventuellen steuerlichen Kenntnissen abhängt. Maßgebend ist, ob der Fehler für einen unbefangenen objektiven Dritten ohne weiteres aus allen zugänglichen Unterlagen, den Steuerakten und dem Bescheid, ohne weitere Sachverhaltsaufklärung und rechtliche Erwägungen erkennbar ist.[3] Dieser Wille des Gesetzgebers hat im Wortlaut der Vorschrift seinen Ausdruck gefunden, wenn dort auf Unrichtigkeiten abgestellt wird, die „beim Erlass eines Verwaltungsakts unterlaufen sind". Eine gegenteilige Auffassung lässt sich nicht mit dem Hinweis darauf begründen, dass in § 129 AO neben Schreib- und Rechenfehlern von anderen offenbaren Unrichtigkeiten gesprochen wird. Denn damit soll kein zusätzliches Tatbestandsmerkmal geschaffen, sondern zum Ausdruck gebracht werden, dass andere Unrichtigkeiten nur dann unter § 129 AO fallen, wenn sie in ähnlicher Weise offenbar sind wie Schreib- und Rechenfehler.[4]

Durch einfachen Vergleich der Steuerakten mit dem Bescheid ist erkennbar, dass die Anlage U nicht berücksichtigt wurde, die Zusammenstellung der Werbungskosten einen Rechenfehler enthält und die für B erforderliche Kennzahl für die Vorsorgepauschale falsch ist.

Die **Wiederholung der Fehler** in dem Änderungsbescheid ist keine erneute offenbare Unrichtigkeit. Es liegt kein Rechtsirrtum vor, wenn das Finanzamt die in dem ursprünglichen Bescheid enthaltenen offenbaren Unrichtigkeiten anlässlich der Bearbeitung des Einspruchs nicht entdeckt und nicht berichtigt. Es bleibt auch dann ein Versehen, wenn die Flüchtigkeit mehrerer Beamten unterläuft. Die nach § 367 Abs. 2 Satz 2 AO gebotene Gesamtaufrollung macht aus der offenbaren Unrichtigkeit keinen Rechtsanwendungsfehler, da auch im Rahmen der Änderung nicht davon ausgegangen werden kann, dass die Wiederholung der Fehler auf fehlerhafter Rechtsanwendung beruht. Eine offenbare Unrichtigkeit wird nicht dadurch zu einem Rechts- oder Tatsachenirrtum, dass sie übernommen worden ist.[5] Die Ablaufhemmung nach § 171 Abs. 2 AO beginnt in

---

1 BFH vom 29.01.2003 – I R 20/02, BFH/NV 2003 S. 1139.

2 BFH vom 31.03.1987, BStBl 1987 II S. 588, vom 08.04.1987, BStBl 1988 II S. 164, vom 15.03.1994 – XI R 78/92, BFH/NV 1995 S. 937, und vom 04.06.2008 – X R 47/07, BFH/NV 2008 S. 1801.

3 BFH vom 06.11.2012, BStBl 2013 II 307.

4 BFH vom 15.03.1994 – XI R 78/92, BFH/NV 1995 S. 937.

5 BFH vom 30.11.2010 – III B 17/09, BFH/NV 2011 S. 412.

diesen Fällen mit Bekanntgabe des Bescheids, in dem der Fehler erstmals aufgetreten ist.[1]

Die Berichtigung liegt im **Ermessen** des Finanzamts. Wirkt sich die Berichtigung zuungunsten des Steuerpflichtigen aus, wird das Finanzamt stets berichtigen. Wirkt sich die Berichtigung zugunsten des Steuerpflichtigen aus, kann die Behörde die Berichtigung nicht ablehnen, da sie bei berechtigtem Interesse des Steuerpflichtigen berichtigen muss, § 129 Satz 2 AO. Diese Formulierung des § 129 AO hat zur Folge, dass das Finanzamt in den allermeisten Fällen offenbare Unrichtigkeiten berichtigen wird. Nur wenn es sich um völlig unbedeutende Fehler handelt, die sich auf die Höhe der festgesetzten Steuer nicht auswirken und deren Beseitigung mit erheblichem Arbeitsaufwand verbunden ist, kann die Behörde die Berichtigung ablehnen.

Gegen die Berichtigung oder eine die Berichtigung ablehnende Entscheidung des Finanzamts ist als **Rechtsbehelf** der Einspruch gegeben, § 347 Abs. 1 Nr. 1 AO.

Die Berichtigung ist entgegen dem Wortlaut des § 129 AO nicht „jederzeit", sondern nur innerhalb der regulären Festsetzungsfrist und der Ablaufhemmung des § 171 Abs. 2 AO zulässig.[2]

Fall 23

Rücknahme und Widerruf nicht begünstigender Verwaltungsakte

AO § 130 Abs. 1, § 131 Abs. 1

Sachverhalt

Leopold Loewe (L) ist Eigentümer eines vermieteten Mehrfamilienhauses. Das Finanzamt vermutet, dass die in der Einkommensteuererklärung angegebenen Mieteinnahmen nicht den tatsächlich erzielten Mieten entsprechen. Auf entsprechende Rückfragen erteilt L zunächst keine und dann eine sehr ungenaue Auskunft.

Das Finanzamt fordert daher die Mieter Gerda Gnu (G) und Paul Puma (P) auf, mitzuteilen, welche Miete sie an L zahlen. Da beide Mieter nicht antworten, wird gegen sie nach entsprechender Androhung ein Zwangsgeld von je 100 Euro festgesetzt. Später stellt sich heraus, dass G die Schwester des L ist.

---

1 BFH vom 14.06.1991, BStBl 1992 II S. 52, und vom 09.11.1994 – XI R 12/94, BFH/NV 1995 S. 563.

2 BFH vom 03.03.2011, BStBl 2011 II S. 673.

Frage

1. Kann die Festsetzung des Zwangsgeldes gegen G zurückgenommen werden?
2. Kann die Festsetzung des Zwangsgeldes gegen P herabgesetzt werden?

Antwort

1. Die Festsetzung des Zwangsgeldes ist nach § 130 Abs. 1 AO zurückzunehmen.
2. Das Zwangsgeld kann nach § 131 Abs. 1 AO teilweise widerrufen werden.

Begründung

Verwaltungsakte werden mit der Bekanntgabe wirksam, unabhängig davon, ob sie fehlerhaft oder inhaltlich richtig sind. Auch ein fehlerhafter Verwaltungsakt entfaltet alle Rechtswirkungen, bis er geändert oder aufgehoben wird, § 124 Abs. 2 AO. Ein Bedürfnis, Verwaltungsakte nach deren Bekanntgabe wieder zu ändern, besteht grundsätzlich nur, wenn sie einen Fehler enthalten. Diese Möglichkeit ist in § 130 AO mit der Rücknahme geregelt. Ausnahmsweise kann es auch notwendig sein, einen richtigen, rechtmäßigen Verwaltungsakt wieder zu ändern. Diese Möglichkeit ist in § 131 AO mit dem Widerruf geregelt.

Zu beachten ist, dass für Steuerbescheide und gleichgestellte Verwaltungsakte wie Feststellungsbescheide wegen der Besonderheit dieser Verwaltungsakte eigene Änderungsvorschriften in den §§ 164, 165, 172 ff. AO geschaffen wurden, sodass bei Fehlerhaftigkeit dieser Verwaltungsakte § 130 AO nicht anwendbar ist, § 172 Abs. 1 Nr. 2 Buchst. d AO.

Die Festsetzung des Zwangsgeldes ist kein Steuerbescheid und wird auch nicht wie ein Steuerbescheid behandelt. Er ist weder in § 155 AO erwähnt, noch erklären die §§ 328 ff. AO die Vorschriften über den Steuerbescheid allgemein für anwendbar. Die Korrektur eines Zwangsgeldes richtet sich nach den §§ 130, 131 AO.

Für **rechtswidrige** Verwaltungsakte ist die Rücknahme nach § 130 AO, für **rechtmäßige** Verwaltungsakte der Widerruf nach § 131 AO vorgesehen. Die Beurteilung, ob ein Verwaltungsakt rechtswidrig oder rechtmäßig ist, erfolgt auf den Zeitpunkt seiner Bekanntgabe. Eine nachträgliche Änderung der Sach- oder Rechtslage macht einen ursprünglich rechtmäßigen Verwaltungsakt grundsätzlich nicht rechtswidrig.[1] Die jeweiligen Absätze 1 der beiden Vorschriften regeln die Rücknahme bzw. den Widerruf **nicht begünstigender** Verwaltungsakte, während die jeweiligen Absätze 2 Rücknahme bzw. Widerruf **begünstigender** Verwaltungsakte regeln. Ein Verwal-

---

1 BFH vom 09.12.2008, BStBl 2009 II S. 344.

tungsakt ist begünstigend, wenn der Betroffene ein schutzwürdiges Interesse an seiner Aufrechterhaltung hat.[1]

1. Mit dem Zwangsgeld wird gegenüber G ein Anspruch festgesetzt und Zahlung begehrt. Die Androhung und die Festsetzung des Zwangsgeldes sind nicht begünstigend für G. Nach § 93 Abs. 1 Satz 1 AO haben neben dem Steuerpflichtigen auch Dritte, am Besteuerungsverfahren nicht beteiligte Personen, Auskünfte zu erteilen. G ist nach § 15 Abs. 1 Nr. 4 AO Angehörige des L; ihr steht ein Auskunftsverweigerungsrecht zu, § 101 Abs. 1 AO. Das Finanzamt hätte G über dieses Recht belehren müssen, § 101 Abs. 1 Satz 2 AO. Die Festsetzung des Zwangsgeldes ist somit rechtswidrig.

Nach **§ 130 Abs. 1 AO** ist ein solcher rechtswidriger, nicht begünstigender Verwaltungsakt zurückzunehmen. Die Rücknahme kann jederzeit, also auch nach Bestandskraft des Verwaltungsakts, erfolgen.[2] Wenngleich es sich um eine Ermessensvorschrift handelt, kann die Rücknahme nicht abgelehnt werden, da die Rechtswidrigkeit auf den alleinigen Fehler des Finanzamts zurückzuführen ist.[3]

Hätte G den gesamten geforderten Betrag bereits gezahlt, ist das zunächst eine Zahlung mit Rechtsgrund, da im Zeitpunkt der Zahlung der Verwaltungsakt trotz des Fehlers wirksam und zu befolgen war, § 124 AO. Mit der Rücknahme ist der Rechtsgrund für die Zahlung weggefallen, § 37 Abs. 2 Satz 2 AO. G hat dann ohne rechtlichen Grund einen Betrag an die Finanzkasse gezahlt und einen Erstattungsanspruch nach § 37 Abs. 2 AO in Höhe des gezahlten Zwangsgeldes.

2. P ist nach § 93 Abs. 1 Satz 1 AO zur Auskunft verpflichtet. Die Festsetzung des Zwangsgeldes ist nach Androhung rechtmäßig erfolgt, §§ 328 ff. AO. Da P zahlen soll, handelt es sich um einen nicht begünstigenden Verwaltungsakt. Die Finanzbehörde kann den Verwaltungsakt nach **§ 131 Abs. 1 AO** widerrufen. Dies ist eine Ermessensentscheidung. Ein Bedürfnis dafür besteht grundsätzlich nicht, da der Anspruch gegen P besteht und er diesen auch erfüllen muss. Das Finanzamt könnte aber – ähnlich wie beim Erlass – auf die Geltendmachung des Anspruchs verzichten und das Zwangsgeld ganz oder teilweise widerrufen.

---

1 BFH vom 16.10.1986, BStBl 1987 II S. 405.

2 BFH vom 26.03.1991, BStBl 1991 II S. 552.

3 BFH vom 15.03.1994 – VII B 196/93, BFH/NV 1995 S. 4.

Fall 24

Rücknahme rechtswidrig begünstigender Verwaltungsakte

AO § 130 Abs. 2, § 222

Sachverhalt

Der in ärmlichen Verhältnissen lebende Dagobert Dachs (D) schuldet aus seiner früheren Tätigkeit als erfolgreicher Handelsvertreter noch eine restliche, bestandskräftig festgesetzte Einkommensteuerabschlusszahlung von 5.000 Euro, fällig am 20.06.03.

Auf seinen begründeten Antrag vom 01.06.03 stundet das zuständige Finanzamt am 15.06.03 diese Abschlusszahlung ab Fälligkeit unter der Voraussetzung, dass D monatliche Raten von 250 Euro entrichtet.

Am 01.07.03 erfährt D von einem Anwalt aus Wien, dass sein dort lebender Vetter am 20.05.03 verstorben und D alleiniger Erbe geworden ist. Die Erbschaft besteht unter anderem aus einem erheblichen Barvermögen, das D ohne weiteres in die Lage versetzt, die restliche Einkommensteuerschuld zu bezahlen.

Frage

1. Was hat das Finanzamt hinsichtlich der Stundung zu veranlassen?
2. Wie wäre zu entscheiden, wenn D von der Erbschaft und ihrem Umfang bereits am 30.05.03 gewusst, sie in dem Stundungsantrag aber unerwähnt gelassen hätte?

Antwort

1. Die Stundung ist unter Einräumung einer Zahlungsfrist nach § 130 Abs. 2 Nr. 3 AO zurückzunehmen.
2. Die Stundung wäre nach § 130 Abs. 2 Nr. 2 AO mit Wirkung für die Vergangenheit zurückzunehmen.

Begründung

1. Das Finanzamt kann die Stundung nach **§ 130 Abs. 2 Nr. 3 AO** zurücknehmen.

Die Stundung ist ein **begünstigender** Verwaltungsakt, da sie dem D den rechtlichen Vorteil einräumt, nicht bei Fälligkeit des Anspruchs die 5.000 Euro zahlen zu müssen. Begünstigung im Sinne dieser Vorschrift ist jede

Rechtswirkung, an deren Aufrechterhaltung der von dem Verwaltungsakt Betroffene ein schutzwürdiges Interesse hat.[1]

Die Stundung ist **rechtswidrig,** weil die Voraussetzungen für die Stundung am Tag ihrer Bekanntgabe nicht vorlagen.[2] Nach § 222 AO darf nur dann gestundet werden, wenn die Begleichung der Schuld bei Fälligkeit für D eine erhebliche Härte bedeutet hätte. Die Erfüllung des Anspruchs ist für D eine erhebliche Härte, wenn er sich in derart ungünstigen wirtschaftlichen Verhältnissen befindet, dass er die Zahlungen nicht ohne Gefährdung seines Lebensunterhalts leisten kann. Diese Voraussetzungen lagen bei D im Zeitpunkt der Stundung am 15.06.03 nicht mehr vor. Seit dem Tod seines Vetters am 20.05.03 ist er Eigentümer eines Vermögens, das auch aus ausreichenden Barmitteln besteht. Das Vermögen des Erblassers fällt dem Erbe im Augenblick des Todes zu, § 1922 Abs. 1 BGB. Es ist unerheblich, dass D davon nichts wusste.

Die Rechtswidrigkeit eines Verwaltungsakts ist nach objektiven Gesichtspunkten zu beurteilen. Die Zurechenbarkeit der Rechtswidrigkeit, also das Verschulden, ist hier unbeachtlich.[3] D war am 15.06.03 nicht stundungsbedürftig. Zwar kannten weder er noch das Finanzamt die tatsächlichen Umstände, und beide konnten sie auch nicht kennen. Das Finanzamt und D sind bei der Stundung von einem objektiv unrichtigen Sachverhalt ausgegangen. Beide mussten annehmen, D sei stundungsbedürftig, obwohl dieses Tatbestandsmerkmal des § 222 AO nicht erfüllt war.

Die Stundung ist rechtswidrig begünstigend, ihre Rücknahme ist nur unter den Voraussetzungen des § 130 Abs. 2 AO zulässig.

Die Stundung ist gewährt worden, weil die Angaben des D in wesentlicher Hinsicht unrichtig waren.

D konnte keine anderen Angaben machen, als er den Antrag auf Stundung stellte, da er von der Erbschaft nichts wusste. Es ist jedoch für die Anwendung des hier einschlägigen § 130 Abs. 2 Nr. 3 AO unerheblich, dass D an den falschen Angaben kein Verschulden trifft. Es kommt lediglich darauf an, dass die Angaben des D in objektiver Hinsicht nicht den tatsächlichen Verhältnissen entsprachen. Das Finanzamt kann deshalb die Stundung nach § 130 Abs. 2 Nr. 3 AO zurücknehmen.

Die Rücknahme der Stundung ist eine **Ermessensentscheidung.**

Die Rücknahme erfolgt durch einen Verwaltungsakt, der mit seiner Bekanntgabe wirksam wird, § 124 Abs. 1 AO. Im Augenblick der Bekanntgabe der Rücknahme entfallen die Wirkungen der Stundung, der Anspruch

---

1 BFH vom 16.10.1996, BStBl 1987 II S. 405 [407], und auch vom 15.04.1997, BStBl 1997 II S. 787.

2 BFH vom 09.12.2008 – VII R 43/07, BStBl 2009 II S. 344.

3 BFH vom 22.08.2006 – R 42/05, BFH/NV 2007 S. 404.

würde sofort fällig und D müsste zahlen. Um den tatsächlichen Gegebenheiten Rechnung zu tragen, insbesondere der Tatsache, dass D von der Erbschaft nichts wusste, sollte das Finanzamt dem D die Rücknahme vorher ankündigen, damit D vor Bekanntgabe der Rücknahme zahlen kann, um die Entstehung von Säumniszuschlägen, § 240 AO, zu vermeiden. Das Finanzamt könnte in der Rücknahme auch eine neue Fälligkeit des Anspruchs bestimmen, um dem D Gelegenheit zu geben, das Geld bereitzustellen.

Aus der Rücknahme erwächst dem D kein Rechtsnachteil. Es wird lediglich die Stundung für die Zukunft beseitigt, weil für sie kein Bedürfnis mehr besteht.

2. Die Stundung ist auch in diesem Falle rechtswidrig, weil auch hier die Voraussetzungen für die Stundung nicht vorlagen. Allerdings ist jetzt dem D vorzuwerfen, dass er den rechtlichen Vorteil der Stundung durch bewusst falsche Angaben erwirkt hat. Ihn trifft ein vorwerfbares Verschulden daran, dass das Finanzamt einen rechtswidrigen Verwaltungsakt erlassen hat.[1] In dem Verhalten des D ist eine arglistige Täuschung zu sehen.[2] D hat die Stundung durch unlautere Mittel erwirkt. Die Stundung ist nach **§ 130 Abs. 2 Nr. 2 AO** zurückzunehmen.

Das dem D vorwerfbare schuldhafte Verhalten kommt in der Art und Weise der Rücknahme zum Ausdruck. Die Rücknahme des Verwaltungsakts ist ein Verwaltungsakt. Normalerweise wird der Verwaltungsakt mit seiner Bekanntgabe wirksam und wirkt von diesem Zeitpunkt an in die Zukunft, § 124 AO. Das hätte zur Folge, dass D bis zur Bekanntgabe der Rücknahme die Vorteile der Stundung verblieben. Er hat die Stundung durch seine vorsätzlich falschen Angaben bewirkt und würde dennoch genauso behandelt wie der „ehrliche" D im Ausgangsfall.

Rückwirkende Regelungen sind aus Gründen des Vertrauensschutzes grundsätzlich nicht zulässig. Davon macht § 130 AO eine Ausnahme. Dem schuldhaften Verhalten des D wird dadurch Rechnung getragen. Da für D keine schutzwürdigen Interessen gelten können, hat das Finanzamt sein Ermessen dahin auszuüben, dass es die Stundung auch mit Wirkung für die Vergangenheit zurücknimmt.[3] Die Rücknahme wirkt dann nicht erst ab Bekanntgabe. Sie wirkt vielmehr zurück auf den 20.06.03, den Zeitpunkt der Fälligkeit des Anspruchs. Die Stundung wird so behandelt, als sei sie nie ausgesprochen worden. Damit ist auch die Fälligkeit des Anspruchs nicht hinausgeschoben worden. Die Abschlusszahlung von 5.000 Euro ist seit dem 20.06.03 fällig und von D nicht beglichen worden.

---

1 BFH vom 16.06.1994, BStBl 1996 II S. 82 [85].

2 BFH vom 05.02.1975, BStBl 1975 II S. 677.

3 BFH vom 18.04.1991, BStBl 1991 II S. 675, und vom 02.08.2006 – XI R 57/04, BFH/NV 2007 S. 858.

Es sind nach § 240 AO Säumniszuschläge entstanden, die D zusätzlich zu den 5.000 Euro bezahlen muss. Die Säumniszuschläge sind auch höher als die für die Stundung zu entrichtenden Zinsen. Die Säumniszuschläge betragen 1 % pro angefangenen Monat, das wären 50 Euro. Demgegenüber betragen die Stundungszinsen nach § 238 Abs. 1 AO nur die Hälfte, 0,5 % pro angefangenen Monat, das wären 25 Euro.

Fall 25

Widerruf rechtmäßig begünstigender Verwaltungsakte – Nebenbestimmungen

AO § 120 Abs. 2, § 131 Abs. 2, § 234

Sachverhalt

Der Steuerpflichtige Ulrich Uhu (U) befindet sich in Zahlungsschwierigkeiten. Er legt dem Finanzamt mit Antrag vom 20.07.03 glaubhaft dar, dass er seine am 01.08.03 fällige Einkommensteuerabschlusszahlung 01 i. H. von 25.000 Euro nicht bei Fälligkeit in einem Betrag leisten kann. Das Finanzamt stundet ihm daraufhin gegen Zinsen die Schuld ab Fälligkeit

1. unter dem Vorbehalt des jederzeitigen Widerrufs;

2. unter der Bedingung, dass U monatliche Raten von 5.000 Euro beginnend ab 01.08.03 zahlt, anderenfalls entfällt die Stundung;

3. verbunden mit der Auflage, die noch ausstehende Einkommensteuererklärung 02 bis zum 15.08.03 einzureichen.

Gleichzeitig ergeht ein Zinsbescheid über die für die Stundung zu entrichtenden Zinsen.

Frage

1. Kann das Finanzamt die Stundung beliebig widerrufen?

2. Welche Folgen hat es, wenn U die am 01.10.03 fällige Rate nicht zahlt?

3. Welche Folgen hat es, wenn U die Einkommensteuererklärung 02 nicht bis zum 15.08.03 einreicht?

4. Kann das Finanzamt die Stundung widerrufen, wenn U am 01.10.03 ein größeres sofort verfügbares Vermögen erbt?

5. Wie ist im Fall des Widerrufs der Stundung mit dem Zinsbescheid zu verfahren?

Antwort

1. Ein Widerruf steht nach § 131 Abs. 2 Nr. 1 AO im Ermessen der Finanzbehörde.
2. Die Stundung entfällt mit dem 01.10.03, der Restbetrag wird sofort fällig.
3. Ein Widerruf ist nach § 131 Abs. 2 Nr. 2 AO möglich.
4. Ein Widerruf ist nach § 131 Abs. 2 Nr. 3 AO möglich.
5. Der Zinsbescheid ist nach § 239 Abs. 1 AO i. V. m. § 175 Abs. 1 Nr. 1 AO zu ändern.

Begründung

1. Die Stundung ist ein begünstigender Verwaltungsakt, da sie dem U gegenüber vergleichbaren anderen Steuerpflichtigen den Vorteil einräumt, nicht bei Fälligkeit des Anspruchs zahlen zu müssen. Die Stundung ist zu Recht ergangen, da bei ihrem Erlass die Voraussetzungen des § 222 AO vorlagen. Ein **rechtmäßig begünstigender Verwaltungsakt** kann nur unter den engen Voraussetzungen des § 131 Abs. 2 AO widerrufen werden. Alle Möglichkeiten des § 131 Abs. 2 AO gehen davon aus, dass dem Begünstigten von vornherein die Möglichkeit des Widerrufs bekannt ist und dieser für ihn nicht überraschend kommen kann.

Hat das Finanzamt die Stundung mit einem **Widerrufsvorbehalt,** § 120 Abs. 2 Nr. 3 AO, versehen, weiß der Steuerpflichtige bereits bei Bekanntgabe der Stundung, dass ihm die Begünstigung wieder versagt werden kann. Deshalb ist nach § 131 Abs. 2 Nr. 1 AO ein Widerruf zulässig.

Der Vorbehalt des jederzeitigen Widerrufs bedeutet aber nicht, dass das Finanzamt nach eigenem Gutdünken die Stundung willkürlich widerrufen kann. Die Ausübung des Widerrufs ist eine Ermessensentscheidung, die sich an § 5 AO zu orientieren hat. Das Finanzamt muss für U nachprüfbare Gründe vorlegen, warum es an der gewährten Stundung nicht mehr festhalten will.

2. Nach § 120 Abs. 2 Nr. 2 AO dürfen Ermessensentscheidungen wie die Stundung mit Bedingungen versehen werden. Die **Bedingung** ist eine Nebenbestimmung. Nebenbestimmungen ergänzen den Regelungsinhalt des Verwaltungsakts. Mit dem Verwaltungsakt Stundung wird zunächst nur ausgesprochen, dass U am Fälligkeitstag nicht zahlen muss, sondern erst später. Die Bedingung, Raten zu zahlen, modifiziert die Stundung und regelt, wann und wie nunmehr zu zahlen ist. Eine Stundung ist auch ohne Ratenzahlungsverpflichtung, ohne Bedingung, denkbar. Die Bedingung „Ratenzahlung" ist aber ohne die Stundung nicht vorstellbar, sie ist ein unselbständiger Teil des Verwaltungsakts. Bedingungen sind entweder **aufschiebend** oder auflösend. Bei einer aufschiebenden Bedingung tritt die Rechtsfolge des Verwaltungsakts erst ein, wenn die Bedingung erfüllt ist. Die Ratenzahlung ist eine **auflösende** Bedingung. Die Rechtsfolge der Stun-

dung tritt am 01.08.03 ein. Sie löst sich aber am 01.10.03 wieder auf, weil U die dann fällige Rate nicht zahlt. Ob eine Bedingung aufschiebend oder auflösend ist, hängt von der Formulierung der Nebenbestimmung ab. Die Stundung entfällt am 01.10.03, der Restbetrag wird sofort fällig, es bedarf keines ausdrücklichen Widerrufs. Damit ist aber auch die Verpflichtung, Raten zu zahlen, entfallen. Der Verwaltungsakt Stundung erledigt sich in sonstiger Weise, § 124 Abs. 2 AO.

3. Das Finanzamt ist nach § 120 Abs. 2 Nr. 4 AO berechtigt, die Stundung mit einer **Auflage** zu versehen, um zu erreichen, dass U seinen steuerlichen Verpflichtungen nachkommt.

Im Gegensatz zu den in § 120 Abs. 2 Nr. 1 bis 3 AO genannten Nebenbestimmungen ist die Auflage, § 120 Abs. 2 Nr. 4 AO, kein unselbständiger Teil des Verwaltungsakts, dessen Schicksal untrennbar von dem Verwaltungsakt abhängt. Die Verpflichtung zur Abgabe der Steuererklärung 02 hat nichts mit der Stundung der Abschlusszahlung für 01 zu tun. Das Finanzamt hat die Aufforderung, die Erklärung bis zum 15.08.03 abzugeben, mit der Stundung verbunden, um auf U einen gewissen Druck auszuüben. Er soll die Vergünstigung der Stundung nur dann behalten, wenn er seiner Verpflichtung zur Abgabe der Erklärung nachkommt. Nach dem 15.08.03 besteht die Verpflichtung zur Abgabe der Erklärung fort, und auch die Stundung entfällt nicht automatisch. Da er aber die Auflage nicht erfüllt hat, ist das Finanzamt nach § 131 Abs. 2 Nr. 2 AO berechtigt, die Stundung zu widerrufen. Auch hier weiß U schon beim Erlass der Stundung, dass er den rechtlichen Vorteil unter ihm genau bekannten Umständen wieder verlieren kann.

Bei der **Ausübung des Ermessens,** ob der Widerruf erfolgen soll, hat das Finanzamt auch zu berücksichtigen, dass die Erfüllung der Auflage nicht zu den Tatbestandsmerkmalen des § 222 AO gehört. Nach dem Widerruf der Stundung lägen die Voraussetzungen für die Stundung ebenso vor wie am 01.08.03. Würde U erneut einen Antrag auf Stundung stellen, müsste das Finanzamt unter Umständen erneut stunden. Es könnte die Stundung allenfalls mit der Begründung ablehnen, U sei nicht stundungswürdig, da er seine sonstigen steuerlichen Pflichten nicht ordnungsgemäß erfülle. Sollte das Finanzamt bei sorgfältiger Prüfung aller Umstände des Falls zu der Überzeugung gelangen, dass dieser Punkt nicht ausreicht, eine erneute Stundung zu versagen, dürfte die gewährte Stundung trotz Nichterfüllung der Auflage nicht widerrufen werden. Die Nichterfüllung der Auflage kann dann bei der Veranlagung 02 mit einem Verspätungszuschlag geahndet werden.

4. Ob ein Verwaltungsakt **rechtmäßig** oder **rechtswidrig** ist, ist im Zeitpunkt des Erlasses zu beurteilen.[1] Am 01.08.03 lagen die Voraussetzungen

---

1 BFH vom 09.12.2008 – VII R 43/07, BStBl 2009 II S. 344, AEAO zu § 131 Nr. 1.

für eine Stundung vor. Ein rechtmäßiger Verwaltungsakt kann nicht durch später neu eintretende Umstände oder eine andere rechtliche Beurteilung zu einem rechtswidrigen Verwaltungsakt werden. Nach dem 01.10.03 liegen allerdings die Voraussetzungen für die Stundung nicht mehr vor. Würde U jetzt einen Stundungsantrag stellen, müsste er abgelehnt werden. Es besteht deshalb für U kein schutzwürdiges Bedürfnis für eine Stundung mehr. Das Finanzamt ist nach § 131 Abs. 2 Nr. 3 AO berechtigt, die Stundung zu widerrufen.

Dieser Widerruf wirkt von seiner Bekanntgabe an in die Zukunft. In diesem Augenblick würde die Stundung entfallen. Der Anspruch wäre sofort fällig. Bei Ausübung des Widerrufs ist deswegen zu berücksichtigen, dass U die geforderte Summe erst bereitstellen muss. Zur Vermeidung von Säumniszuschlägen ist ihm eine Zahlungsfrist von einigen Tagen nach Bekanntgabe des Widerrufs einzuräumen.

5. Stundungszinsen werden für die Dauer der gewährten Stundung erhoben, § 234 Abs. 1 AO. Das Finanzamt soll die Zinsen mit der Stundung durch besonderen Zinsbescheid festsetzen. In dem Bescheid werden die Zinsen bis zum 01.12.03 festgesetzt. Sie sind am 01.12.03 fällig.

Mit dem Widerruf der Stundung ist der Bescheid über die Zinsen noch nicht beseitigt. Auf den Bescheid finden nach § 239 Abs. 1 AO die für die Steuern geltenden Vorschriften entsprechend Anwendung. Der Zinsbescheid wird wie ein Steuerbescheid behandelt. Er kann nicht nach den §§ 130, 131 AO korrigiert werden, da diese Vorschriften nicht anwendbar sind, § 172 Abs. 1 Nr. 2 Buchst. d AO. Der Zinsbescheid ist nach § 175 Abs. 1 Nr. 1 AO zu ändern. Die Stundung ist für den Zinsbescheid der Grundlagenbescheid. Da dieser Grundlagenbescheid geändert worden ist, d. h. in seiner Dauer zurückgenommen wurde, sind die sich daraus für den Zinsbescheid ergebenden Konsequenzen zu ziehen. Der geforderte Zinsbetrag ist erneut zu berechnen, und es ist entsprechend weniger zu fordern.[1]

Fall 26

Änderung von Steuerbescheiden auf Antrag des Steuerpflichtigen
AO §§ 172, 367

Sachverhalt

Kuno Kwark (K) ist ein Einkommensteuerbescheid bekannt gegeben worden. Vor Ablauf der Rechtsbehelfsfrist legt er schriftlich Einspruch ein

---

1 AEAO zu § 234 Nr. 2 und 3.

und beantragt, 500 Euro, die er an eine Krankenversicherung gezahlt hat, als Werbungskosten zu berücksichtigen.

Zwei Wochen nach Ablauf der Rechtsbehelfsfrist trägt er außerdem vor, dass die Einkünfte aus Vermietung und Verpachtung zu hoch seien.

Das Finanzamt stellt fest, dass es sich bei den Versicherungsaufwendungen um in voller Höhe zu berücksichtigende Sonderausgaben handelt. Im Übrigen sind die Einwendungen des K sachlich richtig.

Frage

1. Wie wird das Finanzamt entscheiden?
2. Wie wäre die Rechtslage, wenn K in einem Telefongespräch mit dem zuständigen Amtsprüfer am Tage vor Ablauf der Einspruchsfrist die Berücksichtigung der Versicherungsaufwendungen beantragt?

Antwort

1. Es ergeht ein Abhilfebescheid, in dem die Versicherungsaufwendungen und die geminderten Einkünfte aus Vermietung und Verpachtung angesetzt werden, § 367 Abs. 2 Satz 3, § 172 Abs. 1 Nr. 2 Buchst. a AO.
2. Es erginge ein Änderungsbescheid nach § 172 Abs. 1 Nr. 2 Buchst. a AO, der nur die Versicherungsaufwendungen als Sonderausgaben berücksichtigt.

Begründung

1. Auf den **Einspruch** des K hin hat das Finanzamt den Steuerfall in vollem Umfang erneut zu prüfen. Das Einspruchsverfahren ist ein zweites Veranlagungsverfahren, in dem die in dem bisherigen Verfahren unterlaufenen Unrichtigkeiten korrigiert werden, § 367 Abs. 2 Satz 1 AO.

Das Ergebnis des Verfahrens ist in einer Einspruchsentscheidung festzuhalten. Gegen diese Entscheidung kann sich der Steuerpflichtige mit dem Rechtsmittel der Klage wehren.

Wenn aber das Finanzamt bei der Überprüfung der bisherigen Veranlagung im Einspruchsverfahren zu der Überzeugung kommt, dass alle von dem Einspruchsführer beantragten Änderungen erforderlich und darüber hinaus keine weiteren Änderungen zu veranlassen sind, bedarf es keiner förmlichen Einspruchsentscheidung, § 367 Abs. 2 Satz 3 AO. Die Einspruchsentscheidung wird überflüssig, weil sich der Antrag des Steuerpflichtigen auf Änderung des Steuerbescheids auch auf andere Weise, durch Anwendung einer der Änderungsvorschriften der AO, erledigen lässt.

Sind mehrere Personen Adressaten des Bescheids, muss ein Antrag oder die Zustimmung aller Adressaten vorliegen. Ob § 352 AO entsprechend anwendbar ist, ist strittig.[1]

Grundsätzlich stehen das Rechtsbehelfsverfahren und die Möglichkeit, Bescheide durch Anwendung einer der Änderungsvorschriften zu ändern, unabhängig nebeneinander. Es handelt sich um zwei verschiedene Rechtsinstitute, mit denen die Bindungswirkung, die ein Bescheid nach der Bekanntgabe entfaltet, durchbrochen wird, § 124 AO.

Änderungsvorschriften und Rechtsbehelfsverfahren sind an unterschiedliche Voraussetzungen gebunden und führen zu unterschiedlichen Ergebnissen. So ist das Rechtsbehelfsverfahren nur in einem zeitlich eng begrenzten Rahmen, innerhalb der Einspruchsfrist, möglich. Es führt sachlich zu einer vollständigen Überprüfung des Steuerfalls. Dagegen sind die Änderungsvorschriften unabhängig von der Einspruchsfrist bis zum Ablauf der Festsetzungsfrist anwendbar. Sachlich sind sie auf den tatbestandsmäßigen Rahmen der jeweiligen Änderungsvorschrift beschränkt.

Nach § 367 Abs. 2 Satz 3 AO ist es zulässig, vom Rechtsbehelfsverfahren in das Änderungsverfahren nach den Änderungsvorschriften zu wechseln, wenn sich während des Rechtsbehelfsverfahrens ergibt, dass die Voraussetzungen einer Änderungsvorschrift vorliegen, insbesondere § 172 Abs. 1 Nr. 2 Buchst. a AO oder § 164 Abs. 2 AO.

Die Voraussetzungen des **§ 172 Abs. 1 Nr. 2 Buchst. a AO** liegen hier vor. Der Einkommensteuerbescheid des K ist ein Steuerbescheid, der nicht unter dem Vorbehalt der Nachprüfung oder vorläufig erging. Er betrifft nicht Zölle und Verbrauchsteuern. K hat eine Änderung beantragt, und der Antrag ist vor Ablauf der Einspruchsfrist eingegangen.

Dem Antrag des K wird der Sache nach in vollem Umfang entsprochen. Die von ihm beantragte Berücksichtigung der Aufwendungen i. H. von 500 Euro kann vorgenommen werden. Zwar folgt das Finanzamt nicht der von K vorgenommenen rechtlichen Einordnung der Aufwendungen. Das ist jedoch unmaßgeblich. Entscheidend ist, dass der Sache nach den betragsmäßigen Vorstellungen des K gefolgt wird. Dessen rechtliche Erwägungen sind unerheblich, da das Aufgabe des Finanzamts ist. K hat lediglich Tatsachen vorzutragen. Hier sind es die Aufwendungen, deren steuerrechtliche Bedeutung das Finanzamt unabhängig von den Ausführungen des K zu prüfen hat.

Auch die beantragte Änderung der Einkünfte aus Vermietung und Verpachtung ist durchzuführen.

Die Änderung nach § 172 Abs. 1 Nr. 2 Buchst. a AO scheitert nicht daran, dass K diesen Punkt erst nach Ablauf der Einspruchsfrist vorgebracht hat.

---

1 Vgl. Tipke/Kruse, § 172 Tz. 25.

Mit dem Einspruch, den er vor Ablauf der Einspruchsfrist eingelegt hat, beantragt er die volle Überprüfung der Steuer, die erneute Veranlagung. Seine dazu gelieferte Begründung ist nur Anhaltspunkt für das Finanzamt bei der Überprüfung der ersten Veranlagung, beschränkt aber nicht deren Umfang. Gegenstand des Rechtsbehelfsverfahrens und damit auch des Änderungsantrags des K ist der gesamte Bescheid.

Das Finanzamt wird einen auf § 172 Abs. 1 Nr. 2 Buchst. a AO gestützten geänderten Steuerbescheid erlassen, mit dem dem Einspruch abgeholfen wird. Dieser Bescheid wird deshalb auch als „Abhilfebescheid" bezeichnet. Einer Einspruchsentscheidung bedarf es nicht mehr. Der Einspruch hat seine materielle Grundlage verloren. Er hat sich erledigt. Dieses wird K in dem Erläuterungstext zum Abhilfebescheid mitgeteilt.

Ein weiterer Vorteil dieses Verfahrens besteht für K darin, dass er einen geänderten Steuerbescheid erhält, gegen den wiederum der Einspruch gegeben ist und nicht die Klage, die mit einem Kostenrisiko verbunden ist.[1]

2. Der telefonische Antrag des K kann nicht als Einspruch gesehen werden, da er wegen Formmangels unzulässig wäre, § 357 Abs. 1 AO.

Ein Änderungsantrag nach § 172 Abs. 1 Nr. 2 Buchst. a AO ist an keine **Form** gebunden, er kann auch mündlich gestellt werden. Allerdings muss er das verfolgte **Änderungsbegehren** seinem Gehalt nach zumindest in groben Zügen zu erkennen geben.[2] K hat einen konkreten Antrag (Berücksichtigung von 500 Euro Versicherungsbeiträgen als Werbungskosten) gestellt. Sein Antrag ist auf eine Änderung des Bescheids zu seinen Gunsten gerichtet. Deshalb war er vor Ablauf der Einspruchsfrist zu stellen.[3] Anders als im Rechtsbehelfsverfahren führt der Antrag des K nicht zur vollen Überprüfung des bisherigen Bescheids. Gegenstand der Änderung ist der von K vor Ablauf der Einspruchsfrist gestellte Antrag. Für die Berücksichtigung der Versicherungsaufwendungen liegen die Tatbestandsmerkmale des § 172 Abs. 1 Nr. 2 Buchst. a AO vor. Der weiter gehende Antrag des K, die Einkünfte aus Vermietung und Verpachtung zu ändern, ist erst nach Ablauf der Einspruchsfrist gestellt worden. Dieser Punkt kann nicht nach § 172 Abs. 1 Nr. 2 Buchst. a AO geändert werden.[4]

Das Finanzamt entscheidet über den Antrag des K durch einen Änderungsbescheid. Lehnt es das Finanzamt ab, den Bescheid nach § 172 Abs. 1 Nr. 2 Buchst. a AO zu ändern, so gebietet es die verfassungsrechtlich verbürgte Rechtsweggarantie in Art. 19 Abs. 4 GG, dass diese Ableh-

---

1 AEAO zu § 347 Nr. 2; BFH vom 18.04.2007, BStBl 2007 II S. 736.

2 BFH vom 20.12.2006, BStBl 2007 II S. 503, und vom 22.05.2019 – XI R 17/18, BStBl 2019 II S. 647.

3 BFH vom 28.02.2007 – II B 33/06, BFH/NV 2007 S. 1265.

4 BFH vom 21.10.1999, BStBl 2000 II S. 283; AEAO zu § 172 Nr. 2.

nung gerichtlich überprüft werden kann. Eine Aushöhlung der Bestandskraft des jeweiligen Verwaltungsakts erfolgt hierdurch nicht, weil die Überprüfung sich auf den Regelungsgehalt der Ablehnung und damit die Frage beschränkt, ob die Ablehnung der schlichten Änderung rechtswidrig war. Insofern erreicht der Steuerpflichtige weniger als durch Einspruch und Anfechtungsklage, deren Gegenstand die materiell-rechtliche Überprüfung des zu ändernden Bescheids selbst ist.[1]

Der Steuerpflichtige hat die **Wahl,** ob er gegen einen Steuerbescheid Einspruch einlegt oder einen Antrag auf Änderung nach § 172 Abs. 1 Nr. 2 Buchst. a AO stellt. Hat der Steuerpflichtige sich für den Einspruch entschieden, so überlagert dieser förmliche Rechtsbehelf einen daneben gestellten Antrag auf schlichte Änderung des Bescheids, weil der Einspruch die Rechte des Steuerpflichtigen umfassender und wirkungsvoller wahrt als der Antrag auf schlichte Änderung.[2] In beiden Fällen kann er eine Herabsetzung der Steuer erreichen. Dem Steuerpflichtigen ist besser gedient, wenn er Einspruch einlegt. Die möglichen Nachteile, die mit dem Änderungsantrag verbunden sind, überwiegen seine Vorteile. Der Antrag kann zwar auch mündlich gestellt werden, und gegen eine ablehnende Entscheidung ist nicht die mit dem Kostenrisiko belastete Klage, sondern der Einspruch gegeben. Dagegen steht, dass das Finanzamt nur über den vor Ablauf der Einspruchsfrist gestellten Antrag entscheiden kann und weiter gehende oder erweiternde Anträge nicht – wie im Rechtsbehelfsverfahren – berücksichtigt werden können. Außerdem kann keine Aussetzung der Vollziehung gewährt werden, § 361 Abs. 2 AO.

Die mit dem Einspruch verbundene Möglichkeit der **Verböserung** erweist sich nicht als Nachteil gegenüber der an den Antrag des Steuerpflichtigen gebundenen Entscheidung bei einer Änderung nach § 172 Abs. 1 Nr. 2 Buchst. a AO. Vor einer beabsichtigten Verböserung ist der Steuerpflichtige darauf hinzuweisen, § 367 Abs. 2 Satz 2 AO. Er kann den Einspruch zurücknehmen; es bleibt dann bei der bisherigen Steuer. Bei einem Antrag nach § 172 Abs. 1 Nr. 2 Buchst. a AO würde es wegen der Anwendung des § 177 Abs. 2 AO zum gleichen Ergebnis kommen.

Bei nicht eindeutig bezeichneten Anträgen auf Änderung einer Steuerfestsetzung soll die Finanzverwaltung den wirklichen Willen des Steuerpflichtigen durch **Auslegung** der Erklärung ermitteln. Dabei ist allerdings zu beachten, dass der Einspruch die Rechte des Steuerpflichtigen umfassender und wirkungsvoller wahrt als der bloße Änderungsantrag.[3] Auch eine Steuererklärung, die nach Schätzungsbescheid innerhalb der Einspruchsfrist eingeht, ist im Zweifel als Einspruch zu werten.[4]

---

1 BFH vom 27.10.1993, BStBl 1994 II S. 439 m. w. N.; AEAO zu § 347 Nr. 2.
2 BFH vom 27.02.2003, BStBl 2003 II S. 505.
3 BFH vom 08.05.2008, BStBl 2009 II S. 116; AEAO zu § 172 Nr. 2.
4 BFH vom 27.02.2003, BStBl 2003 II S. 505.

Fall 27

Änderung von Steuerbescheiden wegen neuer Tatsachen

AO § 173 Abs. 1 Nr. 1

Sachverhalt

Lehrer Leo Lempel (L) machte seit Jahren in jeder Einkommensteuerer-klärung Aufwendungen für ein häusliches Arbeitszimmer als Werbungs-kosten geltend.

Nachdem das Finanzamt bei der Veranlagung des VZ 03 im Jahr 04 den als Arbeitszimmer angegebenen Raum hatte besichtigen lassen, wurden die Aufwendungen nicht mehr anerkannt. Die Voraussetzungen lagen wegen der Ausstattung und Art der Nutzung des Raums nicht vor. L machte dennoch in der Erklärung für 04 die mit dem Raum verbundenen Aufwendungen als Werbungskosten geltend, weil er hoffte, das Finanz-amt würde seine Rechtsansicht ändern.

Der Bearbeiter erkannte die erklärten Aufwendungen für das Arbeitszim-mer als Werbungskosten an, weil er wegen Arbeitsüberlastung die Akten nicht genau las. Der Bescheid wurde bestandskräftig.

Bei der Veranlagung 05 fiel dem nunmehr zuständigen Bearbeiter auf, dass die Aufwendungen nicht als Werbungskosten anzusetzen sind. Die Veranlagung 05 erfolgte entsprechend. Den Bescheid für 04 änderte er nach § 173 Abs. 1 Nr. 1 AO.

Frage

Durfte der Bescheid 04 wegen der Aufwendungen für das häusliche Arbeitszimmer geändert werden?

Antwort

Die Änderung ist rechtswidrig, denn sie entbehrt jeglicher Rechtsgrund-lage.

Begründung

Das Finanzamt hat bei der Durchführung der Veranlagung alle Gesichts-punkte zu berücksichtigen, die für die Festsetzung der Steuer von Bedeu-tung sind. Es ist Ziel der Veranlagung, die tatsächlich mit Ablauf des Veranlagungszeitraums 04 entstandene Steuer festzusetzen, § 38 AO i. V. m. § 36 Abs. 1 EStG. Deshalb hat das Finanzamt alle dafür notwendi-gen Fakten zu ermitteln, damit den Geboten der Gleichmäßigkeit und Rechtmäßigkeit der Besteuerung Genüge getan wird, § 88 Abs. 1 und § 85

AO. Der Verpflichtung zur Ermittlung der für die Besteuerung relevanten Tatsachen sind natürliche Grenzen gesetzt. Das Finanzamt kann nur so weit ermitteln, wie es im Rahmen der Bearbeitung eines Steuerfalls und unter Berücksichtigung der Arbeitsbelastung und der Wirtschaftlichkeit zumutbar ist. Es ist nicht ungewöhnlich, dass das Finanzamt Tatsachen, die die Steuer beeinflussen, bei der Veranlagung nicht erkennt und die Steuer nicht in der richtigen Höhe festsetzt. Der Steuerbescheid wird dann mit diesem falschen Inhalt wirksam, § 124 AO. Das Finanzamt ist an diese Entscheidung gebunden. Ob der fehlerhafte Bescheid durch § 173 Abs. 1 AO geändert werden kann, ist anhand der Tatbestandsmerkmale der Vorschrift zu prüfen.

Eine Änderung nach **§ 173 Abs. 1 Nr. 1 AO** ist zulässig, wenn dem Finanzamt nach Freigabe der Eingaben in den Computer und vor Ablauf der Festsetzungsfrist[1] eine Tatsache bekannt wird, die dem Finanzamt bei ordnungsgemäßer Ermittlung des Sachverhalts vorher nicht bekannt war und auch nicht bekannt sein konnte. Die Vorschrift setzt voraus, dass die Tatsachen bei Erlass des ursprünglichen Bescheids vorhanden waren und vom Finanzamt bei umfassender Kenntnis des Sachverhalts hätten berücksichtigt werden können. Erst nachträglich eintretende Tatsachen führen nicht zu einer Änderung nach § 173 Abs. 1 AO, sondern allenfalls zu einer Änderung nach § 175 Abs. 1 Nr. 2 AO.[2]

Tatsache ist jeder Lebensvorgang, der insgesamt oder teilweise den gesetzlichen Steuertatbestand oder einzelne Merkmale dieses Tatbestandes ganz oder teilweise erfüllt.[3] Tatsachen sind Zustände, Vorgänge, Eigenschaften materieller oder immaterieller Art. Dazu gehören auch sog. innere Tatsachen, wie die Absicht der Einkunftserzielung, die nur anhand äußerer Merkmale (Hilfstatsachen) festgestellt werden können.[4] Keine Tatsachen sind Schlussfolgerungen aus Tatsachen, Wertungen oder Rechtsansichten.[5] Nach ständiger Rechtsprechung des BFH handelt es sich allerdings dann um Tatsachen – und nicht um juristische Wertungen –, wenn ein Steuerpflichtiger beispielsweise unter der Bezeichnung „Schenkung", „Kauf", „Pacht" oder „Vermietung" in der Steuererklärung vorgreifliche Rechtsverhältnisse geltend macht. Eine solche Bezeichnung ist als Zusammenfassung von Tatsachen zu verstehen, die eine bestimmte rechtliche Wertung auslösen. Folglich kann ein Steuerbescheid nach § 173 Abs. 1 AO geändert werden, wenn sich aufgrund nachträglich bekannt

1 BFH vom 12.12.2000, BStBl 2001 II S. 218.

2 BFH vom 06.12.1994, BStBl 1995 II S. 192.

3 BFH vom 08.07.2015 – VI R 51/14, BStBl 2017 II S. 13 m. w. N.

4 BFH vom 25.10.1989, BStBl 1990 II S. 278, und vom 06.12.1994 – IX R 11/91, BStBl 1995 II S. 192.

5 BFH vom 09.04.014 – X R 1/11, BFH/NV 2014 S. 1499, und vom 22.03.2016 – VIII R 58/13, BStBl 2016 II S. 774.

gewordener Tatsachen oder Beweismittel herausstellt, dass die vom Steuerpflichtigen übernommene Wertung nicht zutrifft.[1] Unter den neben den Tatsachen in § 173 Abs. 1 AO genannten **Beweismitteln** sind die Erkenntnismittel zu verstehen, die geeignet sind, das Vorhandensein oder Nichtvorhandensein von Tatsachen zu beweisen.[2] Beweismittel sind insbesondere Urkunden, Auskünfte, Sachverständigengutachten oder eidesstattliche Versicherungen.[3]

Tatsache ist, dass L einen Raum als Arbeitszimmer benutzt, dessen Ausstattung und Art der Nutzung nicht der eines steuerlich anzuerkennenden Arbeitszimmers entspricht. Die für diesen Raum getätigten Aufwendungen sind keine Werbungskosten bei seinen Einkünften aus nichtselbständiger Arbeit.

Die Tatsache muss **nachträglich** bekannt werden. Nachträglich bedeutet: nach einem bestimmten Zeitpunkt. Der zuständige Bearbeiter hat alle bis zum Abschluss seiner Tätigkeit auftauchenden Tatsachen zu verwerten. Seine Tätigkeit endet mit der Eingabe der Daten in den Computer. Die nachfolgende technische Bearbeitung des Falls durch das Rechenzentrum und die Absendung des Bescheids kann der Bearbeiter nicht mehr beeinflussen. Es ist ohne größeren Aufwand nur schwer möglich, die Bekanntgabe eines Bescheids, nachdem er zum Rechenzentrum gegeben wurde, zu verhindern. Der für die Anwendung des § 173 Abs. 1 AO maßgebende Zeitpunkt ist der Abschluss der Willensbildung über die Steuerfestsetzung (Freigabe). Sollte der Bescheid wegen eines entsprechenden Hinweises des Rechenzentrums zur erneuten inhaltlichen Überprüfung an das Finanzamt zurückkommen, ist der Zeitpunkt dieser inhaltlichen Überprüfung maßgebend. Alles, was nach der letzten materiellen Kontrolle bekannt wird, ist nachträglich bekannt geworden und kann zu einer Änderung nach § 173 Abs. 1 AO herangezogen werden.[4]

Die Tatsache muss nachträglich **bekannt** geworden sein. Dieses Tatbestandsmerkmal ist unterschiedlich auszulegen, je nachdem, ob die Tatsache nach § 173 Abs. 1 Nr. 1 AO zu einer höheren oder nach § 173 Abs. 1 Nr. 2 AO zu einer niedrigeren Steuer führt.

Bei Tatsachen, die nach **§ 173 Abs. 1 Nr. 1 AO** zu einer höheren Steuer führen, verbietet der **Grundsatz von Treu und Glauben,** einen Änderungsbescheid zu erlassen, wenn dem Finanzamt die Tatsache vor dem Erlass des zu ändernden Bescheids infolge Verletzung der ihm obliegenden Ermittlungspflicht unbekannt geblieben ist. Tatsachen, die der Bear-

---

1 FG Bremen vom 25.09.2003, EFG 2004 S. 78 m. w. N.

2 BFH vom 02.08.1994, BStBl 1995 II S. 26.

3 BFH vom 27.10.1992, BStBl 1993 II S. 569.

4 BFH vom 29.11.1989, BStBl 1989 II S. 259, und vom 18.12.2014, BStBl 2017 II S. 4; Bartone/von Wedelstädt, Rz. 844.

beiter bei gehöriger Erfüllung seiner **Ermittlungspflicht** hätte kennen können oder kennen müssen, gelten als bekannt.[1] Die Einschränkung der Änderungsbefugnis greift indes nur ein, wenn der Steuerpflichtige die ihm obliegenden **Mitwirkungspflichten** in zumutbarer Weise erfüllt hat.[2] Haben sowohl der Steuerpflichtige als auch das Finanzamt versäumt, den Sachverhalt aufzuklären, wiegt die Pflichtverletzung des Steuerpflichtigen schwerer, sodass der Steuerbescheid geändert werden kann.[3] Eine Änderung nach § 173 Abs. 1 Nr. 1 AO scheidet dagegen aus, wenn der Verstoß des Finanzamts deutlich überwiegt.[4] Nach ständiger Rechtsprechung des BFH braucht das Finanzamt den Steuererklärungen nicht mit Misstrauen zu begegnen, sondern kann regelmäßig von der Richtigkeit und Vollständigkeit einer Steuererklärung ausgehen. Demzufolge verletzt das Finanzamt seine Ermittlungspflicht grundsätzlich nur dann, wenn es ersichtlichen Unklarheiten oder Zweifelsfragen, die sich bei einer Prüfung der Steuererklärung sowie den eingereichten Unterlagen ohne weiteres aufdrängen mussten, nicht nachgeht.[5]

Entscheidend ist die **Kenntnisnahme** durch den zuständigen Bearbeiter des zuständigen Finanzamts. Dem Finanzamt als Behörde kann nichts bekannt sein. Kenntnis von Tatsachen und Vorgängen können nur Personen haben. Es kann nicht auf die Kenntnis oder Nichtkenntnis aller Mitarbeiter des Finanzamts ankommen. Die mit der Veranlagung des L beschäftigten Personen haben alle ihnen zugänglichen Tatsachen bei der Veranlagung zu berücksichtigen. Alle Tatsachen, die diese Personen nicht kannten oder nicht kennen konnten, werden nachträglich bekannt i. S. des § 173 Abs. 1 Nr. 1 AO.[6]

Dabei kann es nicht nur auf die Kenntnis des Amtsträgers ankommen, der letztlich für die Festsetzung der Steuer zuständig ist, also den Eingabewertbogen abschließend verantwortlich zeichnet. Es ist die Kenntnis aller Personen zu berücksichtigen, die mit der Ermittlung der Besteuerungsgrundlagen und der Steuerfestsetzung – sei es auch nur vorbereitend – zu tun haben.[7] Eine Tatsache ist bekannt, wenn sie in der für die Veranlagung insgesamt zuständigen Dienststelle bekannt ist, ohne dass sie dem gerade mehr oder weniger zufällig für die Veranlagung zuständigen Bear-

---

1 BFH vom 03.07.2002 – XI R 17/01, BFH/NV 2003 S. 137, vom 14.05.2013, BStBl 2013 II S. 997, und vom 18.12.2014 – VI R 21/13, BFH/NV 2015 S. 714.

2 BFH vom 29.04.1997, BStBl 1997 II S. 627, vom 26.02.2003 – IX B 221/02, BFH/NV 2003 S. 1029, und vom 29.11.2017, BStBl 2018 II S. 419.

3 BFH vom 08.11.2011 – X B 55/11, BFH/NV 2012 S. 169, und vom 18.12.2014 – VR 21/13, BStBl 2017 II S. 4.

4 Zur Beweislast vgl. BFH vom 18.06.2015 – VI R 84/13, BFH/NV 2015 S. 1342.

5 BFH vom 20.12.1988, BStBl 1989 II S. 585, und vom 07.07.2004, BStBl 2004 II S. 911.

6 Von Wedelstädt in Beermann, § 173 Rz. 55 ff.

7 BFH vom 20.06.1985, BStBl 1985 II S. 492, und vom 03.05.1991 – V R 36/90, BFH/NV 1992 S. 221.

beiter bekannt sein muss.[1] Kenntnisse der Oberbehörde[2] und Kenntnisse anderer Behörden[3] werden dem Finanzamt nicht zugerechnet.

Eine Tatsache gilt als bekannt, wenn sie aus den finanzbehördlichen Computern oder den der Veranlagungsdienststelle zugänglichen Steuerakten dieser Steuerart, hier der Einkommensteuerakte, ersichtlich ist.[4] Das gilt selbst dann, wenn die Akte aus organisatorischen Gründen im Keller abgelegt worden ist.[5] Der Finanzbehörde gilt jedoch nur der Inhalt der Akten als bekannt, die in der zuständigen Dienststelle für den zu veranlagenden Steuerpflichtigen geführt werden. Tatsachen, die sich aus den Akten anderer Steuerpflichtiger ergeben, gelten auch dann nicht als bekannt, wenn für deren Bearbeitung dieselbe Person zuständig ist.[6]

L kann nicht vorgeworfen werden, er habe seine sich aus § 90 AO ergebende Mitwirkungspflicht bei der Aufklärung des Sachverhalts verletzt. Zwar verpflichtet ihn § 150 Abs. 2 AO, eine vollständige und möglichst richtige Steuererklärung abzugeben. Das hat er getan. Es bleibt ihm trotz gegenteiliger Rechtsauffassung des Finanzamts unbenommen, durch entsprechende Angaben in der Erklärung zu versuchen, das Finanzamt von seiner einmal eingenommenen Rechtsposition abzubringen. Er ist nicht gezwungen, der Ansicht des Finanzamts hinsichtlich der steuerrechtlichen Behandlung seines Arbeitszimmers zu folgen.

Etwas anderes würde nur gelten, wenn er bewusst Tatsachen verschweigt, die für die Besteuerung erheblich sind. Dann wäre abzuwägen, ob die Verletzung der Ermittlungspflicht überwiegt, was eine Änderung nach § 173 Abs. 1 Nr. 1 AO ausschlösse, oder ob die Verletzung der Mitwirkungspflicht seitens des L überwiegt, was eine Änderung nach § 173 Abs. 1 Nr. 1 AO rechtfertigen würde.

Da das nicht der Fall ist, muss sich das Finanzamt zurechnen lassen, dass es die Tatsache hätte wissen können, als die ursprüngliche Veranlagung 04 durchgeführt wurde. Die Tatsache wird nicht nachträglich bekannt, eine Änderung nach § 173 Abs. 1 Nr. 1 AO ist ausgeschlossen. Andere Änderungsvorschriften kommen nicht in Betracht.

---

1 BFH vom 26.03.1985, BStBl 1985 II S. 496.

2 BFH vom 13.01.2011 – VI R 61/09, BStBl 2011 II S. 479.

3 BFH vom 08.09.2011 – II R 47/09, BFH/NV 2012 S. 67.

4 BFH vom 13.01.2011, BStBl 2011 II S. 479, vom 13.06.2012 – VI R 85/10, BStBl 2013 II S. 5, und vom 12.03.2019 – IX R 29/17, BFH/NV 2019 S. 1057; Gehm, Dr. in AO-StB 10/2019 S. 319.

5 BFH vom 13.07.1990, BStBl 1990 II S. 1047, und vom 11.02.1998, BStBl 1998 II S. 552.

6 BFH vom 13.06.2012 – VI R 85/10, BFH/NV 2012 S. 2035.

Fall 28

Änderung von Steuerbescheiden wegen neuer Tatsachen – grobes Verschulden

AO § 173 Abs. 1 Nr. 2

Sachverhalt

Der Polizeibeamte und Lehrer an einer Polizeifachhochschule Helmut Hirsch (H) war für 07 zur Einkommensteuer veranlagt worden. Die Steuererklärung hatte er ohne steuerlichen Berater erstellt.

Nach Bestandskraft des Bescheids beantragt er eine Änderung nach § 173 Abs. 1 Nr. 2 AO:

Bis zum Jahr 06 war er stets mit dem eigenen PKW zu seiner Dienststelle gefahren und hatte auch in den Steuererklärungen bis einschließlich 06 Aufwendungen für Fahrten zwischen Wohnung und erster Tätigkeitsstätte geltend gemacht. Im Jahr 07 war er erstmals mit öffentlichen Verkehrsmitteln gefahren. In der Steuererklärung (Anlage N) wird unter „Werbungskosten" in der ersten Zeile nach einem privaten PKW oder Firmenwagen gefragt. Da beides auf ihn nicht mehr zutrifft, habe er nicht weitergelesen und keine Angaben für die Entfernungspauschale gemacht.

Frage

Ist der Bescheid wegen Aufwendungen für Fahrten zwischen Wohnung und erster Tätigkeitsstätte nach § 173 Abs. 1 Nr. 2 AO zu ändern?

Antwort

Der Bescheid ist nicht nach § 173 Abs. 1 Nr. 2 AO zu ändern.

Begründung

Als Änderungsvorschrift kommt § 173 Abs. 1 Nr. 2 AO in Betracht. Tatsache ist, dass H Aufwendungen für Wege zwischen Wohnung und erster Tätigkeitsstätte hatte. Diese Tatsache war dem Finanzamt bei der ursprünglichen Veranlagung nicht bekannt. Es kommt nicht darauf an, ob die Tatsache dem Finanzamt hätte bekannt sein können.[1]

In § 173 Abs. 1 Nr. 2 AO ist im Gegensatz zu Nr. 1 der Vorschrift **„kein grobes Verschulden"** als weiteres Tatbestandsmerkmal enthalten. Nach § 150 Abs. 2 AO ist H verpflichtet, eine vollständige und richtige Steuererklärung abzugeben. Er hat im Rahmen seiner Mitwirkungspflicht dem

---

1 BFH vom 26.11.1996, BStBl 1997 II S. 422.

Finanzamt alle ihm bekannten Tatsachen mitzuteilen, die für die Ermittlung der Besteuerungsgrundlagen von Bedeutung sein können, § 90 AO. Es ist nicht Sinn und Zweck des § 173 Abs. 1 Nr. 2 AO, den Steuerpflichtigen von dieser Verpflichtung weitgehend zu entbinden. Wenn § 173 Abs. 1 Nr. 2 AO das weitere Tatbestandsmerkmal nicht enthielte, könnte der Steuerpflichtige jederzeit, auch nach Bestandskraft des Bescheids, eine Änderung zu seinen Gunsten verlangen, wenn er – gleich aus welchen Gründen – die Tatsachen nicht schon in der Erklärung angegeben hatte.

Eine Änderung zugunsten des H ist deshalb nur dann möglich, wenn ihn kein grobes Verschulden daran trifft, dass die für die Besteuerung relevanten Tatsachen nicht schon bei der ersten Veranlagung bekannt waren.

Unter grobem Verschulden ist **Vorsatz** oder **grobe Fahrlässigkeit** zu verstehen. Vorsätzlich handelt, wer seiner Mitwirkungspflicht bewusst nicht nachkommt und wollte, dass das Finanzamt die für die Besteuerung notwendigen Tatsachen nicht erfährt. Fahrlässig handelt, wer die Sorgfalt, zu der er nach den Umständen des Einzelfalls verpflichtet und auch in der Lage ist, außer Acht lässt. Grob fahrlässig handelt jemand, der diese Sorgfalt in ungewöhnlich großem Maß verletzt, wer außer Acht lässt, was jedem durchschnittlichen Bürger im gegebenen Fall hätte einleuchten müssen, oder wer die einfachsten und naheliegendsten Überlegungen nicht anstellt.[1] Es muss eine besonders schwer wiegende und subjektiv schlechthin unentschuldbare Pflichtverletzung gegeben sein, die das gewöhnliche Maß der Fahrlässigkeit erheblich übersteigt.[2] Subjektiv entschuldbare Rechtsirrtümer, die zu einem nachträglichen Bekanntwerden von Tatsachen führen, schließen ein grobes Verschulden aus.[3] Gleiches gilt für das bloße Vergessen des Übertrags einer selbst ermittelten Besteuerungsgrundlage in die entsprechende Anlage zur Erklärung.[4]

H handelt grob schuldhaft, wenn ihm vorzuwerfen ist, dass er nicht erkannt hat, dass in der Einkommensteuererklärung Angaben für die Entfernungspauschale zu machen sind. Nach Ansicht der Finanzverwaltung handelt ein Steuerpflichtiger schon dann grob fahrlässig, wenn er eine ausdrückliche Frage in der Steuererklärung nicht beantwortet oder wenn er Hinweise in den den Vordrucken beigefügten Erläuterungen nicht beachtet.[5] Der BFH folgt dieser Ansicht.[6] Für elektronische Steuererklä-

---

1 BFH vom 23.01.2001, BStBl 2001 II S. 379, vom 23.10.2002 – III R 32/00, BFH/NV 2003 S. 441, vom 06.10.2004 – X R 14/02, BFH/NV 2005 S. 156, und vom 26.10.2016 – X R 1/14, BFH/NV 2017 S. 257; Bruschke, G. in AO-StB 12/2017 S. 385.

2 BFH vom 18.09.1988, BStBl 1988 II S. 713.

3 Ständige Rechtsprechung, vgl. BFH vom 23.01.2001, BStBl 2001 II S. 379.

4 BFH vom 10.02.2015, BStBl 2017 II S. 7.

5 AEAO zu § 173 Nr. 5.1.3.

6 BFH vom 23.01.2001, BStBl 2001 II S. 379, vom 23.10.2002 – III R 32/00, BFH/NV 2003 S. 441, vom 28.07.2011 – IX B 47/11, BFH/NV 2012 S. 1, vom 20.03.2013 – VI R 5/11, BFH/NV 2013 S. 1142, und vom 16.05.2013, BStBl 2016 II S. 512 m. w. N.

rungen gelten grundsätzlich die gleichen Grundsätze wie für schriftlich verfasste Erklärungen.[1]

Es ist allerdings zu beachten, ob H nach den Gegebenheiten des Einzelfalls und seinen individuellen Fähigkeiten in der Lage war, diesen Anforderungen zu genügen. Es kann nicht von einem objektiven, für alle Steuerpflichtigen gleichermaßen geltenden **Maßstab** ausgegangen werden. Es ist zu berücksichtigen, ob der jeweilige Steuerpflichtige die Sorgfaltspflicht, zu der er nach seinen persönlichen Kenntnissen und Fähigkeiten verpflichtet und imstande ist, in ungewöhnlich großem Maß verletzt hat.[2] Insbesondere ist zu bedenken, dass ein steuerlich weder vorgebildeter noch beratener Steuerpflichtiger erhebliche Schwierigkeiten haben dürfte, die von den Fachleuten der Verwaltung erstellten Erklärungsvordrucke samt den umfangreichen und deswegen vielfach unverständlichen Erläuterungen richtig zu lesen und alle für ihn steuerlich bedeutsamen Folgen zu erkennen. Die Nichtbeachtung der Erklärung und ihrer Erläuterungen kann deshalb nicht in jedem Fall zur groben Fahrlässigkeit führen.[3]

Im vorliegenden Fall ist es einem Beamten und Fachhochschullehrer zuzumuten, den Erklärungsvordruck vollständig zu lesen und zu erkennen, dass unabhängig von dem benutzten Beförderungsmittel Angaben zur Entfernungspauschale zu machen sind. Aus den Vorjahren wusste H, dass Fahrtkosten Werbungskosten sind. Er kannte die entsprechende Stelle in der Anlage N, an der die Aufwendungen geltend zu machen sind. H verletzt die ihm zumutbare Sorgfaltspflicht bei Erstellung der Erklärung in besonders grobem Maß, wenn er die unmittelbar darunter befindliche Zeile mit der Frage nach Aufwendungen für öffentliche Verkehrsmittel übersieht.[4] Es musste sich ihm aufdrängen, dass Autofahrer nicht bessergestellt sein können als Benutzer öffentlicher Verkehrsmittel. Eine Änderung des Bescheids nach § 173 Abs. 1 Nr. 2 AO kommt nicht in Betracht.

---

1 BFH vom 09.11.2011 – X R 53/09, BFH/NV 2012 S. 545, vom 20.03.2013 – VI R 5/11, BFHE 240 S. 504, und vom 18.03.2014, BStBl 2014 II S. 922; kritisch: Müller, A. in AO-StB 4/2016 S. 106.

2 Vgl. Tipke/Kruse, § 173 Tz. 76 m. w. N.

3 BFH vom 31.01.2005 – VIII B 18/02, BFH/NV 2005 S. 1212.

4 BFH vom 10.08.1988, BStBl 1989 II S. 131, und vom 22.05.1992, BStBl 1993 II S. 80.

Fall 29

Änderung von Steuerbescheiden wegen neuer Tatsachen – grobes Verschulden des steuerlichen Beraters

AO §§ 110, 173 Abs. 1 Nr. 2; BGB § 278

Sachverhalt

Die Steuerpflichtige Dora Dorsch (D) hat seit vielen Jahren den zuverlässig und korrekt arbeitenden Steuerberater Siegfried Specht (S) mit der Erstellung ihrer Einkommensteuererklärungen beauftragt. Eine bei S tätige Auszubildende (A) sollte die Steuererklärung für 09 vorbereiten. Bei der Ermittlung der erstmals zu berücksichtigenden Aufwendungen für ein häusliches Arbeitszimmer der D übersah A einen Teil der abzugsfähigen Aufwendungen. Zur Zeit der Erstellung der Steuererklärung befand sich S im Urlaub. Nach Rückkehr aus dem Urlaub zeichnete er die Steuererklärung ohne nähere Prüfung als richtig ab und leitete sie D zur Unterschrift weiter. D sah die Erklärung durch, fand sie in sich schlüssig, unterschrieb sie im Vertrauen auf ihre inhaltliche Richtigkeit und reichte sie beim Finanzamt ein. Erst bei Erstellung der Erklärung für das nächste Jahr fiel S der Fehler auf.

Frage

Kann der bestandskräftige Einkommensteuerbescheid 09 geändert werden?

Antwort

Eine Änderung ist nicht zulässig.

Begründung

Nach § 173 Abs. 1 Nr. 2 AO ist eine Änderung der Steuerfestsetzung zugunsten der D zulässig, wenn nachträglich Tatsachen bekannt werden, die bei der ursprünglichen Veranlagung nicht bekannt waren. Tatsachen sind die in der Steuererklärung nicht enthaltenen Aufwendungen für das häusliche Arbeitszimmer. Diese Tatsachen waren dem Finanzamt bei der ursprünglichen Veranlagung nicht bekannt.

Zu prüfen ist, ob D an dem verspäteten Bekanntwerden ein **grobes Verschulden** trifft. Vorsatz oder grobe Fahrlässigkeit wird D wohl nicht vorzuwerfen sein. Sie hat sich wegen ihrer steuerrechtlichen Unkenntnis der Hilfe eines steuerlichen Beraters bedient. Sie durfte davon ausgehen, dass dieser seinen Auftrag ordnungsgemäß erfüllt. Es war D nicht zuzumuten und nicht möglich, die Arbeitsergebnisse des S im Einzelnen zu kontrollieren. Zumindest hat sie ihre Sorgfaltspflicht bei Erstellung der Steuererklärung nicht in besonders vorwerfbarem Maß verletzt. Sie ist verpflichtet, im Rahmen ihrer Möglichkeiten die vom steuerlichen Berater gefertigte Erklärung auf deren sachliche Richtigkeit zu überprüfen.[1] Ein grob schuldhaftes Verhalten läge beispielsweise vor, wenn die Steuerpflichtige den Erklärungsvordruck blanko unterschreibt, an den Steuerberater weitergibt und dieser die Erklärung, ohne dass die Steuerpflichtige sie noch einmal sieht, an das Finanzamt weiterleitet. Für D war nicht erkennbar, dass die in der Erklärung enthaltenen Aufwendungen für das häusliche Arbeitszimmer nicht vollständig waren. Für einen steuerrechtlichen Laien ist nicht ohne weiteres verständlich, welche Aufwendungen in diesem Zusammenhang abzugsfähig sind und welche nicht.

S seinerseits hat seine Pflichten aus dem Auftragsverhältnis mit D nicht ordnungsgemäß erfüllt. Wird mit der Ausarbeitung der Steuererklärung ein steuerlicher Berater beauftragt, muss auch er sich um eine sachgerechte und gewissenhafte Erfüllung der Erklärungspflicht bemühen. Ihm stehen die persönlichen Entschuldigungsgründe, die seine Auftraggeberin mangels steuerrechtlicher Kenntnisse geltend machen kann, nicht zur Seite. Vielmehr müssen an den steuerrechtlich sachkundigen Steuerberater höhere Anforderungen gestellt werden. Insbesondere muss von einem Angehörigen der steuerberatenden Berufe die Kenntnis und sachgemäße Anwendung der einschlägigen steuerrechtlichen Bestimmungen verlangt werden.[2]

Diese Verpflichtung erlischt nicht dadurch, dass S Mitarbeiter zur Anfertigung der Steuererklärung der D einsetzt. Sie konkretisiert sich in diesem Fall in eigenen Sorgfaltspflichten des S hinsichtlich der Auswahl seiner Mitarbeiter, der Organisation der Arbeiten in seinem Büro und der Kontrolle der Arbeitsergebnisse der Mitarbeiter. Die Kontroll- und Überwachungspflichten beinhalten bei bewährten und qualifizierten Mitarbeitern grundsätzlich keine Verpflichtung, deren Arbeitsergebnisse in allen Einzelheiten zu überprüfen.[3] Wird aber eine Auszubildende mit der Erstellung der Erklärung beauftragt und fallen erstmalig besonders zu prüfende Aufwendungen (häusliches Arbeitszimmer) an, gehört es zu den Pflichten des S, die vorbereitete Steuererklärung in allen Einzelheiten auf ihre inhaltliche Richtigkeit zu kontrollieren. Indem S die Erklärung ohne jede Prüfung als richtig abzeichnete und D zuleitete, hat er seine Pflichten gegenüber D in besonders grobem Maß verletzt.

1 BFH vom 20.11.2008 – III R 107/06, BFH/NV 2009 S. 545, und vom 16.05.2013 – III R 12/12, BStBl 2016 II S. 512.

2 BFH vom 28.06.1983, BStBl 1984 II S. 2, und vom 04.02.1993 – III R 78/91, BFH/NV 1993 S. 641.

3 BFH vom 26.08.1987, BStBl 1988 II S. 109.

Die Steuerpflichtige D muss sich das grobe Verschulden ihres Steuerberaters S wie eigenes grobes Verschulden zurechnen lassen.[1]

Nach dem Wortlaut des § 173 Abs. 1 Nr. 2 AO hat D nur für ihr eigenes Verschulden einzustehen. Die Verantwortlichkeit für fremdes Verschulden muss besonders bestimmt werden, wie z. B. in § 110 AO. Diese Regelung ist auf den vorliegenden Fall nicht ohne weiteres anwendbar, weil S bei der Anfertigung der Steuererklärung nicht als Bevollmächtigter, sondern nur als eine Art Gehilfe der D tätig wird. Sie kommt ihrer Erklärungspflicht in eigener Person nach, was darin deutlich wird, dass sie die Erklärung unterschreibt. S wäre Bevollmächtigter, wenn er die Erklärung für D unterschreiben und in ihrem Namen abgeben würde.

Würde man daraus, dass das **Verschulden eines Dritten** in § 173 Abs. 1 Nr. 2 AO nicht erwähnt ist, folgern, dass D das Verschulden ihres Beraters nicht zu vertreten hätte, käme es zu widersinnigen Ergebnissen. Die Steuerpflichtige könnte sich der Verantwortung für die Richtigkeit der Steuererklärung, für die sie bis zur Grenze des groben Verschuldens einzustehen hat, dadurch entziehen, dass sie die Erstellung der Erklärung ihrem Berater überlässt. Dessen privatrechtliche Verpflichtung gegenüber D, die Steuererklärung ordnungsgemäß und sorgfältig auszufüllen, besteht nicht gegenüber dem Finanzamt.

Nach Ansicht des BFH ergibt sich aus dem Rechtsgedanken des § 150 Abs. 2 AO, dass und in welchem Umfang der Steuerpflichtige für unzutreffende Angaben seines steuerlichen Beraters in der Steuererklärung verantwortlich ist.[2] Das grob fahrlässige Verhalten des S ist der D wie eigenes Verschulden zuzurechnen. Sie wird so behandelt, als hätte sie selbst grob schuldhaft die Aufwendungen nicht angesetzt. Eine Änderung nach § 173 Abs. 1 Nr. 2 AO kann deshalb nicht in Betracht kommen. D muss zu viel Steuern zahlen. Deswegen kann sie von S in Höhe dieses Betrags Schadensersatz verlangen, weil S die sich aus dem mit D geschlossenen Vertrag ergebende Pflicht zur sorgfältigen Arbeit schuldhaft verletzt hat.

---

1 BFH vom 17.11.2005 – III R 44/04, BStBl 2006 II S. 412, und vom 28.04.2020 – VI R 24/17, BFH/NV 2020 S. 1249, und AEAO zu § 173 Nr. 5.4, sowie Frotscher in Schwarz, § 173 Rz. 83 ff., und von Wedelstädt in Beermann, § 173 Rz. 95; a. A. Tipke/Kruse, § 173 Rz. 83 ff.

2 BFH vom 03.02.1983, BStBl 1983 II S. 324.

Fall 30

**Änderung von Steuerbescheiden wegen neuer Tatsachen –
Saldierungsgebot und Saldierungsverbot – grobes Verschulden
bei Zusammenhang der Tatsachen**

AO §§ 173, 175 Abs. 1 Nr. 2

Sachverhalt

Bei der Gastwirtin Josepha Tramm (T), die ihren Gewinn nach § 4 Abs. 3
EStG ermittelt, wird eine Außenprüfung durchgeführt, die auch die Jahre
01 und 02 erfasst.

Der Prüfer ermittelt, dass T Aufwendungen i. H. von 5.000 Euro im Januar
01 als Betriebsausgaben abgezogen hat, die zu aktivieren und in 10 Jahren abzuschreiben sind.

Außerdem stellt der Prüfer durch Zufall fest, dass T im Dezember 02 für
1.000 Euro Spirituosen billigster Qualität in dem Supermarkt „Idla" eingekauft und auf Flaschen bester Markenfirmen umgefüllt hat, um sie in
ihrer Bar zu verkaufen. Im Dezember 02 hatte sie davon nur einen geringen Teil für 700 Euro veräußert. T hatte weder die Einnahmen noch die
Ausgaben in ihrer Gewinnermittlung für 02 erfasst.

Beide Einkommensteuerbescheide sind bestandskräftig. Der abgerundete
Gewerbeertrag beträgt 28.000 Euro im Jahr 01 und 31.000 Euro im Jahr 02.

Frage

1. In welchem Umfang kann der Einkommensteuerbescheid 01 geändert
   werden?
2. In welchem Umfang ist der Einkommensteuerbescheid 02 zu ändern?

Antwort

1. In 01 ist der gewerbliche Gewinn um 4.500 Euro zu erhöhen.
2. In 02 ist der gewerbliche Gewinn um 800 Euro zu mindern.

Begründung

1. Es kommt eine Änderung des Bescheids 01 nach § 173 Abs. 1 AO in
   Betracht. Tatsache ist, dass T 5.000 Euro für ein Wirtschaftsgut ausgegeben hat, das eine Nutzungsdauer von 10 Jahren hat **(Mittelverwendung)**.
   Die Tatsache war bei der ursprünglichen Veranlagung nicht bekannt und
   konnte dem Finanzamt nicht bekannt sein. Dem Finanzamt ist keine
   Pflichtverletzung vorzuwerfen, denn es hat auf die Richtigkeit der Anga-

ben in der Steuererklärung vertraut.[1] T dagegen hat ihre Mitwirkungspflicht verletzt, indem sie eine fehlerhafte Gewinnermittlung der Steuererklärung zugrunde gelegt hat.

Die Besonderheit dieser Tatsache besteht darin, dass sie zwei Auswirkungen hat. Der zu Unrecht angesetzte Betrag von 5.000 Euro ist bei den Betriebsausgaben zu streichen. Damit erhöht sich der Gewinn um diese 5.000 Euro. Gleichzeitig ist in 01 ein AfA-Betrag von 10 %, das sind 500 Euro, anzusetzen. Dieser Betrag erhöht die Betriebsausgaben und mindert den Gewinn um 500 Euro. Es handelt sich nicht um zwei Tatsachen, die zu Änderungen nach § 173 Abs. 1 Nr. 1 und Nr. 2 AO führen, sondern um eine Tatsache, aus der sich zwei gegenläufige steuerliche Auswirkungen ergeben. Eine Tatsache kann aber nicht zu zwei Änderungen in zwei Richtungen sowohl zugunsten wie zuungunsten des Steuerpflichtigen führen. Vielmehr hat das Finanzamt festzustellen, wie sich die steuerliche Berücksichtigung der einen Tatsache „Ausgabe von 5.000 Euro im Rahmen des Betriebs" auswirkt **(Saldierungsgebot).**[2] Diese Beurteilung führt zu einer Gewinnerhöhung um (5.000 Euro – 500 Euro =) 4.500 Euro. Folglich kann der Bescheid 01 nach § 173 Abs. 1 Nr. 1 AO zum Nachteil der T geändert werden.

2. Im Jahr 02 deckt das Finanzamt zwei bisher nicht bekannte Tatsachen auf. Zum einen hat T aus dem Verkauf der Spirituosen Einnahmen erzielt, die zu den Einkünften aus Gewerbebetrieb zählen. Der Gewinn erhöht sich um 700 Euro. Es handelt sich um eine Tatsache, die zu einer höheren Steuer führt. Insoweit ist der Bescheid nach § 173 Abs. 1 Nr. 1 AO zuungunsten der T zu ändern und die Steuer heraufzusetzen.

Die zweite Tatsache sind die Ausgaben, die T für die Einkäufe der Spirituosen hatte. Diese Aufwendungen sind betrieblich veranlasst. Sie mindern i. H. von 1.000 Euro als Betriebsausgaben den Gewinn und damit die Steuer. Es könnte eine Änderung nach § 173 Abs. 1 Nr. 2 AO in Betracht kommen.

Es handelt sich nicht um ein und denselben Lebensvorgang, aus dem verschiedene steuerliche Folgen zu ziehen sind. Der Verkauf der Spirituosen setzt zwar ihren Erwerb voraus; dennoch handelt es sich tatsächlich um zwei verschiedene Lebensvorgänge. Der Einkauf von Spirituosen und die damit verbundenen finanziellen Aufwendungen bedingen keine Einnahmen durch einen etwaigen Verkauf; denn es besteht begrifflich keine Notwendigkeit, eingekaufte Waren wieder zu verkaufen. Andererseits können auch Einnahmen erzielt werden, ohne dass diesen notwendigerweise Ausgaben vorausgegangen sind. Beide Tatsachen, Geldabfluss und Geld-

---

1 BFH vom 20.12.1988, BStBl 1989 II S. 585, und vom 07.07.2004, BStBl 2004 II S. 911.

2 BFH vom 16.03.1990, BStBl 1990 II S. 610, und vom 08.02.1998 – IX R 14/97, BFH/NV 1999 S. 743.

zufluss, sind deshalb unabhängig voneinander unter die Tatbestände des § 173 Abs. 1 AO einzuordnen **(Saldierungsverbot)**.

Eine Änderung des Bescheids 02 nach § 173 Abs. 1 Nr. 2 AO könnte daran scheitern, dass T an dem nachträglichen Bekanntwerden der steuermindernden Tatsachen ein grobes Verschulden trifft, da sie die Ausgaben vorsätzlich nicht erklärt hat.

Wirtschaftlich betrachtet hängen beide Tatsachen zusammen. T tätigt die Ausgaben, um die Einnahmen zu erzielen. Sie erklärt die Ausgaben nicht, um zu verhindern, dass das Finanzamt von den Einnahmen erfährt. Stehen nun Tatsachen in einem solchen unmittelbaren sachlichen Zusammenhang zueinander, dass der steuererhöhende Vorgang nicht ohne den steuermindernden Vorgang denkbar ist, soll nach § 173 Abs. 1 Nr. 2 Satz 2 AO das Verschulden der T außer Betracht bleiben.[1] Das Gesetz will dem ungerechten Ergebnis vorbeugen, dass zwar die steuererhöhenden Tatsachen nach Nr. 1 berücksichtigt werden können, weil hier das Verschulden der T keine Rolle spielt, nicht aber die steuermindernden Tatsachen nach Nr. 2. Eine Änderung nach § 173 Abs. 1 Nr. 2 AO ist somit trotz des Verschuldens der T möglich.[2]

Die steuermindernden Tatsachen sind voll zu berücksichtigen, selbst wenn die steuerliche Auswirkung insgesamt zu einer Erstattung führt.[3] § 173 Abs. 1 Nr. 2 Satz 2 AO ist nicht mehr anwendbar, wenn die Änderung nach § 173 Abs. 1 Nr. 1 AO bereits bestandskräftig ist.[4]

Des Weiteren ist zu berücksichtigen, dass wegen der Änderung im Jahr 01 auch im Jahr 02 AfA i. H. von 500 Euro anzusetzen ist. Für diesen Punkt kommt eine Änderung nach § 173 AO nicht in Betracht. Im Jahr 02 liegt keine Tatsache vor. Tatsache war die Verwendung des Geldes in 01. Es ist nur eine Folgewirkung dieser Tatsache, dass auch im Jahr 02 – und in weiteren Jahren – steuerliche Änderungen auftreten.

Die Änderung in 02 in diesem Punkt erfolgt nach § 175 Abs. 1 Nr. 2 AO. Durch die Aktivierung des Wirtschaftsguts im Jahr 01 durch die jetzt erfolgende Prüfung ist ein Ereignis eingetreten, das sich auf das Jahr 02 auswirkt.

Der Bescheid 02 ist nach § 173 Abs. 1 Nr. 1 AO (Gewinnerhöhung um 700 Euro) und § 173 Abs. 1 Nr. 2 AO (Gewinnminderung um 1.000 Euro) und nach § 175 Abs. 1 Nr. 2 AO (Gewinnminderung um 500 Euro) zu ändern. Der Gewinn ist insgesamt um 800 Euro zu mindern.

---

1 BFH vom 08.08.1991, BStBl 1992 II S. 12, vom 19.10.1995, BStBl 1996 II S. 149, und vom 13.01.2005 – II R 48/02, BStBl 2005 II S. 451.

2 Zur Behandlung von Umsatz- und Vorsteuer siehe AEAO zu § 173 Nr. 6.3 und BFH vom 08.08.1991 – V R 106/88, BStBl 1992 II S. 12.

3 BFH vom 02.08.1983, BStBl 1984 II S. 4.

4 BFH vom 19.08.1983, BStBl 1984 II S. 48.

Fall 31

Änderung von Steuerbescheiden wegen neuer Tatsachen – Rechtserheblichkeit – nachträgliche Anträge

AO § 173 Abs. 1 Nr. 2, § 176

Sachverhalt

Der Steuerpflichtige Ulrich Uhu (U) erzielte seit dem 01.07.2007 Einkünfte aus nichtselbständiger Tätigkeit. Beim Erstellen seiner Einkommensteuererklärung 2007 machte er bei den Werbungskosten keine Angaben zu den Fahrten zwischen Wohnung und Arbeitsstätte, obwohl er täglich 18 km zu seinem Arbeitsplatz zurücklegte. Mit dem Steueränderungsgesetz 2007 vom 19.07.2006 (BStBl 2006 I S. 432) hatte die Bundesregierung entschieden, dass die Wege zwischen Wohnung und erster Tätigkeitsstätte nunmehr der Privatsphäre zuzurechnen seien. Zum Ausgleich von Härtefällen konnten Fernpendler ab dem 21. Entfernungskilometer die Entfernungspauschale von 0,30 Euro je Entfernungskilometer „wie" Werbungskosten abziehen.

Nach Bestandskraft des Bescheids und nachdem das BVerfG mit Urteil vom 09.12.2008[1] das Gesetz für verfassungswidrig erklärt hatte, beantragte U, den Einkommensteuerbescheid 2007 zu ändern und die Entfernungskilometer bei den Werbungskosten zu berücksichtigen.

Außerdem trug er vor, dass er außergewöhnliche Belastungen wegen eines Krankenhausaufenthalts in seiner Steuererklärung 2007 nicht beantragt hatte, weil er davon ausging, dass die Krankenkasse die Aufwendungen ersetzen würde. Die Kasse hatte dieses abgelehnt und U einen deswegen geführten Rechtsstreit vor dem Sozialgericht verloren. Die Entscheidung des Gerichts war erst nach Bestandskraft des Bescheids 2007 ergangen.

Frage

1. Kann der Einkommensteuerbescheid 2007 hinsichtlich der Werbungskosten geändert werden?
2. Kann der Bescheid 2007 hinsichtlich des nunmehr gestellten Antrags nach § 33 Abs. 1 EStG geändert werden?

Antwort

1. Der Steuerbescheid 2007 kann hinsichtlich der Werbungskosten nicht geändert werden.

---

1 BVerfG vom 09.12.2008 – 2 BvL 1/07, 2 BvL 2/07, 2 BvL 1/08, 2 BvL 2/08, BVerfGE 122 S. 210.

2. Der Bescheid 2007 kann wegen des nunmehr gestellten Antrags nach § 33 Abs. 1 EStG zugunsten des U geändert werden.

Begründung

1. Als Änderungsvorschrift könnte § 173 Abs. 1 Nr. 2 AO in Betracht kommen. Voraussetzung ist, dass Tatsachen bekannt werden, die bei der ursprünglichen Veranlagung nicht bekannt waren und die zu einer niedrigeren Steuer führen. Den Steuerpflichtigen darf kein grobes Verschulden treffen.

Tatsache sind die täglichen Fahrten zwischen der Wohnung und der 18 km entfernten Arbeitsstätte des U. Dem Finanzamt wird die Tatsache erst mit dem Änderungsantrag des U bekannt, da in der Steuererklärung keine Angaben zu den Fahrtkosten enthalten waren. U trifft kein Verschulden an dem nachträglichen Bekanntwerden, denn er hatte keinen Grund, die Angaben zu machen, da diese sich bei der damals geltenden Rechtslage nicht ausgewirkt hätten.

Dennoch kommt eine Änderung des Bescheids nach § 173 Abs. 1 Nr. 2 AO nicht in Betracht. Sie scheitert an der fehlenden **Rechtserheblichkeit** der Tatsache.

Die von U beantragte Änderung ist letztlich nicht auf das Bekanntwerden der Fahrtkosten zurückzuführen, sondern auf die Änderung der Rechtslage. Hätte U die Fahrtkosten in der Steuererklärung angegeben, hätte das Finanzamt seinerzeit nicht anders entscheiden können und die Kosten für Fahrten zwischen Wohnung und Arbeitsstätte des U nicht zum Werbungskostenabzug zugelassen.

Nach Ansicht des Großen Senats des BFH[1] kann § 173 Abs. 1 Nr. 2 AO nur dann angewendet werden, wenn das Finanzamt bei rechtzeitiger Kenntnis der Tatsachen schon bei der ursprünglichen Veranlagung mit an Sicherheit grenzender Wahrscheinlichkeit die Fahrtkosten als Werbungskosten anerkannt hätte.[2] Die Vorschrift des § 173 AO gehört zu einer Kette von Vorschriften, die als Ausnahmeregelung eine Durchbrechung der Bestandskraft in dem Sinne gestatten, dass ein Bescheid trotz Unanfechtbarkeit geändert werden kann. Es entspricht der Systematik der AO, dass ein Bescheid, der nicht angefochten wird, grundsätzlich später nicht mehr geändert werden kann. Hält der Steuerpflichtige die vom Finanzamt in dem Bescheid vertretene Rechtsansicht für unrichtig, so hat er die Möglichkeit, den Bescheid anzufechten. Macht er davon keinen Gebrauch, muss er es hinnehmen, dass der Bescheid auch bei späterer Änderung der Rechtsprechung unabänderbar bleibt. Es ist nicht Sinn des § 173 AO, dem

---

1 BFH vom 07.05.1988, BStBl 1988 II S. 180.
2 Vgl. auch BFH vom 12.05.2009, BStBl 2009 II S. 891, vom 22.04.2010, BStBl 2010 II S. 951, vom 19.06.2013, BStBl 2013 II S. 926, und vom 21.01.2015 – X R 16/12, BFH/NV 2015 S. 815; AEAO zu § 173 Nr. 3.1.

Steuerpflichtigen das Risiko eines Rechtsbehelfs abzunehmen, indem ihm gestattet wird, sich auf Tatsachen gegenüber dem Finanzamt erst dann zu berufen, wenn durch spätere Änderung der Rechtsprechung eine Rechtslage eintritt, die eine bisher nicht vorgetragene Tatsache nunmehr als relevant erscheinen lässt.

Es ist auch mit dem Sinn und Zweck des § 173 AO nicht vereinbar, andere Steuerpflichtige nur deshalb schlechterzustellen, weil sie schon in ihrer Steuererklärung versucht haben, eine von der aktuellen Rechtslage abweichende Rechtsansicht durchzusetzen, und deshalb die Fahrtkosten bereits in der Steuererklärung geltend gemacht haben. Würde in allen Fällen einer Änderung der Rechtslage zugelassen, die entsprechenden Tatsachen im Rahmen des § 173 Abs. 1 Nr. 2 AO nachträglich vorzutragen, würde die Bestandskraft ausgehöhlt.

§ 176 AO steht diesem Ergebnis nicht entgegen. Insbesondere kann aus dieser Vorschrift nicht hergeleitet werden, die Rechtserheblichkeit von Tatsachen und Beweismitteln sei – was den zeitlichen Anknüpfungspunkt anbelangt – unterschiedlich zu beurteilen, je nachdem, ob es sich um Tatsachen zugunsten oder zuungunsten des Steuerpflichtigen handelt.

Allerdings regelt die Vorschrift des § 176 AO den Vertrauensschutz zugunsten und zuungunsten des Steuerpflichtigen verschieden. Die im Gesetz genannten Ereignisse (Feststellung der Nichtigkeit eines Gesetzes durch das BVerfG, Nichtanwendung einer Norm durch einen obersten Gerichtshof des Bundes im Hinblick auf eine mögliche Verfassungswidrigkeit und Änderung der Rechtsprechung des obersten Gerichtshofes des Bundes) dürfen bei der Aufhebung oder Änderung eines Steuerbescheids zugunsten des Steuerpflichtigen nicht entgegenstehen (argumentum e contrario). Dies gilt jedoch nur unter der Voraussetzung, dass eine Vorschrift den in § 176 AO genannten Ereignissen Bedeutung zumisst. § 176 AO ist keine selbständige Vorschrift zur Aufhebung oder Änderung eines Steuerbescheids. Da § 173 AO die Änderung eines Bescheids nicht vom Eintritt besserer Rechtserkenntnis abhängig macht, sondern an das nachträgliche Bekanntwerden von Tatsachen oder Beweismitteln bindet, hat § 176 AO insoweit nur eine begrenzte Bedeutung.

2. Eine Änderung nach § 173 Abs. 1 Nr. 2 AO kommt in Betracht, da dem Finanzamt Tatsachen nachträglich bekannt werden, die zu einer niedrigeren Steuer führen, ohne dass den U daran ein grobes Verschulden trifft.

Tatsachen sind die Aufwendungen für die Krankheit. Diese Tatsache war dem Finanzamt bei der ersten Veranlagung nicht bekannt, weil sie aus der Steuererklärung nicht ersichtlich war. Den U trifft kein grobes Verschulden daran, dass das Finanzamt diese Tatsache nicht bereits bei der ursprünglichen Veranlagung kannte, da er davon ausging, dass die Krankenkasse Ersatz leisten würde – anderenfalls hätte er den Prozess nicht geführt – und es deshalb keine außergewöhnliche Belastungen i. S. des

§ 33 EStG sind. U sah keine Veranlassung, diese Aufwendungen in der Steuererklärung anzugeben.

Die Anwendung des § 33 Abs. 1 EStG ist von einem **Antrag** des U abhängig. Diesen Antrag stellt er erst jetzt. Er wird also nicht nachträglich bekannt, sondern entsteht erst nachträglich. Die Ausübung des in § 33 Abs. 1 EStG enthaltenen Wahlrechts ist keine Tatsache, sondern eine reine Verfahrenshandlung.[1] Nur der Sachverhalt, für den die Steuervergünstigung begehrt wird und der der Ausübung des Wahlrechts zugrunde liegt, ist eine Tatsache, die für sich gesehen zu einer niedrigeren Steuer führt, da auch die übrigen Tatbestandsmerkmale des § 173 Abs. 1 Nr. 2 AO vorliegen. Diese Tatsache ist rechtserheblich, da die Ausübung des Wahlrechts nach § 33 Abs. 1 EStG nicht fristgebunden ist.[2]

U kann seinen Antrag nachholen, da er ihn mit Tatsachen begründet, die zu einer niedrigeren Steuer führen, und ihn an dem nachträglichen Bekanntwerden kein grobes Verschulden trifft.

Eine andere Entscheidung wäre nicht gerechtfertigt, weil Steuerpflichtige, die ohne grobes Verschulden Tatsachen nicht rechtzeitig geltend gemacht haben, i. d. R. keine Veranlassung hatten, ein sich aus diesen Tatsachen ergebendes Wahlrecht auszuüben.

Voraussetzung für die späte Ausübung des Wahlrechts ist aber, dass dieses Wahlrecht selbst nicht fristgebunden ist, beispielsweise bis zur Bestandskraft des Bescheids, vgl. § 19 Abs. 2 UStG.

Fall 32

Änderung von Steuerbescheiden wegen neuer Tatsachen – Änderungssperre

AO § 173 Abs. 2

Sachverhalt

Der Steuerpflichtige Willi Wal (W) erhielt am 01.09.03 seinen Einkommensteuerbescheid 01. Die Steuer war unter dem Vorbehalt der Nachprüfung auf 40.000 Euro festgesetzt worden. Nach einer im Januar 04 durchgeführten Außenprüfung wird der Einkommensteuerbescheid 01 geändert. Unter anderem sieht das Finanzamt bisher als Erhaltungsaufwand behandelte Aufwendungen für ein vermietetes Gebäude als Herstellungsauf-

---

1 BFH vom 13.02.1997 – IV R 59/95, BFH/NV 1997 S. 635; AEAO zu § 173 Nr. 3.2; von Wedelstädt in Beermann, § 173 Rz. 22.
2 BFH vom 12.05.2015, BStBl 2015 II S. 806, und vom 21.08.2019 – X R 16/17, BStBl 2020 II S. 99.

wand an. Die Steuer wird nunmehr ohne Vorbehalt der Nachprüfung auf 45.000 Euro festgesetzt. Der Änderungsbescheid wird W am 01.03.04 bekannt gegeben.

Am 30.05.04 teilt W dem Finanzamt mit, dass er Aufwendungen für beruflich veranlasste Fahrten mit seinem PKW im Jahr 01 nicht geltend gemacht hatte (steuerliche Auswirkung: 200 Euro Mindersteuern). Die Belege für diese Fahrten waren von W versehentlich in einem Ordner mit privaten Briefen abgeheftet und erst jetzt wieder entdeckt worden.

Gleichzeitig erhielt das Finanzamt eine Kontrollmitteilung, aus der sich ergab, dass W im Jahr 01 Aufwandsentschädigungen als nebenberuflicher Ausbilder erhalten hatte. W hatte diese Einnahmen dem Finanzamt nicht angegeben, weil er bei Erhalt des Geldes (fälschlich) darauf hingewiesen worden war, es handele sich um steuerfreie Einnahmen i. S. des § 3 Nr. 26 EStG. Der Ansatz der Einnahmen würde zu einer Steuererhöhung um 900 Euro führen.

Frage

In welchem Umfang kann der geänderte Einkommensteuerbescheid 01 wieder geändert werden?

Antwort

Der geänderte Einkommensteuerbescheid 01 kann nicht mehr geändert werden.

Begründung

Die beiden nachträglich bekannt gewordenen Tatsachen (Aufwendungen für beruflich veranlasste Fahrten und Aufwandsentschädigungen) können zu keiner Änderung nach § 173 Abs. 1 Nr. 1 oder Nr. 2 AO führen, obwohl sie dem Finanzamt nachträglich bekannt geworden sind und W kein grobes Verschulden trifft. Der Änderungsbescheid vom 01.03.04 ist aufgrund einer Außenprüfung ergangen. Er kann aufgrund der **Änderungssperre** des § 173 Abs. 2 AO nicht nach § 173 Abs. 1 Nr. 1 oder Nr. 2 AO geändert werden.[1]

§ 173 Abs. 2 AO verbietet die Änderung eines Bescheids nach § 173 Abs. 1 Nr. 1 oder Nr. 2 AO, wenn der Bescheid aufgrund einer Außenprüfung ergangen ist. Nach den Vorstellungen des Gesetzes können nach einer Außenprüfung keine Tatsachen mehr bekannt werden, die nicht spätestens durch die Außenprüfung aufgedeckt worden sind oder zumindest hätten aufgedeckt werden können. Sachverhalte, die bis zum Abschluss der Außenprüfung nicht ermittelt wurden, sollen aus Gründen des Rechts-

---

1 AEAO zu § 173 Nr. 8.

friedens nicht mehr zu einer Änderung des Steuerbescheids führen. Das gilt selbst für solche Sachverhalte wie die Aufwandsentschädigung des W, die das Finanzamt nicht kennen konnte. Etwas anderes würde nur gelten, wenn W eine **Steuerhinterziehung** (§ 370 AO) oder **leichtfertige Steuerverkürzung** (§ 378 AO) vorzuwerfen wäre.[1] W hat weder eine Steuerstraftat noch eine Steuerordnungswidrigkeit begangen. Er hat nicht schuldhaft gehandelt. Die falsche Information über die Steuerfreiheit der Einnahmen ist ihm nicht anzulasten. Die gesetzliche Regelung ist zu kompliziert, als dass W als Laie sie hätte durchschauen und zu einem anderen Ergebnis hätte kommen können.

Außenprüfung i. S. des § 173 Abs. 2 AO ist jede Prüfung nach §§ 193 bis 203 AO.[2] Das Ausmaß der Änderungssperre richtet sich nach dem Inhalt der Prüfungsanordnung.[3] Steuerbescheide, die aufgrund einer Steuerfahndungsprüfung ergehen, unterliegen nicht der Änderungssperre des § 173 Abs. 2 AO.[4]

Die **Änderungssperre** des § 173 Abs. 2 AO bezieht sich auf § 173 Abs. 1 Nr. 1 und Nr. 2 AO. Der Bescheid darf weder zugunsten noch zuungunsten des W geändert werden. Die Regelung dient allgemein dem Rechtsfrieden und nicht nur dem Schutz des Steuerpflichtigen.[5] W erleidet durch den Ausschluss der Änderungsmöglichkeit zu seinen Gunsten keinen Rechtsnachteil. Er hätte Tatsachen, die zu einer niedrigeren Steuer führen, in der Steuererklärung anführen oder in einem Rechtsbehelf gegen den ersten Steuerbescheid geltend machen können. Er hätte jederzeit eine Änderung nach § 164 Abs. 2 AO oder bei vorbehaltloser Festsetzung nach § 173 Abs. 1 Nr. 2 AO beantragen können. Während der Außenprüfung traf W eine erhöhte Mitwirkungspflicht, § 200 AO. Er hätte sich wegen der Außenprüfung erneut intensiv mit dem Fall beschäftigen müssen und hätte alle steuermindernden Tatsachen vorbringen können. Schließlich hätte er noch im Rechtsbehelfsverfahren gegen den Änderungsbescheid unter Berücksichtigung der Grenzen des § 351 Abs. 1 AO eine Änderung zu seinen Gunsten beantragen können. Lässt er all diese Möglichkeiten ungenutzt, ist es nicht ungerecht, weitere Änderungsmöglichkeiten wegen „neuer" Tatsachen durch den § 173 Abs. 2 AO auszuschließen.

Durch § 173 Abs. 2 AO wird nur die Änderung nach § 173 Abs. 1 AO ausgeschlossen. Eine Änderung des Bescheids nach anderen Vorschriften, wie z. B. §§ 129, 172, 174, 175 AO oder § 10d EStG, bleibt weiterhin bis zum Ablauf der Festsetzungsfrist möglich.[6]

---

1 BFH vom 14.12.1994, BStBl 1995 II S. 293.

2 AEAO zu § 173 Nr. 8.

3 BFH vom 31.08.1990, BStBl 1991 II S. 537, und vom 12.10.1994, BStBl 1995 II S. 289.

4 BFH vom 18.08.2009 – VIII B 30/09, BFH/NV 2010 S. 2233.

5 BFH vom 11.12.1997, BStBl 1998 II S. 367.

6 BFH vom 18.08.2009 – X R 8/09, BFH/NV 2010 S. 161.

Fall 33

Änderung wegen Schreib- oder Rechenfehlern bei Erstellung der Erklärung

AO §§ 129, 173 Abs. 1, § 173a

Sachverhalt

Wilma Wolf (W) fertigt ihre Einkommensteuererklärung regelmäßig ohne Mitwirkung eines Steuerberaters. Bei Erstellung der aktuellen Einkommensteuererklärung unterlaufen ihr folgende Fehler:

1. Sie verrechnet sich zu ihren Ungunsten um 100 Euro bei der Addition der Aufwendungen für Fachbücher, die sie als Werbungskosten bei den Einkünften aus nichtselbständiger Tätigkeit geltend macht. Den um 100 Euro zu niedrigen Betrag trägt sie in die entsprechende Zeile der Steuererklärung ein.

2. Sie vergisst, einen Betrag von 1.250 Euro als Verpflegungsmehraufwand in das dafür vorgesehene Feld einzutragen.

Die beiden Anlagen, auf denen sie die Aufwendungen einzeln aufgeführt und zusammengerechnet hat, fügt sie der Erklärung nicht bei, weil das Finanzamt sie gebeten hat, keine Belege vorzulegen.

Das Finanzamt veranlagt erklärungsgemäß. Der Einkommensteuerbescheid wird bestandskräftig.

Frage

Kann der Einkommensteuerbescheid geändert werden?

Antwort

Der Einkommensteuerbescheid kann in Bezug auf die 100 Euro Werbungskosten geändert werden. Wegen des Verpflegungsmehraufwands i. H. von 1.250 Euro ist eine Änderung nicht möglich.

Begründung

1. Der Einkommensteuerbescheid kann nicht nach § 129 AO berichtigt werden. Zwar handelt es sich bei dem Additionsfehler um einen **Rechenfehler;** er ist aber nicht offenbar. Der Fehler ergibt sich ausschließlich aus der Anlage, die W dem Finanzamt nicht vorgelegt hat. Deshalb ist er für einen kundigen Dritten bei Einsicht in die dem Finanzamt vorliegenden Unterlagen nicht zu erkennen. Der Fehler ist auch nicht beim Erlass des Verwaltungsakts unterlaufen. Dafür müsste es sich um einen Fehler handeln, den das Finanzamt selbst macht oder von der Steuerpflichtigen

übernimmt. Da dem Finanzamt die Anlage mit dem Additionsfehler nicht vorlag, kann es sich den Fehler der W nicht zu eigen gemacht haben.

Es kommt eine Änderung nach **§ 173 Abs. 1 Nr. 2 AO** in Betracht. Die tatsächliche Höhe der Aufwendungen für Fachbücher ist eine Tatsache. Sie war dem Finanzamt bei der Veranlagung nicht bekannt, weil W einen fehlerhaften Betrag erklärte. Die Tatsache könnte dem Finanzamt also nachträglich bekannt werden. Da die tatsächlich höheren Werbungskosten aber zu einer niedrigeren Steuer führen, darf W kein grobes Verschulden an dem nachträglichen Bekanntwerden treffen. Grobes Verschulden ist Vorsatz oder grobe Fahrlässigkeit. Vorsatz kann ausgeschlossen werden, da W durch die fehlerhafte Erklärung ausschließlich Schaden erlangt. W hat auch nicht grob fahrlässig gehandelt, denn sie hat die ihr nach den persönlichen Verhältnissen zumutbare Sorgfaltspflicht nicht in ungewöhnlichem Maß und in nicht entschuldbarer Weise verletzt. Davon kann bei einem offensichtlichen Versehen oder einem unvermeidbaren alltäglichen Irrtum, wie einem Additionsfehler, ausgegangen werden.[1] Der Bescheid ist nach § 173 Abs. 1 Nr. 2 AO zu ändern.

Der Steuerbescheid kann auch nach **§ 173a AO** geändert werden.

Ein Additionsfehler ist genauso wie ein Fehler bei der Subtraktion, Multiplikation oder Division ein Rechenfehler.

Sowohl Schreib- als auch **Rechenfehler** müssen nach Auffassung des Gesetzgebers und des BMF durchschaubar, eindeutig oder augenfällig sein. Das soll erfüllt sein, wenn der Fehler bei Offenlegung des Sachverhalts für jeden unvoreingenommenen Dritten klar und deutlich als Schreib- oder Rechenfehler identifizierbar ist. Zudem dürfe kein Anhaltspunkt erkennbar sein, dass eine unrichtige Tatsachenwürdigung, ein Rechtsirrtum oder ein Rechtsanwendungsfehler vorliegt.[2]

Fraglich ist, ob der Fehler **bei Erstellung der Steuererklärung unterlaufen** ist. Der Fehler ist nicht beim Ausfüllen des Erklärungsformulars oder bei Eingabe der elektronischen Erklärung in den Computer geschehen, sondern bei vorbereitenden Tätigkeiten der W. Der Sinn der Vorschrift erfordert, diesen erweiterten Zeitraum in den Anwendungsbereich einzubeziehen. Während Schreibfehler beim Ausfüllen der Erklärung bzw. bei der Eingabe in den Computer anfallen können, kommen Rechenfehler ausschließlich bei vorbereitenden Maßnahmen, wie z. B. der Erstellung von Anlagen und Gewinnermittlungen, vor. Für Rechenfehler gäbe es mithin keinen Anwendungsbereich in der Vorschrift. Zum selben Ergebnis kommt man bei Auslegung des Tatbestandsmerkmals „bei Erstellung der Steuererklärung unterlaufen" in Analogie zu dem Tatbestandsmerkmal „beim Erlass des Verwaltungsakts unterlaufen" aus § 129 AO. Während

---

1 AEAO zu § 173 Nr. 5.1.

2 BMF vom 12.01.2017, AEAO zu § 173a Nr. 1.

§ 129 AO ausschließlich für Fehler gilt, die das Finanzamt macht, könnte § 173a AO ausschließlich für Fehler gelten, die der Steuerpflichtige macht, egal zu welchem Zeitpunkt und bei welcher Tätigkeit. Der Additionsfehler ist W bei der Erstellung der Steuererklärung unterlaufen.

Die Höhe der Aufwendungen für Fachbücher ist eine **rechtserhebliche Tatsache,** denn bei rechtzeitiger Kenntnis hätte das Finanzamt zutreffend veranlagt. Dadurch, dass W die Tatsache unzutreffend erklärt hat, ist es zu einer unzutreffenden Besteuerung gekommen.

Der Steuerbescheid ist nach § 173a AO zu ändern. Die Änderung ist innerhalb der regulären Festsetzungsfrist und darüber hinaus ein Jahr nach Erlass des fehlerhaften Bescheids möglich, § 171 Abs. 2 Satz 2 AO. Es ist nicht geklärt, ob § 173a AO als speziellere Vorschrift Vorrang vor § 173 AO hat.

2. Eine Berichtigung des Einkommensteuerbescheids nach **§ 129 AO** ist nicht möglich. Der fehlende Eintrag ist weder ein Rechenfehler noch ein Schreibfehler im Sinne dieser Vorschrift, sondern eine ähnliche Unrichtigkeit. Eine solche liegt bei mechanischen Versehen, wie bei Eingabe- oder Übertragungsfehlern, vor. Es muss ausgeschlossen sein, dass ein Fehler in der Sachverhaltsermittlung oder Rechtsanwendung vorliegt. Unter § 129 AO fallen nur Fehler in der Willensäußerung, nicht solche in der Willensbildung. Das Vergessen des Übertrags eines zuvor ermittelten Werts in die Steuererklärung ist eine ähnliche Unrichtigkeit. Der Fehler ist allerdings nicht offenbar, da er aus den Akten des Finanzamts nicht ersichtlich ist. Er ist auch nicht beim Erlass des Verwaltungsakts unterlaufen, denn das Finanzamt hat den Fehler weder selbst gemacht noch hat es ihn von der Steuerpflichtigen übernommen.

Die Tatbestandsmerkmale des **§ 173a AO** sind nicht erfüllt. Die Vorschrift findet nur auf Schreib- oder Rechenfehler Anwendung. Ähnliche Unrichtigkeiten hat der Gesetzgeber im Unterschied zu § 129 AO nicht mit einbezogen. Allerdings wird der Begriff „Schreibfehler" in § 173a AO weiter gefasst als in § 129 AO. So fallen darunter neben Rechtschreibfehlern, Wortverwechselungen oder Wortauslassungen auch fehlerhafte Übertragungen.[1] W hat beim Ausfüllen ihrer Steuererklärung den zuvor ermittelten Betrag nicht fehlerhaft in das Formular bzw. den Computer übertragen, sondern sie hat ihn gar nicht eingetragen. Es liegt mithin kein Schreibfehler vor. Da auch kein Rechenfehler gegeben ist, kann die Vorschrift nicht angewendet werden.

Das Ergebnis, dass § 173a AO nicht angewendet werden kann, ist unbefriedigend, da ein entsprechender Fehler des Finanzamts nach § 129 AO berichtigt werden könnte.

---

1 AEAO zu § 173a Nr. 1.

Damit hängt die Frage, ob der Steuerbescheid korrigiert werden kann oder nicht, von der Beurteilung der Tatbestandsmerkmale des § 173 AO ab.

Ob der Steuerbescheid nach § 173 Abs. 1 AO geändert werden kann, ist fraglich. Unzweifelhaft sind die 1.250 Euro, die W für Verpflegungsmehraufwand ausgegeben hat, eine Tatsache, die dem Finanzamt nachträglich bekannt wird. Da die Tatsache aber zu einer niedrigeren Steuer führt, dürfte W kein grobes Verschulden am nachträglichen Bekanntwerden treffen. Nach ständiger Rechtsprechung des BFH handelt ein Steuerpflichtiger regelmäßig grob schuldhaft, wenn er eine im Steuererklärungsformular ausdrücklich gestellte, auf einen bestimmten Vorgang bezogene und für ihn verständliche Frage bewusst nicht beantwortet.[1] Demgegenüber stellen Fehler und Nachlässigkeiten, die üblicherweise vorkommen und mit denen immer gerechnet werden muss, keine grobe Fahrlässigkeit dar. Insbesondere bei unbewussten – mechanischen – Fehlern, die selbst bei sorgfältiger Arbeit nicht zu vermeiden sind, kann grobe Fahrlässigkeit – nicht stets, aber im Einzelfall – ausgeschlossen sein. Dies bedeutet andererseits nicht, dass jeder „mechanische Fehler" i. S. des § 129 AO auch i. S. des § 173 AO „entschuldbar" ist; denn die Änderungsnorm des § 173 AO geht von anderen Tatbestandsvoraussetzungen aus als die (vom Verschulden der Finanzbehörde unabhängige) Berichtigungsnorm des § 129 AO. Grundsätzlich ist davon auszugehen, dass Fehler des Steuerpflichtigen auf einem Versehen, also auf leichter Fahrlässigkeit, beruhen. Zweifel daran hat das Finanzamt darzulegen.[2] Ob der Steuerbescheid nach § 173 Abs. 1 Nr. 2 AO geändert werden kann, hängt also davon ab, ob der Fehler der W als einfacher Pflichtverstoß (als Ausdruck leichter Fahrlässigkeit) oder schwerer Pflichtverstoß (als Ausdruck grober Fahrlässigkeit) beurteilt wird.

Fall 34

Widerstreitende Steuerfestsetzung I
AO § 174 Abs. 1 bis 3

Sachverhalt
Bei einer Geschäftsprüfung des Finanzamts X durch die zuständige Oberbehörde wurde Folgendes festgestellt:

---

1 BFH vom 09.08.1991 – III R 24/87, BStBl 1992 II S. 65; AEAO zu § 173 Nr. 5.1.3.
2 BFH vom 13.09.1990 – V R 110/85, BStBl II 1991, und vom 10.02.2015 – IX R 18/14, BStBl 2017 II S. 7.

1. Karl Keiler (K) ist Eigentümer eines Grundstücks. Barbara Bache (B) hatte aufgrund eines entsprechenden Vertrags mit K auf diesem Grundstück ein in ihrem wirtschaftlichen Eigentum stehendes Gebäude errichtet. Das Finanzamt war bei der Einheitsbewertung für K rechtsirrtümlich davon ausgegangen, dass K auch wirtschaftlicher Eigentümer des Gebäudes sei, und hat das Grundstück entgegen § 94 BewG als bebautes Grundstück des K angesehen und diesem zugerechnet. Daneben war ein Einheitswertbescheid für B ergangen, in dem sie richtigerweise gem. § 94 BewG als wirtschaftliche Eigentümerin des Gebäudes behandelt wurde. Beide Bescheide sind bestandskräftig.

2. Aufgrund der Angaben der Steuerpflichtigen Renate Reh (R) in ihren Einkommensteuererklärungen, die das Finanzamt X nur oberflächlich prüfte, wurde derselbe Krankenversicherungsbeitrag bei den Veranlagungen für 01 und 02 als Sonderausgaben berücksichtigt. R hatte den Betrag in 01 gezahlt.

3. Bei der Einkommensteuerveranlagung der Rechtsanwältin Sigrid Storch (S) ließ das Finanzamt X einen Geldzufluss außer Ansatz, weil es der Auffassung war, es handele sich nicht um einkommensteuerpflichtige Einnahmen, sondern um eine schenkungsteuerpflichtige Vermögensmehrung. Dieses war in einer Anlage zum Einkommensteuerbescheid erläutert worden. Tatsächlich handelt es sich um einkommensteuerpflichtige Einnahmen.

Frage

Können die im Sachverhalt genannten unrichtigen Bescheide geändert werden?

Antwort

Die Doppelerfassung oder Nichterfassung eines Sachverhalts machen den Verwaltungsakt nicht nichtig. Dies ergibt sich schon aus der Existenz des § 174 AO.[1] Die Bescheide sind rechtsfehlerhaft und können geändert werden:

1. Der Einheitswertbescheid des K kann nach § 174 Abs. 1 AO geändert werden.

2. Der Einkommensteuerbescheid 02 der R kann nach § 174 Abs. 2 AO geändert werden.

3. Der Einkommensteuerbescheid der S kann nach § 174 Abs. 3 AO geändert werden.

---

1 BFH vom 18.10.2011 – X B 14/11, BFH/NV 2012 S. 172.

Begründung

1. Die Änderung des Einheitswertbescheids des K nach § 174 Abs. 1 AO ist zulässig, weil ein bestimmter Sachverhalt in unzulässiger Weise in mehreren Steuerbescheiden zuungunsten mehrerer Steuerpflichtiger berücksichtigt wurde.

Ein **bestimmter Sachverhalt** ist ein Lebensvorgang, an den das Gesetz steuerliche Folgen knüpft.[1] Das Gebäude ist der bestimmte Sachverhalt.

Der Sachverhalt wurde **in mehreren Steuerbescheiden** berücksichtigt, nämlich in den Einheitswertbescheiden von K und B. Mehrere Steuerbescheide liegen auch vor, wenn der gleiche Sachverhalt in einem Gewinnfeststellungsbescheid und zusätzlich in dem Folgebescheid berücksichtigt wurde[2] oder wenn der widerstreitende Steuerbescheid von einer Behörde eines EU-Mitgliedstaates stammt.[3] Die mehrfache Berücksichtigung eines Sachverhalts in ein und demselben Steuerbescheid fällt dagegen nicht unter § 174 AO. Ein solcher Fehler kann nur im Rechtsbehelfswege geändert oder nach § 129 AO berichtigt werden.[4]

Ein Sachverhalt wird **berücksichtigt,** wenn er bei der Steuerfestsetzung bekannt war und vom Finanzamt als Entscheidungsgrundlage herangezogen wurde.[5] Das Finanzamt X wusste um die Existenz des Gebäudes und hat es zweimal der steuerlichen Bewertung unterworfen.

Die Berücksichtigung des Sachverhalts ist **nur einmal zulässig.** Das Gebäude hätte nur im Einheitswertbescheid der B berücksichtigt werden dürfen, § 94 BewG. Der Bescheid des K ist rechtsfehlerhaft. Die mehrfache Berücksichtigung des Sachverhalts muss gesetzeswidrig sein, sodass die beiden ergangenen Bescheide zueinander in einem wechselseitigen Ausschließungsverhältnis stehen; sie kollidieren miteinander. Bei der Berücksichtigung des Gebäudes sowohl bei K als auch bei B (mehrere Personen) handelt es sich um eine Subjektkollision. Daneben gibt es Periodenkollisionen (mehrere Jahre), Objektkollisionen (mehrere Steuerarten) und Zuständigkeitskollisionen (mehrere Finanzämter).

Die Folge dieser gegensätzlichen Beurteilung ist, dass das Gebäude **zuungunsten beider Steuerpflichtiger** berücksichtigt wurde, denn es führt in beiden Einheitswertbescheiden zu einem höheren Wert. Berücksichtigung

---

1 BFH vom 29.05.2001, BStBl 2001 II S. 743, vom 10.05.2012, BStBl 2013 II S. 471, vom 12.02.2015 – V R 38/13, BStBl 2017 II S. 31, vom 19.08.2015, X R 50/13, BStBl 2017 II S. 15, und vom 04.02.2016 – III R 12/14, BStBl 2016 II S. 818.

2 BFH vom 13.11.1996, BStBl 1997 II S. 170.

3 BFH vom 12.05.2012 I R 73/10, vom 09.05.2012 – I R 73/10, und vom 20.03.2019 – II R 61/15, BFH/NV 2019 S. 725.

4 FG Baden-Württemberg vom 10.09.1981, EFG 1982 S. 56.

5 BFH vom 06.03.1990, BStBl 1990 II S. 558.

zuungunsten darf nicht mit Berücksichtigung zu Unrecht verwechselt werden. Zu Unrecht wurde das Gebäude nur bei K berücksichtigt.

Das Finanzamt hat den Rechtsfehler zu beseitigen. Der Bescheid ist auf **Antrag** des K so zu ändern, dass der Einheitswert um den Wert des Gebäudes gekürzt wird. Hat der Steuerpflichtige (versehentlich) beantragt, den rechtmäßigen Bescheid zu ändern, ist der Antrag als Antrag auf Änderung des rechtswidrigen Bescheids zu werten.[1]

2. Der Einkommensteuerbescheid 02 der R ist nach **§ 174 Abs. 2 AO** zu ändern, weil ein bestimmter Sachverhalt in unzulässiger Weise mehrfach zugunsten der Steuerpflichtigen berücksichtigt wurde.

Der gleiche **Sachverhalt,** die Zahlung der Versicherungsbeiträge in 01, wurde **mehrfach,** in den Bescheiden für 01 und 02 **zugunsten** der R berücksichtigt, was miteinander **unvereinbar** ist. Die Aufwendungen sind in dem Jahr der Zahlung, § 11 Abs. 2 EStG, als Sonderausgaben zu berücksichtigen, § 10 Abs. 1 Nr. 3 Buchst. a EStG. Der Ansatz im Jahr 02 ist falsch. Die Steuer ist zu niedrig, da die zu hohen Sonderausgaben vom Gesamtbetrag der Einkünfte abgezogen wurden.

Die Änderung nach § 174 Abs. 2 AO wirkt sich immer zuungunsten des Steuerpflichtigen aus, dessen Bescheid geändert werden muss, deshalb ist die Änderung nach dieser Vorschrift im Gegensatz zu Absatz 1 nicht von einem Antrag des betroffenen Steuerpflichtigen abhängig, da ein solcher Antrag sicherlich nicht gestellt werden würde.

Allerdings ist nach § 174 Abs. 2 Satz 2 AO zu berücksichtigen, dass die Änderung nur erfolgen darf, weil der zu ändernde Ansatz der Sonderausgaben in dem fehlerhaften Steuerbescheid 02 auf einen **Antrag oder die Steuererklärung der Steuerpflichtigen** zurückzuführen ist. Erklärung im Sinne der Vorschrift ist nicht nur eine Steuererklärung, die unter Verwendung amtlicher Vordrucke abgegeben wird, sondern es gehören auch formlose Äußerungen des Steuerpflichtigen dazu.[2] Voraussetzung ist, dass der Steuerpflichtige selbst – allein oder überwiegend – die fehlerhafte Berücksichtigung verursacht hat und aus diesem Grund nicht auf die Bestandskraft des Bescheids vertrauen kann. Einer Änderung steht nicht entgegen, dass das Finanzamt die unrichtige Steuerfestsetzung durch Ermittlungsfehler mitverursacht hat, wenn diese Mitverursachung von geringem Gewicht ist. Eine Änderung wäre ausgeschlossen, wenn aus der Steuererklärung 02 oder den dieser Erklärung beigefügten Unterlagen ohne weiteres erkennbar wäre, dass der Betrag bereits in 01 gezahlt wurde, das Finanzamt dieses aber übersehen hat.[3]

---

1 AEAO zu § 174 Nr. 2.

2 BFH vom 13.11.1996, BStBl 1997 II S. 170.

3 BFH vom 24.06.2004 – XI B 63/02, BFH/NV 2005 S. 1, vom 03.03.2011, BStBl 2011 II S. 673, vom 13.04.2012 – IX B 189/11, BFH/NV 2012 S. 1098, und vom 22.04.2020 – III R 25/19.

3. Es kommt eine Änderung des Einkommensteuerbescheids nach **§ 174 Abs. 3 AO** in Betracht. Der **bestimmte Sachverhalt** ist hier der Geldzufluss bei S.[1] Er ist von dem für die Einkommensteuer zuständigen Finanzamt bei der Einkommensteuerveranlagung **nicht berücksichtigt** worden, weil der Veranlagungsbearbeiter davon ausging, es handele sich um einen schenkungsteuerpflichtigen Vorgang.[2] Ein schenkungsweiser Geldzufluss fällt nicht unter die sieben Einkunftsarten des Einkommensteuergesetzes. Es liegt ein negativer Widerstreit vor, weil der bestimmte Sachverhalt in keinem von mehreren in Betracht zu ziehenden Steuerbescheiden berücksichtigt worden ist, obwohl er in einem dieser Bescheide hätte berücksichtigt werden müssen.

Später stellt sich heraus, dass diese **Annahme** nicht richtig war, es sich also nicht um eine Schenkung, sondern um einen steuerpflichtigen Zufluss im Rahmen der Einkunftsarten des § 2 Abs. 1 EStG handelte. Das Vorliegen einer Annahme setzt einen kognitiven Prozess bei dem tätig gewordenen Finanzbeamten voraus. Eine rein mechanische Übernahme von Erklärungsfehlern des Steuerpflichtigen genügt insoweit nicht.[3] Worauf die Fehlbeurteilung beruht, ist nach dem Gesetzeswortlaut unerheblich; es kann sich um eine sachliche, aber auch um eine rechtliche Fehlbeurteilung des Finanzamts gehandelt haben. Die Annahme war auch ursächlich für die Nichtberücksichtigung.[4]

Eine Änderung des Einkommensteuerbescheids in der Weise, dass die Einkünfte und damit auch die Steuer entsprechend erhöht wird, setzt voraus, dass aus dem zu ändernden Einkommensteuerbescheid oder sonstigen mit dem Bescheid in Zusammenhang stehenden Unterlagen durch einen entsprechenden Hinweis **erkennbar** war, warum der Zufluss nicht erfasst wurde. Diese Regelung ist aus Gründen des Vertrauensschutzes in das Gesetz aufgenommen worden. Wenn M aus dem Einkommensteuerbescheid entnehmen konnte, dass der Geldbetrag nur deswegen nicht der Einkommensteuer unterworfen wurde, weil der Bearbeiter glaubte, er würde in einem Schenkungsteuerbescheid erfasst werden, kann der Einkommensteuerbescheid nachträglich geändert werden. Hat das Finanzamt seine Rechtsauffassung nicht kenntlich gemacht, ist eine spätere Änderung nach § 174 Abs. 3 AO ausgeschlossen. Das Finanzamt kann die fehlende Erkennbarkeit nicht durch spätere Erläuterungen nachholen. Der Fehler ist nicht nach § 126 Abs. 1 AO heilbar.[5]

---

1 BFH vom 14.01.2010 – IV R 33/07, BStBl 2010 II S. 586.

2 BFH vom 29.05.2001 – VIII R 19/00, BStBl 2001 II S. 743, und vom 19.12.2013 – V R 7/12, BStBl 2017 II S. 841.

3 BFH vom 17.05.2017 – X R 45/16, BFH/NV 2018 S. 10.

4 BFH vom 27.05.1993, BStBl 1994 II S. 76, vom 27.05.1993, BStBl 1994 II S. 76, und von Wedelstädt, A. in AO-StB 6/2019 S. 187.

5 dazu AEAO zu § 174 Nr. 4; BFH vom 05.11.2009, BStBl 2010 II S. 593.

Obwohl es in der Vorschrift „kann" heißt, steht die Änderung nicht im Ermessen des Finanzamts. Der Einkommensteuerbescheid der S ist zu ändern.[1]

Fall 35

Widerstreitende Steuerfestsetzung II

AO § 174 Abs. 4 und 5

Sachverhalt

Die Einkommensteuerveranlagung der Ärztin Dr. Anke Amsel (A) für das Jahr 10 erfolgte unter dem Vorbehalt der Nachprüfung (§ 164 Abs. 1 AO). In der Veranlagung ist rechtsirrtümlich ein Geldzufluss erfasst worden (steuerliche Auswirkung 25.000 Euro). Später wird die Veranlagung geändert, weil der Geldzufluss bereits im Jahr 09 (steuerliche Auswirkung 27.000 Euro) zu erfassen ist, und zwar

a) auf einen zulässigen Einspruch der A,

b) aufgrund eines Antrags der A nach § 164 Abs. 2 AO,

c) von Amts wegen nach § 164 Abs. 2 AO.

Frage

1. Kann der bestandskräftige Einkommensteuerbescheid 09 der A in den drei Varianten geändert werden?

2. Wie wäre zu entscheiden, wenn der Einkommensteuerbescheid 10 der A geändert wird, weil sich herausstellt, dass der Geldzufluss möglicherweise bei B zu erfassen ist? Dieser Umstand war dem für B zuständigen Finanzamt bei dessen Veranlagung bereits bekannt, wurde aber nicht berücksichtigt.

Antwort

1. Der Einkommensteuerbescheid 09 kann in den Varianten a und b nach § 174 Abs. 4 AO geändert werden. In der Variante c ist eine Änderung nicht möglich.

2. Der Einkommensteuerbescheid des B kann in den Varianten a und b nach § 174 Abs. 4 AO geändert werden, wenn § 174 Abs. 5 AO beachtet wurde.

---

1 BFH vom 13.11.1985, BStBl 1986 II S. 241, und vom 28.11.1989, BStBl 1990 II S. 458; so auch von Wedelstädt in Beermann, § 174 Rz. 85; a. A. Frotscher in Schwarz, § 174 Rz. 59; Tipke/Kruse, § 174 Tz. 38.

Begründung

1. Eine Änderung nach § 173 Abs. 1 AO kann nicht erfolgen, da der Ansatz in der Veranlagung 10 auf einem Rechtsfehler beruht und keine Tatsachen nachträglich bekannt werden. Eine Änderung nach § 174 Abs. 1 oder 2 AO kommt ebenfalls nicht in Betracht. Der zu beurteilende Sachverhalt, der Geldzufluss, ist nur in einem Bescheid (10) erfasst worden. Die Regelungen des § 174 Abs. 1 und 2 AO gehen davon aus, dass eine Berücksichtigung des Sachverhalts in mehreren Steuerbescheiden entweder zuungunsten (Abs. 1) oder zugunsten (Abs. 2) erfolgt. Die Voraussetzungen des § 174 Abs. 3 AO liegen ebenfalls erkennbar nicht vor.

Es könnte eine Änderung des Steuerbescheids 09 nach **§ 174 Abs. 4 AO** in Betracht kommen. Bei der Prüfung der Tatbestandsmerkmale ist zu beachten, dass sich diese nicht auf den zu ändernden Bescheid 09, sondern auf den Bescheid 10 beziehen. Bei dessen Veranlagung hatte das Finanzamt den **Sachverhalt** „Geldzufluss im Jahr 09" **irrig beurteilt.** Ein Sachverhalt ist irrig beurteilt, wenn sich die steuerliche Beurteilung des zugrunde gelegten Sachverhalts nachträglich als unrichtig erweist. Dabei ist es unerheblich, ob sich der Irrtum auf die tatsächlichen Voraussetzungen des Vorliegens eines bestimmten Sachverhalts oder die rechtliche Beurteilung des Sachverhalts bezieht.[1] Selbst absichtliche Fehler des Finanzamts beruhen nach Ansicht des BFH auf einer irrigen Beurteilung.[2] Der rechtswirksame Steuerbescheid 10 wurde aufgrund eines **Einspruchs** der A (Variante a) oder sonst eines **Antrags** der A (Variante b) **zugunsten** der A **geändert,** indem der Geldzufluss herausgenommen wurde.[3]

Die Voraussetzungen für die Änderung nach § 174 Abs. 4 AO sind erfüllt. Als **Rechtsfolge** werden durch Änderung des Steuerbescheids 09 die richtigen steuerlichen Folgen aus der nunmehr geklärten rechtlichen Beurteilung des Sachverhalts gezogen.[4] Zu beachten ist dabei, dass es sich in beiden Bescheiden um ein und denselben Lebensvorgang handeln muss.[5] Nach Auffassung des BFH hat das Finanzamt entgegen der Formulierung im Gesetzestext kein Ermessen. Der Steuerbescheid 09 muss geändert werden.[6]

Die Rechtsfolge des § 174 Abs. 4 AO kann erst gezogen werden, nachdem der Bescheid 10 auf Antrag der A wegen des fehlerhaft beurteilten Sach-

---

1 BFH vom 04.03.2009, BStBl 2010 II S. 407, und vom 25.02.2009 – X B 121/08, BFH/NV 2009 S. 890.

2 BFH vom 25.10.2016, BStBl 2017 II S. 287.

3 BFH vom 12.04.2012 – VIII B 91/11, BFH/NV 2012 S. 1320.

4 BFH vom 02.05.2001, BStBl 2001 II S. 562.

5 BFH vom 24.04.2013, BStBl 2013 II S. 755, vom 19.08.2015 – X R 50/13, BStBl 2017 II S. 15, und vom 21.09.2016, V R 24/15, BStBl 2017 II S. 143.

6 BFH vom 14.03.2012, BStBl 2012 II S. 653.

verhalts tatsächlich geändert worden ist.[1] Die Frage, ob nach § 174 Abs. 4 AO nur andere Bescheide oder auch der gleiche Bescheid geändert werden kann, der Gegenstand des Rechtsbehelfsverfahrens war, ist umstritten.[2] Bei Erlass des Änderungsbescheids 09 ist das Finanzamt nicht an die im vorangegangenen Änderungsbescheid 10 vertretene Rechtsauffassung gebunden. Die Entscheidung für 10 bewirkt Bestandskraft nur für diesen Bescheid, nicht für weiter gehende Bescheide. Der Bescheid 10 ist nicht eine Art Grundlagenbescheid für 09. Das Finanzamt hat vielmehr die „richtigen" steuerlichen Folgen aus der Änderung 10 zu ziehen.[3]

Die Änderung beider Steuerbescheide führt per saldo zu einer höheren Steuerbelastung (25.000 Euro in 10 gegenüber 27.000 Euro in 09). In § 174 Abs. 4 AO wird nur vorausgesetzt, dass der erste zu ändernde Bescheid (10) zugunsten der A geändert wird. Die Vorschrift enthält kein allgemeines Verböserungsverbot. Ob die Änderung des zweiten Bescheids (09) zu einer höheren Steuerbelastung führt, als die Steuerentlastung des geänderten Bescheids 10 ausmacht, ist unerheblich.[4]

Bei der Variante c ist eine Änderung des Bescheids 09 nach § 174 Abs. 4 AO nicht zulässig, da die Änderung des Bescheids 10 nicht aufgrund eines Einspruchs oder sonst eines Antrags der A, sondern von Amts wegen erfolgte. Es greift auch keine andere Änderungsvorschrift. Deshalb entspricht es dem pflichtgemäßen Ermessen nach § 5 AO, wenn das Finanzamt die Änderung nach § 164 Abs. 2 AO unterlässt. Beantragt A die Änderung des Bescheids 10 nicht, bleibt es bei der Erfassung des Geldzuflusses im Jahr 10. Beantragt sie die Änderung, wird auch der Bescheid 09 geändert und der Geldzufluss dort erfasst.

Sollte zu diesem Zeitpunkt die **Festsetzungsfrist** für den Bescheid 09 bereits abgelaufen sein, ist eine Änderung des Bescheids 09 noch innerhalb eines Jahres nach Bekanntgabe des geänderten Bescheids 10 zulässig, § 174 Abs. 4 Satz 3 AO.[5]

2. Nach § 174 Abs. 5 AO darf der Steuerbescheid des B nach § 174 Abs. 4 AO nur dann geändert werden, wenn B an dem Verfahren zur Änderung des Bescheids 10 der A beteiligt wird. Das Gesetz will erreichen, dass B rechtliches Gehör gewährt wird, denn die aus der Änderung des Bescheids 10 der A folgende Änderung seines Bescheids wirkt sich regel-

---

1 BFH vom 10.11.1997 – GrS 1/96, BStBl 1998 II S. 83.

2 BFH vom 08.06.2000, BStBl 2001 II S. 89 [91] m. w. N.; a. A. BFH vom 08.07.1992, BStBl 1992 II S. 867.

3 BFH vom 21.08.2007, BStBl 2008 II S. 277, und vom 20.11.2019 – XI R 49/17; siehe auch von Wedelstädt in Beermann, § 174 Rz. 110.

4 BFH vom 26.10.1989, BStBl 1990 II S. 373, und vom 13.06.2012 – VI R 92/10, BStBl 2013 II S. 139; Tipke/Kruse, § 174 Tz. 50.

5 BFH vom 04.04.2001, BStBl 2001 II S. 564, vom 18.03.2004, BStBl 2004 II S. 763, und vom 04.02.2016 – III R 12/14, BStBl 2016 II S. 818.

mäßig zu seinen Ungunsten aus. B müssen deshalb die Einwendungen der A gegen die Erfassung des Geldzuflusses bei ihr zur Kenntnis und Stellungnahme gegeben werden. Er muss an Besprechungen beteiligt werden und hat im Klageverfahren ein selbständiges Antragsrecht. Die Hinzuziehung hat sowohl bei einem Einspruch der A (Variante a) als auch bei Änderungsanträgen der A außerhalb eines Rechtsbehelfsverfahrens (Variante b) zu erfolgen.[1] Die Hinzuziehung des Dritten hat bereits zu erfolgen, wenn nur die Möglichkeit besteht, dass der Bescheid der A wegen irriger Beurteilung des Sachverhalts geändert wird und der Geldzufluss bei B angesetzt werden könnte. Es ist hier nicht zu prüfen, ob der Bescheid des B tatsächlich geändert werden muss. Das für A zuständige Finanzamt kann das auch gar nicht, wenn für B ein anderes Finanzamt zuständig ist.[2]

Die Entscheidung, ob B hinzugezogen wird, hat das Finanzamt im Änderungsverfahren des Bescheids der A zu treffen; spätestens im gerichtlichen Verfahren muss das Finanzamt die **Hinzuziehung** beantragen. Versäumt das für den Antrag der A zuständige Finanzamt, den B hinzuzuziehen, ist eine Änderung des Bescheids des B nach § 174 Abs. 4 AO nicht mehr möglich. Erfolgt die Hinzuziehung/Beiladung im gerichtlichen Verfahren durch das Gericht ohne Antrag, ist die Voraussetzung des § 174 Abs. 5 AO nicht erfüllt und eine Änderung des Bescheids des B nach § 174 Abs. 4 AO nicht möglich.[3]

Zum Zeitpunkt der Hinzuziehung des B darf für seinen Bescheid noch keine **Festsetzungsverjährung** eingetreten sein. Die Regelung des § 174 Abs. 4 Satz 3 AO, dass der Ablauf der Festsetzungsverjährung unbeachtlich ist, wenn die Änderung nach § 174 Abs. 4 Satz 1 AO innerhalb eines Jahres nach Änderung des Bescheids der A erfolgt, setzt die Identität des Adressaten beider Bescheide voraus. Soll nach § 174 Abs. 4 AO ein anderer Bescheid der A geändert werden (siehe oben Frage 1), ist es gerechtfertigt, dass sie, die das Korrekturverfahren (Bescheid 10) mit Erfolg betrieben hat, innerhalb einer gewissen Zeitspanne gewärtigen muss, dass die damit verbundenen Folgerungen (Änderung Bescheid 09) auch außerhalb der allgemeinen Festsetzungsverjährung gezogen werden. Grundlegend anders ist das, wenn ein Dritter (B) beteiligt ist. Er hat, bezogen auf die in § 174 Abs. 4 AO vorausgesetzte Fallgestaltung, nicht selbst auf eine Änderung des fehlerhaften Bescheids der A hingewirkt, möglicherweise nicht einmal davon gewusst. Insofern gibt es keinen Grund dafür, ihm ohne Weiteres die Folgerungen aus der nachträglichen richti-

---

1 AEAO zu § 174 Nr. 6 und 7; von Wedelstädt in Beermann, § 174 Rz. 123 ff.

2 BFH vom 08.02.1995, BStBl 1995 II S. 764, vom 15.05.1994 – IV B 84/93, BFH/NV 1995 S. 87, vom 24.11.1995 – X B 221/94, BFH/NV 1996 S. 382, vom 02.12.1999 – II B 17/99, BFH/NV 2000 S. 679, und vom 07.04.2003 – III B 127/02, BFH/NV 2003 S. 887.

3 BFH vom 05.11.2009, BStBl 2010 II S. 720, und vom 12.12.2013 – VI R 47/12, BStBl 2015 II S. 490.

gen Beurteilung des Sachverhalts auch jenseits der allgemeinen Festsetzungsverjährung anzulasten. B muss vor Ablauf der für seinen Bescheid geltenden Festsetzungsverjährung hinzugezogen werden. Ist die Festsetzungsfrist für B abgelaufen, kann seine Hinzuziehung zum Verfahren der A unterbleiben.[1]

B muss nicht nur zum Verfahren der A hinzugezogen werden. Ihm muss die Änderung des Bescheids der A auch wirksam bekannt gegeben werden, damit er die Möglichkeit hat, hiergegen Einspruch einzulegen, weil diese Entscheidung materiell-rechtlich für die Änderung seines Bescheids nach § 174 Abs. 4 AO bindend ist. Das steht nicht im Widerspruch zu der oben getroffenen Feststellung, dass bei der Folgeänderung nach § 174 Abs. 4 AO bei dem gleichen Steuerpflichtigen das Finanzamt nicht an die Feststellungen in der Ausgangsänderung gebunden ist. Hier handelt es sich bei B um einen Dritten, der durch die Hinzuziehung bzw. Beiladung zum Verfahren der A in die Lage versetzt wird, alle seine Rechte bereits in diesem Verfahren geltend zu machen. Zur Wahrung seines materiell-rechtlichen Standpunkts und um eine etwaige Folgeänderung zu verhindern, muss B sich gegen die Änderung des Bescheids der A mit Einspruch und Klage wehren. Er muss die Entscheidung gegen sich gelten lassen und kann im Einspruch gegen die bei ihm erfolgende Änderung nach § 174 Abs. 4 AO nicht mehr einwenden, die Änderung bei A sei falsch gewesen.[2]

Eine Entscheidung über den Einspruch der A (Variante a) durch Abhilfebescheid gem. § 367 Abs. 2 Satz 3 AO i. V. m. § 172 Abs. 1 Nr. 2 Buchst. a AO wahrt die Rechte des B nur, wenn die Entscheidung auch seinem Antrag der Sache nach entspricht.[3] Anderenfalls ist nicht durch Abhilfebescheid, sondern durch Einspruchsentscheidung über den Einspruch der A zu entscheiden, in der dem Einspruch der A stattgegeben wird und die Einwendungen des B als unbegründet zurückgewiesen werden. Diese Einspruchsentscheidung ist B bekannt zu geben; dabei ist das Steuergeheimnis zu wahren, d. h., andere steuerliche Verhältnisse als der strittige Geldzufluss sind B nicht zu offenbaren. Gegen diese Einspruchsentscheidung kann B Klage erheben.

Wird der Steuerbescheid der A nicht aufgrund eines Einspruchs, sondern auf Antrag der A (Variante b) nach § 164 Abs. 2 AO geändert, ergeht ein Änderungsbescheid. Die Rechte des B werden dadurch gewahrt, dass ihm der Sachverhalt, der bei ihm zu einer Änderung nach § 174 Abs. 4 AO

---

1 BFH vom 05.05.1993, BStBl 1993 II S. 817, vom 28.09.2000, BStBl 2001 II S. 137, vom 02.04.2002 – IX B 66/01, BFH/NV 2002 S. 898, vom 21.02.2008 – X B 155/07, BFH/NV 2008 S. 756, vom 18.02.2009, BStBl 2009 II S. 876, und vom 10.02.2010 – IX B 176/09, BFH/NV 2010 S. 832.

2 BFH vom 26.07.1995 – X R 45/92, BFH/NV 1996 S. 195; ausführlich dazu von Wedelstädt in DB 1994 S. 2469.

3 BFH vom 11.04.1991, BStBl 1991 II S. 605; dazu von Wedelstädt in DB 1992 S. 190.

führen soll, und seine rechtliche Beurteilung in einem besonderen Bescheid mitgeteilt werden, in dem seine Einwendungen als unbegründet zurückgewiesen werden. Diesem Bescheid ist die Rechtsbehelfsbelehrung für den Einspruch beizufügen. Eine Bekanntgabe des Änderungsbescheids der A an B ist im Hinblick auf § 30 AO unzulässig.

Wenn der Sachverhalt so gelagert ist, dass erst bei der Änderung des Bescheids der A dem für B zuständigen Finanzamt bekannt wird, dass der Geldzufluss bei B zu erfassen ist, und dieser Umstand auch nicht hätte früher bekannt sein können, kommt eine Änderung des Bescheids des B nach § 173 Abs. 1 Nr. 1 AO in Betracht.

Fall 36

Änderung von Grundlagenbescheiden

AO § 175 Abs. 1 Nr. 1, §§ 179, 180, 182

Sachverhalt

Anton Adler (A) ist Gesellschafter einer OHG. Seine Ehefrau (E) ist bei der OHG als Buchhalterin beschäftigt. Das für die OHG zuständige Betriebsfinanzamt erkennt das Arbeitsverhältnis nicht an und rechnet das Gehalt der E dem Gewinn zu. Dieser Gewinn – soweit er auf A entfällt – wird dem Wohnsitzfinanzamt der Eheleute Adler mitgeteilt und bei deren Einkommensteuerveranlagung (Zusammenveranlagung) als Einkünfte aus Gewerbebetrieb angesetzt.

Nach erfolglosem Vorverfahren erhebt die OHG Klage wegen des Arbeitsverhältnisses mit E. Das Finanzgericht erkennt in seinem Urteil das Arbeitsverhältnis zwischen der OHG und E an. Der Gewinn der OHG und damit der Gewinnanteil des A mindern sich entsprechend. Das Betriebsfinanzamt teilt dem Wohnsitzfinanzamt den neuen, niedrigeren Gewinnanteil des A mit.

Frage

Was hat das Wohnsitzfinanzamt zu veranlassen?

Antwort

Das Wohnsitzfinanzamt hat den Einkommensteuerbescheid nach § 175 Abs. 1 Nr. 1 AO zu ändern und dabei sowohl den niedrigeren Gewinnanteil als auch die Einkünfte der E aus nichtselbständiger Arbeit anzusetzen.

Begründung

Nach § 19 Abs. 1 AO ist das Wohnsitzfinanzamt für die Einkommensteuer-veranlagung der Eheleute Adler zuständig. Es hat alle für die Besteuerung notwendigen Tatsachen zu ermitteln, um so nach Möglichkeit die tatsächlich mit Ablauf des Veranlagungszeitraums entstandene Steuer festzusetzen. Zu den Einkünften aus Gewerbebetrieb gehört der Anteil des A am Gewinn der OHG, § 15 Abs. 1 Nr. 2 EStG. Diesen Gewinnanteil ermittelt nicht das Wohnsitzfinanzamt.

Der Gewinn der Gesellschaft und die Gewinnanteile der einzelnen Gesellschafter werden gesondert von den übrigen Besteuerungsgrundlagen von dem dafür nach § 18 Abs. 1 Nr. 2 AO zuständigen Betriebsfinanzamt festgestellt, § 180 Abs. 1 Nr. 2 Buchst. a AO. Dieses Finanzamt ist besser als das möglicherweise weit davon entfernt liegende Wohnsitzfinanzamt in der Lage, die Besteuerungsgrundlagen für diese Einkunftsart zu ermitteln. Außerdem wird der Gewinn einheitlich und nur einmal für alle an der Gesellschaft beteiligten Personen vom Betriebsfinanzamt festgestellt, § 179 Abs. 2 Satz 2 AO. Andernfalls müsste jedes Wohnsitzfinanzamt für sich den Gewinnanteil eines jeden Gesellschafters ermitteln, was ein erheblicher Mehraufwand wäre und außerdem nicht garantieren würde, dass immer der gleiche Gesamtgewinn für das jeweilige Jahr ermittelt wird. Die gesonderte und einheitliche Feststellung von Besteuerungsgrundlagen nach § 180 AO ist eine aus praktischen Erwägungen vorgesehene Feststellung als Vorarbeit für die eigentliche Veranlagung.

Das jeweilige Wohnsitzfinanzamt braucht diese Einkünfte nicht mehr selbständig zu ermitteln, es ist an die Feststellungen des Betriebsfinanzamts gebunden, § 182 Abs. 1 AO.

Daraus folgt, dass das Wohnsitzfinanzamt verfahrensrechtlich die Pflicht haben muss, jede erneute, geänderte Festsetzung des Gewinns in einen bereits ergangenen Einkommensteuerbescheid zu übernehmen und diesen entsprechend zu ändern. Diese Pflicht zur Anpassung des Folgebescheids an den Grundlagenbescheid (absolute Anpassungspflicht) ergibt sich aus **§ 175 Abs. 1 Nr. 1 AO.** Wird der Feststellungsbescheid geändert, so kann das Wohnsitzfinanzamt ohne weitere Voraussetzungen die entsprechende Änderung im Einkommensteuerbescheid vornehmen.[1] Solange die im Grundlagenbescheid festgestellten Besteuerungsgrundlagen im Folgebescheid nicht oder nicht vollständig berücksichtigt worden sind (Anpassungsfehler), ist der Folgebescheid (erneut) nach § 175 Abs. 1 Nr. 1

---

1 BFH vom 10.06.1999, BStBl 1999 II S. 545, vom 24.09.2009 – III R 19/06, BFH/NV 2010 S. 164, und vom 29.02.2012 – IX R 21/10, BFH/NV 2012 S. 1297.

AO zu ändern.[1] Das Übersehen eines bei der Steuerfestsetzung bereits vorliegenden Grundlagenbescheids kann alternativ auch nach § 129 AO berichtigt werden.[2]

Der Gewinnfeststellungsbescheid ist im Klageverfahren geändert worden. Die Anerkennung des Arbeitsverhältnisses mit E führt dazu, dass die ihr gezahlten Beträge bei der OHG als Betriebsausgaben anzusetzen sind und sich damit der Gewinn um diese Beträge vermindert und ebenso anteilig der Gewinnanteil des A. Das Wohnsitzfinanzamt hat nunmehr nach § 175 Abs. 1 Nr. 1 AO den Einkommensteuerbescheid der Eheleute Adler zu ändern, die geringer gewordenen Einkünfte aus Gewerbebetrieb anzusetzen, wodurch sich die Steuer entsprechend ermäßigt.

Dieses Ergebnis wird so der tatsächlichen Situation nicht gerecht. Gegenstand des Klageverfahrens und der Änderung des Feststellungsbescheids war zwar ausschließlich die Frage, in welcher Höhe Betriebsausgaben angefallen waren und wie hoch damit der Gewinn ist. Das Urteil hat aber als Nebeneffekt auch zum Ergebnis, dass die E aus dem nunmehr steuerlich anerkannten Arbeitsverhältnis Einkünfte aus nichtselbständiger Arbeit hat, die in der Zusammenveranlagung der Eheleute Adler zu erfassen sind.

Diese Einkünfte haben unmittelbar mit dem Gewinnfeststellungsbescheid nichts zu tun, sie werden dort nicht erfasst, sind nicht Teil des Gewinnanteils des A. In § 175 Abs. 1 Nr. 1 AO ist dem Wortlaut nach nur vorgesehen, dass der Einkommensteuerbescheid so weit zu ändern ist, wie der Gewinnfeststellungsbescheid selbst geändert worden ist. Die Vorschrift muss aber so verstanden werden, dass es Aufgabe des Wohnsitzfinanzamts ist, alle steuerlich relevanten Folgerungen aus der Änderung des Grundlagenbescheids zu ziehen, selbst wenn sie nicht unmittelbar Gegenstand des Grundlagenbescheids sind.[3]

Folge der Entscheidung des Gerichts ist nicht nur die Minderung des Gewinns um die Betriebsausgaben, sondern auch der Ansatz von Einkünften aus nichtselbständiger Arbeit bei der Ehefrau. Das Wohnsitzfinanzamt hat nach § 175 Abs. 1 Nr. 1 AO den Einkommensteuerbescheid der Eheleute Adler in diesen beiden Punkten zu ändern.

---

1 BFH vom 04.09.1996, BStBl 1997 II S. 261, und vom 17.02.1993 – II R 15/91, BFH/NV 1994 S. 1.

2 BFH vom 16.07.2003, BStBl 2003 II S. 867.

3 BFH vom 06.11.2009 – VIII B 38/09, BFH/NV 2010 S. 177; Frotscher in Schwarz, § 175 Rz. 23.

Fall 37

Änderung von Steuerbescheiden wegen eines rückwirkenden Ereignisses – Vertrauensschutz

AO § 175 Abs. 1 Nr. 2, §§ 176, 177

Sachverhalt

Die Steuerpflichtige Sylvia Specht (S) war bis zum 31.12.03 Gesellschafterin einer OHG. Anlässlich ihres Ausscheidens vereinbarte sie mit der OHG ein Abfindungsguthaben, das vom Finanzamt bei der Veranlagung für 03 als Veräußerungsgewinn gem. § 16 EStG erfasst wurde. Der Steuerbescheid 03 erging ohne Vorbehalt der Nachprüfung und ist bestandskräftig. Später erfuhr das Finanzamt, dass sich die OHG und S im Jahr 05 in einem gerichtlichen Vergleich geeinigt hatten, das Abfindungsguthaben um 10.000 Euro zu mindern.

Bei der Veranlagung 03 hatte das Finanzamt von S geltend gemachte Aufwendungen als Werbungskosten bei ihren Einkünften aus nichtselbständiger Arbeit anerkannt. Das entsprach einer Verwaltungsanweisung, die in einem BMF-Schreiben enthalten war, das allen Finanzämtern zur Beachtung bekannt gegeben worden war. Inzwischen hatte der BFH in einem Urteil zu diesem Erlass entschieden, dass er mit dem geltenden Recht nicht übereinstimmt und die fraglichen Aufwendungen keine abzugsfähigen Werbungskosten seien.

Frage

1. Muss das Finanzamt den Einkommensteuerbescheid 03 ändern und den Veräußerungsgewinn um 10.000 Euro herabsetzen?
2. Unterstellt, die Änderung zu 1. wäre zulässig, könnte der Bescheid gleichzeitig hinsichtlich der Werbungskosten zuungunsten der S geändert werden?

Antwort

1. Eine Änderung kommt nach § 175 Abs. 1 Nr. 2 AO in Betracht.
2. Die Streichung der Werbungskosten ist wegen § 176 Abs. 2 AO auch im Rahmen des § 177 Abs. 2 AO nicht zulässig.

Begründung

1. Der bestandskräftige Einkommensteuerbescheid 03 kann nach § 175 Abs. 1 Nr. 2 AO geändert werden, da ein Ereignis nachträglich eingetreten ist, das steuerliche Wirkung für den Veranlagungszeitraum 03 hat.

Der Begriff **Ereignis** umfasst alle rechtlich bedeutsamen Vorgänge rechtlicher und tatsächlicher Art. Unter **Eintritt** ist zu verstehen, dass sich der Vorgang ereignen muss, nachdem der Steueranspruch entstanden und der Steuerbescheid ergangen ist. Die Voraussetzungen liegen nicht vor, wenn das Finanzamt – wie im Fall des § 173 Abs. 1 AO – lediglich nachträglich Kenntnis von einem bereits gegebenen Sachverhalt erlangt oder wenn das Finanzamt den Sachverhalt lediglich anders würdigt.[1] Es reicht nicht aus, dass das spätere Ereignis den nach dem Steuertatbestand rechtserheblichen Sachverhalt anders gestaltet. Die Änderung muss darüber hinaus **steuerliche Wirkung für die Vergangenheit** haben, und zwar in der Weise, dass nunmehr der veränderte anstelle des zuvor verwirklichten Sachverhalts der Besteuerung zugrunde zu legen ist.[2]

Ob einer nachträglichen Änderung des Sachverhalts rückwirkende steuerliche Bedeutung zukommt, ob also eine solche Änderung dazu führt, dass bereits eingetretene steuerliche Rechtsfolgen mit Wirkung für die Vergangenheit sich ändern oder vollständig entfallen, bestimmt sich allein nach dem jeweils einschlägigen materiellen Recht. Nach diesem ist zu beurteilen, ob zum einen eine Änderung des ursprünglich gegebenen Sachverhalts den Steuertatbestand überhaupt betrifft und ob darüber hinaus der bereits entstandene materielle Steueranspruch mit steuerlicher Rückwirkung noch geändert werden oder entfallen kann. Dies ist bei der abweichenden Regelung eines in der Vergangenheit entstandenen Veräußerungsgewinns i. S. des § 16 EStG der Fall. Der Veräußerungsgewinn ist im Zeitpunkt des Ausscheidens der S aus der Gesellschaft realisiert. Nachträgliche Ereignisse, die die Höhe dieses Veräußerungsgewinns beeinflussen, müssen auf den Zeitpunkt des Ausscheidens der S zurückbezogen werden.[3]

Dies unterscheidet Änderungsmöglichkeiten nach § 175 Abs. 1 Nr. 2 AO von der Änderungsmöglichkeit nach § 173 Abs. 1 AO wegen nachträglich bekannt gewordener Tatsachen. Bei der Änderung nach § 173 Abs. 1 AO erfährt der steuerlich relevante Sachverhalt nicht wie bei § 175 Abs. 1 Nr. 2 AO nachträglich und rückwirkend eine andere Gestaltung, sondern es wird nur die Kenntnis des Finanzamts bezüglich des vorhandenen Sachverhalts nachträglich erweitert.

2. Da der Einkommensteuerbescheid 03 nach § 175 Abs. 1 Nr. 2 AO durch Herabsetzung der Steuer zugunsten der S geändert wird – der Veräußerungsgewinn ist um 10.000 Euro geringer geworden –, kann das Finanz-

---

1 BFH vom 21.04.1988, BStBl 1988 II S. 863, vom 26.10.1988, BStBl 1989 II S. 75, vom 12.08.1997 – IV B 98/96, BFH/NV 1998 S. 147, und vom 11.02.1998 – I R 98/97, BFH/NV 1998 S. 1315.

2 BFH vom 19.08.1999, BStBl 2000 II S. 18, vom 18.04.2000, BStBl 2000 II S. 423, und vom 14.07.2020 – VIII R 6/17; AEAO zu § 175 Nr. 2.1.

3 AEAO zu § 175 Nr. 2.4; BFH vom 23.11.2000, BStBl 2001 II S. 122, vom 26.06.2014 – I B 74/12, BFH/NV 2014 S. 1497, vom 16.06.2015 – IX R 30/14, BStBl 2017 II S. 94, und vom 14.07.2020 – VIII R 6/17.

amt gleichzeitig materielle Fehler im Rahmen des **§ 177 Abs. 2 AO** berichtigen.[1]

Für die Streichung der Werbungskosten gibt es keine Änderungsvorschrift. Die Änderung der Rechtsprechung ist keine Tatsache i. S. des § 173 Abs. 1 AO. Außerdem handelt es sich nicht um Vorgänge aus dem Veranlagungszeitraum 03, die erst nachträglich bekannt werden. Es geht in dem Urteil um eine andere rechtliche Würdigung von Tatsachen eines anderen Steuerfalls; das sind keine Tatsachen, die die Veranlagung der S betreffen. Es liegt auch kein Ereignis mit Rückwirkung vor, das eine Änderung nach § 175 Abs. 1 Nr. 2 AO rechtfertigen würde.[2]

Es handelt sich um eine rechtsfehlerhafte Anwendung der einschlägigen Vorschrift des Einkommensteuergesetzes. Daran ändert nicht, dass das Finanzamt durch den Erlass verpflichtet war, entsprechend zu entscheiden. Auch BMF-Schreiben können rechtsfehlerhaft sein. Das Urteil bringt diese Fehlerhaftigkeit zutage. Das Finanzamt könnte deshalb diesen Punkt nur nach § 177 Abs. 2 AO im Zusammenhang mit der Änderung nach § 175 Abs. 1 Nr. 2 AO mit berücksichtigen.

Dem steht **§ 176 Abs. 2 AO** entgegen. Bei einem Steuerbescheid, der auf einer dem Steuerpflichtigen günstigen allgemeinen Verwaltungsanweisung beruht, soll der Adressat darauf vertrauen können, dass es ohne jede Ausnahme bei der Rechtsauslegung im Sinne dieser Verwaltungsanweisung bleibt und dass dies selbst dann gelten soll, wenn in der Zwischenzeit ein höchstrichterliches Urteil ergangen ist, das eine für den Steuerpflichtigen ungünstige Rechtsauslegung enthält. Nach der Gesetzesbegründung sollen die Steuerpflichtigen praktisch so gestellt werden, als sei die frühere Steuerfestsetzung unabänderlich, soweit sie auf der damaligen Rechtsauffassung beruht.[3] Deshalb ist § 176 Abs. 2 AO bei jeder Art von Änderung des Steuerbescheids einschlägig, nicht nur bei Anwendung einer der Änderungsvorschriften der §§ 164, 165, 172 bis 175 AO, sondern auch bei der Mitberücksichtigung von materiellen Fehlern i. S. des § 177 AO.[4]

---

1 BFH vom 22.04.2015 – X R 24/13, BFH/NV 2015 S. 1334.

2 BFH vom 08.12.2010 – III B 5/10, BFH/NV 2011 S. 415, und vom 05.01.2012 III B 59/10, BFH/NV 2012 S. 737.

3 BT-Drucksache VI/1982 S. 155 des Entwurfes zu § 157.

4 BFH vom 24.09.1998, BStBl 1999 II S. 46, vom 28.09.1987, BStBl 1988 II S. 40, und vom 28.10.1992, BStBl 1993 II S. 261.

Fall 38

Änderung bei Datenübermittlung durch Dritte

AO §§ 173, 175b

Sachverhalt

Ferdinand Frosch (F) ist Angestellter bei einer Bank. Er gibt in seiner Einkommensteuererklärung an, 3.600 Euro als Basisbetrag für seine Krankenversicherung gezahlt zu haben. Das Finanzamt übernimmt diesen Betrag, obwohl eine Mitteilung seiner Krankenkasse vorliegt, aus der sich ein Basisbetrag von

1. 3.400 Euro,
2. 3.800 Euro

ergibt.

Frage

Kann der Einkommensteuerbescheid geändert werden?

Antwort

Der Einkommensteuerbescheid kann sowohl zuungunsten als auch zugunsten des F geändert werden.

Begründung

Im Zuge der Digitalisierung fließen zunehmend elektronisch übermittelte Daten Dritter in die Steuerveranlagung ein. So sind nach § 93c AO Arbeitgeber, Versicherer, Finanzinstitute, Rentenversicherungsanstalten und andere Leistungsträger verpflichtet, dem Finanzamt regelmäßig innerhalb bestimmter Fristen Daten zu übermitteln. Diese dienen dem Finanzamt als Grundlage der Steuerfestsetzung und zur Verifikation der Angaben der Steuerpflichtigen.

Die übermittelten Daten haben keine Bindungswirkung wie Grundlagenbescheide, sodass Änderungen nach § 175 Abs. 1 Nr. 1 AO ausscheiden. Vielmehr werden sie bei der Sachverhaltsermittlung wie Auskünfte Dritter (§ 93 AO) behandelt, für die eine Änderung nach § 173 AO in Betracht kommt. Da diese aber häufig am Grundsatz von Treu und Glauben (§ 173 Abs. 1 Nr. 1 AO) oder am groben Verschulden (§ 173 Abs. 1 Nr. 2 AO) scheitert, hat der Gesetzgeber als Ergänzung § 175b AO eingeführt.[1] Für den sehr speziellen Fall, dass in Zusammenhang mit Daten Dritter Steuerbescheide fehlerhaft sind, können diese unabhängig von der Verletzung

---

1 Gesetz zur Modernisierung des Besteuerungsverfahrens vom 17.07.2016, BGBl 2016 I S. 1679.

der Ermittlungpflicht durch das Finanzamt und der Mitwirkungspflicht durch den Steuerpflichtigen geändert werden. § 175b AO erlaubt über § 173 AO hinausgehend die Korrektur von Sachverhaltsermittlungsfehlern und Rechtsanwendungsfehlern.

1. Ob eine Änderung des Steuerbescheids nach **§ 173 Abs. 1 Nr. 1 AO** in Betracht kommt, ist zweifelhaft. Der Basisbetrag für die Krankenversicherung i. H. von 3.400 Euro ist eine **Tatsache,** die zu einer **höheren Steuer** führt. Nach den Grundsätzen von Treu und Glauben gilt sie nur dann als **nachträglich bekannt geworden,** wenn die Mitwirkungspflichtverletzung durch den Steuerpflichtigen mindestens genauso schwer wiegt wie die Verletzung der Ermittlungpflicht durch das Finanzamt.[1] Für den Steuerpflichtigen ist es rechtlich und tatsächlich schwierig, den richtigen Betrag in die Steuererklärung einzutragen. Er kennt den Unterschied zwischen tatsächlich gezahlten Versicherungsbeiträgen und rechtlich anzuerkennenden Basisbeträgen vielleicht nicht. Andererseits hat er von seiner Krankenversicherung eine Mitteilung erhalten, aus der sich die steuerlich relevanten Zahlen ablesen lassen. F hat seine Mitwirkungspflicht in geringem Maß verletzt. Das Finanzamt hingegen hat die erforderlichen steuerrechtlichen Kenntnisse. Es hat seine Ermittlungspflicht in erheblichem Maß verletzt, indem es die Differenz zwischen dem vom Steuerpflichtigen erklärten und dem vom Versicherer übermittelten Wert nicht aufgeklärt hat. Das Finanzamt darf in einem solchen Fall weder auf die Richtigkeit des erklärten noch des übermittelten Betrags vertrauen, sondern muss den Sachverhalt ermitteln.[2] Eine Änderung nach § 173 Abs. 1 Nr. 1 AO scheidet daher aus.

Der Einkommensteuerbescheid des F ist nach **§ 175b Abs. 1 AO** zu ändern. Dem Finanzamt wurden **Daten i. S. des § 93c AO** vom Krankenversicherer übermittelt. Diese Daten wurden **bei der Veranlagung nicht berücksichtigt,** denn das Finanzamt setzte den von F erklärten Betrag und nicht den vom Versicherer übermittelten an. Hier zeigt sich der Unterschied zu § 173 AO, denn bei § 175b AO stellt sich nicht die Frage, warum die Daten nicht berücksichtigt wurden. Es spielt keine Rolle, ob es sich um einen Sachverhaltsermittlungsfehler, einen Rechtsanwendungsfehler oder einen mechanischen Fehler handelt. § 175b Abs. 4 AO fordert lediglich, dass die Daten **rechtserheblich** sein müssen. Das ist wiederum kein Unterschied zu § 173 AO, wo die Rechtserheblichkeit ein ungeschriebenes Tatbestandsmerkmal darstellt. Rechtserheblich sind Daten, wenn ihre Berücksichtigung zu einem anderen Ergebnis bei der Veranlagung geführt hätte. Das kann bejaht werden, weil die Berücksichtigung von 3.400 Euro zu einer höheren Steuer geführt hätte als der tatsächlich erfolgte Ansatz von 3.600 Euro.

---

1 AEAO zu § 173 Nr. 4.
2 BFH vom 16.01.2018 – VI R 41/16, BStBl 2018 II S. 378.

2. Auch in diesem Fall ist eine Änderung des Steuerbescheids nach § 173 **Abs. 1 Nr. 2 AO** fraglich. Unstrittig ist, dass dem Finanzamt die **Tatsache,** dass F 3.800 Euro Basisbeträge an die Krankenversicherung gezahlt hat, **nachträglich bekannt geworden** ist. Da die Tatsache zu einer **niedrigeren Steuer** führt, dürfte F kein **grobes Verschulden** am nachträglichen Bekanntwerden treffen. Bei der Beurteilung der Schwere der Verletzung der Sorgfaltspflicht sind die Gegebenheiten des Einzelfalls und die individuellen Kenntnisse und Fähigkeiten des einzelnen Steuerpflichtigen zu berücksichtigen.[1] F ist Mitarbeiter einer Bank und insofern versiert im Umgang mit Formularen und Rechtsfragen. Es wäre ihm zuzumuten gewesen, die ihm von seiner Krankenversicherung übermittelten Angaben korrekt in die Steuererklärung zu übertragen. Er hat grob schuldhaft gehandelt. Eine Änderung nach § 173 Abs. 1 Nr. 2 AO scheidet aus.

Eine Änderung des Steuerbescheids nach § 175b **AO** ist dagegen unstrittig möglich. Auch in diesem Fall wurden dem Finanzamt **rechtserhebliche Daten i. S. des § 93c AO** übermittelt, die es **bei der Veranlagung nicht berücksichtigte.** Es kommt nicht darauf an, wer die Verantwortung für den Fehler trägt und ob sich der Fehler zugunsten oder zuungunsten des Steuerpflichtigen ausgewirkt hat.

Die Änderung nach § 175b AO ist innerhalb der regulären **Festsetzungsfrist** und darüber hinaus zwei Jahre nach Zugang der übermittelten Daten beim Finanzamt möglich, § 171 Abs. 10a AO. Ob die sehr viel speziellere Vorschrift des § 175b AO vor § 173 AO Vorrang hat, ist noch nicht entschieden.

Fall 39

Berücksichtigung von materiellen Fehlern (Rechtsfehlern)

AO §§ 173, 177

Sachverhalt

Die Einkommensteuer für Frieda Fuchs (F) ist ohne Vorbehalt der Nachprüfung bestandskräftig auf 10.000 Euro festgesetzt worden. Dem Finanzamt werden neue Tatsachen zuungunsten der F mit einer steuerlichen Auswirkung von 1.000 Euro und neue Tatsachen zugunsten der F mit einer steuerlichen Auswirkung von 800 Euro bekannt. An dem nachträglichen Bekanntwerden der Tatsachen zugunsten der F trifft sie kein grobes Verschulden.

---

1 BFH vom 29.06.1984 – VI R 181/80, BStBl 1984 II S. 693.

Bevor der Bescheid geändert wird, macht F zusätzliche Betriebsausgaben geltend, die sie bisher grob fahrlässig nicht angegeben hatte; die Auswirkung beträgt 2.000 Euro Mindersteuern. Daneben stellt das Finanzamt fest, dass die bisherige Steuer durch die fehlerhafte Anwendung einer gesetzlichen Vorschrift um 100 Euro zu niedrig festgesetzt wurde.

Frage

1. Wie hoch ist die tatsächlich entstandene Steuer?
2. In welchem Umfang kann der Bescheid geändert werden?

Antwort

1. 8.300 Euro
2. 9.200 Euro

Begründung

1. Die Einkommensteuer entsteht nach § 38 AO i. V. m. § 36 Abs. 1 EStG mit Ablauf des Veranlagungszeitraums dadurch, dass die Steuerpflichtige die Tatbestände verwirklicht, an die das Einkommensteuergesetz die Entstehung der Steuer knüpft. Nach diesem Zeitpunkt ist es Aufgabe des Finanzamts, die tatsächlich entstandene Steuer nach den gegebenen Möglichkeiten zu ermitteln und festzusetzen. Die Festsetzung der Steuer erfolgt durch Steuerbescheid, § 155 Abs. 1 AO.

Unter der Annahme, dass die nach der erstmaligen Festsetzung der Steuer auf 10.000 Euro auftauchenden Gesichtspunkte alle Abweichungen der festgesetzten von der tatsächlich entstandenen Steuer darstellen, ergibt sich die tatsächlich entstandene Steuer aus der Zusammenfassung aller Beträge, das sind 8.300 Euro. Wenn es auch Aufgabe der Steuerfestsetzung ist, die richtige Steuer festzusetzen, ist damit noch nicht gesagt, dass das Finanzamt nunmehr die tatsächlich entstandene Steuer festsetzen darf. Die Festsetzung auf 10.000 Euro bindet mit Bekanntgabe des Steuerbescheids nach § 124 AO Verwaltung und Steuerpflichtigen. Diese Steuer darf nur zugunsten oder zuungunsten der F geändert werden, wenn das Gesetz dafür eine Vorschrift enthält. Soweit keine Änderungsvorschrift gegeben ist, muss es aus Gründen der Rechtssicherheit bei der einmal festgesetzten fehlerhaften Steuer bleiben.

2. Die Steuer ist bei richtiger Anwendung der Änderungsvorschriften nicht von 10.000 Euro auf 8.300 Euro, sondern nur auf 9.200 Euro herabzusetzen. Zunächst ist der Bescheid nach **§ 173 Abs. 1 AO** zu ändern. Dem Finanzamt sind nach der ersten Veranlagung zwei Tatsachen bekannt geworden, die es bisher noch nicht kannte. Die eine Tatsache wirkt sich steuererhöhend aus und führt zu einer Heraufsetzung der Steuer nach § 173 Abs. 1 Nr. 1 AO um 1.000 Euro. Die andere Tatsache führt zu einer Herabsetzung der Steuer um 800 Euro. Da F an dem nachträglichen Bekanntwerden der Tatsache kein grobes Verschulden trifft, ist der Steuerbescheid nach § 173 Abs. 1 Nr. 2 AO zu ändern. Es ist jede Änderung für sich zu behandeln. Die Verrechnung der beiden Änderungen ist nicht zulässig (Saldierungsverbot).

Im Rahmen dieser Änderungen (+ 1.000 Euro und – 800 Euro) dürfen nach **§ 177 AO** materielle Fehler berichtigt werden. § 177 AO ist keine eigenständige Änderungsvorschrift. Er kommt nur zur Anwendung, wenn eine Änderung des Bescheids aus einem anderen Grund nach einer der Änderungsvorschriften erfolgt.[1]

Dies gilt für alle Änderungsvorschriften.[2] Umstritten ist, ob § 177 AO auch bei Berichtigungen nach § 129 AO Anwendung findet, weil § 177 AO die „Aufhebung oder Änderung", nicht aber die „Berichtigung" eines Steuerbescheids voraussetzt. Nach Ansicht des BFH ist bei Berichtigungen nach § 129 AO eine Anwendung des § 177 AO ausgeschlossen und auch überflüssig, weil sich die Saldierungsmöglichkeiten, die in § 177 AO vorgesehen sind, bereits durch das in § 129 AO vorgegebene Ermessen erreichen lassen.[3] Die Finanzverwaltung ist der Ansicht, § 177 AO sei auf § 129 AO sinngemäß anwendbar.[4] Vom Ergebnis her macht es keinen Unterschied, ob § 177 AO auf § 129 AO angewendet oder entsprechend der Meinung des BFH vorgegangen wird.

Nach § 177 Abs. 3 AO sind **materielle Fehler** alle Fehler, einschließlich offenbarer Unrichtigkeiten i. S. des § 129 AO, die zur Festsetzung einer von der tatsächlich kraft Gesetzes entstandenen Steuer abweichenden Steuer geführt haben.[5] Soweit für diese Fehler eine Änderungs- oder Berichtigungsvorschrift zutrifft, ist nach dieser zu ändern, soweit eine solche Vorschrift nicht gegeben ist, sind diese Fehler im Rahmen des § 177 Abs. 1 oder 2 AO zu berücksichtigen.

Kann z. B. eine nachträglich bekannt gewordene Tatsache wegen groben Verschuldens des Steuerpflichtigen nicht zu einer Änderung nach § 173 Abs. 1 Nr. 2 AO führen, ist immer noch die Berücksichtigung im Rahmen des § 177 AO möglich. Auch Fehler, die wegen Eintritts der Festsetzungsverjährung nicht mehr korrigiert werden können, sind materielle Fehler.[6] Bei zusammenveranlagten Ehegatten ist zu beachten, dass eine Änderung des Einkommensteuerbescheids, die nur die Verhältnisse des einen Ehe-

---

1 BFH vom 23.11.1987 – GrS 1/86, BStBl 1988 II S. 180 [183], und vom 07.02.2012 – VIII B 63/11, BFH/NV 2012 S. 914.

2 BFH vom 27.09.1988, BStBl 1989 II S. 225; zu § 165 Abs. 2 AO: BFH vom 02.03.2000, BStBl 2000 II S. 332; zu § 175 AO: BFH vom 22.04.2015 – X R 24/13, BFH/NV 2015 S. 1334.

3 BFH vom 08.03.1989, BStBl 1989 II S. 531; von Wedelstädt in Beermann, § 177 Rz. 10.

4 AEAO zu § 129 Nr. 5.

5 BFH vom 28.04.1972, BStBl 1972 II S. 742.

6 BFH vom 10.04.2003, BStBl 2003 II S. 785, vom 10.08.2006, BStBl 2007 II S. 87, und vom 17.03.2010 – I R 86/06, BFH/NV 2010 S. 1779.

gatten betrifft, zu einer Korrektur eines materiellen Fehlers berechtigt, der die steuerlichen Verhältnisse des anderen Ehegatten berührt.[1]

Der Steuerbescheid der F enthält zwei weitere Fehler, für die keine Änderungsvorschrift greift. Die zusätzlichen Betriebsausgaben (– 2.000 Euro) und der Rechtsfehler des Finanzamts (+ 100 Euro) stellen materielle Fehler dar und sind bei der Änderung nach § 173 Abs. 1 Nr. 1 AO im Rahmen des § 177 AO mit zu berücksichtigen.

Für die Anwendung des § 177 AO ist deshalb der **Änderungsrahmen** getrennt nach den sich unterschiedlich auswirkenden Änderungen festzustellen.[2] Die Steuer wird zunächst gem. § 173 Abs. 1 Nr. 1 AO um 1.000 Euro auf 11.000 Euro erhöht **(Obergrenze)**. Die Berücksichtigung von materiellen Fehlern darf nicht dazu führen, dass diese Grenze überschritten wird. Andererseits wird die bisher festgesetzte Steuer um 800 Euro nach § 173 Abs. 1 Nr. 2 AO von 10.000 Euro auf 9.200 Euro herabgesetzt **(Untergrenze)**. Die Berücksichtigung von materiellen Fehlern darf auch diese Grenze nicht unterschreiten.

Der Anwendungsbereich von § 177 AO geht von 9.200 Euro als niedrigstmöglicher Steuer bis zu 11.000 Euro als höchstmöglicher Steuer. Die Berücksichtigung aller Fehler würde zu einer Steuer von 8.300 Euro führen. Diese Steuer darf nicht festgesetzt werden, da sie unterhalb der Untergrenze liegt. Die für F bestmögliche Steuer ist die untere Grenze. Die Steuer ist auf 9.200 Euro festzusetzen.

Im Ergebnis zahlt F 900 Euro zu viel Steuern. Sie hätte die in dem ersten Steuerbescheid bereits enthaltenen Rechtsfehler schon im Rechtsbehelfsverfahren gegen diesen ersten Bescheid geltend machen müssen. Da sie das nicht getan hat, muss sie den sich daraus ergebenden Nachteil tragen.

Bei der Anwendung von Änderungsvorschriften und der Berücksichtigung von materiellen Fehlern nach § 177 AO sollte, um zum richtigen Ergebnis zu kommen, wie folgt vorgegangen werden:

Erster Schritt

Die Grenzen für die Anwendung des § 177 AO sind festzustellen. Dabei sind die einzelnen Änderungen, für die es eine Änderungsvorschrift gibt, nach ihren Auswirkungen zugunsten und zuungunsten des Steuerpflichtigen zu trennen und jeweils ausgehend von der bisherigen bestandskräftigen Steuer von dieser abzuziehen (Änderung zugunsten) oder zu ihr hinzuzuzählen (Änderung zuungunsten). Die so ermittelten Beträge stellen die Unter- und die Obergrenze für die Anwendung des § 177 AO dar.

---

1 BFH vom 05.08.1986 – IX R 13/81, BStBl 1987 II S. 297.

2 BFH vom 09.06.1993, BStBl 1993 II S. 822, und vom 14.07.1993, BStBl 1994 II S. 77; AEAO zu § 177 Nr. 2.

Wirkt sich die Änderung aufgrund der Änderungsvorschriften nur zugunsten oder zuungunsten des Steuerpflichtigen aus, bildet die bisherige Steuer die Obergrenze (Änderung zugunsten) oder die Untergrenze (Änderung zuungunsten) für die Anwendung des § 177 AO.

Zweiter Schritt

Anschließend sind alle Änderungen, materielle Fehler und die bisherige Steuer zusammenzufassen. Die sich so ergebende „richtige" Steuer ist mit den gefundenen Grenzen zu vergleichen. Liegt sie innerhalb der Grenzen, ist sie als neue Steuer festzusetzen. Liegt sie über der Höchstgrenze oder unter der Untergrenze, ist der jeweilige Grenzbetrag als höchst- oder niedrigstmögliche Steuer festzusetzen.

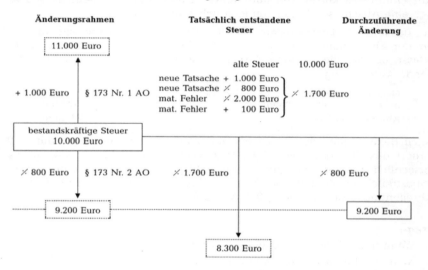

Fall 40

Fälligkeit von Steuern – Abrechnung – Anrechnung – Abrechnungsbescheid

AO §§ 130, 131, 218, 220; EStG §§ 36, 37

Sachverhalt

Der Bautischler Theobald Tiger (T) hatte im Jahr 02 einen Bescheid über Einkommensteuervorauszahlungen erhalten, laut dem er in 03 vierteljährlich 7.000 Euro Vorauszahlungen zu leisten hatte.

Im Einkommensteuerbescheid **03,** den das Finanzamt am 06.10.04 zur Post gab, wurde die Steuer auf 31.000 Euro festgesetzt. Bei der Abrechnung wurde eine von T geleistete Vorauszahlung von 2.000 Euro nicht erfasst, weil das Finanzamt fälschlicherweise davon ausging, dass die Zahlung ein anderes Jahr betraf. Es ergab sich folgende Abrechnung:

festgesetzte Steuer	31.000 Euro
geleistete Vorauszahlungen	− 26.000 Euro
Abschlusszahlung	5.000 Euro

Nach Bestandskraft des Bescheids beabsichtigt das Finanzamt, diese Abrechnung zu korrigieren und weitere 2.000 Euro anzurechnen, sodass sich eine Abschlusszahlung von lediglich 3.000 Euro ergibt.

Für 04 ist die Einkommensteuer des T auf 40.000 Euro festgesetzt worden. Bei der Abrechnung wurde eine von T geleistete Zahlung von 3.000 Euro erfasst, obwohl die Zahlung die Umsatzsteuer betraf. Es ergab sich folgende Abrechnung:

festgesetzte Steuer	40.000 Euro
geleistete Vorauszahlungen	− 38.000 Euro
Abschlusszahlung	2.000 Euro

Nach Bekanntgabe des Bescheids und Zahlung der 2.000 Euro durch T fordert das Finanzamt von T weitere 3.000 Euro Abschlusszahlung, da tatsächlich nur 35.000 Euro Vorauszahlung geleistet worden waren. T bestreitet die Zahlungspflicht. Das Finanzamt erlässt daraufhin einen Abrechnungsbescheid nach § 218 Abs. 2 AO.

Frage

1. Wann muss T die Einkommensteuer für 03 bezahlen?
2. Kann das Finanzamt die Abrechnung für 03 korrigieren?
3. Kann das Finanzamt von T die Zahlung der weiteren 3.000 Euro fordern?

Antwort

1. T muss spätestens am Fälligkeitstag zahlen.

   Die Einkommensteuer in Gestalt der festgesetzten Vorauszahlungen ist in 4 gleichen Raten am 10.03., 10.06., 10.09. und 10.12.03 fällig.

   Die Einkommensteuerabschlusszahlung ist – sofern der Bescheid kein anderes Datum nennt – einen Monat nach Bekanntgabe des Bescheids am 09.11.04 fällig.

2. Die Abrechnung ist nach § 130 Abs. 1 AO zu korrigieren, sodass T nur noch 3.000 Euro zahlen muss.

3. Eine Korrektur der Abrechnungsverfügung und des Abrechnungsbescheids ist nicht zulässig, § 130 Abs. 2 AO.

Begründung

1. Steuern sind bei **Fälligkeit** zu zahlen. Voraussetzung dafür, dass ein Steueranspruch fällig werden kann, ist, dass er in einem Steuerbescheid festgesetzt worden ist, § 218 Abs. 1 AO. Mit seiner Bekanntgabe wird der Steuerbescheid wirksam, § 124 AO. Eine der Rechtsfolgen, die sich daraus ergibt, ist die Fälligkeit.

Fälligkeit bezeichnet den Zeitpunkt, zu dem der Steuergläubiger vom Steuerschuldner die Erfüllung des Anspruchs aus dem Steuerschuldverhältnis verlangen kann. Vor Fälligkeit kann der Steuerschuldner zahlen, nach Fälligkeit muss er zahlen. Wann ein Steueranspruch fällig ist, richtet sich nach den Gegebenheiten der jeweiligen Steuerart und ist deshalb nicht allgemein in der Abgabenordnung, sondern speziell für jede Steuer in den Einzelsteuergesetzen geregelt, § 220 Abs. 1 AO. Nur für die wenigen Fälle, in denen ein Steuergesetz keine Regelungen über die Fälligkeit enthält, gilt § 220 Abs. 2 AO.

Die Fälligkeit der Einkommensteuer ist in den §§ 36, 37 EStG geregelt. Um die Einkommensteuer bereits während des laufenden Veranlagungszeitraums erheben zu können, kann das Finanzamt einen Vorauszahlungsbescheid erlassen, § 37 Abs. 3 Satz 1 EStG. Dieser Bescheid ist die Grundlage für die Erhebung der Vorauszahlungen, § 218 Abs. 1 AO. T muss die in dem Vorauszahlungsbescheid festgesetzten Beträge zu den im Gesetz genannten Zeitpunkten zahlen. Es werden jeweils am 10.03., 10.06., 10.09. und 10.12.03 Vorauszahlungen von 7.000 Euro fällig, § 37 Abs. 1 Satz 1 EStG.

Die geleisteten Vorauszahlungen werden auf die im Steuerbescheid 03 festgesetzte Einkommensteuer für 03 angerechnet, § 36 Abs. 2 Nr. 1 EStG. Die gesamte Einkommensteuer 03 beträgt 31.000 Euro, sodass eine Abschlusszahlung von 3.000 Euro verbleibt, die aufgrund des Einkommensteuerbescheids von T gefordert werden kann, § 218 Abs. 1 AO. Diesen Betrag hat T nach § 36 Abs. 4 Satz 1 EStG innerhalb eines Monats nach Bekanntgabe des Bescheids zu zahlen. Der am 06.10.04 zur Post gegebene Bescheid gilt nach § 122 Abs. 2 AO am 09.10.04 als bekannt gegeben. Der Betrag wird am 09.11.04 fällig, § 108 Abs. 1 AO, § 187 Abs. 1 und § 188 Abs. 2 BGB.

2. Mit dem Einkommensteuerbescheid wird als Ergebnis der Ermittlungen des Finanzamts die Steuer für den Veranlagungszeitraum 03 auf 31.000 Euro festgesetzt, § 155 Abs. 1 AO. Des Weiteren hat das Finanzamt dem Steuerpflichtigen mitzuteilen, wie viel von den 31.000 Euro er noch zu zahlen hat. Die Begleichung der Einkommensteuerschuld erfolgt üblicherweise nicht nur nachträglich aufgrund des Steuerbescheids, sondern bereits während des laufenden Veranlagungszeitraums auf verschiedene Weise. So sind gegen T Vorauszahlungen auf die Einkommensteuerschuld 03 festgesetzt und von ihm gezahlt worden, mit denen bereits ein Teil der

Jahressteuerschuld 03 getilgt worden ist, bevor der Steuerbescheid ergangen ist. Gleiches gilt auch für eventuell einbehaltene und abgeführte Lohnsteuer, Bauabzugsteuer oder ggf. Abgeltungsteuer. Der Festsetzung der Steuer als Ergebnis der Veranlagung im Steuerbescheid folgt daher regelmäßig eine Abrechnung, aus der T ersehen kann, was er noch zu zahlen hat (das Leistungsgebot) oder was ihm eventuell erstattet wird.

Die **Abrechnungsverfügung** ist ein eigenständiger Verwaltungsakt, der nicht Teil des Steuerbescheids ist.[1] Enthält dieser Verwaltungsakt einen Fehler, kann er nicht so ohne weiteres, sondern nur unter den Voraussetzungen der §§ 129, 130 oder 131 AO korrigiert werden.

Die Abrechnungsverfügung 03 ist fehlerhaft und damit rechtswidrig. Es ist zu wenig angerechnet worden, insofern ist der Verwaltungsakt belastend (nicht begünstigend), da er von T eine zu hohe Zahlung fordert. Die Abrechnungsverfügung kann jederzeit, also auch nach Bestandskraft, nach § 130 Abs. 1 AO zugunsten des T geändert werden. Da es sich um einen Fehler des Finanzamts handelt, muss er geändert werden. Soweit es sich nur um einen offenbaren Rechenfehler handelt, kann er auch nach § 129 AO berichtigt werden.

3. Auch die Abrechnungsverfügung für 04 enthält einen Fehler, sie ist rechtswidrig. Da mehr angerechnet wurde, als T an Vorauszahlungen geleistet hat, ist dieser Verwaltungsakt für T begünstigend. Er kann also nur unter den einschränkenden Voraussetzungen des § 130 Abs. 2 AO korrigiert werden.[2] Es dürften keine der genannten Voraussetzungen vorliegen, auch nicht § 130 Abs. 2 Nr. 4 AO, da es für T als steuerlichen Laien nicht ohne weiteres erkennbar sein kann, warum das Finanzamt einen Betrag in dieser Höhe angerechnet hat. Sofern nicht eine Berichtigung des Fehlers nach § 129 AO möglich ist, kann die Abrechnungsverfügung nicht korrigiert werden. T braucht die nachgeforderten 3.000 Euro nicht zu zahlen. Um ein solches für die Finanzverwaltung ungünstiges Ergebnis zu vermeiden, können Anrechnungs- und Abrechnungsverfügungen mit einem Vorbehalt des Widerrufs versehen werden, § 120 Abs. 2 Nr. 3 AO. Diese Nebenbestimmung ermöglicht den Widerruf rechtmäßiger und rechtswidriger Verwaltungsakte nach § 131 Abs. 2 Nr. 1 AO bis zum Eintritt der Zahlungsverjährung.

Ist zwischen dem Steuerpflichtigen und dem Finanzamt strittig, ob und in welcher Höhe Zahlungen auf eine Steuerschuld geleistet worden sind, kann das Finanzamt zusätzlich einen **„Abrechnungsbescheid"** erlassen, § 218 Abs. 2 AO. Dieser Verwaltungsakt kann vom Steuerpflichtigen mit Einspruch angefochten werden. Er bildet die Grundlage für den Rechts-

---

1 AEAO zu § 218 Nr. 3; BFH vom 15.04.1997, BStBl 1997 II S. 787 m. w. N.; a. A. Siegert in DB 1997 S. 2398.

2 BFH vom 15.04.1997, BStBl 1997 II S. 787.

streit mit dem Steuerpflichtigen über seine Zahlungen. Nach Ansicht des BFH bindet die vorherige Abrechnungsverfügung, die im Zusammenhang mit dem Steuerbescheid ergangen ist, einen später zu erlassenden „Abrechnungsbescheid". Inhaltlich darf der „Abrechnungsbescheid" von der Abrechnungsverfügung im Steuerbescheid nur abweichen, wenn eine der Korrekturvorschriften der §§ 129 bis 131 AO erfüllt ist.[1] Der Erlass des „Abrechnungsbescheids" gegenüber T ist überflüssig. Die Abrechnungsverfügung, die ihm im Zusammenhang mit dem Steuerbescheid bekannt gegeben wurde, ist ein Verwaltungsakt mit Bindungswirkung. Die Voraussetzungen für eine Korrektur sind nicht gegeben. Deshalb muss der „Abrechnungsbescheid" dieselben Zahlen enthalten wie die fehlerhafte Abrechnungsverfügung. T wird dagegen keinen Einspruch einlegen, weil der Verwaltungsakt für ihn günstig ist.

Fall 41

Zahlung – Schonfrist – Säumniszuschläge – Verspätungszuschlag

AO §§ 47, 152, 220, 224, 240

Sachverhalt

Heike Hai (H) betreibt in der Innenstadt von Hannover ein Bademodengeschäft.

Einkommensteuer 05

Der Einkommensteuerbescheid 05 wurde H am 12.02.07 bekannt gegeben. Die Abschlusszahlung i. H. von 30.000 Euro war am Mittwoch, dem 12.03.07 fällig. H zahlte den Betrag in drei Raten von jeweils 10.000 Euro. Am 11.03.07 ging bei der Finanzkasse als Teilzahlung auf die Einkommensteuerschuld ein Scheck über 10.000 Euro ein. Einen weiteren Teilbetrag von 10.000 Euro überwies H auf das Konto des Finanzamts, dort wurde er am 17.03.07 gutgeschrieben. Die restlichen 10.000 Euro gingen durch Überweisung der H am 14.05.07 beim Finanzamt ein. Mit Änderungsbescheid vom 15.09.07 wurde die Steuer um 5.000 Euro herabgesetzt. Der Betrag wurde an H zurückgezahlt.

Umsatzsteuer 05

H hat monatlich Voranmeldungen einzureichen. Dauerfristverlängerung hat sie nicht beantragt.

---

1 AEAO zu § 218 Nr. 3; BFH vom 15.04.1997 VII R 100/96, BStBl 1997 II S. 787, vom 18.07.2000 VII R 32, 33/99, BStBl 2001 II S. 133, und vom 27.10.2009, VII R 51/08, BStBl 2010 II S. 382.

Für Januar 05 hatte H am 20.02.05 eine Voranmeldung beim Finanzamt eingereicht. Daraus ergab sich eine Zahllast von 1.500 Euro, die am 20.02.05 auf dem Konto des Finanzamts einging.

Für Februar 05 gab H die Voranmeldung am 12.03.05 ab und überwies die Zahllast von 2.000 Euro, die am 14.03.05 auf dem Konto des Finanzamts einging.

Für März 05 gab H keine Voranmeldung ab. Das Finanzamt schätzte die Besteuerungsgrundlagen. Aus dem Bescheid ergab sich eine Zahllast von 2.500 Euro, die am 25.05.05 fällig war. Der Betrag ging am 24.05.05 beim Finanzamt ein.

Für April 05 gab H die Voranmeldung am 10.05.05 ab und entrichtete die angemeldete Steuer von 1.745 Euro am 15.05.05.

Dauerfristverlängerung hatte H nicht beantragt.

Frage

1. Werden bei der Einkommensteuer 05 Säumniszuschläge erhoben?
2. Werden bei den Umsatzsteuervorauszahlungen Säumniszuschläge erhoben?
3. Kann das Finanzamt bei der Umsatzsteuer Verspätungszuschläge festsetzen?

Antwort

1. Bei der Einkommensteuer werden Säumniszuschläge i. H. von 400 Euro erhoben.
2. Bei der Umsatzsteuer werden für April 05 Säumniszuschläge i. H. von 17 Euro erhoben.
3. Bei den Voranmeldungen für Januar, März und April 05 kann das Finanzamt Verspätungszuschläge festsetzen.

Begründung

1. Einkommensteuer 05

Seit Bekanntgabe des Einkommensteuerbescheids 05 hatte H einen Monat Zeit, dafür zu sorgen, dass die 30.000 Euro bis spätestens zum 12.03.07 gezahlt wurden, § 36 Abs. 4 EStG. Die **Art und Weise der Zahlung** regelt § 224 AO. Zahlungen sind an die zuständige Finanzkasse zu entrichten, § 224 Abs. 1 Satz 1 AO. Einzahlungen bei der Finanzkasse sind heute weitgehend nicht mehr möglich, da die Finanzämter gem. § 224 Abs. 4 AO davon Gebrauch gemacht haben, die Finanzkassen für Einzahlungen zu schließen. Nach § 224 Abs. 3 Satz 3 AO sind die Zahlungen unbar zu leisten. Lediglich im Rahmen der Vollstreckung ist der Vollziehungsbeamte befugt, Barzahlungen entgegenzunehmen. Zahlungen erfolgen üblicherweise durch Überweisung oder durch Einziehung im Lastschriftverkehr aufgrund einer entsprechenden Ermächtigung des Schuldners. Zahlungen durch Hingabe von Schecks und deren Annahme durch das Finanzamt erfüllungshalber (§ 364 Abs. 2 BGB) sowie Bareinzahlung auf ein Bankkonto des Finanzamts sind möglich, aber selten. H zahlt einen Teil der Steuer mit Scheck, den Rest per Überweisung.

Den **Zeitpunkt der Zahlung,** also wann eine Zahlung als erfolgt anzusehen ist, regelt § 224 Abs. 2 AO. H zahlt zunächst 10.000 Euro durch Übersendung eines Schecks. Scheckzahlungen sind in § 224 Abs. 2 Nr. 1 Alternative 2 AO besonders ungünstig für den Steuerpflichtigen geregelt. Die Zahlung gilt erst am 3. Tag nach Eingang des Schecks beim Finanzamt, also am 14.03.07, als geleistet. Dabei ist § 108 Abs. 3 AO zu beachten. Wenn also der 3. Tag auf einen Samstag, Sonntag oder Feiertag fällt, verschiebt sich der Zahlungseingang auf den nächstfolgenden Werktag. Es handelt sich bei der Regelung zu Scheckzahlungen um eine gesetzliche Fiktion. Sie gilt nur unter der Voraussetzung, dass das bezogene Geldinstitut den Scheck auch einlöst. Die Zahlungsfiktion entfällt rückwirkend, wenn der Scheck nicht eingelöst und der Betrag dem Konto des Finanzamts nicht gutgeschrieben wird. Die Zahlung der restlichen 20.000 Euro gilt mit Gutschrift auf das Konto des Finanzamts am 17.03.07 bzw. 14.05.07 als bewirkt, § 224 Abs. 2 Nr. 1 Alternative 1 AO. Der Anspruch des Finanzamts (§ 37 Abs. 1 AO) ist damit erloschen, § 47 AO.

Alle Zahlungen erfolgen erst nach Fälligkeit der Steuer. Nach § 240 Abs. 1 Satz 1 AO entstehen **Säumniszuschläge,** wenn die Steuer nicht bis zum Fälligkeitstag entrichtet wird.[1] Die Regelungen des § 240 AO betreffen alle Steuern (§ 3 Abs. 1 und 2 AO), darüber hinaus die Rückzahlung von Steuervergütungen und Haftungsschulden, § 240 Abs. 1 Satz 2 AO. Sie gilt nicht für steuerliche Nebenleistungen, § 240 Abs. 2 AO. Hat der Steuerpflichtige dem Finanzamt eine Einzugsermächtigung für die Steuern von seinem Konto erteilt, entstehen bei ausreichender Deckung auf dem Konto nie Säumniszuschläge, unabhängig davon, wann das Finanzamt die Beträge einzieht. Säumniszuschläge dienen als Druckmittel, um den Steuerpflichtigen anzuhalten, bis zur Fälligkeit zu zahlen, sie sind weder Zinsen noch eine Art Strafe. Sie gehören zu den steuerlichen Nebenleistungen, § 3 Abs. 4 AO. Säumniszuschläge entstehen – ähnlich wie die Steuern – kraft Gesetzes. Die Verwirklichung des Tatbestands, an den das Gesetz die Rechtsfolge Säumniszuschläge knüpft, ist die nicht rechtzeitige Zahlung der Steuern. Ein etwaiges Verschulden des Steuerschuldners ist nicht erforderlich.[2] Mit Ablauf des Fälligkeitstags entstehen Säumniszuschläge für den angefangenen Monat. Mit Beginn jedes weiteren Monats entstehen erneut Säumniszuschläge, so lange, bis der Steueranspruch vom Steuerschuldner erfüllt worden ist. Der Säumniszuschlag beträgt für jeden angefangenen

---

1 AEAO zu § 240.
2 BFH vom 11.05.2007 – V B 33/05, BFH/NV 2007 S. 1623.

Monat 1 % des auf volle 50 Euro nach unten abgerundeten noch geschuldeten Steuerbetrags, § 240 Abs. 1 Satz 1 AO. Säumniszuschläge werden nicht festgesetzt. Sie werden gleichzeitig mit ihrer Entstehung fällig. Sie können zusammen mit der Steuer beigetrieben werden, ohne dass dafür ein Leistungsgebot notwendig ist, § 254 Abs. 2 Satz 1 AO. Werden sie ohne die Steuer beigetrieben, weil die Steuer z. B. bereits gezahlt ist, bedarf es eines Leistungsgebots, § 254 Abs. 1 Satz 1 AO.

Mit § 240 Abs. 3 AO wird dem säumigen Steuerschuldner, der per Banküberweisung zahlt, eine **Schonfrist** von 3 Tagen gewährt. Damit soll den unkalkulierbaren Banklaufzeiten Rechnung getragen werden. Das Finanzamt wird vom Gesetz gezwungen, auf die Erhebung der Säumniszuschläge zu verzichten. Diese Formulierung des Gesetzes verdeutlicht, dass bereits ab Fälligkeit Säumniszuschläge entstehen. Wird die Steuerschuld erst nach Ablauf der Schonfrist gezahlt, werden Säumniszuschläge ab Fälligkeit berechnet, die Schonfrist hat darauf keinen Einfluss. Die Schonfrist ist eine echte Frist, auf die § 108 AO i. V. m. §§ 187 ff. BGB Anwendung findet. Das maßgebliche Ereignis für ihren Beginn ist die Fälligkeit am 12.03.07. Die Frist beginnt gem. § 187 Abs. 1 BGB am 13.03.07 und endet gem. § 188 Abs. 1 BGB mit Ablauf des 15.03.07. Da dieser Tag ein Samstag ist, verschiebt sich das Ende der Schonfrist gem. § 193 BGB bzw. § 108 Abs. 3 AO auf Montag, den 17.03.07. Bei Zahlungen, die bis zu diesem Tag erfolgen, werden keine Säumniszuschläge erhoben.

Da H erst nach Fälligkeit zahlt, ist zu prüfen, ob und in welcher Höhe Säumniszuschläge entstanden und zu zahlen sind.

Die **erste Teilzahlung** über 10.000 Euro gilt am 14.03.07 und damit nach Ablauf der Zahlungsfrist als bewirkt. Da H per Scheck gezahlt hat, steht ihr die Schonfrist nicht zu. Diese gilt nach § 240 Abs. 2 Satz 2 AO nur für Zahlungen per Banküberweisung. Es sind Säumniszuschläge entstanden und zu zahlen.

Die **zweite Teilzahlung** über 10.000 Euro wurde per Überweisung am letzten Tag der Schonfrist gezahlt. Für sie sind Säumniszuschläge zwar entstanden. Diese dürfen aber nicht erhoben werden.

Die **dritte Teilzahlung** über 10.000 Euro wurde am 14.05.07 und damit weit außerhalb der Zahlungsfrist und der Schonfrist geleistet. Säumniszuschläge sind entstanden und müssen auch gezahlt werden.

Für jeden angefangenen Monat der Säumnis werden 1 % Säumniszuschläge erhoben, § 240 Abs. 1 Satz 1 AO. Der erste Monat der Säumnis beginnt mit dem 13.03.07. H ist mit 30.000 Euro rückständig; für die bis zum 17.03.07 durch Überweisung gezahlten 10.000 Euro werden keine Säumniszuschläge erhoben, sodass für den ersten Monat 1 % von 20.000 Euro = **200 Euro** erhoben werden. Der zweite Monat beginnt mit dem 13.04.07; H ist noch mit 10.000 Euro rückständig. Es werden 1 % von

10.000 Euro = **100 Euro** erhoben. Der dritte Monat beginnt mit dem 13.05.07. Die Zahlung der H geht erst am Tag danach beim Finanzamt ein. Es ist also ein weiterer Säumniszuschlag von **100 Euro** entstanden; da Säumniszuschläge für den „angefangenen" Monat erhoben werden, reicht die Säumnis von nur einem Tag aus. Insgesamt werden **400 Euro** Säumniszuschläge erhoben.

Die spätere Änderung des Steuerbescheids und Herabsetzung der Steuer ändert an den bis dahin verwirkten 400 Euro Säumniszuschlägen nichts, § 240 Abs. 1 Satz 4 AO.[1]

2. und 3. Umsatzsteuer 05

Bei der Umsatzsteuer ist zu berücksichtigen, dass der Unternehmer im Gegensatz zu der Einkommensteuer die Steuer selbst berechnen und anmelden muss, § 18 UStG. Die Steuer gilt mit Eingang der Anmeldung beim Finanzamt als festgesetzt, §§ 167, 168 AO. Ein weiterer Unterschied zur Einkommensteuer besteht darin, dass die Vorauszahlungen auf die Jahressteuerschuld nicht auf der Grundlage des letzten Veranlagungszeitraums vom Finanzamt festgesetzt werden. Vielmehr hat der Unternehmer für jeden Voranmeldungszeitraum (Kalendervierteljahr oder Monat) eine Erklärung abzugeben. Die Frist für die Abgabe dieser Umsatzsteuervoranmeldungen beträgt 10 Tage nach Ablauf des Voranmeldungszeitraums, § 18 Abs. 1 Satz 1 UStG. Gleichzeitig wird die Vorauszahlung fällig, § 18 Abs. 1 Satz 4 UStG. Gibt der Unternehmer seine Voranmeldung fristgerecht ab, zahlt aber nicht, werden die **Säumniszuschläge** ab dem gesetzlich vorgegebenen Fälligkeitstag berechnet. Gibt der Unternehmer dagegen seine Voranmeldung erst nach Ablauf des gesetzlich festgelegten Fälligkeitstags ab und zahlt zu spät, so sind die Säumniszuschläge erst von dem Tag des Eingangs der Anmeldung zu erheben. Dabei ist die Schonfrist zu berücksichtigen. Gleiches gilt, wenn das Finanzamt wegen Nichtabgabe der Voranmeldung die Steuer schätzt und in einem Bescheid festsetzt. Die Säumnis beginnt erst mit Ablauf des vom Finanzamt gesetzten Fälligkeitstags.

Zum Ausgleich dieses finanziellen Vorteils, den ein Unternehmer sich durch verspätete Abgabe der Voranmeldung verschaffen kann, ist das Finanzamt berechtigt und angehalten, **Verspätungszuschläge** festzusetzen, § 152 Abs. 1 AO. Eine Pflicht zur Festsetzung eines Verspätungszuschlags nach § 152 Abs. 2 AO besteht nicht. Es liegt im Ermessen des Finanzamts, ob es einen Verspätungszuschlag festsetzt, § 5 AO. Einer besonderen Begründung bedarf es hierbei i. d. R. nicht, denn die Ermessensentscheidung ist vorgeprägt. Die Höhe des Verspätungszuschlags richtet sich nicht nach § 152 Abs. 5 AO. Sie liegt laut § 152 Abs. 8 AO im Ermessen der Behörde. Zu beachten ist bei der Bemessung des Verspätungszu-

---

1 AEAO zu § 240 Nr. 2.

schlags, dass er mindestens so hoch sein sollte, wie der Säumniszuschlag wäre, wenn der Steuerpflichtige seine Voranmeldung rechtzeitig abgegeben hätte. Der Zuschlag darf aber auch höher sein. Für den Verspätungszuschlag ist nach § 220 Abs. 2 AO eine Zahlungsfrist einzuräumen.[1]

Januar 05

Nach § 18 Abs. 1 Satz 1 UStG hat H bis zum 10.02.05 die Umsatzsteuervoranmeldung für Januar abzugeben. Die verspätete Abgabe der Voranmeldung am 20.02.05 berechtigt das Finanzamt einen Verspätungszuschlag festzusetzen, weil die Abgabe der Anmeldung nach dem 10.02.05 erfolgt. Ein Säumniszuschlag ist nicht entstanden. H hat die Zahlung zwar nach Ablauf des im Einzelsteuergesetz (§ 18 Abs. 1 Satz 3 UStG) bestimmten Fälligkeitstags (10.02.05) geleistet; die Steuer gilt jedoch erst mit Eingang der Anmeldung am 20.02.05 als festgesetzt (§ 168 AO) und wird am selben Tag fällig.[2] H hat am 20.02.05 und damit pünktlich gezahlt, § 224 Abs. 2 Nr. 1 AO. Es sind keine Säumniszuschläge entstanden.

Februar 05

Nach § 18 Abs. 1 UStG war die Voranmeldung für Februar 05 spätestens am 10.03.05 abzugeben und gleichzeitig zu zahlen, § 18 Abs. 1 Satz 3 UStG. Ein Verspätungszuschlag kann festgesetzt werden, da die Voranmeldung am 12.03.05 und damit verspätet einging. Säumniszuschläge sind zwar entstanden, aber nicht zu erheben, weil die Zahlung durch Überweisung erfolgte und das Geld innerhalb von 3 Tagen nach Abgabe der Voranmeldung beim Finanzamt einging, § 240 Abs. 3 AO.

März 05

Obwohl die Voranmeldung bis zum 10.04.05 abzugeben war und die Zahllast nach § 18 Abs. 1 Satz 3 UStG an diesem Tage fällig werden sollte, wird der vom Finanzamt festgesetzte Betrag erst am 25.05.05 fällig. Die Zahlung der H ging am 24.05.05 und damit vor Fälligkeit beim Finanzamt ein. Es sind keine Säumniszuschläge entstanden. Da H ihrer Verpflichtung zur Abgabe der Voranmeldung nicht nachgekommen ist, kann und wird das Finanzamt einen Verspätungszuschlag festsetzen.

April 05

Die Voranmeldung wurde innerhalb der gesetzlichen Frist eingereicht. Ein Verspätungszuschlag ist nicht festzusetzen. Die Zahlung ging am 15.05.05 nach Ablauf der gesetzlichen Zahlungsfrist ein, § 18 Abs. 1 Satz 1 UStG. Es sind Säumniszuschläge für einen Monat entstanden. Sie betragen 1 % des nach unten auf 1.700 Euro abgerundeten Betrags, also 17 Euro. Die Schonfrist nach § 240 Abs. 3 AO ist überschritten. Die Säumniszuschläge müssen von H gezahlt werden.

---

1 AEAO zu § 152 Nr. 5.

2 AEAO zu § 240 Nr. 1 Buchst. a.

Fall 42

Stundung von Steuern

AO § 222

Sachverhalt

Die Einkommensteuer für den Bauunternehmer Torsten Teckel (T) wurde bestandskräftig auf 50.000 Euro festgesetzt. Nach Anrechnung geleisteter Vorauszahlungen verblieb eine Abschlusszahlung von 20.000 Euro. Der Betrag wurde am 20.09.04 fällig.

Im Oktober 04 beantragte der wichtigste Kunde des T die Eröffnung des Insolvenzverfahrens. Der Antrag wurde mangels Masse abgelehnt. T hatte gegen diesen Kunden Forderungen i. H. von 35.000 Euro, mit deren Eingang nicht mehr zu rechnen war. T geriet dadurch in eine äußerst schwierige finanzielle Lage. Seine Kreditmöglichkeiten hatte er vollständig ausgeschöpft, weil er im Jahr 04 erhebliche notwendige Investitionen hatte vornehmen müssen, um mit seinem Betrieb konkurrenzfähig zu bleiben. Seine Bank gewährte ihm im November 04 einen zusätzlichen Überbrückungskredit, damit er seinen Arbeitnehmern ein tariflich vereinbartes Weihnachtsgeld auszahlen konnte. Erst ab März 05 rechnet T mit einer Verbesserung seiner wirtschaftlichen Lage. Es ist ihm nämlich ein größerer Auftrag im Rahmen eines Neubauprojekts der Bundeswehrverwaltung zugeschlagen worden.

Ende November 04 beantragte T beim Finanzamt, ihm die restliche Einkommensteuer 03 zu stunden.

Frage

Wie wird das Finanzamt über den Stundungsantrag entscheiden?

Antwort

Das Finanzamt wird T die Einkommensteuerabschlusszahlung gegen Zinsen bis zum 01.03.05 stunden.

Begründung

Der Steuergläubiger kann auf sein Recht, bei Fälligkeit die Leistung vom Steuerschuldner zu fordern, zeitweilig verzichten, indem der Fälligkeitszeitpunkt auf einen späteren Termin verschoben wird (Stundung).

Um die Gleichmäßigkeit der Besteuerung zu gewährleisten, darf das Finanzamt eine Stundung nur unter den Voraussetzungen des § 222 AO aussprechen.

Die Einkommensteuer gehört zu den **Ansprüchen aus dem Steuerschuldverhältnis, § 37 AO.** Sie kann bei Vorliegen der weiteren Voraussetzungen gestundet werden.

Die Einziehung der Steuer bei Fälligkeit muss für T eine **erhebliche Härte** darstellen. Die in der Verpflichtung zur Zahlung von Steuern allgemein liegende Härte ist kein Stundungsgrund, da sie jeden Steuerpflichtigen trifft und vom Gesetzgeber so gewollt ist. Die besondere, nur ihn treffende Härte folgt aus den persönlichen Verhältnissen des T zum Zeitpunkt der Fälligkeit. T befindet sich durch den Konkurs seines Kunden in ernstlichen Zahlungsschwierigkeiten. Eine Bezahlung der Steuern würde seine berufliche Existenz gefährden. Es ist nicht Sinn der Steuererhebung, die wirtschaftliche Leistungsfähigkeit des Steuerpflichtigen zu vernichten. Damit würde jede weitere Steuererhebung in der Zukunft vereitelt. T hat alle wirtschaftlich vernünftigen Möglichkeiten, Geld zu beschaffen, ausgeschöpft. Er hat sich aus unternehmerisch sinnvollen Gründen verschuldet. Die öffentliche Hand muss durch einen zeitweiligen Verzicht auf die Steuern dazu beitragen, T eine wirtschaftliche Gesundung zu ermöglichen.

T ist auch **stundungswürdig.** Er hat die schlechte wirtschaftliche Lage nicht durch eigenes vorwerfbares Verhalten herbeigeführt. Die Verwendung seiner Gelder und Kredite für Investitionen war sinnvoll und notwendig. Er konnte keine Mittel zur Begleichung der Steuerschuld zurückhalten. Der Ausfall der großen Forderung ist ihm nicht anzulasten.

Der **Steueranspruch** ist auch **nicht gefährdet.**[1] Soweit wirtschaftliche Entwicklungen vorhersehbar sind, lässt sich mit an Sicherheit grenzender Wahrscheinlichkeit vermuten, dass T in absehbarer Zeit wieder zu Geld kommen wird. Er hat die Zusage eines größeren Projekts seitens der öffentlichen Hand.

Es ist deshalb geboten, die Einkommensteuerabschlusszahlung bis zum 01.03.05 zu stunden. Zu diesem Zeitpunkt wird sich deutlicher absehen lassen, wann T über ausreichende Mittel verfügen wird, sodass er die Steuern über einen weiteren Kredit bezahlen kann. Das Finanzamt könnte sich dann auch Ansprüche des T gegen die Bundeswehrverwaltung abtreten lassen.

Für die Dauer der gewährten Stundung werden **Zinsen** erhoben, § 234 Abs. 1 AO.[2] Die Zinsen betragen für jeden vollen Monat 0,5 % des rückständigen gestundeten Betrags. Die Zinsen werden in einem Zinsbescheid festgesetzt, auf den die Vorschriften über den Steuerbescheid Anwendung finden, § 239 Abs. 1 AO. Da die Zinsen für den gesamten Zeitraum, für den die Stundung gewährt wird, erhoben werden, unabhängig ob und

---

1 BFH vom 08.02.1988, BStBl 1988 II S. 514.
2 BFH vom 16.10.1991, BStBl 1992 II S. 321.

wann T die Steuern tatsächlich zahlt, sollen die Zinsen mit der Stundung berechnet und festgesetzt werden. Wird die gestundete Steuer während der Laufzeit der Stundung durch Berichtigung oder Änderung des Steuerbescheids herabgesetzt, ist der Stundungsbescheid nach § 239 Abs. 1 AO i. V. m. § 175 Abs. 1 Satz 1 Nr. 1 AO zu ändern (AEAO zu § 234 Nr. 2). Wird der Steuerbescheid nach Ablauf der Stundung aufgehoben, geändert oder nach § 129 AO berichtigt, bleiben die bis dahin entstandenen Zinsen unberührt, § 234 Abs. 1 Satz 2 AO. Maßgeblich für die Festsetzung der Stundungszinsen ist allein die gestundete Steuer nach den Verhältnissen bei Ablauf der Stundung.[1]

Der **Zinsbescheid** wird üblicherweise mit der Stundung verbunden. Stundungsverfügung und Zinsbescheid werden dann T gleichzeitig bekannt gegeben. Zahlt T die Steuern vor Ablauf der Stundung, bleibt der Zinsanspruch in voller Höhe bestehen. Die Finanzämter sind jedoch angewiesen, in bestimmten Fällen auf die Erhebung der Zinsen zu verzichten, die den Zeitraum nach der tatsächlichen Zahlung betreffen.[2]

Fall 43

Erlöschen des Steueranspruchs durch Aufrechnung

AO §§ 47, 226; EStG §§ 36, 37; BGB §§ 187, 188, 387 ff.

Sachverhalt

Die Einkommensteuerbescheide 01 und 02 für den Steuerpflichtigen Hartmut Hai (H) wurden am 28.11.03 mit einfachem Brief zur Post gegeben. Der Tag der Aufgabe zur Post wurde in den Akten vermerkt.

Für 01 ergab sich nach Anrechnung der pünktlich und vollständig geleisteten Vorauszahlungen eine Nachzahlung von 1.300 Euro, die am 02.01.04 fällig wurde.

Für 02 ergab sich nach Anrechnung der geleisteten Vorauszahlungen eine Erstattung von 2.000 Euro.

Die Einkommensteuervorauszahlungen für 03 waren auf 500 Euro vierteljährlich festgesetzt worden. Die Vorauszahlungen für die ersten drei Quartale wurden bei Fälligkeit bezahlt.

---

1 Siehe dazu auch AEAO zu § 234 mit zahlreichen Beispielen.
2 AEAO zu § 234 Nr. 1.

Frage

1. Wann und in welcher Höhe kann H frühestens die Aufrechnung erklären?

2. Wann und in welcher Höhe kann das Finanzamt frühestens die Aufrechnung erklären?

Antwort

1. H kann frühestens am 01.12.03 die Aufrechnung i. H. von 1.800 Euro erklären.

2. Das Finanzamt kann am 10.12.03 i. H. von 500 Euro und am 02.01.04 i. H. von 1.300 Euro die Aufrechnung erklären.

Begründung

1. Aufrechnung ist eine der in § 47 AO genannten Möglichkeiten des Erlöschens eines Steueranspruchs.[1] Die in § 226 AO geregelte Aufrechnung geht von der Erwägung aus, dass jemand einem anderen etwas schuldet und gleichzeitig von diesem anderen etwas fordern kann. Es wäre ein nicht notwendiger Aufwand, wenn beide Seiten den geschuldeten Betrag bezahlen würden. Es ist einfacher, wenn die beiden sich wechselseitig gegenüberstehenden Forderungen durch Verrechnung anstatt durch zweifache Zahlung getilgt werden.

Für die Aufrechnung verweist **§ 226 Abs. 1 AO** auf die entsprechenden Vorschriften der **§§ 387 ff. BGB.** Es müssen danach vier Voraussetzungen für die Aufrechnung erfüllt sein.

Gleichartigkeit

Es muss sich zunächst um gleichartige Forderungen handeln, § 387 BGB. Die im Sachverhalt genannten Ansprüche sind auf Geld gerichtet. Sie sind nach ihrem Gegenstand gleichartig. Zwischen Finanzamt und Steuerpflichtigem können daher nur Geldforderungen Gegenstand der Aufrechnung sein. Es wäre abwegig, wenn der Anspruch auf Abgabe einer Steuererklärung durch Aufrechnung getilgt werden könnte.

Gegenseitigkeit

Der Gläubiger der einen Forderung muss gleichzeitig Schuldner der anderen Forderung sein und umgekehrt.[2] H ist Gläubiger des Erstattungsanspruchs 02 und Schuldner der Forderungen des Finanzamts auf die Einkommensteuerabschlusszahlung 01 und die noch nicht gezahlte Vorauszahlung für das vierte Quartal 03. Das Bundesland, in dem das Finanzamt liegt, verwaltet durch dieses Finanzamt die Einkommensteuer. Es gilt für die Aufrechnung als Gläubiger, § 226 Abs. 4 AO, unabhängig davon,

---

1 AEAO zu § 226.

2 BFH vom 09.05.2007 – XI R 2/06, BFH/NV 2007 S. 1622.

ob und in welchem Umfang ihm diese Steuer hinsichtlich der Ertragshoheit auch zusteht, Art. 106 GG.

Erfüllbarkeit der Hauptforderung

Da H mit der Aufrechnung eine Leistung erbringt, muss die Schuld im Zeitpunkt der Aufrechnung zumindest vorhanden sein. Die Schuld des H, die Forderung des Finanzamts auf Zahlung der Einkommensteuerabschlusszahlung 01 und der vierten Vorauszahlung 03, muss erfüllbar sein, damit sie durch die Aufrechnung getilgt werden kann. Nach § 387 BGB kann H dann aufrechnen, wenn er die ihm obliegende Leistung erbringen kann. Um eine Leistung erbringen zu können, muss die Verpflichtung entstanden sein. Der Anspruch auf die Einkommensteuer 01 ist nach § 38 AO i. V. m. § 36 Abs. 1 EStG mit Ablauf des Jahres 01 entstanden. Zu diesem Zeitpunkt wäre aber eine Aufrechnung schon deshalb nicht möglich, weil niemand die Höhe der Zahlungsverpflichtung kennt. Die geschuldete Leistung kann von H frühestens erbracht werden, wenn er sie kennt. Deshalb muss die Schuld des H nicht nur entstanden, sondern auch konkretisiert, d. h. durch Steuerbescheid ihm gegenüber bekannt gegeben worden sein, damit er die Leistung erbringen kann. Es ist nicht notwendig, dass die Schuld fällig ist, da der Schuldner auch schon vor Fälligkeit leisten kann.

Die noch geschuldete Einkommensteuer 01 ist mit Bescheid vom 28.11.03 festgesetzt worden. Dieser Bescheid gilt nach § 122 Abs. 2 AO mit dem 01.12.03 als bekannt gegeben. Zu diesem Zeitpunkt könnte H frühestens zahlen und auch aufrechnen. Die geschuldete Einkommensteuervorauszahlung für das vierte Quartal 03 entsteht nach § 37 Abs. 1 Satz 2 EStG mit dem 01.10.03. Zu diesem Zeitpunkt ist die Höhe der Schuld bereits bekannt, da sie sich aus dem Vorauszahlungsbescheid ergibt. H könnte bereits am 01.10.03 leisten und aufrechnen.

Fälligkeit der Gegenforderung

Mit der Aufrechnung wird gleichzeitig die Schuld des anderen getilgt. Die Aufrechnung ist so anzusehen, als ob der Aufrechnende von dem anderen die Bewirkung der Leistung verlangt. Dazu ist er erst bei Fälligkeit berechtigt. Die Gegenforderung, die Forderung des H an das Finanzamt, muss fällig sein, wenn H die Aufrechnung erklärt. Der Anspruch des H auf Erstattung der überzahlten Einkommensteuer 02 wird gem. § 220 Abs. 2 AO, § 36 Abs. 4 Satz 2 EStG mit Bekanntgabe des Bescheids fällig. Der Bescheid gilt nach § 122 Abs. 2 AO mit dem 01.12.03 als bekannt gegeben.

Der Erstattungsanspruch war am 01.12.03 fällig. Die Aufrechnung ist frühestens möglich, wenn alle Voraussetzungen vorliegen. Das war am 01.12.03 der Fall. Die Aufrechnung erfolgt durch einseitige Erklärung des Aufrechnenden H gegenüber dem Finanzamt, § 388 Satz 1 BGB. Durch die Aufrechnung erlischt die Einkommensteuerschuld 01 i. H. von 1.300 Euro und die Einkommensteuervorauszahlung für das vierte Quartal 03 i. H. von 500 Euro. Gleichzeitig erlischt der Erstattungsanspruch des H in gleicher Höhe (1.800 Euro). Er hat noch einen restlichen Erstattungsanspruch von 200 Euro. Eventuell entstandene Säumniszuschläge, die bis zur Fälligkeit der Schuld des H entstanden sein könnten, bleiben von der Aufrechnung unberührt, § 240 Abs. 1 Satz 5 AO.

2. Wenn das Finanzamt die Aufrechnung erklären will, müssen die gleichen Voraussetzungen wie bei der Aufrechnung des H vorliegen. Hinsichtlich der Tatbestandsmerkmale Gleichartigkeit und Gegenseitigkeit ergeben sich keine Unterschiede.

Hinsichtlich der Erfüllbarkeit und Fälligkeit der einzelnen aufzurechnenden Forderungen greift jetzt eine umgekehrte Betrachtungsweise.

Die Forderung, die erfüllbar sein muss, ist die Forderung des H, der Erstattungsanspruch auf die überzahlte Einkommensteuer 02 i. H. von 2.000 Euro. Erfüllbar ist dieser Anspruch mit seiner Verwirklichung, § 218 Abs. 1 AO. Das ist mit der Festsetzung und Bekanntgabe des Steuerbescheids am 01.12.03 der Fall.

Gegenforderung ist die Forderung des Finanzamts an H. Diese Forderung muss fällig sein, denn vor Fälligkeit kann von H die Leistung nicht verlangt werden. Der Anspruch auf die Einkommensteuerabschlusszahlung wird am 02.01.04 fällig.

Der Anspruch auf die Einkommensteuervorauszahlung für das vierte Quartal 03 wird nach § 37 Abs. 1 Satz 1 EStG mit dem 10.12.03 fällig.

Das Finanzamt kann am 10.12.03 i. H. von 500 Euro und am 02.01.04 i. H. von 1.300 Euro die Aufrechnung erklären. Die Aufrechnungserklärung ist die rechtsgeschäftliche Ausübung eines Gestaltungsrechts und kein Verwaltungsakt.[1]

Fall 44

Erlöschen des Steueranspruchs durch Zahlungsverjährung

AO §§ 47, 228 bis 232

Sachverhalt

Die Einkommensteuervorauszahlungen 02 für die Steuerpflichtige Josepha Tramm (T) wurden im Jahr 01 mit 8.000 Euro jährlich festgesetzt. T zahlte

---

1 BFH vom 02.04.1987, BStBl 1987 II S. 536.

im Laufe des Jahres 01 7.200 Euro. Ihre Einkommensteuererklärung 02 reichte T erst nach mehrfacher Aufforderung am 10.01.05 beim zuständigen Finanzamt ein. T erhielt den Einkommensteuerbescheid am 05.03.05. Daraus ergab sich folgende Abrechnung:

festgesetzte Einkommensteuer 02	8.500 Euro
abzüglich Vorauszahlungen	7.200 Euro
noch zu zahlen	1.300 Euro
Verspätungszuschlag	450 Euro

T, eine sehr nachlässige Steuerzahlerin, zahlte nichts.

In der Finanzkasse befindet sich ein handschriftlicher Aktenvermerk vom 17.08.06: „T heute telefonisch an die Zahlung ESt 02 erinnert."

Am 07.12.09 begann bei T eine Außenprüfung, die auch das Jahr 02 erfasste. Der Prüfer ermittelte bisher nicht festgesetzte Einkommensteueransprüche mit einer steuerlichen Auswirkung von 900 Euro.

Aus dem berichtigten Einkommensteuerbescheid 02, der T am 25.04.10 zugestellt und am 25.05.10 unanfechtbar wurde, ergab sich folgende Zahlungsverpflichtung:

festgesetzte Einkommensteuer (lt. Außenprüfung)	9.400 Euro
geleistete Vorauszahlungen	7.200 Euro
noch zu zahlen	2.200 Euro
Verspätungszuschlag (wie bisher)	450 Euro

Am 30.11.11 erschien T beim Finanzamt und besprach ihre steuerlichen Angelegenheiten mit dem zuständigen Sachgebietsleiter. Es wurde vereinbart, dass die restliche Einkommensteuerschuld 02 und der Verspätungszuschlag am 30.01.12 von T gezahlt werden. T zahlte nicht.

Frage

Wann verjähren die im Sachverhalt genannten Zahlungsansprüche?

Antwort

Die Ansprüche auf die Einkommensteuer und den Verspätungszuschlag verjähren mit Ablauf des Jahres 17.

Begründung

T schuldet die sich aus den Steuerbescheiden ergebenden Zahlungen. Es ist Aufgabe des Gläubigers, dafür zu sorgen, dass Schuldner ihren Verpflichtungen nachkommen. Das Finanzamt hat dazu durch die Regelungen des Erhebungsverfahrens in den §§ 218 ff. AO eine Reihe von Möglichkeiten erhalten, um den festgesetzten Anspruch gegenüber dem Schuldner durchzusetzen. Macht der Gläubiger über einen langen Zeitraum von diesen Maßnahmen keinen Gebrauch, verliert er das Recht, Erfüllung der fälligen Forderung zu verlangen. Nach einem vom Gesetz festgelegten Zeitablauf darf der Schuldner davon ausgehen, dass der Gläubiger die Leistung nicht mehr fordert. Der Anspruch erlischt deswegen auch ohne Zahlung durch Zeitablauf, §§ 47, 232 AO. Alle Zahlungsansprüche unterliegen dieser Verjährung, § 228 Abs. 1 AO.

Dauer: Der Zeitraum, der dem Gläubiger zur Realisierung seiner Forderung zur Verfügung steht, beträgt einheitlich für alle Ansprüche 5 Jahre, § 228 Satz 2 AO. Diese Verjährung beginnt mit Ablauf des Jahres, in dem der Anspruch erstmals fällig wird, § 229 Abs. 1 Satz 1 AO.

Beginn: Im Jahr 02 (10. März, 10. Juni, 10. September und 10. Dezember) ist der Anspruch auf die Vorauszahlungen fällig geworden, § 37 Abs. 1 EStG. Von diesen 8.000 Euro sind 7.200 Euro gezahlt. Insoweit ist der Anspruch erloschen, § 47 AO. Für die restlichen 800 Euro beginnt mit Ablauf des Jahres 02 die Verjährung.

Die Bekanntgabe des Einkommensteuerbescheids am 05.03.05 löst die Fälligkeit der Abschlusszahlung aus. Nach § 36 Abs. 4 EStG ist der Betrag, der die festgesetzten Vorauszahlungen übersteigt, einen Monat nach Bekanntgabe fällig. Die nicht gezahlten Vorauszahlungen waren bereits fällig und sind sofort zu bezahlen. Erstmals fällig wird der Betrag von 500 Euro, der über die festgesetzten Vorauszahlungen von 8.000 Euro hinausgeht. Für diese 500 Euro beginnt die Verjährung mit Ablauf des Jahres 05. Gleichzeitig beginnt die Verjährung für den Verspätungszuschlag, da dieser nach § 220 Abs. 2 AO mit Festsetzung im Steuerbescheid entsteht und mit Bekanntgabe des Bescheids fällig wird.

Unterbrechungen: Nach § 231 AO unterbrechen die dort genannten Maßnahmen die Verjährung. Unterbrechung bedeutet, dass die bisher laufende Verjährungsfrist abgebrochen wird und mit Ablauf des Jahres, in dem die Unterbrechungshandlung endet, eine neue 5-jährige Verjährungsfrist beginnt, § 231 Abs. 3 AO.

Der Steuerbescheid vom März 05 enthält auch eine Zahlungsaufforderung hinsichtlich der noch nicht gezahlten restlichen Vorauszahlungen von 800 Euro. Insoweit wird die seit dem Ablauf des Jahres 02 laufende Verjährung unterbrochen. Mit Ablauf des Jahres 05 beginnt auch für diesen Anspruch eine neue 5-jährige Verjährungsfrist.[1] Damit beginnt für alle in dem Steuerbescheid erfassten, noch nicht getilgten Ansprüche mit Ablauf des Jahres 05 eine einheitliche 5-jährige Verjährungsfrist.

Die telefonische Erinnerung vom 17.08.06 unterbricht die laufende Verjährung nicht, da nur schriftliche Zahlungsaufforderungen die Verjährung unterbrechen, § 231 Abs. 1 AO.[2] Auch die Außenprüfung hat keinen Ein-

---

1 BFH vom 18.09.2018 – VII R 18/18, BFH/NV 2019 S. 107.

2 BFH vom 22.07.1999, BStBl 1999 II S. 749; andere Auffassung: FG Rheinland-Pfalz vom 08.02.2012 – 2 K 1893/10, EFG 2012 S. 1005.

fluss auf die laufende Zahlungsverjährung, da sie nicht in § 231 Abs. 1 AO aufgeführt ist.[1]

Der geänderte Steuerbescheid löst hinsichtlich der Mehrsteuern (900 Euro) den Beginn der Verjährung mit Ablauf des Jahres 10 aus, da diese Steuern jetzt erstmals fällig werden. Hinsichtlich der übrigen Beträge (1.300 Euro Steuern und 450 Euro Verspätungszuschlag) ist das Leistungsgebot im geänderten Steuerbescheid eine schriftliche Zahlungsaufforderung und unterbricht die Verjährung erneut. Mit Ablauf des Jahres 10 beginnt für den gesamten Anspruch (2.200 Euro Steuern und 450 Euro Verspätungszuschlag) eine neue 5-jährige Verjährungsfrist.

Die Vereinbarung der T mit dem Finanzamt vom 30.11.11 ist eine Stundung der fälligen Zahlungen, § 222 AO. Die Stundung ist an keine Form gebunden, sie braucht nicht schriftlich zu erfolgen. Die Stundung unterbricht die Verjährung erneut. Die Stundung endet am 30.01.12.

Damit endet die Unterbrechung der Verjährung, § 231 Abs. 3 AO, im Jahr 12. Mit Ablauf des Jahres 12 beginnt eine neue 5-jährige Verjährungsfrist.

Ende: Sofern das Finanzamt keine weiteren Unterbrechungshandlungen vornimmt oder die Ansprüche auf andere Weise getilgt werden, werden sie mit Ablauf des 31.12.17 verjähren und damit erlöschen, § 232 AO.

Fall 45

Erlöschen des Steueranspruchs durch Erlass

AO §§ 47, 163, 227

Sachverhalt

Der Kaufmann Gustav Ganz (G) verstarb plötzlich im Mai 05 und wurde von seiner Ehefrau Helene (H) beerbt.

G war durch erhebliche private Aufwendungen in Spielcasinos in den Jahren 04 und 05 hoch verschuldet. Er hatte in den letzten Jahren so gut wie keine Aufzeichnungen über seine Geschäfte gemacht, von einer Buchführung konnte keine Rede mehr sein. Steuererklärungen hatte er nicht abgegeben. Letztmals hatte er im Jahr 03 beträchtliche Gewinne erzielt.

Im September 05 führte das Finanzamt die Einkommensteuerveranlagungen für die Jahre 03 und 04 durch, wobei es aufgrund von Schätzungen

---

1 BFH vom 24.11.1992, BStBl 1993 II S. 220.

der Besteuerungsgrundlagen für 03 eine Steuer von 25.000 Euro und für 04 von 0 Euro festsetzte.

Nach Bestandskraft der Bescheide beantragte H den Erlass der Steuerschuld. Als Begründung gab sie an:

a) Es sei ungerecht, sie als Erbin für die Schulden ihres Mannes verantwortlich zu machen.

b) Sie werde von einer Vielzahl anderer Gläubiger bedrängt, sodass sie nicht auch noch die Steuern bezahlen könne.

c) Die Steuerschuld für 03 sei deshalb so hoch, weil ihr Ehemann keine Steuererklärung abgegeben habe.

d) Sie sei völlig mittellos, lebe von Sozialhilfe und habe noch zwei minderjährige Kinder zu unterhalten. Sie sei häufig krank und habe keinen Beruf erlernt. In ihrem Alter (49 Jahre) könne sie bei der derzeitigen Arbeitsmarktlage nicht damit rechnen, eine einträgliche Beschäftigung zu finden.

Frage

1. Wie hat das Finanzamt über den Erlassantrag unter Berücksichtigung der dargelegten Gründe zu entscheiden?

2. Was wäre zu veranlassen gewesen, wenn das Finanzamt die von H dargelegte Situation gekannt hätte, bevor es die Veranlagung 03 durchführte?

Antwort

1. Die Steuer ist nach § 227 AO wegen der unter d) dargelegten Gründe zu erlassen. Die unter a) bis c) genannten Gesichtspunkte rechtfertigen keinen Erlass.

2. Aus den unter d) genannten Gründen wäre gem. § 163 AO von einer Festsetzung der Steuer abzusehen gewesen.

Begründung

Grundsätzlich hat jeder Steuerpflichtige den von ihm verwirklichten und gegen ihn festgesetzten Anspruch aus dem Steuerschuldverhältnis zu erfüllen. Die allgemeine und für jeden Steuerpflichtigen gleichermaßen geltende Regelung kann auf die persönlichen Verhältnisse des Steuerpflichtigen keine Rücksicht nehmen. Durch § 227 AO erhält das Finanzamt die Möglichkeit, auf die Durchsetzung eines bestehenden Steueranspruchs zu verzichten, wenn die Einziehung der Steuer nach Lage des einzelnen Falls **unbillig** wäre.[1] Als Kaufmann erzielte G Einkünfte aus Gewerbebetrieb, die nach den Vorschriften des Einkommensteuergesetzes zur Steuer herangezogen werden müssen, unabhängig davon, ob G diese

---

1 AEAO zu § 240 Nr. 5.

Steuer bezahlen kann oder nicht. Die Möglichkeit, die Steuer aus Billig-keitsgründen zu erlassen, soll Ungerechtigkeiten, die in dieser allgemeinen Regelung begründet sein können, ausgleichen. Die allgemeine Regelung des Gesetzes wird so den Bedürfnissen des Einzelfalls angepasst. Die Billig-keitsmaßnahme ist die Gerechtigkeit des Einzelfalls.[1] Während die Steuer-gesetze nur für alle Fälle gleichermaßen festlegen können, dass Steuer-ansprüche entstehen und zu erfüllen sind, kann die Verwaltung mit Hilfe des § 227 AO auf bestimmte Ausnahmesituationen des Einzelfalls reagieren. Die Frage, wann die Einziehung der Steuer unbillig ist, kann nicht gesetz-lich geregelt werden. Sie hängt von der Situation des zu entscheidenden Falls ab und stellt sich in jedem Einzelfall in anderer Form dar. Das Gesetz kann in § 227 AO nur den allgemeinen unbestimmten Rechtsbegriff der Unbilligkeit aufstellen.

Die Unbilligkeit kann in der Sache selbst liegen (**sachliche Billigkeits-gründe**) oder in der Person der Steuerpflichtigen begründet sein (**persön-liche Billigkeitsgründe**).

1. Die von H vorgebrachten Gründe für ihren Erlassantrag sind daraufhin zu untersuchen, ob es aus sachlichen oder persönlichen Gründen unbillig wäre, die Bezahlung der Steuer von ihr zu verlangen.

a) Als Erbin ihres Mannes ist sie verpflichtet, seine Steuerschulden zu bezahlen, da sie alle Rechte und Pflichten des G übernommen hat, § 45 AO. Diese Verpflichtung betrifft gleichermaßen ohne Unterschied alle Erben.

Der von H vorgebrachte Erlassgrund ist nicht in ihrer Person zu suchen, sondern ergibt sich aus der gesetzlichen Regelung der Erbfolge. Ein sach-licher Erlassgrund ist nur in dem seltenen Ausnahmefall anzuerkennen, wenn der Gesetzgeber die betreffende Situation und damit den steuer-lichen Tatbestand anders geregelt hätte, sofern er diesen konkreten Sach-verhalt bei Erlass der Vorschrift bedacht hätte.[2] Hier hat sich der Gesetz-geber dafür entschieden, dass der Erbe die Forderungen und Schulden des Erblassers übernimmt. Es handelt sich nicht um eine Ausnahmesitua-tion, die den Gesetzgeber zu einer anderen Entscheidung veranlasst hätte. Das Gesetz hat dem Erben mit der Möglichkeit der Ausschlagung der Erbschaft einen Weg gegeben, eine Inanspruchnahme für Schulden des Erblassers auszuschließen, §§ 1942 ff. BGB. Ein Erlass aus sachlichen Billigkeitsgründen kommt aus diesem Grund nicht in Betracht.

b) Zweck des Erlasses ist es, dem betroffenen Steuerpflichtigen eine wirt-schaftliche Erleichterung zu verschaffen. Der Erlass muss dem Steuer-pflichtigen wirtschaftlich zugutekommen. Ein Erlass aus diesem Grund

---

1 Tipke/Kruse, § 227 Tz. 3.

2 BFH vom 25.04.2002 – V B 73/01, BStBl 2004 II S. 343, vom 20.09.2012 – IV R 29/10, BStBl 2013 II S. 505, und vom 28.11.2016 – GrS 1/15, BStBl 2017 II S. 393.

würde aber den anderen Gläubigern der H einen Vorteil einräumen, da ihnen dann mehr zur Verfügung stünde. H selbst hätte keinen Vorteil. Die Einbeziehung der Steuer kann deshalb auch nicht unbillig sein.[1]

c) Wenn die Steuer tatsächlich nicht richtig festgesetzt worden ist, hätte H dieses mit einem Einspruch gegen den Steuerbescheid rügen müssen. Sie hätte im Einspruch die Steuererklärung vorlegen und damit eine niedrigere Festsetzung der Steuer erreichen können.[2] Der Erlass der Steuer aus diesem Grund käme einer Aushöhlung der Bestandskraft gleich.[3] Eine sachliche Überprüfung bestandskräftiger Steuerfestsetzungen im Billigkeitsverfahren ist lediglich dann zugelassen, wenn die Steuerfestsetzung offensichtlich und eindeutig falsch ist und es dem Steuerpflichtigen nicht möglich und zumutbar war, sich gegen die Fehlerhaftigkeit rechtzeitig zu wehren.[4]

Das Finanzamt hat aufgrund des Antrags der H zu prüfen, ob ihr Wiedereinsetzung in den vorigen Stand gewährt werden kann. Soweit das nicht möglich ist, müsste geprüft werden, ob der Steuerbescheid aufgrund einer Änderungsvorschrift, z. B. § 173 Abs. 1 AO, geändert werden kann. Ein Erlass kommt nicht in Betracht.

d) Ein Erlass aus persönlichen Gründen setzt voraus, dass der Steuerpflichtige erlassbedürftig und erlasswürdig ist. **Erlassbedürftigkeit** besteht, wenn bei Einbeziehung der Steuer die wirtschaftliche Existenz des Steuerpflichtigen gefährdet ist. Die wirtschaftliche Existenz ist gefährdet, wenn die Bezahlung der Steuer dazu führen würde, dass H den notwendigen Lebensunterhalt nicht mehr bestreiten kann. Es ist dem Schuldner zuzumuten, Gegenstände, die für den Gebrauch des täglichen Lebens nicht unbedingt notwendig sind, zu veräußern oder zu beleihen. Er muss auch alle ihm offenen Kreditmöglichkeiten zunächst ausschöpfen. Er muss allerdings noch so viel Mittel haben, dass ihm eine angemessene Lebensführung möglich ist. Was dazugehört, ist entsprechend § 811 ZPO zu beurteilen. Da H von der Sozialhilfe lebt, keinen Arbeitsplatz hat und wohl auch keinen finden wird, außerdem zwei minderjährige Kinder zu unterhalten hat, wird das Geld, das ihr zur Verfügung steht, kaum für einen angemessenen Lebensunterhalt ausreichen. Eine Bezahlung der Steuer würde nur zur Folge haben, dass sie und ihre Familie in noch größerem Maß Unterstützung seitens des Staates benötigten. Die Einziehung der Steuer wäre unbillig.

---

1 BFH vom 26.10.1999 – V B 130/99, BFH/NV 2000 S. 411, und vom 20.07.2007 – XI B 95/06, BFH/NV 2007 S. 1826.

2 BFH vom 05.06.2009 – V B 52/08, BFH/NV 2009 S. 1593.

3 BFH vom 19.10.2010 – X B 9/09, BFH/NV 2011 S. 561, und vom 11.03.2011 – V B 45/10, BFH/NV 2011 S. 999.

4 BFH vom 26.05.2000 – V B 28/00, BFH/NV 2000 S. 1326.

Bevor auf den Steueranspruch durch Erlass verzichtet wird, muss aber geprüft werden, ob H auch erlasswürdig ist. **Erlasswürdigkeit** ist gegeben, wenn der Steuerpflichtige die mangelnde Leistungsfähigkeit nicht selbst herbeigeführt oder durch sein Verhalten in eindeutiger Weise gegen die Interessen der Allgemeinheit verstoßen hat. Unter diesem Aspekt wäre der verstorbene G nicht erlasswürdig. Er hat sich durch seinen Lebenswandel selbst in eine finanziell ausweglose Situation gebracht. H hingegen ist ohne eigenes Verschulden in diese schlechte finanzielle Situation geraten. Es kann ihr nicht angelastet werden, dass sie von der Möglichkeit der Ausschlagung der Erbschaft keinen Gebrauch gemacht hat. Mit der Erbschaft hat sie zwar alle Rechte und Pflichten des G übernommen, dessen Verhalten ist ihr jedoch nicht vorzuwerfen. Für die Frage der Erlasswürdigkeit ist deshalb allein die Erbin H zu beurteilen. Sie ist erlasswürdig.

Da auch langfristig gesehen mit keiner Besserung der wirtschaftlichen Lage zu rechnen ist und deshalb eine Stundung der Steuer sinnlos wäre, ist die Steuer zu erlassen.

2. Das Finanzamt hat keinen Entscheidungsspielraum dahin gehend, in welcher Höhe ein Steueranspruch entstanden ist. Der Steueranspruch entsteht mit Verwirklichung des Tatbestands, an den die Entstehung der Steuer geknüpft ist, § 38 AO. Der hier in Frage stehende Einkommensteueranspruch von 25.000 Euro ist mit Ablauf des 31.12.03 entstanden. Mit der Veranlagung hat das Finanzamt lediglich diesen entstandenen Anspruch festzusetzen. Im vorliegenden Fall ist aber bereits vor der Festsetzung der Steuer erkennbar, dass die Erhebung der Steuer unbillig sein wird. Die festgesetzte Steuer müsste erlassen werden, § 227 AO. Dieses Ergebnis kann das Finanzamt vorwegnehmen, indem es aus Billigkeitsgründen die Steuer niedriger festsetzt, **§ 163 AO.**

Die Steuer kann niedriger als entstanden festgesetzt werden, indem einzelne Besteuerungsmerkmale außer Ansatz bleiben, also beispielsweise ein Gewinn aus Gewerbebetrieb nicht angesetzt wird. Es können auch alle Besteuerungsmerkmale außer Betracht bleiben, sodass im Ergebnis von einer Steuerfestsetzung abgesehen wird. Da feststeht, dass H weder die 25.000 Euro noch einen geringeren Betrag zahlen kann, sollte das Finanzamt die Steuer für 03 auf 0 Euro festsetzen.

Fall 46

Verzinsung von Steuernachforderungen und Steuererstattungen – Säumniszuschläge

AO §§ 152, 233a, 240

Sachverhalt

1. **Einkommensteuer 02 der Käthe Katze (K)**

   Wegen verspäteter Abgabe der Einkommensteuererklärung 02 konnte die Steuerfestsetzung erst im Jahr 05 erfolgen.

   Gegen K waren Vorauszahlungen für 02 von 26.000 Euro festgesetzt worden, die K jeweils zum Fälligkeitstermin in 02 gezahlt hat. Mit dem am 15.02.05 bekannt gegebenen Bescheid wurde die Einkommensteuer für 02 auf 39.000 Euro festgesetzt. Den noch zu zahlenden Steuerbetrag von 13.000 Euro hat K bei Fälligkeit gezahlt.

   Mit einem am 15.12.05 bekannt gegebenen Bescheid wurde die Steuerfestsetzung nach § 175 Abs. 1 Nr. 1 AO geändert und die Steuer auf 43.000 Euro heraufgesetzt. Den noch zu zahlenden Betrag von 4.000 Euro hat K bei Fälligkeit gezahlt.

2. **Einkommensteuer 02 der Petra Pudel (P)**

   Auch P gab ihre Einkommensteuererklärung 02 so spät ab, dass der Bescheid erst in 05 ergehen konnte.

   Gegen P waren Vorauszahlungen für 02 von 27.000 Euro festgesetzt worden, die P jeweils zum Fälligkeitstermin in 02 gezahlt hat. Mit einem am 15.02.05 bekannt gegebenen Bescheid wurde die Einkommensteuer für 02 auf 37.000 Euro festgesetzt. Der noch zu zahlende Betrag von 10.000 Euro wurde am 15.03.05 fällig und am 20.06.05 gezahlt.

   Mit einem am 10.11.05 bekannt gegebenen Bescheid wurde die Steuerfestsetzung nach § 175 Abs. 1 Nr. 1 AO geändert und die Steuer auf 31.000 Euro herabgesetzt. Der Unterschiedsbetrag von 6.000 Euro wurde am 10.11.05 erstattet.

Frage

Welche Zinsen bzw. Säumniszuschläge haben K und P zu zahlen?

Antwort

1. K hat 1.050 Euro Zinsen zu zahlen.
2. P hat 80 Euro Zinsen und 400 Euro Säumniszuschläge zu zahlen.

Begründung

Zinsen sind steuerliche Nebenleistungen i. S. des § 3 Abs. 4 AO. Im Unterschied zum Säumniszuschlag oder Verspätungszuschlag beinhaltet die **Verzinsung** weder Sanktionen gegen den Steuerpflichtigen noch hat sie Strafcharakter. Es sollen lediglich die Vorteile ausgeglichen werden, die der Schuldner einer Steuernachzahlung (Steuerpflichtiger) oder Steuererstattung (Staat) dadurch hat, dass die Steuerfestsetzung erst zu einem sehr viel späteren Zeitpunkt erfolgt als in anderen Fällen. Weder die Gründe für die späte Steuerfestsetzung noch die Frage, wer dafür die Verantwortung trägt, spielen bei der Festsetzung und Bemessung der Zinsen eine Rolle.[1] So hat das BVerfG entschieden, dass die Vollverzinsung auch dann rechtmäßig ist, wenn der zu verzinsende Unterschiedsbetrag allein vom Finanzamt verursacht wurde.[2] Die Verzinsung ist gesetzlich vorgeschrieben. Sie steht nicht im Ermessen des Finanzamts; Billigkeitsmaßnahmen bleiben davon unberührt.[3]

Die **Zinsfestsetzung** erfolgt im automatischen Datenverarbeitungsverfahren programmgesteuert, wenn aufgrund einer Veranlagung ein Betrag mit Fälligkeit nach Beginn des Zinslaufes zum Soll gestellt wird, § 233a Abs. 4 AO.[4] Auch wenn die Zinsfestsetzung äußerlich mit der Steuerfestsetzung verbunden wird, handelt es sich um einen selbständigen Verwaltungsakt, auf den die Vorschriften über die Steuerfestsetzung entsprechend Anwendung finden, § 239 Abs. 1 AO. Gegen den Zinsbescheid ist der Einspruch gegeben, § 347 Abs. 1 Nr. 1 AO.

Der **Anwendungsbereich** des § 233a AO ist im Absatz 1 der Vorschrift definiert. Die Verzinsung findet nur auf die dort genannten Steuerarten Anwendung.[5] Nicht verzinst werden Vorauszahlungen und Steuerabzugsbeträge (§ 233a Abs. 1 Satz 2 AO), die vom Arbeitgeber übernommene Lohnsteuer, Haftungsschulden, steuerliche Nebenleistungen sowie alle nicht in § 233a Abs. 1 AO genannten Steuern.

Da eine Steuer nicht sofort nach ihrer Entstehung festgesetzt werden kann, beginnt der **Zinslauf** nach § 233a Abs. 2 Satz 1 AO grundsätzlich 15 Monate nach Ablauf des Kalenderjahres (Karenzzeit), in dem die Steuer entstanden ist. Das ist der Zeitraum, den das Finanzamt üblicherweise benötigt, um die Veranlagung eines Jahres abschließen zu können, sodass für die Mehrzahl der Fälle eine Verzinsung nicht in Betracht kommt. Der Zinslauf endet mit Ablauf des Tages, an dem die Steuerfestsetzung wirksam wird; der Zeitpunkt der Bestandskraft, Fälligkeit oder

---

1 AEAO zu § 233a Nr. 69.2.

2 BVerfG vom 03.09.2009, HFR 2010 S. 171.

3 BFH vom 19.03.1997, BStBl 1997 II S. 446.

4 AEAO zu § 233a Nr. 1.

5 BFH vom 15.03.1995, BStBl 1995 II S. 490.

Zahlung ist unbeachtlich, § 233a Abs. 2 Satz 3 AO.[1] Der Zinslauf endet auch dann erst am 3. Tag nach Aufgabe zur Post, § 122 Abs. 2 Nr. 1 AO, wenn der Bescheid tatsächlich früher zugeht.[2] Die Steuerfestsetzung wird bei Steuerbescheiden am Tag der Bekanntgabe, bei nicht zustimmungsbedürftigen Steueranmeldungen, § 168 AO, am Tag des Eingangs beim Finanzamt und bei zustimmungsbedürftigen Steueranmeldungen am Tag der Zustimmung durch das Finanzamt wirksam. Vorzeitige Zahlungen vor Fälligkeit und vor Wirksamkeit des Steuerbescheids haben keine Auswirkungen auf den Zinslauf.[3] **Bemessungsgrundlage** für die Zinsberechnung sind die festgesetzten Steuern abzüglich der Steuerabzugsbeträge und der Vorauszahlungen, § 233a Abs. 3 AO.

Die **Höhe der Zinsen** ist in § 238 AO festgelegt. Sie beträgt 0,5 % für jeden vollen Monat. Angefangene Monate bleiben außer Ansatz.[4] Die Höhe des Zinssatzes von 6 % pro Jahr wird angesichts des stabil niedrigen Zinsniveaus vom BFH als verfassungsrechtlich bedenklich angesehen.[5] Seit dem 07.05.2019 setzt die Finanzverwaltung Zinsen ab dem Verzinsungszeitraum 2012 vorläufig fest.[6]

1. Einkommensteuer 02 der K

Der Anspruch auf Einkommensteuer 02 gegen K ist mit Ablauf des 31.12.02 entstanden, § 38 AO, § 36 Abs. 1 EStG. Der Zinslauf beginnt 15 Monate nach Entstehung des Anspruchs am 01.04.04. Da wegen der verspäteten Abgabe der Steuererklärung die Festsetzung erst im Januar 05 erfolgen kann, hat eine Verzinsung ab 01.04.04 zu erfolgen. Unerheblich für den Beginn des Zinslaufes ist, dass K durch die verspätete Abgabe der Steuererklärung die späte Festsetzung der Steuer zu vertreten hat. Auch wenn sie ihre Erklärung fristgerecht bis zum 31.07.03 (§ 149 Abs. 2 Satz 1 AO) abgegeben hätte, beginnt mit dem 01.04.04 der Zinslauf, wenn die Steuer bis zu diesem Zeitpunkt noch nicht festgesetzt worden ist.

Der Zinslauf endet mit der Bekanntgabe des Steuerbescheids am 15.02.05, § 233a Abs. 2 Satz 3 AO. Es sind Zinsen vom 01.04.04 bis zum 15.02.05 zu berechnen. Die Zinsen betragen 0,5 % für jeden vollen Monat, § 238 Abs. 1 Satz 1 AO. Es sind deshalb die 10 Monate von April 04 bis Januar 05 zu verzinsen. Es sind nur die nachzuzahlenden Beträge zu verzinsen, die geleisteten Vorauszahlungen bleiben außer Betracht, § 233a Abs. 3 Satz 1 AO. Demnach sind die Zinsen auf 13.000 Euro zu erheben und betragen 650 Euro (0,5 % von 13.000 Euro × 10 Monate).

---

1 AEAO zu § 233a Nr. 4; BFH vom 13.12.2000, BStBl 2001 II S. 274.
2 BFH vom 13.12.2000, BStBl 2001 II S. 274.
3 BFH vom 09.05.1994, BStBl 1994 II S. 556.
4 AEAO zu § 233a Nr. 6; BFH vom 24.07.1996, BStBl 1997 II S. 6.
5 BFH-Beschluss vom 04.07.2019 – VIII B 128/18, BFH/NV 2019 S. 448.
6 BMF-Schreiben vom 07.05.2019, BStBl 2019 I S. 448.

Wird die Steuerfestsetzung aufgehoben, geändert oder nach § 129 AO berichtigt, ist auch die Zinsfestsetzung zu ändern, § 233a Abs. 5 Satz 1 AO. Diese eigenständige Änderungsvorschrift ist notwendig, da der Zinsbescheid kein Folgebescheid des vorangegangen Steuerbescheids ist und deshalb bei Änderung des Steuerbescheids nicht nach § 175 Abs. 1 Nr. 1 AO geändert werden kann. Ansonsten gelten für Zinsbescheide die Änderungsvorschriften der AO uneingeschränkt, § 239 Abs. 1 Satz 1 AO.

Bei der Anpassung des Zinsbescheids gem. § 233a Abs. 5 Satz 1 AO ist der Unterschiedsbetrag zwischen der nunmehr festgesetzten Steuer von 43.000 Euro und der vorher festgesetzten Steuer von 39.000 Euro noch zu verzinsen, § 233a Abs. 5 Satz 2 AO. Da die Einkommensteuer für 02 einheitlich mit Ablauf des 31.12.02 entstanden ist, beginnt auch für diese 4.000 Euro der Zinslauf mit dem 01.04.04 und endet mit Bekanntgabe des Steuerbescheids am 15.12.05. Für den Zinslauf ist es unerheblich, aus welchen Gründen die Steuer erst so lange nach ihrer Entstehung festgesetzt worden ist. Die späte Abgabe der Steuererklärung ist für die Frage der Verzinsung ebenso bedeutungslos wie eine eventuelle lange oder verzögerte Bearbeitungszeit beim Finanzamt. Weder der Grundsatz von Treu und Glauben noch § 301 BGB stehen dagegen.[1] Für die Verzinsung ist maßgebend, dass der Steuerpflichtigen der noch zu zahlende Betrag von 4.000 Euro zur anderweitigen Verwendung so lange zur Verfügung stand. Dieser Vorteil gegenüber den Steuerpflichtigen, die früher veranlagt wurden und deshalb früher zahlen mussten, soll durch die Verzinsung ausgeglichen werden.

Es sind für 20 Monate (April 04 bis einschließlich November 05) Zinsen festzusetzen. Die Zinsen betragen 400 Euro (0,5 % von 4.000 Euro × 20 Monate).

Dieser Betrag und die bereits festgesetzten Zinsen von 650 Euro ergeben einen gesamten Zinsbetrag von 1.050 Euro.

2. Einkommensteuer 02 der P

Für P gilt zunächst das Gleiche wie für K. Die Einkommensteuer 02 ist mit Ablauf des 31.12.02 entstanden. Der Zinslauf beginnt mit dem 01.04.04 und endet mit der Bekanntgabe des Steuerbescheids am 15.02.05. Es sind 0,5 % Zinsen auf den noch zu zahlenden Betrag von 10.000 Euro für 10 volle Monate zu zahlen, das sind 500 Euro.

Wird die Steuer bei Fälligkeit nicht gezahlt, ist das unerheblich für die Zinsen nach § 233a AO. Die Steuerpflichtige P hat nunmehr Säumniszuschläge nach § 240 AO zu zahlen. Die Säumniszuschläge betragen für jeden angefangenen Monat 1 %. P hat 3 volle Monate (16. März bis 15. Juni) und einen angefangenen Monat (16. Juni bis 20. Juni) nicht

1 BFH vom 08.09.1993, BStBl 1994 II S. 81, und vom 03.12.2019, BStBl 2020 II S. 214.

gezahlt. Es sind für 4 Monate Säumniszuschläge zu zahlen 400 Euro (1 % von 10.000 Euro × 4 Monate).

Auch bei P führt die Änderung der Steuerfestsetzung zu einer Änderung der Zinsfestsetzung, § 233a Abs. 5 Satz 1 AO. Zu berücksichtigen ist hier allerdings, dass die Änderung des Steuerbescheids zu einer Erstattung führt.[1]

Dieser Erstattungsbetrag von 6.000 Euro ist zu verzinsen, § 233a Abs. 3 Satz 3 Halbsatz 1 AO. Der Zinslauf beginnt mit dem Tag der Zahlung durch P, § 233a Abs. 3 Satz 3 Halbsatz 2 AO, und endet mit der Bekanntgabe des Steuerbescheids, § 233a Abs. 2 Satz 3 AO. Damit hat P einen Anspruch auf Zinsen für den Zeitraum, in dem sie einen überhöhten Steuerbetrag dem Fiskus tatsächlich zur Verfügung gestellt hat, vom 20.06. bis 10.11.05. Verzinst werden wiederum nur volle Monate, § 238 Abs. 1 AO, sodass Zinsen für 4 Monate zu zahlen sind. Das ergibt einen Zinsanspruch der P auf 120 Euro (0,5 % von 6.000 Euro × 4 Monate).

Allerdings muss zusätzlich noch beachtet werden, dass P 500 Euro Zinsen für die ursprüngliche Abschlusszahlung von 10.000 Euro zahlen muss, die auf der ersten Steuerfestsetzung von 37.000 Euro beruhten. Tatsächlich war aber mit Ablauf des 31.12.02 nur eine Steuer von 31.000 Euro entstanden, wie nunmehr nach der Änderung des Bescheids festgestellt worden ist. Hätten die jetzigen Erkenntnisse bereits der ursprünglichen Veranlagung zugrunde gelegen, hätte die ursprüngliche Abschlusszahlung die Differenz von 31.000 Euro festgesetzter Steuer zu den 27.000 Euro Vorauszahlungen, also 4.000 Euro, betragen, und nur dieser Betrag wäre zu verzinsen gewesen.

Aus der Tatsache, dass dem Finanzamt bei der ersten Veranlagung noch nicht alle Erkenntnisse für die Festsetzung der tatsächlich entstandenen Steuer zur Verfügung standen, soll der Steuerpflichtigen kein Zinsnachteil entstehen. Die bisherige Zinsfestsetzung ist zu ändern, § 233a Abs. 5 Satz 1 AO.

Die festgesetzten Zinsen auf 6.000 Euro für die Zeit vom 01.04.04 bis zum Ende des Zinslaufes am 15.02.05 sind aufzuheben und zu erstatten. Es ergibt sich ein Betrag zugunsten der P von 300 Euro (0,5 % von 6.000 Euro × 10 Monate).

Daraus folgt folgende Gesamtzinsbelastung für P:

ursprünglich festgesetzte Zinsen		500 Euro
Erstattungszinsen	120 Euro	
rückgängig gemachte Zinsfestsetzung	300 Euro	– 420 Euro
noch verbleibende Zinsen		80 Euro

---

1 BFH vom 14.10.199 – V R 36/89, BFH/NV 1995 S. 849.

Zinsen werden nur erhoben, wenn sie mindestens 10 Euro betragen, § 239 Abs. 2 Satz 2 AO. Der Zinsbetrag ist zugunsten des Schuldners auf volle Euro abzurunden, § 239 Abs. 2 Satz 1 AO. Dabei ist auf den Gesamtzinsbetrag abzustellen. Wären am Ende weniger als 10 Euro festzusetzen, ist die gesamte Zinsfestsetzung aufzuheben.

Die zu zahlenden Säumniszuschläge bleiben von dieser Änderung des Steuerbescheids unberührt, § 240 Abs. 1 Satz 4 AO.[1] Säumniszuschläge sind immer dann zu entrichten, wenn der fällige Betrag nicht gezahlt wird, unabhängig davon, ob er materiell-rechtlich richtig oder falsch ist.

Fall 47

Haftung des Vertreters – Gesamtrechtsnachfolge – Gesamtschuld

AO §§ 34, 35, 44, 45, 69, 71, 79, 191, 219

Sachverhalt

Gustav Ganz (G) ist der alleinige Erbe seines am 01.11.03 verstorbenen Vetters Helmut Hahn (H). H war Geschäftsführer und zusammen mit dem ehemaligen Steuerberater Volker Vogel (V) Gesellschafter der X-GmbH gewesen. V war von der GmbH beauftragt worden, die Bücher der Gesellschaft zu führen sowie die Jahresabschlüsse und die Steuererklärungen zu erstellen.

G verlangt Einsicht in die Geschäfte und stellt nach Ablauf der Frist zur Ausschlagung der Erbschaft (§§ 1942 ff. BGB) zu seinem Entsetzen fest, dass Kunden jahrelang betrogen und Bilanzen sowie Steuererklärungen von H und V bewusst zu ihrem finanziellen Vorteil frisiert worden sind. Da G mit dem nichts zu tun haben will, wendet er sich auf Anraten seines Anwalts an das Finanzamt mit der Bitte um Aufklärung und Unterstützung. Gegen V erstattet er Strafanzeige.

Eine unter tätiger Mithilfe des G im Jahr 04 durchgeführte Fahndungsprüfung bringt umfangreiche, bisher nicht erkannte steuerlich relevante Sachverhalte an den Tag. Danach hat die GmbH Umsatzsteuer, die bis zum 01.11.03 entstanden war, i. H. von 50.000 Euro weder erklärt noch bezahlt. Hätte H inhaltlich richtige Steuererklärungen abgegeben, wären im Fälligkeitszeitpunkt genügend Geldmittel zur Begleichung der Schuld vorhanden gewesen.

---

1 AEAO zu § 233a Nr. 64.

Daneben melden sich in zunehmendem Maß andere Gläubiger mit Forderungen gegen die Gesellschaft. Das Vermögen der GmbH wird aller Voraussicht nach nicht ausreichen, die gesamten Forderungen zu befriedigen.

Frage

1. Haftet G für die Steuerschulden der GmbH?
2. Haftet V für die Steuerschulden der GmbH?
3. Welchen der Schuldner kann das Finanzamt in Anspruch nehmen?

Antwort

1. G haftet nach §§ 69 und 71 AO für die Steuerschulden der GmbH.
2. V haftet nach § 71 AO für die Steuerschulden der GmbH.
3. Die GmbH, G und V sind Gesamtschuldner, § 44 AO.

Begründung

1. Haftung bedeutet, dass jemand für die Schulden einer anderen Person aufkommen muss. Haftung im steuerrechtlichen Sinne wird als sog. Fremdhaftung verstanden. Im Unterschied dazu bedeutet die bürgerlich-rechtliche Eigenhaftung, dass jemand mit seinem Vermögen für seine eigenen Schulden eintreten muss. Der Steuerschuldner schuldet die ihm gegenüber festgesetzte Steuerschuld. Der Haftungsschuldner schuldet ebenfalls eine ihm gegenüber geltend gemachte Schuld, es ist aber die Schuld eines anderen, nämlich die des Steuerschuldners.[1]

Steuerschuldner ist derjenige, der den Tatbestand erfüllt, an den das Gesetz die Steuer knüpft, §§ 38, 43 AO. Haftungsschuldner wird jemand, der den Tatbestand erfüllt, an den ein Gesetz eine Haftungsschuld knüpft.[2] Wer aufgrund einer gesetzlichen Vorschrift für eine Steuer haftet, kann nach § 191 Abs. 1 AO mit Haftungsbescheid in Anspruch genommen werden.

Schuldner der Umsatzsteuer ist die GmbH als Unternehmer. Nach § 13a UStG hat sie den Tatbestand verwirklicht, an den das Umsatzsteuergesetz die Steuer knüpft. Für diese Schuld der GmbH muss G nur dann haften, wenn es dafür eine gesetzliche Grundlage gibt. Bis zum 01.11.03 hatte G mit der GmbH nichts zu tun. Er war weder Gesellschafter, noch hatte er sonstige Verpflichtungen gegenüber der GmbH. Eine Haftung für Schulden der GmbH kann zunächst nicht in Betracht kommen.

Allerdings hat G den H beerbt. Der Erbe als **Gesamtrechtsnachfolger** übernimmt alle Rechte und Pflichten des Erblassers, § 45 AO. Mit dem Tod ist die Rechtsfähigkeit des H erloschen. Alle seine Rechte und Pflich-

---

1 BFH vom 19.10.1976, BStBl 1977 II S. 255.
2 BFH vom 15.10.1996, BStBl 1997 II S. 171.

ten gehen auf G über und werden von ihm unverändert fortgeführt. Die Rechte und Pflichten haben lediglich einen anderen Rechtsträger bekommen.

Zu den Rechten und Pflichten, die von H auf G übergegangen sind, gehören auch die Rechtsbeziehungen zwischen H und dem Finanzamt. Alle Ansprüche aus dem Steuerschuldverhältnis, § 37 AO, die sich gegen H richteten, richten sich seit dem Erbfall gegen G.

Zum Steuerschuldverhältnis gehört auch das Haftungsschuldverhältnis. Wenn kraft einer gesetzlichen Vorschrift zu Lebzeiten des H eine Haftung für Steuerschulden der GmbH gegenüber dem Finanzamt begründet worden ist, so hätte das Finanzamt nach § 191 Abs. 1 AO den H in Anspruch nehmen können. Einen solchen Anspruch kann es nunmehr gegen G richten. Ergibt sich für H eine Haftung, so haftet wegen des § 45 AO nunmehr auch G.

Nach **§ 69 AO** haftet ein bestimmter Kreis von Personen für die Steuerschulden eines anderen, wenn sie die ihnen auferlegten Pflichten schuldhaft verletzen und sich daraus ein Steuerausfall ergibt.[1]

Es ist zunächst zu prüfen, ob H zu dem in § 69 AO genannten **Personenkreis** gehört. § 69 AO verweist auf die §§ 34, 35 AO. In § 34 Abs. 1 AO sind die gesetzlichen Vertreter natürlicher und juristischer Personen genannt.

Die GmbH als juristische Person und Unternehmer ist rechtsfähig, § 13 Abs. 1 GmbHG. Sie hat alle Rechte und Pflichten eines Unternehmers, nur kann sie diese Rechte und Pflichten nicht selbst wahrnehmen. Sie ist nicht handlungsfähig. Die Handlungsfähigkeit entspricht der bürgerlich-rechtlichen Geschäftsfähigkeit der §§ 104 ff. BGB. Sie bedeutet die Fähigkeit, rechtlich bedeutsame Handlungen wirksam vornehmen zu können. Während die Rechtsfähigkeit besagt, dass jemand Rechte und Pflichten haben kann, bedeutet die Handlungsfähigkeit, dass er diese Rechte und Pflichten auch aktiv ausüben kann. Handlungsfähig können deshalb nur natürliche Personen sein. Eine juristische Person kann nicht handeln, z. B. eine Überweisung veranlassen, um so Steuern zu bezahlen. Eine juristische Person bedarf einer natürlichen Person, die diese Aufgaben für sie wahrnimmt, § 79 Abs. 1 Nr. 3 AO. Das sind die gesetzlichen Vertreter. Nach § 35 GmbHG ist es der Geschäftsführer, den jede GmbH haben muss, der für die GmbH rechtsverbindlich handelt. H war als Geschäftsführer einer der in § 34 Abs. 1 AO genannten Personen, die nach § 69 AO als Haftende in Betracht kommen.

Zu den **Pflichten** des Geschäftsführers einer GmbH gehört es, alle Aufgaben wahrzunehmen, die die GmbH kraft Gesetzes oder Vertrags hat. Die

---

1 BFH vom 30.08.1994, BStBl 1995 II S. 278.

GmbH ist nach § 13 Abs. 3 GmbHG, § 6 Abs. 1 und § 238 HGB verpflichtet, ihre Bücher ordnungsgemäß und wahrheitsgemäß zu führen. Sie muss gem. § 149 Abs. 1 AO und § 150 Abs. 2 AO die Steuererklärungen vollständig und wahrheitsgemäß ausfüllen. Gegen diese Pflichten hat H verstoßen, als er „Bilanzen und Steuererklärungen zu seinem Vorteil frisierte".

H müsste die Pflichten **grob schuldhaft** verletzt haben. Nach § 43 Abs. 1 GmbHG war H verpflichtet, bei der Erstellung der Buchführung und der Steuererklärungen die Grundsätze eines ordentlichen Kaufmanns anzuwenden. H hat die Buchführungsunterlagen bewusst zu seinem Vorteil gefälscht und die Zahlen in Kenntnis der Unrechtmäßigkeit der Besteuerung zugrunde gelegt. Er handelte mit Wissen und Wollen und damit vorsätzlich.

Durch sein Handeln ist dem Fiskus ein **Schaden** i. H. von 50.000 Euro entstanden, weil entstandene Umsatzsteuer nicht festgesetzt und dadurch nicht erhoben werden konnte (Haftungsschaden).

Die unterlassene Anmeldung entstandener Umsatzsteuer war **ursächlich** im Sinne der Adäquanztheorie für den Haftungsschaden, denn bei Fälligkeit verfügte die GmbH als Schuldnerin noch über ausreichende Mittel, um die Schulden zu tilgen.[1] Mittlerweile ist die GmbH zahlungsunfähig. Die Pflichtverletzung war mithin kausal für die Entstehung des Haftungsschadens.

In der Person des H sind alle Tatbestandsmerkmale des § 69 AO erfüllt. H würde mit seinem gesamten Vermögen für die von der GmbH nicht bezahlten Umsatzsteuerschulden haften. Das Finanzamt hätte ihn mit Haftungsbescheid in Anspruch nehmen können, § 191 Abs. 1 AO. In diese Rechtsstellung ist G durch den Erbfall eingetreten. Auch wenn ihn persönlich kein Schuldvorwurf trifft, muss er sich das Verschulden seines Rechtsvorgängers und die sich daraus ergebenden nachteiligen Folgen zurechnen lassen.

Das gilt nur für die bis zum Ableben des H am 01.11.03 entstandenen Umsatzsteuerschulden. Für nach dem 01.11.03 entstandene Schulden würde eine Haftung des H nicht in Betracht kommen.[2] Er kann keinen Steuerausfall mehr verschuldet haben. Ein Anspruch kann sich nur gegen eine lebende, rechtsfähige Person richten. Folglich könnte auch G als Erbe des H nicht mehr verpflichtet sein, für einen gegen H nicht zur Entstehung gelangten Haftungsanspruch einzustehen.

Eine weitere Haftung des G, die er von H „geerbt" hat, ergibt sich aus **§ 71 AO.** H hat bis zu seinem Tod ständig Steuern dadurch hinterzogen,

---

1 BFH vom 11.11.2008, BStBl 2009 II S. 342, und vom 26.01.2016 – VII R 3/15, BFH/NV 2016 S. 893.

2 Vgl. auch BFH vom 26.04.1984, BStBl 1984 II S. 776.

§ 370 Abs. 1 Nr. 1 und 2 AO, dass die bei der GmbH entstandenen Umsatzsteuerbeträge nicht ordnungsgemäß erklärt und bezahlt worden sind. H würde für die verkürzten Steuerbeträge nach § 71 AO haften. Diese Haftung trifft wegen der Regelung des § 45 AO nun auch G, obwohl ihm persönlich kein Schuldvorwurf gemacht werden kann. Bei der Gesamtrechtsnachfolge kommt es nur darauf an, welche Rechte oder Pflichten bei dem Rechtsvorgänger entstanden sind. Diese hat G unverändert übernommen. Sein eigenes Verhalten ist nicht maßgebend.

2. Auch für V könnte sich eine Haftung aus **§ 69 AO** ergeben. V war nicht gesetzlicher Vertreter der GmbH i. S. des § 34 AO. Eine Haftung könnte daher nur dann in Betracht kommen, wenn er Vertreter der GmbH i. S. des § 35 AO gewesen wäre. V hatte bestimmte vertraglich vereinbarte Aufgaben der GmbH wahrzunehmen und konnte insoweit möglicherweise die Gesellschaft auch nach außen vertreten. Eine Vertretung i. S. des § 35 AO setzt aber voraus, dass der Vertreter die rechtliche Möglichkeit hat, über das Vermögen der GmbH zu verfügen, aus dem die Steuern zu entrichten sind.[1] Nach § 69 AO sollen alle Personen haften, die entweder kraft gesetzlicher Regelung oder kraft Vertrags mit dem Steuerschuldner verpflichtet sind, aus dem Vermögen des Steuerschuldners die Steuern zu begleichen, dieses jedoch schuldhaft unterlassen. Die vertraglich dem V eingeräumte Befugnis betraf nicht das Vermögen der GmbH. V haftet nicht nach § 69 AO.

Eine Haftung des V ergibt sich, ebenso wie für H, aus **§ 71 AO**. Die Manipulationen, die V begangen hat, sind Steuerhinterziehungen, § 370 Abs. 1 Nr. 1 und 2 AO. Es ist unerheblich, ob V als Mittäter oder als Gehilfe zu belangen wäre. Dass er keinen persönlichen Vorteil gezogen hat, spielt für die Haftung ebenfalls keine Rolle. Er haftet für die Umsatzsteuerschulden, die die GmbH nicht mehr bezahlen kann.

3. Das Finanzamt hat einen Anspruch auf 50.000 Euro Umsatzsteuer. Dieser Anspruch aus dem Steuerschuldverhältnis mit der X-GmbH richtet sich gegen die GmbH. Sie ist Steuerschuldnerin, § 43 AO i. V. m. § 13a UStG. Das Finanzamt kann von der GmbH Zahlung des Betrags verlangen. Der Betrag wird in einem Steuerbescheid geltend gemacht, §§ 155, 218 AO.

Auch G und V schulden als Haftungsschuldner diese 50.000 Euro. Das Finanzamt kann gegen beide jeweils Haftungsbescheide erlassen und von ihnen Zahlung verlangen, § 191 Abs. 1, § 219 AO.

Es besteht ein Anspruch auf 50.000 Euro, für den der Gläubiger mehrere Schuldner hat. Jeder der Schuldner schuldet die vollen 50.000 Euro. Das Finanzamt kann sie aber nur einmal fordern. Die GmbH, G und V sind

---

1 BFH vom 26.04.2010 – VII B 194/09, BFH/NV 2010 S. 1610, und vom 09.01.2013 – VII B 67/12, BFH/NV 2013 S. 898.

Gesamtschuldner, § 44 Abs. 1 AO. Da das Finanzamt nur einmal 50.000 Euro fordern darf, hat die Bezahlung durch einen der Schuldner zur Folge, dass der Anspruch erlischt und die anderen nichts mehr zu bezahlen brauchen, § 44 Abs. 2 Satz 1 AO.

Grundsätzlich hat der Gläubiger ein Wahlrecht, welchen der Schuldner er in Anspruch nehmen will, § 421 BGB.[1] Das Finanzamt könnte von einem den gesamten Betrag verlangen oder jeden für einen Teil in Anspruch nehmen. Die Rechtsfolge wäre immer die gleiche, dass der Anspruch allen Schuldnern gegenüber erlischt, soweit einer leistet.

Durch § 219 Satz 1 AO wird das Wahlrecht des Finanzamts als Gläubiger eingeschränkt. Da die GmbH die eigentliche Steuerschuldnerin ist, sie durch die von ihr bewirkten Umsätze die Steuer verursacht hat, soll der Gläubiger grundsätzlich zunächst alles ihm Zumutbare unternehmen, um von dem Steuerschuldner das Geld zu bekommen. Erst wenn das Finanzamt annehmen darf, dass von der GmbH nichts mehr zu holen ist, darf es einen der beiden Haftungsschuldner in Anspruch nehmen, § 219 Satz 1 AO. Da das Finanzamt zwischen der GmbH einerseits und G und V andererseits nur eingeschränkt wählen darf, wen es in Anspruch nehmen will, und ihm vom Gesetz her vorgeschrieben wird, erst von der GmbH Zahlung zu verlangen, wird das Gesamtschuldverhältnis zwischen der GmbH auf der einen und G und V auf der anderen Seite als „unechtes" Gesamtschuldverhältnis bezeichnet.

Durch § 219 Satz 2 AO wird diese Einschränkung des Wahlrechts des Gläubigers bei Verschuldenshaftungen nach §§ 69, 71 AO wieder aufgehoben. Das Finanzamt hat ein freies Wahlrecht, welchen der Schuldner (die GmbH, G oder V) es in Anspruch nehmen will. Da die GmbH nicht mehr zahlen kann, wird wahrscheinlich derjenige herangezogen werden, von dem angenommen werden kann, dass er den Betrag ohne Vollstreckungsmaßnahmen zahlen kann und wird. Zwischen der GmbH, G und V besteht ein uneingeschränktes Gesamtschuldverhältnis, wie es § 421 BGB vorsieht. Insoweit spricht man von einem „echten" Gesamtschuldverhältnis.

---

1 BFH vom 12.10.1999, BStBl 2000 II S. 486.

Fall 48

Haftung mehrerer Geschäftsführer –
Haftung für Schulden einer Vor-GmbH

AO § 69; GmbHG § 11 Abs. 2

Sachverhalt

Martin Möwe (M), Norbert Nachtigall (N) und Torsten Taube (T) verabreden, gemeinsam eine GmbH zu gründen. Aus dem am 01.06.02 abgeschlossenen notariellen Gesellschaftsvertrag ergibt sich, dass M und N gemeinsam Geschäftsführer der GmbH werden sollen; M ist für den gesamten kaufmännischen, N für den technischen Bereich zuständig. Vor Eintragung der GmbH in das Handelsregister werden von M, N und T Geschäfte im Namen der GmbH getätigt, aus denen sich eine Umsatzsteuerschuld von 1.000 Euro ergibt. Die GmbH wird am 01.10.02 in das Handelsregister eingetragen. Die drei Gesellschafter haben ihre vertraglich vereinbarte Einlage erbracht. Aus ihrer wirtschaftlichen Betätigung seit diesem Zeitpunkt ergibt sich für 02 eine Umsatzsteuerschuld von 5.000 Euro und für 03 von 10.000 Euro. Am 30.09.03 wird ein von der GmbH beantragtes Insolvenzverfahren über ihr Vermögen mangels einer die Kosten des Verfahrens deckenden Masse abgelehnt. Die GmbH hatte bis zum Insolvenzantrag durchschnittlich 60 % ihrer Verbindlichkeiten den Gläubigern gegenüber bezahlt. Die genannten Umsatzsteuerschulden wurden nicht bezahlt.

Frage

Haften M, N und T für die genannten Umsatzsteuerschulden der GmbH?

Antwort

M und N haften für die im Sachverhalt genannten Umsatzsteuerschulden der GmbH nach § 69 AO. T haftet nicht.

Begründung

a) Haftung für die Umsatzsteuerschulden vor Eintragung der GmbH

Vor der Eintragung in das Handelsregister besteht die GmbH als juristische Person noch nicht, § 11 Abs. 1 GmbHG. Dennoch ist es rechtlich zulässig und in der Praxis häufig notwendig, dass die Gesellschafter der zukünftigen GmbH bereits vor der Eintragung der Gesellschaft in das Handelsregister namens und für die GmbH Geschäfte tätigen.[1] Es wäre

---

1 BFH vom 12.12.2007, BStBl 2008 II S. 579.

unzumutbar für die Gesellschafter der GmbH, mit der Teilnahme am wirtschaftlichen Verkehr so lange zu warten, bis die GmbH in das Handelsregister eingetragen ist. Wird vor der Eintragung im Namen der GmbH gehandelt, haften die handelnden Gesellschafter insoweit persönlich für die dadurch entstehenden Schulden, § 11 Abs. 2 GmbHG. Das bezieht sich auch auf die Steuerschulden. Danach würde derjenige der drei Gesellschafter, der namens der zukünftigen GmbH ein Rechtsgeschäft abgeschlossen hat, aus dem Umsatzsteuerschulden entstanden sind, für diese Umsatzsteuerschulden haften. Das betrifft auch den Gesellschafter T, der nicht Geschäftsführer werden soll.

Nach Auffassung der Rechtsprechung erlischt die Haftung nach § 11 Abs. 2 GmbHG dadurch, dass die Gesellschaft in das Handelsregister eingetragen und damit Schuldnerin der Umsatzsteuerverbindlichkeiten der Vor-GmbH geworden ist.[1] Mit der Eintragung der GmbH gehen die von den Gesellschaftern im Gründungsstadium namens der GmbH eingegangenen Verbindlichkeiten auf die GmbH über, ohne dass es einer besonderen Eintritts- oder Genehmigungserklärung bedarf. Durch § 11 Abs. 2 GmbHG soll den Gläubigern nur eine Notlösung geboten werden, wenn die GmbH nicht eingetragen wird. Ein Bedürfnis für die Haftung nach § 11 Abs. 2 GmbHG besteht deshalb nur noch, wenn die GmbH mangels Eintragung nicht entsteht oder der Handelnde eigenmächtig tätig wurde und deshalb die in Gründung befindliche GmbH nicht wirksam verpflichtet hat.

b) Haftung für die Verbindlichkeiten der GmbH

Für die Verbindlichkeiten der GmbH, zu denen auch die Umsatzsteuerschulden gehören, die vor Eintragung in das Handelsregister entstanden sind, haftet grundsätzlich nur das Gesellschaftsvermögen, § 13 Abs. 2 GmbHG. Eine Haftung der Gesellschafter über die geleistete Einlage hinaus kommt nicht in Betracht. Damit entfällt eine Haftung für T.

Für die Geschäftsführer M und N könnte sich die Haftung aus **§ 69 AO** ergeben.

M ist als Geschäftsführer der GmbH deren gesetzlicher Vertreter, § 35 GmbHG. Er gehört zum **Personenkreis** des § 34 Abs. 1 AO. Er hat als Geschäftsführer die **Pflicht,** die Umsatzsteuerschulden der GmbH zu begleichen. Diese Pflicht hat er verletzt, weil er zu den in § 18 UStG vorgesehenen Fälligkeitsterminen nicht bezahlt hat.

Damit eine Haftung in Betracht kommen kann, muss diese Pflichtverletzung **vorsätzlich** oder zumindest **grob fahrlässig** erfolgt sein.[2] Seine Pflichten als Geschäftsführer kann M nur dann erfüllen, wenn ihm ausrei-

---

1 BGH vom 16.02.1981 – II ZR 49/80, GmbHR 1981 S. 191, und vom 07.05.1984 – II ZR 276/83, GmbHR 1984 S. 316.

2 BFH vom 07.03.1995 – VII B 172/94, BFH/NV 1995 S. 941.

chende Mittel zur Verfügung stehen, um am Fälligkeitstag die Verbindlichkeiten der Gesellschaft tilgen zu können.[1] Er hat die Schulden der Gesellschaft aus deren Vermögen, nicht aus seinem eigenen zu begleichen. Reichen die vorhandenen Mittel nicht aus, um alle Schulden bezahlen zu können, hat der Geschäftsführer bei Beachtung der Sorgfaltspflicht eines ordentlichen Kaufmanns die Schulden etwa gleichmäßig zu tilgen, § 43 Abs. 1 GmbHG.[2] Er darf dabei weder private noch öffentliche Gläubiger bevorzugen. Die voranzumeldende Umsatzsteuer wird jeweils am 10. des nachfolgenden Monats fällig. Werden während eines längeren Zeitraums, hier in den Jahren 02 und 03, mit mehreren Fälligkeitszeitpunkten die Steuern nicht entrichtet, so ist hinsichtlich der Feststellung, ob und inwieweit M seine Verpflichtung zur etwa gleichmäßigen Befriedigung aller Gläubiger gegenüber dem Finanzamt verletzt hat, der Gesamtzeitraum zu betrachten (Haftungszeitraum).[3] Es ist nicht ein Prozentsatz einer möglichen Gläubigerbefriedigung für jeden einzelnen Fälligkeitszeitpunkt zu errechnen. Die GmbH hat während des Haftungszeitraums etwa 60 % ihrer Verbindlichkeiten beglichen **(Haftungsquote oder Tilgungsquote)**. In etwa diesem Anteil hätte M auch die Verpflichtungen gegenüber dem Finanzamt erfüllen können. Indem er das nicht tat, handelte er schuldhaft i. S. des § 69 AO.

Da wegen der Vermögenslosigkeit der GmbH diese Schulden von ihr nicht mehr bezahlt werden können, haftet M insoweit, als seine schuldhafte Pflichtverletzung **ursächlich** für den dem Staat entstandenen Schaden ist, also mit 60 % von 16.000 Euro, das sind 9.600 Euro. In der Praxis ist eine genaue Ermittlung des Prozentsatzes schwierig.[4] Es ist zu empfehlen, den Betrag abzurunden und einen Haftungsbescheid über 9.000 Euro zu erlassen.

Auch **N** als zweiter Geschäftsführer gehört zu dem Personenkreis des § 34 Abs. 1 AO. Sind bei einer GmbH **mehrere Geschäftsführer** bestellt, trifft jeden von ihnen die Pflicht zur Geschäftsführung und grundsätzlich die Verantwortung für die Geschäftsführung im Ganzen. Eine interne Aufgabenverteilung der Geschäftsführer entbindet keinen von dieser Gesamtverantwortung. Jeder Geschäftsführer hat die Sorgfalt eines ordentlichen Geschäftsmanns anzuwenden, § 43 Abs. 1 GmbHG.

---

1 BFH vom 11.11.2015 – VII B 57/15, BFH/NV 2016 S. 372.

2 BFH vom 26.04.1984, BStBl 1984 II S. 776, vom 14.07.1987, BStBl 1988 II S. 172, vom 12.07.1988, BStBl 1988 II S. 980, vom 05.03.1991, BStBl 1991 II S. 678, und vom 12.05.1992 – VII R 52/91, BFH/NV 1992 S. 785; zur Lohnsteuer vgl. BFH vom 15.04.1987, BStBl 1988 II S. 167, vom 26.07.1988, BStBl 1988 II S. 859, und vom 09.01.1996 – VII B 189/95, BFH/NV 1996 S. 589; zu Verspätungszuschlägen vgl. BFH vom 01.08.2000, BStBl 2001 II S. 271.

3 BFH vom 12.06.1986, BStBl 1986 II S. 657, und vom 14.06.2016 – VII R 20/14, BFH/NV 2016 S. 1672.

4 AO-Kartei § 69 Karte 3.

Die Geschäftsführer sind im Bereich des § 34 Abs. 1 AO auch dem Steuergläubiger gegenüber zur **Sorgfalt eines ordentlichen Geschäftsmanns** verpflichtet. Sie können folglich weder den Umfang ihrer Pflichten noch den Maßstab der gebotenen Sorgfalt aus eigener Befugnis einengen. Auch die GmbH selbst ist nicht in der Lage, sie im Gesellschaftsvertrag durch Aufteilung der Befugnisse von der Sorgfalt eines ordentlichen Geschäftsmanns zu entbinden.[1]

Die Wahrnehmung der steuerlichen Belange trifft in erster Linie M, da ihm dieser Bereich durch den Gesellschaftsvertrag zugewiesen wurde.[2] Die Verantwortung des N wird dadurch nicht aufgehoben. Vielmehr tritt der Umfang seiner Pflichten nur insoweit und so lange zurück, wie für ihn unter den Maßstäben der Sorgfalt eines ordentlichen Geschäftsmanns kein Anlass besteht anzunehmen, die steuerlichen Pflichten der GmbH würden von M nicht exakt erfüllt. Die Gesamtverantwortung des N wird spätestens dann aktuell, wenn die laufende Erfüllung aller Verpflichtungen nicht mehr gewährleistet ist und infolgedessen Unregelmäßigkeiten in der Erfüllung der steuerlichen Verbindlichkeiten zu befürchten sind.[3]

N kann sich nicht darauf berufen, dass er eventuell mangels Vorbildung nicht in der Lage sei, die steuerlichen Pflichten der GmbH zu erfüllen. Wenn er die Stellung eines Geschäftsführers übernimmt, muss er sich über den Umfang seiner Pflichten Klarheit verschaffen und zumindest eine gewisse Überwachung der Geschäftsführung im Ganzen vornehmen.[4] Für die Überprüfung, ob fällige Zahlungen geleistet werden, bedarf es weder buchhalterischer, steuerrechtlicher oder besonderer kaufmännischer Kenntnisse, sondern lediglich einer Kontrolle des Geldverkehrs.[5] Da die GmbH während der ganzen Zeit ihrer wirtschaftlichen Betätigung ihren Verpflichtungen nur teilweise nachgekommen ist, Umsatzsteuerschulden überhaupt nicht beglichen wurden und sich die nahende Überschuldung üblicherweise abzeichnet, ist jeder Geschäftsführer, auch der technische Leiter N, verpflichtet, sich um die Gesamtbelange der Gesellschaft zu kümmern.

Soweit N dem nicht nachgekommen ist, hat er seine Pflichten zumindest grob fahrlässig verletzt und haftet mit M als Gesamtschuldner, § 44 AO, für den Steuerausfall i. H. von 60 % der entstandenen Umsatzsteuerschulden. Bei der Frage, welchen der beiden Gesamtschuldner das Finanzamt in Anspruch nehmen will, hat es ein Ermessen, dessen sachgerechte Ausübung an § 5 AO zu orientieren ist.[6]

---

1 BFH vom 26.04.1984, BStBl 1984 II S. 776.

2 BFH vom 04.03.1986, BStBl 1986 II S. 384.

3 BFH vom 13.03.2003, BStBl 2003 II S. 556.

4 BFH vom 18.09.2018 – XI R 54/17, BFH/NV 2019 S. 100 m. w. N.

5 BFH vom 04.03.1986, BStBl 1986 II S. 384.

6 BFH vom 29.05.1990, BStBl 1990 II S. 1008.

Fall 49

Haftung des Betriebsübernehmers – Haftungsbescheid

AO §§ 75, 191 Abs. 1, § 219; BGB § 929

Sachverhalt

Peter Panter (P) war Inhaber eines Lebensmitteleinzelhandelsgeschäfts. Da er bereits in fortgeschrittenem Alter war, veräußerte er mit notariellem Kaufvertrag vom 15.11.06 das Geschäft mit Grundstück an seinen Neffen Norbert Nelke (N) zum Preis von 250.000 Euro. Nach den vertraglichen Vereinbarungen waren vom Verkauf ausgenommen alle bis zum Tag der Geschäftsübergabe entstandenen Verbindlichkeiten einschließlich etwaiger Steuerschulden des P und alle Forderungen sowie der bisher teilweise betrieblich genutzte PKW.

Die Übergabe erfolgt am 30.12.06. Nach Durchführung von Umbauarbeiten und Erweiterung des Warensortiments eröffnete N das Geschäft unter eigenem Namen am 01.02.07. Er teilte dies dem Finanzamt am 10.02.07 mit. Am 15.05.07 wurde N als Eigentümer des Grundstücks in das Grundbuch eingetragen.

Am 30.12.06 schuldete P dem Finanzamt folgende vor dem 30.12.06 festgesetzten Beträge:

a) Einkommensteuer 03: 3.000 Euro
b) Umsatzsteuer 05: 2.500 Euro
c) Kraftfahrzeugsteuer fällig am 01.08.06: 350 Euro
d) Verspätungszuschlag wegen verspäteter Abgabe der Umsatzsteuererklärung 04: 150 Euro

Frage

1. Haftet N für die Schulden des P?
2. Wie wird die Haftung geltend gemacht?

Antwort

1. N haftet nach § 75 AO für die Umsatzsteuer 05 i. H. von 2.500 Euro.
2. N wird mit Haftungsbescheid (§ 191 Abs. 1 AO) und Leistungsgebot (§ 219 AO) in Anspruch genommen.

Begründung

1. Nach § 75 AO haftet, wer ein Unternehmen oder einen gesondert geführten Betrieb im Ganzen erwirbt.

Unternehmen ist jede organisatorische Zusammenfassung von Mitteln zur Verfolgung eines wirtschaftlichen oder ideellen Zwecks.[1] Jede gewerbliche, land- und forstwirtschaftliche oder berufliche selbständige Tätigkeit stellt ein Unternehmen dar. Der Begriff des Unternehmens in § 75 AO ist nach umsatzsteuerlichen Gesichtspunkten zu bestimmen.[2] Zum Unternehmen gehört eine Ansammlung von Betriebsmitteln, die zusammen eine wirtschaftliche Tätigkeit erlauben. Das Einzelhandelsunternehmen des P ist ein Unternehmen.

Das Unternehmen muss **übereignet** werden. Übereignung ist ein bürgerlich-rechtlicher Begriff und bedeutet nach den §§ 929 ff. BGB die Verschaffung der rechtlichen Verfügungsmacht an einer Sache, ohne dass weiterhin eigentumsähnliche Rechte eines Dritten an der Sache bestehen bleiben. Das bürgerliche Recht kennt keine Übereignung von Sachmehrheiten wie eines Unternehmens, sondern geht immer von einzelnen Sachen aus.

Der Begriff der Übereignung in § 75 AO ist weiter zu fassen als im bürgerlichen Recht. § 75 AO bezieht sich nicht nur auf die Übereignung von Sachen, sondern umfasst auch Forderungen und sonstige Rechte sowie die Übertragung von solchen Verhältnissen und Beziehungen, die ebenfalls Mittel Ertrag bringender, wirtschaftlicher Tätigkeit sein können, wie Firmenwert, Kundenstamm, die örtliche Lage des Unternehmens. Es kommt für die Übereignung i. S. des § 75 AO nicht in erster Linie auf die bürgerlich-rechtliche Eigentumsverschaffung an. Vielmehr muss der Erwerber bei wirtschaftlicher Betrachtung etwas erhalten, mit dem er als Unternehmer im Wirtschaftsleben auftreten kann. Die Übereignung ist wirtschaftlich erfolgt, wenn der bisherige Unternehmer sich aller Einflussnahme entäußert hat und der Erwerber wie ein bürgerlich-rechtlicher Eigentümer verfahren kann und nach außen hin als der Inhaber des Unternehmens auftritt. Der bürgerlich-rechtliche Eigentumsübergang tritt dabei in den Hintergrund. Nach dem 30.12.06 ist N berechtigt, als Unternehmer aufzutreten. P hat ihm das Geschäft übergeben. Der Umbau und die Eröffnung zeigen, dass N wie ein Eigentümer mit dem Unternehmen verfahren kann. Nach wirtschaftlichen Gesichtspunkten kann er als Eigentümer angesehen werden. Die am 01.02.07 erfolgende tatsächliche Betriebseröffnung ist nicht maßgebend. Nachdem N das Unternehmen erworben hat, liegt es in seiner unternehmerischen Entscheidung, wann er erstmals Geschäfte tätigt. Für die Übereignung i. S. des § 75 AO ist entscheidend, dass N ab 30.12.06 das Unternehmen als wirtschaftlicher Eigentümer hätte eröffnen können, wenn er es gewollt hätte.

Die Übereignung eines Unternehmens **im Ganzen** bedeutet den Übergang der durch das Unternehmen repräsentierten organischen Zusammenfassung von Einrichtungen und dauernden Maßnahmen, die dem

---

1 AEAO zu § 75 Nr. 3.1; BFH vom 28.11.1973, BStBl 1974 II S. 145.
2 BFH vom 12.01.2011, BStBl 2011 II S. 477.

Unternehmen dienen oder mindestens seine wesentliche Grundlage ausmachen, sodass der Erwerber das Unternehmen ohne nennenswerte finanzielle Aufwendungen fortführen kann.[1] Sofern die für eine Übertragung auf den Erwerber in Betracht kommenden wesentlichen Betriebsgrundlagen des Unternehmens auch Wirtschaftsgüter umfassen, die nicht im bürgerlich-rechtlichen Sinne übereignet werden können (z. B. Erfahrungen und Geheimnisse, Beziehungen zu Kunden, Lieferanten und Mitarbeitern), genügt es, dass die wesentlichen Grundlagen des Unternehmens nur im wirtschaftlichen Sinne übereignet werden, dass also ein eigentümerähnliches Herrschaftsverhältnis an den sachlichen Grundlagen des Unternehmens auf den Erwerber übergegangen ist. Sind Betriebsräume des übereigneten Unternehmens angemietet oder angepachtet, so ist es für die Haftung des Erwerbers ausreichend, dass er mit dem Vermieter dieser Räume unter Mitwirkung des Veräußerers einen Mietvertrag abschließt.[2]

Gehören dagegen zu den **wesentlichen Betriebsgrundlagen** des veräußerten Unternehmens in dessen Eigentum stehende bewegliche Sachen oder Grundstücke, so müssen diese zur Erfüllung der haftungsbegründenden Voraussetzungen des § 75 AO nach den Vorschriften des Bürgerlichen Gesetzbuches an den Erwerber übereignet werden. Wesentlich ist, dass das Unternehmen aus einer Hand in die Hand eines anderen übergeht. Das Eigentum muss vom Betriebsveräußerer auf den Erwerber übertragen werden. Die Übereignung durch einen Dritten oder auf einen Dritten reicht für den Haftungstatbestand auch dann nicht aus, wenn der Dritte dem Erwerber die Nutzung der übertragenen Gegenstände gestattet.[3] Dem steht nicht entgegen, dass grundsätzlich auch im Eigentum Dritter stehende Gegenstände (z. B. bei Sicherungseigentum oder Eigentumsvorbehalt) i. S. von § 75 AO übereignet werden können, wenn der Erwerber in die Rechte des Veräußerers (z. B. als Sicherungsgeber oder Vorbehaltskäufer) einrückt und wirtschaftlicher Eigentümer (des Sicherungsguts bzw. Vorbehaltsguts) wird.[4] Eine Übereignung in mehreren Akten ist nur dann als eine Übertragung im Ganzen anzusehen, wenn die einzelnen Teilakte in wirtschaftlichem Zusammenhang stehen und der Wille auf Erwerb des Unternehmens gerichtet ist.[5]

Welche Gegenstände die wesentliche Betriebsgrundlage eines Unternehmens bilden, hängt von der Art des Unternehmens ab. Der nicht mit über-

---

1 AEAO zu § 75 Nr. 3.2 und 3.3; BFH vom 03.05.1994 – VII B 265/93, BFH/NV 1994 S. 762, und vom 07.11.2002 – VII R 11/01, BStBl 2003 II S. 226.

2 Vgl. Tipke/Kruse, § 75 AO Tz. 26 m. w. N.

3 BFH vom 16.03.1982, BStBl 1982 II S. 483, vom 18.03.1986, BStBl 1986 II S. 589, und vom 19.01.1988 – VII R 74/85, BFH/NV 1988 S. 479.

4 Vgl. Tipke/Kruse, § 75 AO Tz. 29 m. w. N.

5 BFH vom 28.10.1981, BStBl 1982 II S. 485, und vom 16.03.1982, BStBl 1982 II S. 483.

gebene PKW gehört nicht zu den wesentlichen Grundlagen. Ein Einzelhandelsunternehmen kann auch ohne PKW geführt werden. Ebenso sind die Forderungen und Verbindlichkeiten nicht entscheidend. Insbesondere die Verbindlichkeiten stellen keine wesentliche Grundlage dar. Bei einem Bankgeschäft dürfte das anders zu beurteilen sein.

Wesentlich für das Einzelhandelsgeschäft sind vor allem die Geschäftsräume, da nur von hier aus das Geschäft geführt werden kann. Die örtliche Lage eines alteingesessenen Geschäfts ist häufig die wichtigste geschäftliche Grundlage. Ob ein Warenlager wesentliche Grundlage ist, hängt ebenfalls von der Art des Unternehmens ab. Der Warenbestand einer Frischfischhandlung ist anders zu beurteilen als der eines Antiquitätenhändlers.

Das veräußerte Unternehmen muss **lebensfähig und fortführbar** sein. Erforderlich ist, dass der Erwerber das Unternehmen ohne nennenswerte finanzielle Aufwendungen fortführen oder ohne großen Aufwand wieder in Gang setzen kann. Ob er es tatsächlich fortführt, ist irrelevant. Das Lebensmittelgeschäft des P erfüllt diese Voraussetzungen, da er es bis zur Veräußerung betrieben hat.

Da N die wesentlichen Betriebsgrundlagen des Unternehmens des P am 30.12.06 erhalten hat, sind in diesem Zeitraum die Tatbestandsmerkmale des § 75 AO erfüllt; N haftet.

Der **Umfang der Haftung** ist in § 75 AO mehrfach beschränkt.

Zunächst haftet N nur für Steuern. Bei dem Verspätungszuschlag handelt es sich nicht um Steuern, sondern um eine steuerliche Nebenleistung, § 3 Abs. 4 AO. Dafür haftet N nicht.

Er haftet nicht für alle Steuern, sondern nur für **betrieblich veranlasste Steuern.** Das sind Steuern, bei denen sich die Steuerpflicht auf den Betrieb des Unternehmens gründet.[1] Die Umsatzsteuer ist eine solche betriebliche Steuer.[2] Umsatzsteuer kann nur im Rahmen eines Unternehmens entstehen. Die Einkommensteuer ist eine Personensteuer, für die zwar auch die gewerblichen Gewinne herangezogen werden, die aber mit dem Unternehmen nichts zu tun hat, sondern sich an den persönlichen Voraussetzungen des Steuerpflichtigen orientiert. Auch die Kraftfahrzeugsteuer ist keine Steuer, die nur im Rahmen eines Betriebs entsteht. Kraftfahrzeugsteuer setzt das Halten eines Kraftfahrzeugs, nicht jedoch den Betrieb eines Unternehmens voraus. Diese Steuer kann auch bei jeder Privatperson entstehen. Auch bei einem ausschließlich betrieblich genutzten Fahrzeug wäre deshalb die Kraftfahrzeugsteuer keine betriebliche Steuer

---

1 AEAO zu § 75 Nr. 4.1; BFH vom 22.03.1961, BStBl 1961 III S. 270.
2 BFH vom 11.05.1993, BStBl 1993 II S. 700.

i. S. des § 75 AO. Von den Steuern, die P schuldet, bleibt für die Haftung nach § 75 AO nur die Umsatzsteuer 05 übrig.

Für den Umfang der Haftung ist weiter eine **zeitliche Einschränkung** zu beachten.[1] N haftet für die Betriebssteuern, die im Jahr der Übereignung und im Kalenderjahr davor entstanden sind. Dieser Haftungszeitraum umfasst die Zeit vom 01.01.05 bis zum 30.12.06. Die Umsatzsteuer entsteht nach § 13 Abs. 1 UStG mit Ablauf des Voranmeldungszeitraums. In der Praxis ist Voranmeldungszeitraum im Normalfall der Kalendermonat, § 18 Abs. 1 UStG. Die Umsatzsteuer 05 ist demnach an den jeweils zwölf Monatsenden des Jahres 05 entstanden. Es bedarf keiner weiteren Feststellung, wann genau die Steuer entstanden ist. Für die Haftung ist entscheidend, dass sie seit dem 01.01.05 entstanden ist und somit in den Haftungszeitraum fällt.

Des Weiteren muss die Steuer innerhalb eines Jahres nach Anmeldung des Unternehmens durch den Erwerber beim Finanzamt gegenüber dem Veräußerer festgesetzt worden sein. N meldete seinen neuen Betrieb am 10.02.07 beim Finanzamt an. Er haftet nur für die in dem Haftungszeitraum entstandenen Steuern, die bis zum Ablauf des 10.02.08 gegenüber P festgesetzt worden sind. Die in Frage stehende Umsatzsteuer 05 ist bereits vor dem 30.12.06 festgesetzt worden. N haftet für diesen Betrag.

Die Haftung des N beschränkt sich auf den **Bestand des übernommenen Vermögens.** Damit ist nicht der Wert des Vermögens im Zeitpunkt des Erwerbs – etwa gemessen an dem Wert der Gegenleistung – gemeint, sondern das, was von dem Vermögensbestand im Zeitpunkt der Inanspruchnahme des Haftungsschuldners noch vorhanden ist.[2] Wenn das Finanzamt den Haftungsbescheid i. H. von 2.500 Euro gegen N erlassen will, muss es prüfen, ob in diesem Zeitpunkt in dem Unternehmen noch von P erworbene Gegenstände vorhanden sind und welchen Wert sie haben. Es reicht aus, wenn in dem Haftungsbescheid auf diese Haftungsbeschränkung hingewiesen wird, ohne dass es der genauen Bezeichnung der übernommenen Haftungsgegenstände bedarf.[3] Das Finanzamt hat keinen Anspruch auf Zahlung gegenüber N. Steuererstattungsansprüche des N dürfen nicht mit der Haftungsschuld verrechnet werden.[4] Wenn N den Betrag nicht bezahlen will, hat er die Gegenstände dem Finanzamt zum Zweck der Vollstreckung herauszugeben.

Der vertragliche Haftungsausschluss für Steuern hindert eine Inanspruchnahme des N nach § 75 AO nicht. Der Haftungsausschluss gilt dem

---

1 AEAO zu § 75 Nr. 4.2.

2 AEAO zu § 75 Nr. 4.3; Ehlers in Beermann, § 75 Rz. 25.

3 BFH vom 02.11.2007 – VII S 24/07, BFH/NV 2008 S. 333.

4 BFH vom 28.01.2014, BStBl 2014 II S. 551.

Finanzamt gegenüber nicht. Diese vertragliche Vereinbarung ist allenfalls eine Rechtsgrundlage für N, von P Schadensersatz zu fordern.

2. Nach **§ 191 Abs. 1 AO** kann das Finanzamt denjenigen, der für eine Steuer haftet, durch Haftungsbescheid in Anspruch nehmen. Der Haftungsbescheid ist ein Verwaltungsakt, in dem festgesetzt wird, dass jemand in einer bestimmten Höhe für die Steuern eines anderen aufkommen muss. Voraussetzung ist, dass die Steuer, für die gehaftet werden soll, entstanden ist und noch besteht. Der Haftungsbescheid konkretisiert den bereits entstandenen Haftungsanspruch und bildet die Grundlage für die Verwirklichung des Anspruchs, § 218 Abs. 1 AO.[1]

Ob und in welcher Höhe das Finanzamt den Haftenden in Anspruch nimmt, ist eine **Ermessensentscheidung.** Im Gegensatz zum Steueranspruch, der nach § 155 Abs. 1 AO zwingend durch Steuerbescheid festgesetzt werden muss, unterliegt die Realisierung des Haftungsanspruchs dem Ermessen der Finanzbehörde. Dabei ist § 5 AO zu beachten. Das Ermessen wird insbesondere durch Beachtung der verfassungsmäßigen Grundsätze der Geeignetheit, Erforderlichkeit und Angemessenheit pflichtgemäß ausgeübt.

Aus dem Haftungsbescheid muss die Art und Weise der Ermessensausübung ersichtlich sein.[2] Dem Haftungsschuldner muss begründet werden, warum ein Haftungsbescheid ergeht und warum – bei mehreren Haftungsschuldnern – gerade er in Anspruch genommen werden soll.[3] Unvollständige Ermessenserwägungen können im Gerichtsverfahren nach § 102 Satz 2 FGO vervollständigt werden. Fehlende oder unrichtige Begründungen zum Ermessen müssen hingegen bis zum Abschluss des außergerichtlichen Rechtsbehelfsverfahrens nachgeholt bzw. nachgebessert werden.[4]

Für den erstmaligen Erlass des Haftungsbescheids gelten die Vorschriften über die **Festsetzungsverjährung** (§§ 169 bis 171 AO) sinngemäß, § 191 Abs. 3 Satz 1 AO. Die Berichtigung (§ 129 AO), die Rücknahme (§ 130 AO) und der Widerruf (§ 131 AO) sind dagegen auch nach Ablauf der Festsetzungsfrist noch zulässig.[5]

Neben der **Korrektur** eines bestehenden Haftungsbescheids besteht die Möglichkeit, einen neuen Haftungsbescheid zu erlassen, z. B. nach einer anderen Haftungsvorschrift, für eine andere Steuerforderung oder für eine Steuerschuld, deren Erhöhung auf § 173 Abs. 1 Nr. 1 AO beruht.[6]

---

1 BFH vom 15.10.1996, BStBl 1997 II S. 171.

2 BFH vom 30.04.1987, BStBl 1988 II S. 170, und vom 29.09.1987, BStBl 1988 II S. 176.

3 BFH vom 18.07.2008 – VII B 184/07, BFH/NV 2008 S. 1805.

4 BFH vom 11.03.2004, BStBl 2004 II S. 579.

5 AEAO zu § 191 Nr. 4; BFH vom 12.08.1997, BStBl 1998 II S. 131.

6 BFH vom 15.02.2011, BStBl 2011 II S. 534.

Vom Haftungsbescheid ist das **Leistungsgebot** als eine Aufforderung, den im Haftungsbescheid festgesetzten Betrag zu zahlen, zu unterscheiden.[1] Der Haftungsbescheid kann ergehen, wenn die Voraussetzungen der Haftungsvorschrift erfüllt sind. Das Leistungsgebot kann nur unter den zusätzlichen in § 219 AO genannten Voraussetzungen ergehen.

Der Haftungsschuldner darf grundsätzlich erst dann zur Zahlung aufgefordert werden, wenn feststeht, dass der Steuerschuldner nicht mehr zahlen kann. Demnach kann ein Haftungsbescheid auch ohne Leistungsgebot ergehen, um dem Haftungsschuldner gegenüber den Anspruch festzusetzen. Das Leistungsgebot kann später erfolgen, wenn Vollstreckungsversuche beim Steuerschuldner erfolglos bleiben. Das Leistungsgebot setzt aber immer voraus, dass zumindest gleichzeitig der Haftungsbescheid ergeht.

Fall 50

Rechtsbehelfsverfahren: Zulässigkeit und Begründetheit

AO §§ 347 ff.

Sachverhalt

Zoe Zebra (Z) erzielt als Designerin Einkünfte aus selbständiger Tätigkeit. Sie hat dem Finanzamt die Einwilligung erteilt, Bescheide an sie elektronisch zu versenden. Das zuständige Finanzamt Soltau benachrichtigt Z am Mittwoch, dem 27.01.05, per E-Mail, dass der Einkommensteuerbescheid 03 zum Datenabruf im Elster-Portal bereitgestellt worden sei. Als Z sich den Bescheid am Montag, dem 01.02.05, ansieht, ist sie über die Höhe der von ihr zu leistenden Nachzahlung entsetzt. Sie setzt sich sofort an ihren Computer und verfasst eine Mail, in der sie unter Angabe ihrer Steuernummer das Finanzamt um Überprüfung der Einkommensteuerfestsetzung 03 bittet. Die Mail versendet sie am selben Tag an das Finanzamt.

Frage

Hat Z am 01.02.05 einen zulässigen Rechtsbehelf eingelegt?

Antwort

Ja, Z hat am 01.02.05 einen zulässigen Rechtsbehelf eingelegt.

---

1 AEAO zu § 219 Nr. 1.

Begründung

Der Einkommensteuerbescheid 03 greift in die Rechte der Z ein, indem das Finanzamt gegen sie eine Steuer festsetzt. Ob es dabei zu einer Erstattung oder wie hier zu einer Nachzahlung kommt, ist unerheblich. Es spielt auch keine Rolle, ob die Steuer entsprechend der Steuererklärung oder abweichend davon festgesetzt wurde. Das verfassungsrechtliche Gebot der Rechtstaatlichkeit gebietet, dass Z das Recht haben muss, sich gegen diesen staatlichen Eingriff zu wehren. Nach Art. 19 Abs. 4 GG steht jedem Bürger, der durch die öffentliche Gewalt in seinen Rechten verletzt worden ist, der Rechtsweg offen.

Gegen Steuerfestsetzungen und andere Verwaltungsakte, die das Finanzamt erlässt, ist ein dreistufiger Rechtsweg gegeben. An dessen Anfang steht der außergerichtliche Rechtsbehelf. Z kann beim Finanzamt Einspruch einlegen. Wenn sie mit der Entscheidung des Finanzamts über ihren Einspruch nicht einverstanden ist, kann sie gegen die Einspruchsentscheidung Klage beim Finanzgericht einreichen. Bekommt sie auch dort nicht Recht, steht ihr entweder der Weg offen, Revision oder – wenn ihr das vom Finanzgericht nicht erlaubt wird – Nichtzulassungsbeschwerde beim BFH einzulegen.

Das Einspruchsverfahren ist in den §§ 347 bis 367 AO geregelt. Für das gerichtliche Rechtsbehelfsverfahren gilt nicht die AO, sondern die Finanzgerichtsordnung (FGO). Der Gesetzgeber hat das Einlegen eines Einspruchs an einige Voraussetzungen gebunden. Z muss diese **Zulässigkeitsvoraussetzungen** erfüllen, § 358 AO. Das sind insbesondere

- die **Statthaftigkeit,** §§ 347, 348 AO,
- die **Form,** § 357 Abs. 1 und 3 AO,
- die **Frist,** §§ 355, 356 AO,
- die (persönliche, sachliche, verfahrensrechtliche) **Beschwer,** §§ 350, 352 AO.

Bei Bedarf muss darüber hinaus in entsprechenden Fällen die **Rücknahme** oder der **Verzicht** geprüft werden, §§ 362, 354 AO. Das Gleiche gilt für das **Rechtsschutzbedürfnis** als ungeschriebene Zulässigkeitsvoraussetzung. Erst wenn das Finanzamt festgestellt hat, dass der Einspruch der Z zulässig ist, prüft es die **Begründetheit** des Einspruchs, also die Frage, ob die Steuerpflichtige mit ihrem Einspruch Recht hat.

Prüfung der Zulässigkeit

1. Statthaftigkeit, §§ 347, 348 AO

Der Einspruch ist nach § 347 Abs. 1 Nr. 1 AO statthaft, wenn er sich gegen einen Verwaltungsakt in Abgabenangelegenheiten wendet, auf die die AO Anwendung findet. Der Einkommensteuerbescheid der Z ist ein Verwaltungsakt i. S. des § 118 AO (oder § 155 Abs. 1 Satz 2 AO). Er ist in Abgabenangelegenheiten, nämlich auf dem Gebiet der Einkommensteuer ergangen, § 347 Abs. 2 AO. Die AO findet auf die Einkommensteuer Anwendung, § 1 Abs. 1 AO. Der Einspruch ist nach § 348 AO auch nicht ausgeschlossen. Der Einspruch der Z ist statthaft.

2. Form, § 357 Abs. 1 und 3 AO

Die Einlegung eines Einspruchs ist an eine bestimmte Form gebunden. In § 357 Abs. 1 AO hat der Gesetzgeber drei **zwingende Formvorschriften** formuliert, wie ein Einspruch einzulegen ist.

Nach § 357 Abs. 1 Satz 1 AO hat der Einspruch **schriftlich, elektronisch** oder **zur Niederschrift** zu ergehen. Z wählt den elektronischen Weg, indem sie eine Mail an die E-Mail-Adresse des Finanzamts schickt.

Aus dem Einspruch muss hervorgehen, **wer** ihn eingelegt hat, § 357 Abs. 1 Satz 2 AO. Z gibt in der Mail ihre Steuernummer an. Da nur sie unter dieser Steuernummer beim Finanzamt geführt wird, geht damit aus dem Schreiben eindeutig hervor, wer Einspruchsführer ist.

Außerdem muss das **Rechtsbehelfsbegehren** erkennbar sein, § 357 Abs. 1 Satz 3 AO. Es muss also deutlich werden, dass die Steuerpflichtige sich gegen einen Verwaltungsakt wehren will. Sie muss nicht das Wort „Einspruch" benutzen. Fehlende oder unrichtige Bezeichnung des Rechtsbehelfs schadet nicht. Das Finanzamt hat den wirklichen Willen der Z zu erforschen, § 133 BGB.[1] Dabei wird es feststellen, dass nur der Einspruch gegen den Einkommensteuerbescheid 03 das von Z angestrebte Ziel sein kann.

§ 357 Abs. 3 AO enthält darüber hinaus drei **Sollvorschriften** zur Form des Einspruchs. Die Einspruchsführerin soll den angefochtenen Verwaltungsakt bezeichnen, einen Antrag stellen und diesen begründen. Z bittet in ihrer Mail um die Überprüfung des Einkommensteuerbescheids 03. Damit hat sie den Verwaltungsakt benannt, den sie geändert haben möchte. Die Tatsache, dass sie weder einen konkreten Änderungsantrag stellt noch eine Begründung vorlegt, ist unschädlich, da es sich nur um Sollvorschriften handelt. Z erfüllt die Formvorschriften.

3. Frist, § 355 AO

Die Frist für die Einlegung eines Einspruchs beträgt einen Monat nach **Bekanntgabe** des angefochtenen Bescheids, § 355 Abs. 1 AO. Der Einkommensteuerbescheid 03 wurde Z elektronisch bekannt gegeben. Nach § 122a Abs. 4 AO gilt ein im Elster-Portal zum Abruf bereitgestellter Bescheid am 3. Tage nach Absendung der elektronischen Benachrichtigung als bekannt gegeben. Die E-Mail, mit der Z über die Bereitstellung des Bescheids benachrichtigt wurde, hat das Finanzamt am Mittwoch, dem 27.01.05 abgesandt. Der Einkommensteuerbescheid würde mithin am 30.01.05 als bekannt gegeben gelten. Da der 30.01.05 aber ein Samstag ist, verschiebt sich die Bekanntgabe nach § 108

---

1 BFH vom 29.10.2019, IX R 4/19, BStBl 2020 II S. 368.

Abs. 3 AO auf den nächsten Werktag, den 01.02.05. Die **Einspruchsfrist** beginnt nach § 108 Abs. 1 AO, § 187 Abs. 1 BGB am 02.02.05 und endet nach § 188 Abs. 2 BGB am 01.03.05 (vorausgesetzt, dieser Tag ist kein Samstag oder Sonntag, § 108 Abs. 3 AO). Der Einspruch der Z ist innerhalb dieser Frist bei der **Anbringungsbehörde** eingegangen. Ein Einspruch ist nach § 357 Abs. 2 Satz 1 AO bei dem Finanzamt anzubringen, das den angefochtenen Verwaltungsakt erlassen hat. Z hat fristgemäß Einspruch eingelegt.

4. **Beschwer, § 350 AO**
   Es darf nur derjenige Einspruch einlegen, der geltend machen kann, in seinen Rechten verletzt worden zu sein, § 350 AO.

   Die **persönliche Beschwer** klärt, wer Einspruch einlegen darf. Das ist der Inhaltsadressat, da der Bescheid sich gegen ihn richtet und er die Steuern bezahlen muss. Z ist Inhaltsadressatin und Schuldnerin des Einkommensteuerbescheids 03. Sie ist persönlich beschwert.

   Die **sachliche Beschwer** klärt, wogegen Einspruch eingelegt werden darf. Voraussetzung ist, dass der angefochtene Bescheid belastender Natur ist. Diese Voraussetzung ist bei Steuerbescheiden immer gegeben, wenn eine Steuer festgesetzt wurde.[1] Da Z von der Höhe der gegen sie festgesetzten Steuer entsetzt war, kann sie geltend machen, in ihren Rechten verletzt worden zu sein. Es ist nicht zu erforschen, ob wirklich gegen das Recht verstoßen wurde. Notwendig ist lediglich, dass Z das Gefühl hat, durch den Steuerbescheid belastet zu sein.

Die Zulässigkeitsvoraussetzungen des Einspruchs der Z sind erfüllt. Ihr Einspruch ist zulässig, § 358 AO. Im nächsten Schritt muss das Finanzamt prüfen, ob der Einspruch der Z begründet ist. Zu diesem Zwecke hat es den gesamten Steuerfall erneut zu prüfen, § 367 Abs. 2 Satz 1 AO. Bei dieser **Gesamtfallaufrollung** sind die Einwendungen der Z mit zu berücksichtigen. Bei Erlass einer Einspruchsentscheidung ist die Finanzbehörde nicht an die Voraussetzungen der Korrekturvorschriften gebunden.[2]

---

1 BFH vom 24.07.2014 – V R 45/13, BFH/NV 2015 S. 147.
2 BFH vom 10.03.2016 – III R 2/15, BStBl 2016 II S. 508.

Fall 51

Rechtsbehelfsverfahren: Statthaftigkeit und Zuständigkeit

AO §§ 347, 348, 367; VwGO §§ 42, 45, 73

Sachverhalt

Bei dem Tischlermeister Torsten Tapir (T) wurde für die Jahre 01 bis 03 eine Außenprüfung durchgeführt. Nach dem Betriebsprüfungsbericht, der dem T am 15.06.04 zur Stellungnahme zugesandt wurde, hatte T mit erheblichen Nachzahlungen zu rechnen. T schrieb deshalb noch am selben Tag an das zuständige Finanzamt Göttingen:

> „... Hiermit fechte ich den Betriebsprüfungsbericht an. Da ich annehme, dass die Feststellungen im Prüfungsbericht den zu erwartenden Änderungsbescheiden zugrunde gelegt werden, soll sich mein heutiges Rechtsmittel auch auf diese Bescheide erstrecken ..."

Die geänderten Bescheide über Einkommensteuer, Umsatzsteuer und Gewerbesteuermessbetrag für die Jahre 01 bis 03 gingen dem T am 13.08.04 zu. Am 27.08.04 erhielt er von der Stadt Göttingen die geänderten Gewerbesteuerbescheide 01 bis 03. In den Erläuterungen zu den Bescheiden nahm das Finanzamt Göttingen ausdrücklich auf den Betriebsprüfungsbericht Bezug. Weil die Bescheide Rechtsbehelfsbelehrungen enthielten, schrieb T am 17.08.04 an das Finanzamt:

> „Vorsorglich lege ich auch gegen die Änderungsbescheide 01 bis 03 Widerspruch ein. Im Übrigen vermisse ich eine Entscheidung über meinen bereits im Jahr 02 gestellten Antrag auf Erlass der Einkommensteuer 01."

Frage

1. Hat T am 15.06.04 einen statthaften Einspruch eingelegt?
2. Sind die am 17.08.04 erhobenen „Widersprüche" statthaft?
3. Welche Behörden entscheiden über die Rechtsbehelfe des T?

Antwort

1. Am 15.06.04 konnte T noch keinen statthaften Einspruch einlegen.
2. Gegen die geänderten Einkommensteuer-, Umsatzsteuer- und Gewerbesteuermessbescheide ist der Einspruch statthaft.

   Die Gewerbesteuerbescheide kann T mit dem Widerspruch angreifen.

   Die Untätigkeit des Finanzamts in seiner Erlasssache kann T mit einem Untätigkeitseinspruch rügen. Unabhängig davon besteht die Möglichkeit, eine Gegenvorstellung und Dienstaufsichtsbeschwerde zu erheben.
3. Über die Einsprüche entscheidet das Finanzamt Göttingen, über den Widerspruch die Stadt Göttingen bzw. die nächsthöhere Behörde.

Begründung

1. Einsprüche sind nach § 347 Abs. 1 Satz 1 AO nur gegen Verwaltungsakte statthaft.

Der von T angegriffene Betriebsprüfungsbericht müsste also ein **Verwaltungsakt** i. S. von § 118 AO sein. Nach dieser Vorschrift sind Verwaltungsakte nur diejenigen hoheitlichen Maßnahmen von Finanzbehörden, die auf dem Gebiet des Steuerrechts zur Regelung von Einzelfällen ergehen und Außenwirkungen bezwecken. Mit dem Betriebsprüfungsbericht regelt das Finanzamt Göttingen noch keinen Einzelfall. Dem T gegenüber erfolgt die verbindliche Festsetzung von Besteuerungsgrundlagen und Steuerschuld nicht im Betriebsprüfungsbericht, sondern erst durch die aufgrund des Berichts gefertigten Steuerbescheide.[1] Der Betriebsprüfungsbericht teilt dem T lediglich das Ergebnis der Betriebsprüfung und die für die Besteuerung erheblichen Prüfungsfeststellungen in tatsächlicher und rechtlicher Hinsicht mit und gibt dem T Gelegenheit zur Stellungnahme, § 202 AO. Ein Einspruch des T gegen den Betriebsprüfungsbericht ist nicht statthaft und damit unzulässig.

T könnte jedoch bereits mit seinem Schreiben vom 15.06.04 **Einsprüche vor Bekanntgabe** der späteren Nachforderungsbescheide eingelegt haben. Diese Änderungsbescheide sind Verwaltungsakte, § 155 Abs. 1 Satz 2 AO. Am 15.06.04 waren diese Verwaltungsakte aber noch nicht entstanden. T war deshalb auch noch nicht in der Lage, in Bezug auf diese Verwaltungsakte einen entsprechenden Willen zu bilden und sie anzugreifen. Erst mit der Bekanntgabe am 13.08.04 wurde der Inhalt dem T gegenüber wirksam, § 124 Abs. 1 AO. Vorher erhobene Einsprüche sind nicht statthaft.[2] Dass ein Rechtsbehelf vor der Bekanntgabe eines Verwaltungsakts unzulässig ist, bestätigt die Vorschrift des § 355 Abs. 1 AO: „Der Einspruch ... ist innerhalb eines Monats nach Bekanntgabe des Verwaltungsakts einzulegen." Im Übrigen könnte T erst nach der Bekanntgabe eines Verwaltungsakts geltend machen, durch den Verwaltungsakt in seinen Rechten verletzt zu sein. Am 15.06.04 gegen die zukünftigen Nachforderungsbescheide erhobene Einsprüche sind daher auch wegen fehlender Beschwer unzulässig, § 350 AO.

2. Gegen Verwaltungsakte in Abgabenangelegenheiten ist der Einspruch statthaft, § 347 Abs. 1 Nr. 1 AO.

Die geänderten Bescheide über **Einkommensteuer, Umsatzsteuer und Gewerbesteuermessbetrag** sind Verwaltungsakte i. S. des § 118 AO (oder § 155 Abs. 1 Satz 2 AO), die in Abgabenangelegenheiten i. S. des § 347 Abs. 2 AO ergangen sind und auf die die AO nach § 1 Abs. 1 AO anzu-

---

1 BFH vom 15.12.1966, BStBl 1967 III S. 212.

2 BFH vom 08.04.1983, BStBl 1983 II S. 551, und vom 14.11.2012 – II R 14/11, BFH/NV 2013 S. 693.

wenden ist. Ein Ausschluss gem. § 348 AO liegt für diese Einsprüche nicht vor. Die Einsprüche sind statthaft. Die Tatsache, dass T seine Rechtsbehelfe als „Widerspruch" bezeichnet, ist nach § 357 Abs. 1 Satz 3 AO unschädlich.

Für die **Gewerbesteuer** als eine Realsteuer (§ 1 Abs. 2 AO) sind die Vorschriften über das Rechtsbehelfsverfahren nur anwendbar, soweit die Gewerbesteuer von den Finanzämtern verwaltet wird, also für die Feststellung des Gewerbesteuermessbetrags (§ 1 Abs. 1 AO i. V. m. § 184 AO).

Gegen die Gewerbesteuerfestsetzung, die in diesem Fall der Stadt Göttingen obliegt, ist der Widerspruch nach § 69 VwGO der „richtige" Rechtsbehelf.

Dem T bieten sich mehrere Möglichkeiten, die Untätigkeit des Finanzamts Göttingen zu rügen: Untätigkeitseinspruch, Gegenvorstellung und Dienstaufsichtsbeschwerde. Die Voraussetzungen für einen **Untätigkeitseinspruch** normiert § 347 Abs. 1 Satz 2 AO.[1] Der Steuerpflichtige muss einen Verwaltungsakt beantragt haben. T hatte bereits im Jahr 02 den Erlass seiner Einkommensteuerschuld 01 beantragt. Zulässig ist ein Untätigkeitseinspruch jedoch erst, wenn das Finanzamt nicht innerhalb „angemessener" Frist über den Antrag entschieden hat. In Anlehnung an die Vorschrift für eine Untätigkeitsklage in § 46 FGO darf für den Regelfall von einer Frist von ca. 6 Monaten ausgegangen werden. Maßgeblich ist aber letztlich der konkrete Sachverhalt. Eine kürzere Frist wird im Einzelfall z. B. bei eindeutiger Sach- und Rechtslage in Betracht kommen, eine mehr als halbjährige Frist, falls z. B. ein Steuerpflichtiger seinen Mitwirkungspflichten nur zögernd nachkommt oder aber das Finanzamt seine Ermittlungsarbeiten noch nicht abschließen konnte. In der Erlasssache des T sind erheblich mehr als 6 Monate verstrichen und keine besonderen Umstände erkennbar. Der Untätigkeitseinspruch ist nicht nach § 348 Nr. 2 AO ausgeschlossen. T wird mit seinem Untätigkeitseinspruch also Erfolg haben.

Für die **Gegenvorstellung** und die **Dienstaufsichtsbeschwerde** gibt es in der AO keine Regelungen. Beide sind an keine besondere Form und Frist gebunden.

3. Über einen Einspruch entscheidet die Finanzbehörde, die den Verwaltungsakt erlassen hat, durch Einspruchsentscheidung, § 367 Abs. 1 Satz 1 AO **(Zuständigkeit).** Für die Entscheidungen über die Einsprüche des T gegen die geänderten Bescheide über Einkommensteuer, Umsatzsteuer und Gewerbesteuermessbetrag ist daher das Finanzamt Göttingen zuständig.

---

1 BFH vom 22.01.2013 – IX R 1/12, BStBl 2013 II S. 663.

Eine differenzierte Zuständigkeitsregelung sieht § 73 VwGO für den Widerspruch gegen den Gewerbesteuerbescheid vor. Die Stadt Göttingen, deren Verwaltungsakt angefochten wird, kann dem Widerspruch nur stattgeben, ihm „abhelfen", § 73 Abs. 1 Satz 1 VwGO. Will die Stadt Göttingen dem Widerspruch nicht entsprechen, muss sie den Widerspruch der nächsthöheren Behörde zur Entscheidung vorlegen, § 73 Abs. 1 Nr. 1 VwGO. Gegen den Widerspruchsbescheid hätte T dann die Möglichkeit, Anfechtungsklage vor dem Verwaltungsgericht zu erheben, §§ 42, 45 VwGO.

Für das Verfahren bei dem Untätigkeitseinspruch gelten keine Besonderheiten. Zuständig ist das Finanzamt Göttingen.

Mit der **Gegenvorstellung** kann sich T an die säumige Behörde wenden und um eine Überprüfung des Vorgangs bitten. Eine Gegenvorstellung verpflichtet das Finanzamt Göttingen jedoch nicht, dem T einen mit förmlichen Rechtsbehelfen nachprüfbaren Verwaltungsakt bekannt zu geben.

Die **Dienstaufsichtsbeschwerde** ist inhaltlich mit einer Gegenvorstellung vergleichbar. Als Dienstaufsichtsbeschwerde wird die Eingabe bei der „vorgesetzten" Behörde bezeichnet. T könnte mit einer Dienstaufsichtsbeschwerde beim Landesamt das Verhalten des Finanzamts Göttingen rügen, um zu erreichen, dass eine verwaltungsinterne Überprüfung der Maßnahmen des Finanzamts durch die Aufsichtsbehörde stattfindet.

Fall 52

Rechtsbehelfsverfahren: Form

AO § 357

Sachverhalt

Dem Fabrikanten Claus Crähe (C) wurde am 15.05.03 vom Wohnsitzfinanzamt Burgdorf der Einkommensteuerbescheid 02 bekannt gegeben. C ist mit der Höhe der festgesetzten Einkommensteuer nicht einverstanden. Deshalb ruft C am 19.05.03 beim Finanzamt Burgdorf an und legt fernmündlich gegen den Einkommensteuerbescheid 02 Einspruch ein. Der zuständige Beamte, Oberinspektor Innauer (I), weist C während des Gesprächs darauf hin, dass diese Form der Anfechtung unzulässig sei. Deshalb bittet C den Beamten, dieser möge doch seine Einsprüche protokollieren – falls erforderlich, als sein Vertreter, ihm werde hiermit eine Vollmacht erteilt. I weigert sich unter Hinweis auf amtsinterne Anweisungen.

Auf den Vorschlag des I wird nun folgendermaßen verfahren: I sucht aus den Akten das Einspruchsschreiben des C vom 23.06.02 gegen den Einkommensteuerbescheid 01 heraus und ergänzt dessen Wortlaut: „Der Einspruch bezieht sich laut Telefongespräch vom 19.05.03 auch auf den Gewinnfeststellungsbescheid 02 und den Einkommensteuerbescheid 02."

Nach Rücksprache mit seinem Steuerberater kommen dem C rechtliche Zweifel an der Zulässigkeit der Einsprüche. Sicherheitshalber sendet er am 26.05.03 ein Schreiben an das Finanzamt Burgdorf:

> „Bezug nehmend auf mein Telefonat mit StOI Innauer bestätige ich meine Einsprüche gegen den Gewinnfeststellungs- und Einkommensteuerbescheid 02."

Das versehentlich von C nicht unterschriebene Schriftstück geht am 27.05.03 im Finanzamt ein.

Frage

Hat C formgerecht Einspruch eingelegt?

Antwort

Mit dem Schreiben vom 26.05.03 hat C die Einsprüche formgerecht erhoben.

Begründung

Nach der Formvorschrift des § 357 Abs. 1 AO konnte C seinen Rechtsbehelf schriftlich, elektronisch oder zur Niederschrift einlegen. Ein Einspruch ist **schriftlich,** wenn er für die Finanzverwaltung dauerhaft lesbar ist. Diese Voraussetzung ist sowohl bei Briefen und andere Schriftstücken als auch bei Telefaxen gegeben. **Elektronisch** kann ein Einspruch per E-Mail erhoben werden. Eine qualifizierte elektronische Signatur ist dafür nicht erforderlich.[1] Eine weitere Möglichkeit zur elektronischen Einspruchseinlegung bietet das Online-Elster-Portal.

Ein mündlicher Einspruch ist unzulässig. Mit der fernmündlichen Erklärung vom 19.05.03 hatte C die Frist daher noch nicht gewahrt.

Es liegt auch keine formgerechte **Niederschrift** vor.[2] Zwingende Voraussetzung für eine Niederschrift ist die physische Anwesenheit des Einspruchsführers. C war nicht im Finanzamt anwesend, als I die Aktennotiz fertigte. Bei Verfahrenshandlungen ist zwar grundsätzlich eine Vertretung möglich; ein Steuerpflichtiger kann seinen Einspruch z. B. durch einen Vertreter einlegen lassen. Der von C bevollmächtigte I lehnte aber die Protokollierung zu Recht ab.[3] I wäre gleichzeitig für den Einspruchsführer

---

1 BFH vom 13.05.2015 – III R 26/14, BStBl 2015 II S. 790; AEAO zu § 87a Nr. 3.2.4.
2 BFH vom 10.07.1964, BStBl 1964 III S. 590, und vom 23.07.2004 – XI B 42/03 (nv).
3 BFH vom 28.10.1988 – III R 204/83, BFH/NV 1989 S. 547.

C und das Finanzamt Burgdorf tätig geworden und hätte sich damit in einen unlösbaren Interessenkonflikt begeben.[1]

Auch die Ergänzung auf dem Einspruchsschreiben des C vom Vorjahr genügt nicht der Form. Der schriftliche Einspruch vom 23.06.02 richtet sich ausschließlich gegen den Einkommensteuerbescheid 01.[2] Er kann durch einen nachträglichen Vermerk nicht auf andere Steuerbescheide ausgeweitet werden. Außerdem wäre ein solcher Einspruch vor Bekanntgabe des Bescheids 02 und damit außerhalb der Einspruchsfrist eingegangen.[3]

Das Schreiben des C vom 27.05.03 erfüllt die Formerfordernisse des § 357 Abs. 1 AO. Es ist schriftlich, nämlich als Brief beim Finanzamt eingegangen. Die Tatsache, dass es nicht von C unterschrieben wurde, ist unschädlich. Während die Klage und die Revision entsprechend § 126 BGB unterschrieben werden müssen, verzichtet das Steuerrecht für das außergerichtliche Vorverfahren auf eine **Unterschrift des Einspruchsführers.**[4] Es genügt, wenn aus dem Schriftstück hervorgeht, wer den Einspruch eingelegt hat, § 357 Abs. 1 Satz 2 AO. So kann die Identität beispielsweise durch einen Stempelabdruck, den Briefkopf oder ein Faksimile gewährleistet sein. Es reicht infolgedessen auch aus, dass sich C aus dem Sachzusammenhang – er weist auf das Gespräch mit I hin – eindeutig als Einspruchsführer ermitteln lässt.

Fall 53

Rechtsbehelfsverfahren: Frist und Anbringungsbehörde – Auslegung
AO §§ 108, 122, 355, 357; BGB §§ 187 ff.

Sachverhalt

Delia Delfin (D) wohnt in Celle. In Burgdorf betreibt sie einen Großhandel mit Textilien. Der Bescheid über die gesonderte Feststellung des Gewinns aus Gewerbebetrieb 01 wurde am 29.03.02 vom Betriebsfinanzamt Burgdorf mit einfachem Brief zur Post gegeben. Es wurde darin erklärungsgemäß ein Gewinn von 22.580 Euro festgestellt. Den Einkommensteuerbescheid 01 gab das Wohnsitzfinanzamt Celle am 25.04.02 zur Post. Darin

---

1 Rechtsgedanke von § 181 BGB und § 83 AO.
2 BFH vom 08.08.2013, BStBl 2014 II S. 234.
3 BFH vom 14.11.2012 – II R 14/11, BFH/NV 2013 S. 693 m. w. N.
4 BFH vom 13.05.2015 – III R 26/14, BStBl 2015 II S. 790 m. w. N.

wird der vom Finanzamt Burgdorf festgestellte Gewinn i. H. von 22.580 Euro als Einkünfte aus Gewerbebetrieb der Besteuerung unterworfen.

Am 02.05.02 ging folgendes Schreiben beim Finanzamt Celle ein:

> „Betr.: Einkommensteuer-Nr. 144/30813
> Hiermit lege ich Einspruch ein. Der von mir erklärte und von Ihnen festgesetzte Gewinn aus Gewerbebetrieb ist falsch. Ich habe leider vergessen, die Rechnung eines Lieferanten über 5.000 Euro zu berücksichtigen. Ich bitte Sie den Bescheid dahingehend zu korrigieren, dass der Gewinn nur 17.580 Euro beträgt.
>
> Delia Delfin"

Das Finanzamt Celle leitet das Schreiben unverzüglich an das Finanzamt Burgdorf weiter. Es geht dort am 04.05.02 ein.

Frage

Ist der Einspruch der D erfolgreich?

Antwort

Der Einspruch ist erfolgreich. Der Feststellungsbescheid und der Einkommensteuerbescheid können zugunsten der D geändert werden.

Begründung
Auslegung des Schreibens

Aus dem Schreiben der D vom 02.05.02 geht nicht eindeutig hervor, gegen welchen Bescheid sich ihr Einspruch richtet. Die Wahl des Finanzamts Celle als Adressat des Schreibens und die angegebene Steuernummer sprechen für einen Einspruch gegen den Einkommensteuerbescheid. Andererseits begehrt D die Änderung des gesondert festgestellten Gewinns. Das kann nur durch Anfechtung des Feststellungsbescheids erfolgen.

Einsprüche – namentlich solche von steuerlichen Laien – sind in entsprechender Anwendung des § 133 BGB auszulegen. Danach ist nicht am buchstäblichen Sinn des Ausdrucks zu haften, sondern der wirkliche Wille zu erforschen. Grundsätzlich ist davon auszugehen, dass die Steuerpflichtige denjenigen Verwaltungsakt anfechten will, der angefochten werden muss, um zu dem erkennbar angestrebten Erfolg zu kommen.[1] D strebt die Herabsetzung ihres Gewinns aus Gewerbebetrieb an.

Bei **Auslegung ihres Schreibens als Einspruch gegen den Einkommensteuerbescheid** würde dieser zwar die Zulässigkeitsvoraussetzungen Statthaftigkeit, Form, Frist und Beschwer erfüllen. Er wäre dennoch wegen

---

1 BFH vom 29.10.2019 – IX R 4/19, BStBl 2020 II S. 368 m. w. N.

§ 351 Abs. 2 AO nicht erfolgreich. Danach können Entscheidungen in einem Grundlagenbescheid nur durch Anfechtung dieses Bescheids, nicht durch Anfechtung des Folgebescheids angegriffen werden. D wendet sich gegen die Höhe des Gewinns aus Gewerbebetrieb. Dieser wurde nach § 179 Abs. 1 und § 180 Abs. 1 Nr. 2 Buchst. b AO gesondert festgestellt. Der Feststellungsbescheid i. S. des § 171 Abs. 10 AO ist bindend für den Einkommensteuerbescheid, § 182 Abs. 1 AO. Der Feststellungsbescheid ist mithin der Grundlagenbescheid, der angefochten werden muss, wohingegen der Einkommensteuerbescheid insoweit Folgebescheid ist, dessen Anfechtung durch § 351 Abs. 2 AO ausgeschlossen wird. Die Auslegung des Schreibens als Einspruch gegen den Einkommensteuerbescheid führt nicht zu dem von D angestrebten Erfolg.

Die **Auslegung ihres Schreibens als Einspruch gegen den Feststellungsbescheid** führt zum angestrebten Erfolg, wenn die Zulässigkeitsvoraussetzungen erfüllt sind.

Der Einspruch gegen den Feststellungsbescheid ist **statthaft** nach § 347 Abs. 1 Nr. 1 AO, denn er richtet sich gegen einen Verwaltungsakt (§ 118 AO) in Abgabenangelegenheiten (§ 347 Abs. 2 AO), auf die die AO Anwendung findet (§ 1 Abs. 1 AO). Ein Ausschlussgrund nach § 348 AO ist nicht gegeben.

Der Einspruch wurde in der vorgeschriebenen **Form** eingereicht, § 357 Abs. 1 AO. Er ist schriftlich, nämlich als Brief eingegangen. Die Einspruchsführerin ist durch Angabe ihres Namens und ihrer Steuernummer zu identifizieren. Sie begehrt als Rechtsmittel den Einspruch. Die Sollvorschriften des § 357 Abs. 3 AO erfüllt sie nur zum Teil. Sie gibt nicht eindeutig an, gegen welchen Bescheid sich ihr Einspruch richtet. Deshalb bedurfte es der Auslegung. Sie stellt allerdings einen eindeutigen Antrag (Herabsetzung des Gewinns um 5.000 Euro) und begründet diesen (Lieferantenrechnung bisher nicht angesetzt).

Der Einspruch ist innerhalb der **Einspruchsfrist** von einem Monat nach Bekanntgabe des angefochtenen Bescheids beim zutreffenden Finanzamt eingegangen, § 355 Abs. 1 AO. Der Feststellungsbescheid wurde vom Betriebsfinanzamt Burgdorf am 29.03.02 mit einfachem Brief zur Post gegeben. Nach § 122 Abs. 2 Nr. 1 AO gilt er am 3. Tage nach Aufgabe zur Post, also am 01.04.02, als bekannt gegeben (vorausgesetzt, der 01.04.02 ist kein Samstag, Sonntag oder Feiertag, § 108 Abs. 3 AO). Die Einspruchsfrist begann nach § 108 Abs. 1 AO, § 187 Abs. 1 BGB am 02.04.02 und endete nach § 188 Abs. 2 BGB eigentlich mit Ablauf des 01.05.02. Da das aber ein Feiertag ist, verschiebt sich das Fristende nach § 108 Abs. 3 AO auf den 02.05.02. Bis zum Ablauf dieses Tages musste der Einspruch bei der **Anbringungsbehörde** eingehen. Grundsätzlich ist ein Einspruch nach § 357 Abs. 2 Satz 1 AO bei der Behörde anzubringen, die den Verwaltungsakt erlassen hat. Das wäre bei dem Feststellungsbescheid das

Finanzamt Burgdorf. Für Feststellungsbescheide sieht § 357 Abs. 2 Satz 2 AO eine zusätzliche Anbringungsbehörde vor: Ein Rechtsbehelf, der sich gegen die Feststellung von Besteuerungsgrundlagen oder gegen die Festsetzung eines Steuermessbetrags richtet, darf bei der „zur Erteilung des Steuerbescheids zuständigen Behörde" angebracht werden. Der Einkommensteuerbescheid ist ein Folgebescheid des Gewinnfeststellungsbescheids. D konnte deshalb ihren Einspruch gegen den Gewinnfeststellungsbescheid bei ihrem Wohnsitzfinanzamt Celle einlegen. Die spätere Weiterleitung dieses Einspruchs an das für die Entscheidung zuständige Betriebsfinanzamt Burgdorf außerhalb der Einspruchsfrist ist unerheblich. Die Frist ist mit dem rechtzeitigen Eingang bei der Anbringungsbehörde gewahrt.

D hätte ihren Einspruch auch bei jeder anderen Behörde einlegen können. Ein bei einer unzuständigen Behörde erhobener Einspruch ist allerdings nur zulässig, wenn die unzuständige Behörde den Einspruch innerhalb der Einspruchsfrist an eine Anbringungsbehörde i. S. von § 357 Abs. 2 Satz 1 bis 3 AO weiterleitet, § 357 Abs. 2 Satz 4 AO. Der Einspruchsführer trägt das Risiko des „Transports" und könnte nach Fristablauf nur ausnahmsweise eine Wiedereinsetzung in den vorherigen Stand erreichen, § 110 AO.[1]

D kann **Beschwer** i. S. des § 350 AO geltend machen. Persönlich ist sie als Inhaltsadressatin des Feststellungsbescheids und als Schuldnerin der im Folgebescheid festgesetzten Steuer beschwert. Sachliche Beschwer liegt bei Grundlagenbescheiden bereits in der Bindungswirkung, § 182 Abs. 1 AO.

Der Einspruch der D gegen den Feststellungsbescheid ist zulässig. Bei der Prüfung der **Begründetheit** nach § 367 Abs. 2 AO wird das Finanzamt prüfen, ob der Gewinn tatsächlich nur 17.580 Euro beträgt. Falls das so sein sollte, erhält D einen Abhilfebescheid in Form eines geänderten Feststellungsbescheids, § 367 Abs. 2 Satz 3 AO. Aufgrund des geänderten Feststellungsbescheids müsste das Wohnsitzfinanzamt Celle den Einkommensteuerbescheid nach § 175 Abs. 1 Nr. 1 AO ändern.

---

1 AEAO zu § 357 Nr. 2; Tipke/Kruse, § 357 Tz. 25.

Fall 54

Rechtsbehelfsverfahren: Rechtsbehelfsbelehrung und Wiedereinsetzung in den vorigen Stand

AO §§ 108, 110, 356; BGB §§ 187 ff.

Sachverhalt

Das Finanzamt Stadthagen gab den Einkommensteuerbescheid 01 für den Lehrer Emil Ende (E) am 20.01.03 mit einfachem Brief zur Post. Auf der maschinell erstellten Ausfertigung des Steuerbescheids befand sich folgende Rechtsbehelfsbelehrung:

> „Die Festsetzung der Einkommensteuer kann mit dem Einspruch angefochten werden. Der Einspruch ist bei dem vorbezeichneten Finanzamt schriftlich oder elektronisch einzureichen oder zur Niederschrift zu erklären. Die Frist für die Einlegung eines Rechtsbehelfs beträgt einen Monat. Sie beginnt mit Ablauf des Tages, an dem Ihnen dieser Bescheid bekannt gegeben worden ist. Bei Zusendung durch einfachen Brief gilt die Bekanntgabe mit dem dritten Tag nach Aufgabe zur Post als bewirkt, es sei denn, dass der Bescheid zu einem späteren Zeitpunkt zugegangen ist."

Am 25.02.03 ging ein Schreiben des E mit folgendem Inhalt beim Finanzamt Stadthagen ein:

> „Gegen den Einkommensteuerbescheid 01 lege ich hiermit Einspruch ein. Leider bin ich außerstande, die Einspruchsfrist einzuhalten. Ich bin am 22.01.03 zu einer Reise nach Afrika aufgebrochen, von der ich erst heute – am 23.02.03 – zurückgekehrt bin. Vor meiner Reise habe ich meinen Sohn Ferdinand (F), der die 10. Klasse der Realschule besucht, mit der Wahrnehmung meiner steuerlichen Interessen betraut und ihn ausdrücklich angewiesen, während meiner Abwesenheit gegen den Einkommensteuerbescheid 01 Einspruch einzulegen. Dass F meinen Anweisungen nicht Folge leistete, kann mir nicht angelastet werden."

Frage

1. Hat E fristgerecht Einspruch gegen den Einkommensteuerbescheid 01 eingelegt?
2. Führt die Fristversäumung zur formellen Bestandskraft des Bescheids?

Antwort

1. Der Einspruch des E ging verspätet im Finanzamt Stadthagen ein.
2. Dem E ist Wiedereinsetzung in den vorigen Stand zu gewähren, sodass das Einspruchsverfahren durchgeführt werden kann.

Begründung

1. Die **Einspruchsfrist** beträgt nach § 355 Abs. 1 AO einen Monat nach Bekanntgabe.

Nach § 122 Abs. 2 Nr. 1 AO gilt der dem E mit einfachem Brief zugesandte Einkommensteuerbescheid 01 mit dem 3. Tag nach Aufgabe zur Post, also am 23.01.03, als bekannt gegeben. Die Einspruchsfrist beginnt im Regelfall gem. § 108 Abs. 1 AO i. V. m. § 187 Abs. 1 BGB am Tag nach der Bekanntgabe, also am 24.01.03. Sie beginnt nicht zu laufen, wenn die Rechtsbehelfsbelehrung fehlt oder unvollständig ist, § 356 Abs. 2 AO. Für alle schriftlich (elektronisch) ergehenden Verwaltungsakte schreibt das Gesetz eine schriftliche (elektronische) Rechtsbehelfsbelehrung vor (§ 356 Abs. 1 AO).

Die Erfordernisse einer ordnungsgemäßen **Rechtsbehelfsbelehrung** normiert § 356 Abs. 1 AO. Der in Betracht kommende Rechtsbehelf war richtig als Einspruch bezeichnet (§ 347 Abs. 1 Nr. 1 AO). Ferner war mit dem Finanzamt Stadthagen diejenige Behörde angegeben, bei der E seinen Einspruch einlegen konnte (§ 357 Abs. 2 Satz 1 AO). Ein Hinweis auf weitere Anbringungsmöglichkeiten (§ 357 Abs. 2 Satz 2 bis 4 AO) erübrigte sich. Notwendig war auch eine schriftliche Belehrung über die „einzuhaltende Frist". Das Finanzamt Stadthagen hatte dem E die Dauer der Frist (§ 355 Abs. 1 AO) und den Inhalt des § 122 Abs. 2 AO mitgeteilt. Wird nämlich einem Steuerpflichtigen ein Steuerbescheid mit einfachem Brief durch die Post übermittelt, muss in der Belehrung darauf hingewiesen werden, dass der Bescheid mit dem 3. Tag nach Aufgabe zur Post als bekannt gegeben gilt und der 3. Tag dann nicht als Bekanntgabe gilt, wenn das Schriftstück nicht oder zu einem späteren Zeitpunkt zugegangen ist.[1] Auf der Grundlage dieser Belehrung war dem E eine Berechnung der Einspruchsfrist – des Fristbeginns und des Fristendes – möglich.

Die Einspruchsfrist endete gem. § 108 Abs. 1 AO i. V. m. § 188 Abs. 2 BGB am 23.02.03. Laut Sachverhalt ging das Einspruchsschreiben erst am 25.02.03, also verspätet, im Finanzamt ein.

2. Das Finanzamt Stadthagen wird den Einspruch aber dann nicht als unzulässig verwerfen, wenn die Voraussetzungen für eine **Wiedereinsetzung in den vorigen Stand** vorliegen, § 110 AO.

E muss ohne Verschulden gehindert gewesen sein, die Einspruchsfrist einzuhalten. Dabei wird das Verschulden eines Vertreters dem Einspruchsführer zugerechnet, § 110 Abs. 1 Satz 2 AO.

E hat eine **gesetzliche Frist,** die Einspruchsfrist nach § 355 AO, versäumt. Die Versäumnis beträgt nur 2 Tage. Die Frist endete am 23.02.03, der Einspruch ging am 25.02.03 ein. Die Kürze einer Fristüberschreitung allein

---

1 BFH vom 23.01.1964, BStBl 1964 III S. 201.

entschuldigt jedoch nicht. Jede Fristversäumnis bedarf einer Begründung.[1]

E war **verhindert,** Einspruch einzulegen, denn er war nahezu während der gesamten Einspruchsfrist abwesend. Sein Auslandsaufenthalt begann noch vor dem Beginn der Einspruchsfrist. Er kehrte am Tag zurück, mit dessen Ablauf die Einspruchsfrist endete. Nach ständiger Rechtsprechung des BFH gilt ein Steuerpflichtiger als verhindert, wenn ihm von der einmonatigen Einspruchsfrist nur wenige Tage verbleiben.[2]

E dürfte die Frist auch nicht schuldhaft versäumt haben. Die Verschuldensformen **Vorsatz und Fahrlässigkeit** sind zu unterscheiden.[3] E hat die Frist nicht vorsätzlich, d. h. bewusst und gewollt, versäumt. Dem E könnte fahrlässiges Verhalten vorgeworfen werden. Fahrlässig handelt, wer die ihm aufgrund der persönlichen Umstände zumutbare Sorgfalt außer Acht lässt. Welche Sorgfalt einem Bürger, der eine ständige Wohnung besitzt und diese nur vorübergehend während eines Urlaubs nicht benutzt, allgemein zuzumuten ist, hat das BVerfG mehrfach entschieden. Danach braucht niemand während eines mehrwöchigen Urlaubs für diese Zeit besondere Vorkehrungen hinsichtlich möglicher Zustellungen zu treffen. Der Staatsbürger könne damit rechnen, dass er Wiedereinsetzung in den vorigen Stand erhalte, falls ihm während seiner Urlaubsabwesenheit ein Schriftstück zugehe und er aus Unkenntnis dieser Tatsache die Einspruchsfrist versäumen sollte. Andernfalls wäre sein Anspruch auf Gewährung rechtlichen Gehörs verletzt, Art. 103 Abs. 1 GG. Die Höchstdauer einer unschädlichen Urlaubsreise in diesem Sinne beträgt längstens 6 Wochen.[4] E hätte also schuldlos gehandelt, wenn er keinen Vertreter beauftragt hätte, da sein Urlaub nicht länger als 6 Wochen dauerte.

E hatte F mit der Wahrnehmung seiner Interessen betraut und ihn ausdrücklich beauftragt, gegen den Einkommensteuerbescheid 01 Einspruch einzulegen. Bestellt ein Steuerpflichtiger einen **Vertreter,** muss er eine sachgemäße Auswahl treffen und – soweit möglich und erforderlich – dessen Tätigkeit beaufsichtigen und überwachen, § 80 AO i. V. m. § 164 Abs. 1, § 165 BGB. Eine mangelnde Sorgfalt bei der Auswahl oder Observation führt zum Verschulden des Steuerpflichtigen i. S. von § 110 AO (sog. Auswahl- bzw. Überwachungsverschulden).

Ein Überwachungsverschulden des E kommt während der Urlaubsabwesenheit nicht in Betracht. Die dem F erteilte Weisung war klar und eindeutig.

---

1 BFH vom 17.10.1970, BStBl 1971 II S. 143.

2 BFH vom 11.12.1986 – IV R 184/84, BStBl 1987 II S. 303, und vom 05.11.1987 – IV R 354/84, BFH/NV 1988 S. 614.

3 BFH vom 29.08.2017 – VIII R 33/15, BStBl 2018 II S. 69.

4 BVerfG vom 11.02.1976, BVerfG 41 S. 332 [336].

Dem E könnte jedoch Fahrlässigkeit bei der Auswahl seines Vertreters vorgeworfen werden.[1]

Als Vertreter musste F steuerlich genügend qualifiziert sein. Als Lehrer hätte E erkennen müssen, dass F als Realschüler der 10. Klasse keine ausreichenden Kenntnisse im Abgabenrecht besitzen konnte und daher für eine steuerliche Vertretung ungeeignet war. E hat fahrlässig fehlerhaft ausgewählt.

Das fahrlässige Verhalten seines Vertreters F wäre dem E darüber hinaus nach § 110 Abs. 1 Satz 2 AO zuzurechnen.[2]

Wegen der Rückkehr des E vor Ablauf der Frist konnte die schuldhafte Auswahl des F bzw. dessen fahrlässiges Verhalten für die Versäumung der Frist aber nicht kausal werden. E hatte noch am 23.02.03 Gelegenheit, fristgerecht Einspruch einzulegen. Außerdem darf E nicht schlechtergestellt werden, weil er einen Vertreter bestellt hat, der dem Finanzamt gegenüber nicht gehandelt hat, als wenn er keinen Vertreter bestellt hätte.

Das Finanzamt Stadthagen wird die Wiedereinsetzung in den vorigen Stand ohne einen ausdrücklichen Antrag des E gewähren. Der Einspruch und die für die Wiedereinsetzung maßgeblichen Gründe sind innerhalb der Antragsfrist des § 110 Abs. 2 Satz 1 AO eingegangen.[3]

Fall 55

Rechtsbehelfsverfahren: Beschwer – Einspruchsbefugnis des Rechtsnachfolgers

AO §§ 350, 353

Sachverhalt

Mit notariellem Kaufvertrag vom 10.08.02 kaufte Ferdinand Fleischhauer (F) ein unbebautes Grundstück von dem Sägewerksbesitzer Norbert Niemeier (N). Nach der Auflassung am 11.09.02 wurde F am 10.12.02 als Eigentümer im Grundbuch eingetragen.

Das Belegenheitsfinanzamt Hameln stellte den Einheitswert für das Grundstück auf den 01.01.01 fest und gab den Einheitswertbescheid dem

---

1 BFH vom 28.07.2015 – VIII R 50/14, BStBl 2015 II S. 894.
2 BFH vom 18.03.2014, BStBl 2014 II S. 922.
3 BFH vom 27.03.1985, BStBl 1985 II S. 586, und vom 31.01.2017 – IX R 19/16, BFH/NV 2017 S. 885.

N am 08.12.02 bekannt. N sandte dem F unverzüglich eine Kopie der Ausfertigung zur Kenntnisnahme zu.

Am 15.12.02 legt F gegen den Einheitswertbescheid und den Einkommensteuerbescheid 01, den F eine Woche zuvor erhalten hatte, Einspruch ein. Zur Begründung des Einspruchs gegen den Einkommensteuerbescheid führt F aus:

> „… Ich wende mich nicht gegen die Höhe der festgesetzten Einkommensteuer, vielmehr beschwere ich mich darüber, dass das Finanzamt meine Einkünfte abweichend von meiner Steuererklärung als Gewinn aus selbständiger Tätigkeit und nicht als Einkünfte aus Vermietung und Verpachtung angesetzt hat …"

Frage

1. Ist der Einspruch des F gegen den Einkommensteuerbescheid 01 zulässig?
2. Ist F zur Einlegung eines Einspruchs gegen den Einheitswertbescheid befugt?
3. Wie würde das Finanzamt Hameln über den Einspruch gegen den Einheitswertbescheid entscheiden, wenn der Bescheid dem N nicht vor, sondern nach der Übereignung des Grundstücks an F bekannt gegeben worden wäre?

Antwort

1. Den Einspruch des F gegen den Einkommensteuerbescheid 01 wird das Finanzamt mangels Beschwer als unzulässig verwerfen.
2. F ist zur Einlegung eines Einspruchs gegen den Einheitswertbescheid befugt.
3. Das Finanzamt Hameln würde den Einspruch als unzulässig verwerfen.

Begründung

1. Der Einspruch gegen den Einkommensteuerbescheid 01 ist nach § 347 Abs. 1 Nr. 1 AO **statthaft,** er ist nicht gem. § 348 AO ausgeschlossen.

F hat den Einspruch auch **formgerecht** – schriftlich (§ 357 Abs. 1 Satz 1 AO) – und **fristgerecht** (innerhalb eines Monats nach Bekanntgabe, § 355 Abs. 1 AO) eingelegt.

Fraglich ist, ob F geltend macht, durch den Einkommensteuerbescheid i. S. von § 350 AO **beschwert** zu sein. Einspruchsbefugt ist F danach nur, sofern er schlüssig vorträgt, dass der Bescheid ihn in seinen Rechten verletzt. F muss sowohl persönlich als auch sachlich beschwert sein.

F ist **persönlich** durch den Einkommensteuerbescheid 01 beschwert. Der Bescheid ist seinem Inhalt nach für F bestimmt und dem Adressaten auch bekannt gegeben worden, § 122 Abs. 1 AO.

Während die persönliche Beschwer die Frage betrifft, „wer" die Rechtsverletzung geltend machen und das Rechtsbehelfsverfahren betreiben darf, befasst sich die **sachliche** Beschwer mit dem Problem, „wodurch" ein Beteiligter in seinen Rechten verletzt werden kann. Durch den Einkommensteuerbescheid werden die Art und die Höhe der Steuer dem F gegenüber verbindlich festgesetzt. Es wird belastend in seinen Rechtskreis eingegriffen, § 155 Abs. 1, § 157 Abs. 1 Satz 1 AO. Nur die Steuer erwächst nach Unanfechtbarkeit in Bestandskraft.

Die Besteuerungsgrundlagen, also die rechtliche Qualifizierung als Einkünfte aus Vermietung und Verpachtung oder als Gewinn aus selbständiger Tätigkeit im Steuerbescheid des F, sind beliebig austauschbar. Sie beschweren selbst dann nicht, wenn sie falsch sind.[1] Derartige unselbständige Besteuerungsgrundlagen sind mit einem Einspruch gegen den Einkommensteuerbescheid nur ausnahmsweise anfechtbar, wenn sie selbst Bindungswirkungen z. B. für Folgejahre, andere Steuern oder andere Behörden entfalten.[2] F wendet sich ausdrücklich nur gegen den Ansatz der Besteuerungsgrundlagen. Weder die Festsetzung als Einkünfte aus Vermietung und Verpachtung noch die Festsetzung als Gewinn aus selbständiger Tätigkeit äußern aber verbindliche Rechtswirkungen. Das Finanzamt wird deshalb den Einspruch des F wegen fehlender sachlicher Beschwer als unzulässig verwerfen, § 358 AO.

2. Verfahrensmäßig befugt, einen Einheitswertbescheid anzufechten, ist nach § 350 AO grundsätzlich derjenige, für den der Bescheid seinem Inhalt nach bestimmt ist, § 122 Abs. 1 AO. Der Bescheid ist an N als ehemaliger Eigentümer des Grundstücks gerichtet und diesem auch bekannt gegeben worden. N könnte demzufolge als Adressat einen zulässigen Einspruch einlegen. F ist kein Adressat.

In zwei Ausnahmefällen wird die Einspruchsbefugnis auch Nichtadressaten eingeräumt. Diese **Erweiterung der persönlichen Beschwer** betrifft zum einen den **Gesamtrechtsnachfolger** (z. B. Erbe). Dieser rückt an die Stelle des Rechtsvorgängers und übernimmt dessen gesamte Pflichten und Rechte, mithin auch dessen Einspruchsbefugnis, § 45 AO. Zum anderen tritt auch bei **Einzelrechtsnachfolge** eine Erweiterung der persönlichen Beschwer ein. F ist als Käufer des Grundstücks Einzelrechtsnachfolger. In Fällen der Einzelrechtsnachfolge gehen grundsätzlich keine Rechtspositionen auf den Nachfolger über. Durch einen Kaufvertrag (§ 433 BGB) oder beispielsweise durch die Veräußerung eines Handelsgeschäfts (§ 25 HGB) können keine steuerlichen Rechte übertragen bzw. steuerliche Pflichten abgewälzt werden. Dieses Prinzip durchbricht § 182 Abs. 2 Satz 1 AO für dinglich wirkende Steuerbescheide. Der dem N bekannt gegebene Einheitswertbescheid (§ 180 Abs. 1 Nr. 1 AO) wirkt auch gegenüber dem

---

1 BFH vom 27.01.1972, BStBl 1972 II S. 465.
2 BFH vom 08.11.1989, BStBl 1990 II S. 91, und vom 22.11.2016, BStBl 2017 II S. 921.

Einzelrechtsnachfolger F, auf den das unbebaute Grundstück – der Gegenstand der Feststellung – übergegangen ist. Obwohl das Grundstück dem F vom Eigentumsübergang (10.12.02) an zuzurechnen ist, braucht der Bescheid an diesen nicht mehr gesondert adressiert und diesem auch nicht bekannt gegeben zu werden.

Die Vorschrift des § 353 AO knüpft an die Regelung des § 182 Abs. 2 Satz 1 AO an und zieht die Konsequenz für das Rechtsbehelfsverfahren. Weil der Einheitswertbescheid auch dem F gegenüber wirkt, ist F durch dessen Feststellungen beschwert, § 350 AO. F tritt in die Rechtsstellung des N ein. Die Einspruchsbefugnis geht in dem verfahrensrechtlichen Zustand auf F über, in dem sie sich im Zeitpunkt des Eigentumsübergangs befunden hat. F ist daher in der Lage, innerhalb der für den Rechtsvorgänger N maßgebenden Einspruchsfrist Einspruch einzulegen.

3. Erfolgt die Bekanntgabe des Einheitswertbescheids an N nach der Rechtsnachfolge, d. h. nach der Übereignung des Grundstücks an F (§ 873 BGB), braucht F den Einheitswertbescheid des N nicht gegen sich gelten zu lassen. Die getroffenen Feststellungen werden F gegenüber erst nach einer Bekanntgabe des Bescheids an ihn wirksam (§ 182 Abs. 2 Satz 2 AO). Die Zusendung der Kopie des Einheitswertbescheids durch N ersetzt nicht die förmliche Bekanntgabe durch das Finanzamt. Solange keine Bekanntgabe an F erfolgt ist, kann F keinen zulässigen Einspruch gegen den Einheitswertbescheid einlegen. Das Finanzamt wird den Einspruch unter Hinweis auf die §§ 350, 353 AO als unzulässig verwerfen.

Fall 56

Rechtsbehelfsverfahren: Einspruchsbefugnis von Gesellschaftern – Hinzuziehung

AO §§ 352, 360

Sachverhalt

Gerda Grube (G) ist als Miterbin zu einem Viertel an der Erbengemeinschaft nach dem verstorbenen Claudius Grube beteiligt. Zur Erbmasse gehört ein Mietwohngrundstück in Lüneburg, dessen Wohnungen vermietet sind.

Außerdem ist G Kommanditistin der Weber & Zinser KG (WZ-KG) in Gifhorn, die sich mit dem Vertrieb von Textilien aller Art befasst. Komplementäre sind Weber (W) und Zinser (Z).

Das Finanzamt Lüneburg stellt die Verluste der Erbengemeinschaft aus der Vermietung des Mietwohngrundstücks i. H. von 20.460 Euro gesondert und einheitlich fest und gibt den Feststellungsbescheid der gem. § 183 Abs. 1 Satz 1 AO zur gemeinsamen Empfangsbevollmächtigten bestellten G mit Wirkung für alle Miterben bekannt.

Der Gewinn der WZ-KG wird vom Betriebsfinanzamt Gifhorn mit 100.200 Euro ermittelt. Der Gewinnfeststellungsbescheid wird dem Komplementär W mit einfachem Brief zugesandt. Auf G entfällt ein Gewinnanteil von 10.000 Euro.

G legt form- und fristgerecht gegen beide Bescheide Einspruch mit der Begründung ein, der Verlust aus der Vermietung bzw. der Gewinn aus Gewerbebetrieb seien falsch ermittelt und infolgedessen auch ihre Anteile unrichtig festgestellt.

Frage

1. Ist G befugt, gegen die Feststellungsbescheide Einspruch einzulegen?
2. Wer ist zu den Einspruchsverfahren der G hinzuzuziehen?

Antwort

1. Der Einspruch der G gegen den Verlustfeststellungsbescheid ist zulässig, ihr Einspruch gegen den Gewinnfeststellungsbescheid ist unzulässig.
2. Im Einspruchsverfahren gegen die Verlustfeststellung und in der Gewinnfeststellungssache kommt eine Hinzuziehung nicht in Betracht.

Begründung

1. Zu prüfen ist die Zulässigkeitsvoraussetzung **Beschwer.** Nach § 350 AO ist derjenige befugt, Einspruch einzulegen, der geltend machen kann, durch den angefochtenen Verwaltungsakt in seinen Rechten verletzt worden zu sein.

G ist **sachlich beschwert,** denn die Feststellungsbescheide habe Bindungswirkung für den Einkommensteuerbescheid der G, § 182 Abs. 1 AO.

G ist auch **persönlich beschwert,** denn sie ist Inhaltsadressatin der Feststellungsbescheide, § 122 Abs. 1 AO. Bei Feststellungsbescheiden ist jeder am Feststellungsgegenstand Beteiligte, bei dem Verlustfeststellungsbescheid jeder Miterbe, bei dem Gewinnfeststellungsbescheid jeder Gesellschafter der KG Inhaltsadressat. Im Gegensatz zu Umsatzsteuerbescheiden oder Gewerbesteuerbescheiden richten Feststellungsbescheide sich nicht an die Gesellschaft, sondern an die Gesellschafter, denn die festgestellten Besteuerungsgrundlagen fließen in die Einkommensteuerveranlagungen der Beteiligten ein.

Die **Rechtsbehelfsbefugnis** bei einheitlichen Feststellungsbescheiden ist jedoch in § 352 AO eingeschränkt.

a) Einspruch gegen den Verlustfeststellungsbescheid

Für Einsprüche gegen einheitliche Feststellungsbescheide wird die Einspruchsbefugnis für die nach § 350 AO Berechtigten in § 352 AO eingeschränkt. Grundsätzlich sind nur die zur Vertretung berechtigten Geschäftsführer oder, wenn solche nicht vorhanden sind, der Einspruchsbevollmächtigte i. S. des § 352 Abs. 2 AO einspruchsbefugt, § 352 Abs. 1 Nr. 1 AO. Bei der Erbengemeinschaft ist ein **zur Vertretung befugter Geschäftsführer** nicht vorhanden, da nach §§ 709, 714 BGB alle Gesellschafter nur gemeinschaftlich die Gesellschaft führen und vertreten. G ist zur gemeinsamen Empfangsbevollmächtigten gem. § 183 Abs. 1 Satz 1 AO bestellt und deshalb **Einspruchsbevollmächtigte** i. S. des § 352 Abs. 2 Satz 1 AO. Sie ist befugt, die gesonderte und einheitliche Feststellung der Verluste aus der Vermietung des Mietwohngrundstücks anzufechten.

b) Einspruch der G gegen den Gewinnfeststellungsbescheid

G ist auch bezüglich des Gewinnfeststellungsbescheids der WZ-KG als Inhaltsadressatin **persönlich beschwert** und durch die Bindungswirkung des Bescheids **sachlich beschwert**, § 350 AO. Ob sie die **verfahrensrechtliche Befugnis** hat, Einspruch einzulegen, ergibt sich aus § 352 Abs. 1 Nr. 1 bis 5 AO.

Für **vertretungsberechtigte Geschäftsführer** reglementiert Nr. 1 eine uneingeschränkte Einspruchsbefugnis. Das Recht dieser Personen, die Geschäfte der Gesellschaft und der Gesellschafter zu führen, umfasst auch die Befugnis, ein steuerliches Rechtsbehelfsverfahren mit allen Konsequenzen für die Betroffenen zu führen. Dabei treten die Geschäftsführer als Organ der Personengesellschaft auf. Sie handeln nicht im eigenen Namen, sondern für die Gesellschaft, so dass die Gesellschaft Einspruchsführer ist. Die Gesellschaft wiederum legt den Einspruch für ihre Gesellschafter ein.[1] Ohne abweichende Vereinbarungen im Gesellschaftsvertrag sind die Komplementäre W und Z vertretungsberechtigte Geschäftsführer der WZ-KG, § 161 Abs. 2 HGB i. V. m. §§ 114 ff. HGB. Die Kommanditistin G ist kraft Gesetzes von der Führung der Geschäfte und der Vertretung der Gesellschaft ausgeschlossen, § 164 und § 170 HGB. G ist somit nicht nach § 352 Abs. 1 Nr. 1 AO einspruchsbefugt.

Der Einspruch eines nicht zur Geschäftsführung berufenen Gesellschafters ist nur unter den zusätzlichen Voraussetzungen der Nr. 4 oder Nr. 5 des § 352 Abs. 1 AO zulässig.

---

1 BFH vom 23.02.2011 – I R 52/10, BFH/NV 2011 S. 1354.

G ist nicht nach **§ 352 Abs. 1 Nr. 4 AO** einspruchsbefugt, denn sie greift mit ihrem Einspruch nur die Höhe des festgestellten Gesamtgewinns an, sie bestreitet aber nicht die Gewinnverteilung.

Nach **§ 352 Abs. 1 Nr. 5 AO** sind die nicht geschäftsführenden Gesellschafter insoweit einspruchsbefugt, als es sich um Fragen handelt, die sie unmittelbar angehen.[1] G trägt keine Besteuerungsgrundlagen vor, die sie persönlich betreffen, wie beispielsweise Sondervergütungen, persönliche Betriebsausgaben oder aber Schulden, die ihren Anteil mindern. Das Betriebsfinanzamt Gifhorn wird daher den Einspruch der G als unzulässig verwerfen, **§ 358 AO**.

2. Durch eine **Hinzuziehung** werden Dritte an einem Einspruchsverfahren beteiligt, die durch eine Einspruchsentscheidung in ihren Rechten beeinträchtigt werden könnten. Während **§ 360 Abs. 1 AO** die Hinzuziehung in das Ermessen der Finanzbehörde stellt (einfache Hinzuziehung), wird die Behörde nach **§ 360 Abs. 3 AO** von Amts wegen zur Hinzuziehung verpflichtet (notwendige Hinzuziehung).

a) Einspruch gegen den Verlustfeststellungsbescheid

Miterben der G nach dem verstorbenen Claudius Grube sind dem Einspruchsverfahren der G nach § 360 Abs. 3 AO **(notwendige Hinzuziehung)** nur hinzuzuziehen, wenn diese Miterben selbst einspruchsbefugt i. S. von § 352 Abs. 1 AO sind und ihnen gegenüber die Einspruchsentscheidung nur einheitlich ergehen kann, § 180 Abs. 1 Nr. 2 Buchst. a i. V. m. § 179 Abs. 2 Satz 2 AO. Als Hinzugezogene könnten die Miterben dann dieselben Rechte geltend machen wie G, § 360 Abs. 4 AO. Sie könnten z. B. zu ihrem Vorteil Tatsachen und Rechtsansichten vortragen und volle Aufklärung über den Sach- und Rechtsstand verlangen. Das Recht, den Einspruch zurückzunehmen, bliebe allerdings ausschließlich der Einspruchsführerin G vorbehalten.

Weil es um die Höhe des festgestellten Verlustes der Erbengemeinschaft geht, ist nur G gem. § 352 Abs. 1 Nr. 1 i. V. m. § 352 Abs. 2 Satz 1 AO einspruchsberechtigt. Die Voraussetzungen gem. § 352 Abs. 1 Nr. 2 bis 5 AO liegen für die Miterben nicht vor. Eine notwendige Hinzuziehung nach § 360 Abs. 3 AO ist daher ausgeschlossen. Ob das Finanzamt Lüneburg im Rahmen seines Ermessens Miterben gem. § 360 Abs. 1 AO **(einfache Hinzuziehung)** am Einspruchsverfahren beteiligt, kann aufgrund des Sachverhalts nicht abschließend entschieden werden. Im Regelfall wird von einer einfachen Hinzuziehung in Einspruchsverfahren, die gesonderte und ein-

---

1 BFH vom 28.09.2017 – IV R 17/15, BFH/NV 2018 S. 182, und vom 23.01.2020 – IV R 48/16, BFH/NV 2020 S. 695.

heitliche Feststellungen betreffen, abzusehen sein, wenn eine notwendige Hinzuziehung nicht erfolgen kann.[1]

b) Einspruch der G gegen den Gewinnfeststellungsbescheid

Da der Einspruch der G unzulässig ist, überprüft das Finanzamt Gifhorn den Gewinnfeststellungsbescheid nicht auf seine sachliche Richtigkeit und trifft keine Entscheidung, die gegenüber den Komplementären W und Z und der WZ-KG nur einheitlich ergehen könnte. Daher scheidet eine notwendige Hinzuziehung aus, § 360 Abs. 3 Satz 1 AO.

Das Finanzamt Gifhorn wird auch nicht von der Möglichkeit einer einfachen Hinzuziehung Gebrauch machen. Durch die Einspruchsentscheidung können keine rechtlichen Interessen der übrigen Mitberechtigten berührt werden, § 360 Abs. 1 Satz 1 AO.

Fall 57

Rechtsbehelfsverfahren: Verzicht und Rücknahme

AO §§ 354, 362

Sachverhalt

Der Steuerpflichtige Hubert Huhn (H) ist als Kommanditist an der Max Kahn KG (K-KG) beteiligt. Das Betriebsfinanzamt stellte den Gewinn der K-KG für das Jahr 01 mit 105.000 Euro fest und gab dem Komplementär K den Gewinnfeststellungsbescheid am 13.06.02 mit Wirkung für alle Beteiligten bekannt.

Am 22.06.02 legt H schriftlich gegen den Gewinnfeststellungsbescheid Einspruch ein. Zur Begründung seines Einspruchs führt H aus, das Finanzamt habe den Gesamtgewinn mit 105.000 Euro zu hoch angesetzt und außerdem Aufwendungen des H für eine Fahrt zur Gesellschafterversammlung zu Unrecht nicht als persönliche Betriebsausgaben anerkannt.

Drei Tage später erfährt H während eines Telefongesprächs mit dem Sachbearbeiter der Rechtsbehelfsstelle, dass sein Einspruch wegen der Vorschrift des § 352 Abs. 1 AO insoweit keinen Erfolg haben wird, als er den Gesamtgewinn angreift. H erklärt deshalb sofort, er nehme seinen Einspruch teilweise zurück und beschränke seinen Rechtsbehelfsantrag auf die Überprüfung der persönlichen Betriebsausgaben.

---

1 BFH vom 18.07.1990, BStBl 1990 II S. 1073, und vom 28.08.1990, BStBl 1990 II S. 1072, 1073; Koch/Scholtz, § 360 AO Tz. 11/4.

In der Folgezeit gehen in der Rechtsbehelfsangelegenheit des H noch zwei Schriftstücke beim Finanzamt ein:

(1) Am 06.07.02 ein Schreiben des H:

„... Nach Rücksprache mit meiner Ehefrau verzichte ich auf meinen Einspruch ..."

(2) Am 11.07.02 schreibt Steuerberater Müller:

„... Hiermit widerrufe ich im Namen des H den Einspruchsverzicht. Wir setzen das Einspruchsverfahren fort ..."

Frage

Ist der Einspruch durch Rücknahme oder Verzicht verbraucht?

Antwort

Mit Schreiben vom 06.07.02 hat H seinen Einspruch vom 22.06.02 wirksam zurückgenommen.

Am 11.07.02 hat Steuerberater Müller im Namen des H erneut Einspruch eingelegt.

Begründung

Der Einspruch des H könnte durch Verzicht, § 354 Abs. 1 Satz 3 AO, oder Rücknahme, § 362 Abs. 2 Satz 1 AO, verbraucht sein.

a) Telefongespräch am 25.06.02

Ein Einspruch kann bis zur Bekanntgabe der Entscheidung über den Einspruch zurückgenommen werden, § 362 Abs. 1 Satz 1 AO. Eine „teilweise Rücknahme" ist gesetzlich nicht vorgesehen und nach dem Sinn und Wesen des Einspruchsverfahrens nicht möglich. Solange ein Einspruch auch nur „teilweise" anhängig ist, bleiben die Finanzbehörden verpflichtet, den Fall sachlich und rechtlich in vollem Umfang zu überprüfen. Die **„teilweise Rücknahme"** des Einspruchs durch H ist als Einschränkung des Rechtsbehelfsantrags auszulegen. Sie kann für die Frage, ob ein Abhilfebescheid ergehen darf oder eine Einspruchsentscheidung gefertigt werden muss, bedeutungsvoll sein.[1] Die fernmündliche „teilweise Rücknahme" ist auch aus formalen Gründen unwirksam. Für die Rücknahme gelten die Formvorschriften des § 357 Abs. 1 und 2 AO sinngemäß, § 362 Abs. 1 Satz 2 AO. Die Rücknahme kann deshalb nur schriftlich, elektronisch oder zur Niederschrift erklärt werden.

b) Schreiben vom 06.07.02

Ein Steuerpflichtiger kann nach Erlass eines Verwaltungsakts schriftlich, elektronisch oder zur Niederschrift auf die Einlegung eines Rechtsbehelfs

---

1 BFH vom 24.01.1957, BStBl 1957 III S. 106.

verzichten, § 354 Abs. 1 Satz 1 und Abs. 2 Satz 1 AO.[1] Der **Verzicht** ist jedoch stets nur bis zur Einlegung des Einspruchs möglich, im laufenden Einspruchsverfahren kann der Einspruchsführer seinen Einspruch lediglich zurücknehmen. H hat daher nicht wirksam verzichtet.

Das Schreiben des H ist aber trotz der Formulierung „verzichte ich" eine Rücknahme i. S. von § 362 AO. H bringt zum Ausdruck, dass er das Einspruchsverfahren beenden möchte. Nach § 362 Abs. 1 Satz 2 i. V. m. § 357 Abs. 1 letzter Satz AO ist die unrichtige Bezeichnung als Verzicht unschädlich.

c) Schreiben vom 11.07.02

Nach § 362 Abs. 2 Satz 2 AO kann die Unwirksamkeit einer Rücknahme nachträglich geltend gemacht werden. Der Steuerberater trägt aber keinen Sachverhalt vor, der eine Unwirksamkeit der Rücknahme begründen könnte – z. B. Handlungsunfähigkeit des H, § 79 AO.

Das Schreiben vom 11.07.02 ist seinem Inhalt nach als neuer Einspruch auszulegen. Die Rücknahme mit Schreiben vom 06.07.02 hatte nicht den Verbrauch der Einspruchsmöglichkeit, sondern nur den Verlust des „eingelegten" Einspruchs zur Folge.[2] H konnte deshalb innerhalb der Einspruchsfrist erneut Einspruch erheben. Die Frist endet erst am 16.07.02 (§ 108 Abs. 1 AO i. V. m. § 188 Abs. 2, § 187 Abs. 1 BGB). Das Finanzamt wird also das Einspruchsverfahren fortsetzen.

Fall 58

Änderungen im Einspruchsverfahren

AO §§ 132, 172 Abs. 1 Nr. 2 Buchst. a, § 365 Abs. 3, § 367 Abs. 2 bis 2b

Sachverhalt

Inga Impala (I) legt gegen ihren Einkommensteuerbescheid 01 einen zulässigen Einspruch ein. In dem Einspruch wendet sie sich

1. gegen die Nichtberücksichtigung von ihr geltend gemachter Werbungskosten bei den Einkünften aus Vermietung und Verpachtung (steuerliche Auswirkung 500 Euro) und

2. unter Berufung auf ein Verfahren vor dem BVerfG gegen die Weigerung des Finanzamts, von ihr getätigte Aufwendungen als Sonderausgaben anzuerkennen (steuerliche Auswirkung 700 Euro).

---

1 BFH vom 03.04.1984, BStBl 1984 II S. 513.

2 AEAO zu § 362 Nr. 1.

Frage

1. Wie ist über den Einspruch zu entscheiden, wenn die Werbungskosten bei den Einkünften aus Vermietung und Verpachtung anzuerkennen sind?
2. Wie ist über den Einspruch zu entscheiden, wenn die Werbungskosten bei den Einkünften aus Vermietung und Verpachtung **nicht** anzuerkennen sind?
3. Wie wäre zu verfahren, wenn das Finanzamt im laufenden Einspruchsverfahren von bisher nicht erklärten Einnahmen der I als Fußballtrainerin erfahren würde (steuerliche Auswirkung 1.000 Euro)?

Antwort

1. Das Finanzamt wird einen Teilabhilfebescheid erlassen und endgültig nach der Entscheidung des BVerfG über den Einspruch entscheiden.
2. Das Finanzamt wird eine Teileinspruchsentscheidung erlassen und endgültig nach der Entscheidung des BVerfG über den Einspruch entscheiden.
3. Das Finanzamt wird im laufenden Einspruchsverfahren einen Änderungsbescheid nach § 173 Abs. 1 Nr. 1 AO erlassen.

Begründung

I hat einen zulässigen Einspruch eingelegt, über dessen Begründetheit die Finanzverwaltung in Teilen nicht entscheiden kann. Eine Verwaltung kann die bestehenden Gesetze nur anwenden; sie kann sie nicht auf ihre Verfassungsmäßigkeit überprüfen. Für die rechtliche Entscheidung, ob die Aufwendungen der I als Sonderausgaben berücksichtigt werden können oder nicht, muss das Finanzamt die Entscheidung des BVerfG abwarten. Mit Zustimmung der I kann der Einspruch bis dahin ruhen, § 363 Abs. 2 AO.

1. Bezüglich der Werbungskosten bei den Einkünften aus Vermietung und Verpachtung ist der Einspruch der I entscheidungsreif. Es wäre nicht im Sinne der Einspruchsführerin, wenn der gesamte Einspruch über Jahre ruhen würde, bis das BVerfG in der Rechtsfrage entschieden hat. Daher kann das Finanzamt vorab durch einen **Teilabhilfebescheid** die Werbungskosten anerkennen und eine um 500 Euro niedrigere Steuer festsetzen. Ein solcher Teilabhilfebescheid ist ein Änderungsbescheid nach § 172 Abs. 1 Nr. 2 Buchst. a AO, denn I hat vor Ablauf der Einspruchsfrist einen Antrag auf Minderung der Steuer um 500 Euro gestellt. Er darf im laufenden Einspruchsverfahren ergehen, weil § 132 AO die Anwendung der Änderungsvorschriften im Rechtsbehelfsverfahren erlaubt.

Der Teilabhilfebescheid ist nicht Teil der Entscheidung über den Einspruch. Vielmehr tritt er an die Stelle des angefochtenen Bescheids und wird zum Gegenstand des Einspruchsverfahrens, § 365 Abs. 3 AO. Deshalb kann er nicht angefochten werden, worauf in dem Bescheid hingewiesen werden sollte.

Teilabhilfebescheide empfehlen sich auch in Verfahren mit umfangreichem Streitstoff, um eine Beschränkung auf die strittigen Punkte zu erreichen. Ihr Erlass ist selbst dann gerechtfertigt, wenn die letztendliche Entscheidung über den Einspruch zu einer Verböserung führt.[1]

2. Auch hier ist ein Teil des Einspruchs entscheidungsreif. Diesmal besteht ein Interesse seitens des Finanzamts, über diesen Teil des Einspruchs vorab zu entscheiden und nicht auf das Urteil des BVerfG zu warten. Ein über Jahre ruhender Einspruch würde I ungerechtfertigte Vorteile gegenüber Steuerpflichtigen mit bestandskräftigen Steuerbescheiden verschaffen. Sie hätte die Möglichkeit, jederzeit erweiternde Anträge zu stellen, und würde von jeder Änderung der Rechtslage zu ihren Gunsten profitieren. Änderungen der Rechtsprechung, die sich zu ihren Ungunsten auswirken, bräuchte sie wegen des Vertrauensschutzes in § 176 AO nicht zu fürchten. Das Finanzamt wird deshalb in einer **Teileinspruchsentscheidung** das Begehren der I auf Anerkennung von Werbungskosten bei den Einkünften aus Vermietung und Verpachtung als unbegründet zurückweisen. Der Erlass einer solchen Teileinspruchsentscheidung ist nach § 367 Abs. 2a AO erlaubt, wenn dies „sachdienlich" ist. Das ist hier der Fall, weil ein Teil des Einspruchs entscheidungsreif ist, während über einen anderen Teil des Einspruchs zunächst nicht entschieden werden kann, weil insoweit die Voraussetzungen für eine Verfahrensruhe nach § 363 Abs. 2 AO vorliegen.[2] Die Einspruchsführerin kann weder einwenden, dass sie vor der Teileinspruchsentscheidung hätte gewarnt werden müssen, noch dass sie ein Recht auf Nichtentscheidung über den Einspruch habe. Der BFH hält eine Teileinspruchsentscheidung selbst dann für sachdienlich, wenn die Steuerpflichtige sich ausschließlich gegen eine beim BVerfG, BFH oder EuGH anhängige Rechtsfrage wendet.[3] Solche Einsprüche dienen häufig nur dazu, die Steuerfestsetzung nicht bestandskräftig werden zu lassen. Indem über den unstrittigen Teil des Verwaltungsakts eine Teileinspruchsentscheidung erlassen wird, tritt insoweit Bestandskraft ein und der Einspruchsführer profitiert nicht von dem Ruhen des Verfahrens.[4]

Der Erlass der Teileinspruchsentscheidung steht im Ermessen der Finanzbehörde. Die Entscheidung ist vorgeprägt durch die Erfüllung der Tatbestandsmerkmale des § 367 Abs. 2a AO. Wenn das Finanzamt darstellen

---

1 BFH vom 06.09.2006, BStBl 2007 II S. 83.

2 AEAO zu § 367 Nr. 6.

3 BFH vom 14.03.2012 – X R 50/09, BStBl 2012 II S. 536, und vom 26.09.2006 – X R 39/05, BStBl 2007 II S. 222.

4 BFH vom 30.09.2010 – III R 39/08, BStBl 2011 II S. 11.

kann, dass der Erlass der Teileinspruchsentscheidung sachdienlich ist, reicht das als Begründung der Ermessensentscheidung aus.[1]

Die Teileinspruchsentscheidung ist nicht die abschließende Entscheidung über den Einspruch. Im Gegensatz zum Teilabhilfebescheid bewirkt sie aber, dass für Teile des Steuerbescheids formelle Bestandskraft (Unanfechtbarkeit) eintritt, wenn die Einspruchsführerin keine Klage erhebt.[2] Darauf ist in der Rechtsbehelfsbelehrung hinzuweisen. Um die Reichweite der Teileinspruchsentscheidung zu definieren, sind im Tenor die Teile des angefochtenen Verwaltungsakts zu bestimmen, für die keine Bestandskraft eintritt. Die Höhe der nicht bestandskräftigen Steuer muss nicht beziffert werden.[3]

Es ist nicht erforderlich, dass nach Erlass einer Teileinspruchsentscheidung eine abschließende Einspruchsentscheidung ergeht. Das Einspruchsverfahren kann auch durch Abhilfebescheid, Rücknahme oder durch Allgemeinverfügung (§ 367 Abs. 2b AO) beendet werden.

3. Die von I als Fußballtrainerin erzielten Einnahmen sind eine Tatsache. Da I sie bisher nicht erklärt hat, werden sie dem Finanzamt nachträglich bekannt. Die Voraussetzungen für eine Erhöhung der Steuer nach **§ 173 Abs. 1 Nr. 1 AO** sind erfüllt. Das laufende Einspruchsverfahren schützt I nicht vor dieser Änderung, denn die Vorschriften über die Aufhebung und Änderung von Steuerbescheiden und die Regelungen über Rücknahme und Widerruf von sonstigen Verwaltungsakten bleiben auch während eines Einspruchs- oder Klageverfahrens anwendbar, **§ 132 AO**. Das Finanzamt hat nun zwei Möglichkeiten: Es kann im laufenden Einspruchsverfahren einen Änderungsbescheid nach § 173 Abs. 1 Nr. 1 AO erlassen, der dann nach § 353 Abs. 3 AO zum Gegenstand des Verfahrens würde. Es kann aber auch bis zur Entscheidung über den Einspruch warten und die Steuer in der Einspruchsentscheidung um 1.000 Euro erhöhen. Auf keinen Fall kann das Finanzamt die Änderung nach § 173 Abs. 1 Nr. 1 AO auf die Zeit nach Abschluss des außergerichtlichen Rechtsbehelfsverfahrens verschieben. Die Tatsache würde dann nicht mehr als nachträglich bekannt geworden gelten, wenn sie in der Entscheidung über den Einspruch nicht berücksichtigt wurde, obwohl sie bekannt war.

Fraglich ist, ob das Finanzamt der I **Verböserung** androhen muss.

Will das Finanzamt die Steuer durch eine Einspruchsentscheidung zum Nachteil der Einspruchsführerin ändern, muss es die Steuerpflichtige vor der „Verböserung" anhören und auf die Möglichkeit einer nachteiligen Entscheidung aufmerksam machen, **§ 367 Abs. 2 Satz 2 AO**. Die Steuerpflichtige kann dann von ihrem Recht auf Rücknahme des Einspruchs

---

1 BFH vom 30.09.2010, BStBl 2011 II S. 11, und vom 14.03.2012 – X R 50/09, BStBl 2012 II S. 536.

2 BFH vom 21.12.2016 – I B 57/16, BFH/NV 2017 S. 881.

3 BFH vom 30.09.2010, BStBl 2011 II S. 11.

Gebrauch machen. Die Erhöhung der Steuer um 1.000 Euro beruht nicht auf dem Einspruch der I, sondern sie fällt nur zufällig in die Zeit ihres laufenden Einspruchs. I kann die Änderung nach § 173 Abs. 1 Nr. 1 AO nicht durch die Rücknahme des Einspruchs verhindern. Deshalb muss ihr keine Verböserung angedroht werden. Sie sollte allerdings vor Erlass des Änderungsbescheids angehört werden, § 91 AO, damit sie sich zu den für die Entscheidung erheblichen Tatsachen äußern kann.

Fall 59

Erörterung des Sach- und Rechtsstands und Fristsetzung im Einspruchsverfahren – Rechtsschutzbedürfnis

AO §§ 364a, 364b

Sachverhalt

Der selbständige Versicherungsvertreter Karl Klar (K) hatte trotz mehrfacher Aufforderung keine Einkommensteuererklärung für 03 abgegeben und auch keine Vorauszahlungen geleistet. Das Finanzamt Burgdorf schätzte daraufhin die Besteuerungsgrundlagen, wobei die Angaben aus der Einkommensteuererklärung 02 übernommen wurden.

Gegen den „endgültigen" Schätzungsbescheid 03 legte K am 05.05.05 fristgerecht Einspruch ein.

Sofort nach Eingang des Einspruchsschreibens am 07.05.05 im Finanzamt Burgdorf forderte Rechtsbehelfssachbearbeiter Rudi Röhring (R) den K schriftlich auf, bis zum 15.06.05 seinen Einspruch zu begründen und die Einkommensteuererklärung 03 einzureichen. R machte K unter ausdrücklichem Hinweis auf § 364b AO darauf aufmerksam, dass

> „Erklärungen und Beweismittel, insbesondere auch Steuererklärungen, die nach dem 15.06.05 für das Jahr 03 eingereicht werden, nicht mehr im Einspruchsverfahren berücksichtigt" würden. K hätte „die Steuererklärungsfrist ohne Angabe von Gründen verstreichen lassen und auf drei Erinnerungen mit jeweils vierwöchigen Fristsetzungen nicht reagiert".

Dem Schreiben war keine Rechtsbehelfsbelehrung nach § 356 Abs. 1 AO beigefügt.

Daraufhin ruft K am 10.05.05 den R an und bittet wegen der „komplizierten Sach- und Rechtslage" um eine mündliche Besprechung der Probleme. Am 20.05.05 geht bei K ein Schreiben des Finanzamts Burgdorf ein:

„... Zwecks Erörterung des Sach- und Rechtsstands werden Sie Ihrem telefonischen Antrag vom 10.05.05 entsprechend aufgefordert, sich am 01.06.05 im Finanzamt Burgdorf, Raum 35, einzufinden ..."

Das trübe Wetter veranlasst K, entgegen seinen ursprünglichen Plänen ein Last-Minute-Angebot anzunehmen und eine dreiwöchige Reise nach Fuerteventura zu buchen, von der er am 17.06.05 zurückkehrt. Noch am Ankunftstag setzt K ein Schreiben an das Finanzamt Burgdorf auf, in dem er um Verlängerung der Ausschlussfrist über den 15.06.05 hinaus bis zum 05.07.05 bittet, vorsorglich insoweit Wiedereinsetzung in den vorigen Stand beantragt und gleichzeitig Einspruch gegen die Fristsetzung erhebt.

Am 03.07.05 reicht K seine Einkommensteuererklärung 03 ein. Die Angaben würden zu einer niedrigeren Steuerfestsetzung führen.

Frage

1. Wird K mit seinem
   a) Einspruch gegen die Fristsetzung,
   b) Fristverlängerungsantrag und
   c) Wiedereinsetzungsantrag
   Erfolg haben?
2. Welche Bedeutung hat das Nichterscheinen des K am 01.06.05?
3. Welche rechtlichen Folgen hat das Verstreichenlassen der Ausschlussfrist durch K für
   a) das Einspruchsverfahren,
   b) ein etwaiges späteres finanzgerichtliches Verfahren?
4. Kann der Inhalt der Einkommensteuererklärung 03 im Rahmen von Korrekturvorschriften berücksichtigt werden?

Antwort

1. a) Nein, der Einspruch des K ist unzulässig und unbegründet.
   b) Nein, nach Ablauf der Ausschlussfrist ist keine Verlängerung mehr möglich.
   c) Nein, der Wiedereinsetzungsantrag hat wegen Verschuldens des K keinen Erfolg.
2. Das Nichterscheinen des K am 01.06.05 ist bedeutungslos.
3. a) Der Inhalt der Einkommensteuererklärung 03 ist für das Einspruchsverfahren „präkludiert" (ausgeschlossen), soweit es sich nicht um für K nachteilige Angaben handelt.
   b) Das Finanzgericht „könnte" das verspätete Vorbringen im Klageverfahren zurückweisen.
4. Das „präkludierte" Vorbringen ist berücksichtigungsfähig, soweit Korrekturvorschriften erfüllt sind.
   a) § 164 Abs. 2 AO ist nicht anwendbar.

b) Das Finanzamt Burgdorf wird im Rahmen seines Ermessens eine Änderung nach § 172 Abs. 1 Nr. 2 Buchst. a AO ablehnen.

c) Eine Änderung gem. § 173 Abs. 1 Nr. 2 AO scheidet wegen groben Verschuldens aus.

d) Weil die Voraussetzungen von Korrekturvorschriften nicht erfüllt sind, kann der Inhalt der Einkommensteuererklärung 03 auch nicht im Rahmen des § 177 Abs. 1 AO berücksichtigt werden.

Begründung

1. a) Erfolgsaussichten des Einspruchs gegen die Fristsetzung

Es sind zunächst die **Zulässigkeitsvorschriften** nach § 358 AO zu prüfen:

Ein Einspruch ist gem. § 347 Abs. 1 Nr. 1 AO **statthaft,** wenn er sich gegen einen Verwaltungsakt i. S. des § 118 AO richtet. Im Schrifttum ist umstritten, ob es sich bei der Fristsetzung nach § 364b AO um einen Verwaltungsakt oder um eine nicht anfechtbare verfahrensleitende Verfügung handelt. Die herrschende Meinung und auch der BFH[1] gehen davon aus, dass die Merkmale des § 118 AO erfüllt sind. Danach ist die Fristsetzung eine behördliche Maßnahme. Sie wird vom Finanzamt Burgdorf als Behörde i. S. von § 6 Abs. 2 Nr. 5 AO hoheitlich erlassen. Das Finanzamt Burgdorf trifft mit der Fristsetzung eine Regelung. Regelung bedeutet die einseitige, verbindliche und rechtsfolgebegründende Ordnung eines konkreten Lebenssachverhalts. K wird zur Abgabe seiner Einkommensteuererklärung 03 aufgefordert mit der Rechtsfolge, dass seine Angaben bei nicht fristgerechter Einreichung automatisch nicht mehr berücksichtigt werden. Die Fristsetzung regelt auch einen Einzelfall, weil die Frist nur dem K gegenüber gesetzt wird. Mit Bekanntgabe an K zeigt sie unmittelbare Außenwirkung.

Ein Ausschlussgrund nach § 348 AO ist nicht gegeben. Der Einspruch des K ist statthaft.

Das Schreiben des K vom 12.06.05 erfüllt die von § 357 Abs. 1 Satz 1 AO geforderte **Schriftform.**

K hat seinen Einspruch **fristgerecht** eingelegt. Weil der Fristsetzung keine Rechtsbehelfsbelehrung, § 356 Abs. 1 AO, beigefügt ist, läuft für K eine Frist von einem Jahr nach Bekanntgabe des Verwaltungsakts vom 07.05.05.

Er kann auch eine **Beschwer,** § 350 AO, geltend machen. Dem K erwachsen durch die Fristsetzung besondere Nachteile. Ihm werden mit für sein Einspruchsverfahren bindender Wirkung später in seiner Einkommensteuererklärung 03 gemachte Angaben abgeschnitten, § 364b Abs. 2 Satz 1 AO.

Der Einspruch des K ist somit zulässig.

---

1 BFH vom 14.04.2012 – I R 63/11, BStBl 2011 II S. 746.

Der Einspruch scheitert jedoch an dem mangelnden **„Rechtsschutzbedürfnis"** des K. Bei dieser ungeschriebenen Zulässigkeitsvoraussetzung geht es um die Frage, ob der Bürger eines Rechtsschutzes, der ihm durch Art. 19 Abs. 4 GG garantiert ist, im Einspruchsverfahren bedarf oder ob er nicht das gleiche Ziel einfacher und billiger erreichen kann.[1] An einem Rechtsschutzbedürfnis mangelt es z. B. bei einem Einspruch gegen einen Bescheid, der in dem angefochtenen Punkt bereits vorläufig gesetzt wurde.[2] Ebenso sieht der BFH kein Rechtsschutzbedürfnis bei Einsprüchen gegen eine Fristsetzung nach § 364b AO.[3] Er argumentiert damit, dass über die Rechtmäßigkeit der Fristsetzung in der Entscheidung über den Einspruch oder in einer anschließenden Klage entschieden werden kann.

Abgesehen davon, wäre der Einspruch des K auch unbegründet.

Die **Gesamtfallaufrollung** nach § 367 Abs. 2 Satz 1 AO würde ergeben, dass das Finanzamt sein Ermessen pflichtgemäß nach § 5 AO entsprechend dem Sinn und Zweck des § 364b AO ausgeübt hat. Das Finanzamt Burgdorf hatte die Erklärungsabgabe bereits dreimal angemahnt und dem K mehrmonatige Abgabefristen eingeräumt. R brauchte deshalb im Einspruchsverfahren nicht nochmals eine „einfache" Frist zu setzen, sondern durfte sofort nach Eingang des Einspruchs am 07.05.05 zur Fristsetzung nach § 364b Abs. 1 AO übergehen (Entschließungsermessen). Die von R gewählte Fristdauer ist nicht zu beanstanden. Das Gesetz trifft zur Dauer der Frist selbst keine Aussage. In Anlehnung an die Einspruchsfrist ist die dem K eingeräumte Frist von über einem Monat bis zum 15.06.05 angemessen.[4] K hat keine konkreten Umstände vorgetragen, die eine längere Frist notwendig erscheinen lassen.

Ein Verstoß gegen die Vorschrift des § 364b Abs. 3 AO liegt auch nicht vor. Mit dem Hinweis, dass „Erklärungen und Beweismittel, insbesondere auch Steuererklärungen, die nach dem 15.06.05 für das Jahr 03 eingereicht würden, nicht mehr im Einspruchsverfahren berücksichtigt werden" könnten, hat R den K ordnungsgemäß belehrt.

b) Erfolgsaussichten des Antrags auf Fristverlängerung

Ein Fristverlängerungsantrag war nur bis zum Fristablauf am 15.06.05 möglich. K hat seinen Verlängerungsantrag erst am 17.06.05 aufgesetzt. Das verspätete Vorbringen ist daher ausschließlich im Rahmen eines

---

1 AEAO zu § 350 Nr. 6.

2 BFH vom 10.11.1993 – X B 83/93, BStBl 1994 II S. 119, und vom 05.06.1996 – X R 234/93, BStBl 1996 II S. 506.

3 BFH vom 24.06.2003 – IX B 139/02, BFH/NV 2003 S. 1436, vom 11.04.2012 – I R 63/11, BStBl 2011 II S. 746, und vom 10.02.2020 – XI B 93/19, BFH/NV 2020 S. 754.

4 AEAO zu § 364b Nr. 2.

Antrags auf Wiedereinsetzung nach § 110 Abs. 1 AO zu berücksichtigen, § 364b Abs. 2 Satz 3 AO.[1]

c) Erfolgsaussichten des Antrags auf Wiedereinsetzung

Die Voraussetzungen für eine Wiedereinsetzung in den vorigen Stand sind nicht erfüllt, § 110 Abs. 1 AO. K ist nicht ohne Verschulden an der Einhaltung der Ausschlussfrist gehindert gewesen. K handelt in grobem Maß pflichtwidrig, wenn er in Kenntnis der Ausschlussfrist einen dreiwöchigen Urlaub antritt und erst nach Fristablauf am 17.06.05 zurückkehrt.

2. Gemäß § 364a Abs. 1 AO soll das Finanzamt Burgdorf mit dem Einspruchsführer K den Sach- und Rechtsstand erörtern, da dies von K beantragt worden ist. Der Antrag ist an keine Form gebunden, er konnte von K infolgedessen am 10.05.05 auch fernmündlich gestellt werden. Lehnt das Finanzamt den Antrag des K ab, ist eine hiergegen erhobene Klage wegen fehlenden Rechtschutzinteresses unzulässig.[2]

Mit der Erörterung wird eine einvernehmliche Erledigung des Einspruchsverfahrens und damit letztlich eine Entlastung der Finanzgerichte angestrebt. Durch das Nichterscheinen erledigt sich der Antrag des K, weil seine Anwesenheit nicht erzwungen werden kann, § 364a Abs. 4 AO. Nachteilige rechtliche Konsequenzen für die Entscheidung in der Hauptsache ergeben sich für K dadurch nicht.

3. a) Mit Ablauf der Ausschlussfrist am 15.06.05 tritt die „Präklusionswirkung" ein. Die nach Fristablauf von K vorgebrachten Tatsachen und Beweismittel, so auch die Angaben in seiner Einkommensteuererklärung 03 nebst etwaigen Anlagen bzw. Belegen, sind vom Finanzamt Burgdorf im Einspruchsverfahren und in der Einspruchsentscheidung von Gesetzes wegen nicht mehr zu berücksichtigen, § 364b Abs. 2 Satz 1 AO. Soweit die Steuererklärung allerdings für K nachteilige Angaben enthält, greift die „Präklusionswirkung" nicht ein, § 364b Abs. 2 Satz 2 i. V. m. § 367 Abs. 2 Satz 2 AO.

b) Das Finanzgericht wird folgendermaßen prüfen und feststellen:

aa) Die vom Finanzamt Burgdorf gesetzte Ausschlussfrist war rechtmäßig, die Belehrung gem. § 364b Abs. 3 AO erfolgte ordnungsgemäß und Gründe für eine Wiedereinsetzung haben nicht vorgelegen. Die „Präklusion" war also wirksam.

bb) Trotz rechtmäßiger **„Präklusion"** liegt es gem. § 76 Abs. 3 FGO im Ermessen des Finanzgerichts, ob es die im Einspruchsverfahren ausgeschlossenen Angaben für das Klageverfahren zulässt, wobei entscheidend sein dürfte, ob sich dadurch der Rechtsstreit verzögert, § 79b Abs. 3 Nr. 1

---

1 AEAO zu § 364b Nr. 4.
2 BFH vom 11.04.2012, BStBl 2012 II S. 539.

FGO. Die Begründung des Antrags durch K gem. § 364a Abs. 1 AO mit dem Hinweis auf eine „komplizierte Sach- und Rechtslage" spricht für eine „Präklusion" auch im finanzgerichtlichen Verfahren.[1]

4. Die „Präklusion" greift nicht auf bestehende Änderungsmöglichkeiten durch. Die Voraussetzungen einer Korrekturvorschrift müssen allerdings erfüllt sein.[2]

a) Solange eine Steuerfestsetzung unter dem Vorbehalt der Nachprüfung steht, **§ 164 Abs. 1 AO,** ist eine Änderung ohne weiteres und ohne Einschränkung zulässig und kann vom Steuerpflichtigen jederzeit beantragt werden, § 164 Abs. 2 Satz 1 und 2 AO. Das Finanzamt Burgdorf hat dem K den Schätzungsbescheid jedoch „endgültig", d. h. ohne Nachprüfungsvorbehalt, bekannt gegeben. Somit scheidet § 164 Abs. 2 AO als Änderungsvorschrift aus.

b) Der Tatbestand des **§ 172 Abs. 1 Nr. 2 Buchst. a AO** ist nicht erfüllt. K hat am 05.05.05 Einspruch eingelegt. Dieses Schreiben kann nach § 133 BGB als Antrag auf schlichte Änderung nach § 172 Abs. 1 Nr. 2 Buchst. a AO umgedeutet werden, wenn dies für K vorteilhaft ist. Der Antrag ist auf Änderung des Einkommensteuerbescheids 03 zugunsten des K gerichtet. Dafür müsste er innerhalb der Einspruchsfrist eingegangen sein. Tatsächlich ist das als Einspruch bezeichnete Schreiben innerhalb der Einspruchsfrist eingegangen. Es kann zu diesem Zeitpunkt aber nicht als Antrag i. S. des § 172 Abs. 1 Nr. 2 Buchst. a AO gewertet werden, weil es inhaltlich nicht konkret genug ist. Dafür hätte K genau benennen müssen, welche Besteuerungsgrundlagen in welcher Höhe angesetzt werden sollen. Die für die Bearbeitung des Antrags erforderlichen Korrekturpunkte müssen innerhalb der Einspruchsfrist so hinlänglich bezeichnet werden, dass der Behörde die anschließende Bearbeitung des Änderungsantrags auch tatsächlich möglich ist.[3] Diese Voraussetzung erfüllt K erst durch Abgabe seiner Steuererklärung am 03.07.05 und damit außerhalb der Einspruchsfrist. Eine Änderung nach § 172 Abs. 1 Nr. 2 Buchst. a AO kommt nicht in Betracht.

c) Für eine Änderung gem. **§ 173 Abs. 1 Nr. 2 AO** müssen Tatsachen oder Beweismittel nachträglich bekannt werden. Die Einkommensteuererklärung 03 enthält den steuerlich relevanten Sachverhalt, also Tatsachen. Diese Tatsachen werden am 03.07.05 nachträglich, nämlich nach abschließender Zeichnung der Schätzungsveranlagung, bekannt. Am nachträglichen Bekanntwerden trifft K aber grobes Verschulden. Trotz mehrfacher Erinnerungen ist K seiner Erklärungspflicht nicht nachgekommen. Er

---

1 BFH-Beschlüsse vom 30.06.2004 – III B 6/04, BFH/NV 2005 S. 63, und vom 30.03.2005 – VI B 24/04, BFH/NV 2005 S. 1225.

2 AEAO zu § 364b Nr. 3.

3 BFH vom 20.12.2006 – X R 30/05, BStBl 2007 II S. 503, und vom 22.05.2019 – XI R 17/18, BStBl 2019 II S. 647.

musste deshalb mit einer Schätzungsveranlagung rechnen und handelte grob fahrlässig.

Das grobe Verschulden ist nicht nach § 173 Abs. 1 Nr. 2 Satz 2 AO unbeachtlich. Mit der Steuererklärung des K werden nicht gleichzeitig Einnahmen als steuererhöhende Tatsachen nach § 173 Abs. 1 Nr. 1 AO und Ausgaben als steuermindernde Tatsachen nach § 173 Abs. 1 Nr. 2 AO bekannt. Nachträglich bekannt werden nach der Schätzungsveranlagung die erklärten Einkünfte, die sich – als eine Tatsache – ausschließlich steuermindernd i. S. von § 173 Abs. 1 Nr. 2 AO auswirken, da sie die geschätzten Einkünfte unterschreiten.[1] Eine Änderung gem. § 173 Abs. 1 Nr. 2 AO scheidet infolgedessen aus.

d) Die „präkludierten" Tatsachen sind materielle Fehler gem. **§ 177 Abs. 3 AO.**[2] Der Schätzungsbescheid ist materiell unrichtig, denn die festgesetzte Steuer weicht von der durch Tatbestandsverwirklichung entstandenen Steuer ab. Das verspätete Vorbringen des K in seiner Einkommensteuererklärung 03 kann jedoch nicht im Rahmen des § 177 Abs. 1 AO berücksichtigt werden, weil die Voraussetzungen für eine Änderung des Schätzungsbescheids nicht vorliegen.

Fall 60

Anfechtung von Änderungsbescheiden – Einschränkung der Gesamtfallaufrollung

AO § 351 Abs. 1, § 367 Abs. 2

Sachverhalt

Das Finanzamt Lingen führte bei dem Tischlermeister Manfred Zaunhüter (Z) für die Jahre 01 bis 05 eine Außenprüfung durch. Die Einkommensteuerveranlagungen 01 bis 04 sind bestandskräftig. Für das Jahr 05 hat Z seine Einkommensteuererklärung abgegeben. Die Veranlagung für 05 ist bis zur Prüfung nicht erfolgt.

Nach der Außenprüfung gibt das Finanzamt Lingen Z u. a. folgende Bescheide bekannt.

a) Mit Änderungsbescheid gem. § 173 Abs. 1 Nr. 1 AO erhöht das Finanzamt Lingen die Einkommensteuerschuld 01 von 102.300 Euro auf 113.150 Euro.

---

1 BFH vom 24.04.1991, BStBl 1991 II S. 606.
2 Von Wedelstädt in StuW 1996 S. 190; a. A. z. B. Späth in DStZ 1995 S. 177.

Gegen diesen Bescheid legt Z einen zulässigen Einspruch ein mit der Begründung, der Betriebsprüfer habe zu Unrecht Aufwendungen für ein betriebliches Darlehen nicht als Betriebsausgaben anerkannt. Nach Korrektur dieses Fehlers müsse die Einkommensteuerschuld auf 95.326 Euro herabgesetzt werden.

b) Den Einkommensteuerbescheid 02 ändert das Finanzamt Lingen gem. § 173 Abs. 1 Nr. 2 AO zugunsten des Z. Die Steuer wird von 150.680 Euro auf 130.350 Euro herabgesetzt.

Z ficht diesen Bescheid form- und fristgerecht an und begehrt eine Minderung seiner Einkommensteuerschuld 02 um weitere 10.400 Euro. Er trägt vor, er habe aus Gedankenlosigkeit bisher versäumt, den Kauf von Heizöl geltend zu machen.

c) Das Finanzamt Lingen ändert den Einkommensteuerbescheid 03 gem. § 173 Abs. 1 Nr. 1 und Nr. 2 AO und setzt die Einkommensteuerschuld von 83.500 Euro auf 85.600 Euro herauf.

Der Betriebsprüfer hat Mehrsteuern aufgrund neuer Tatsachen von 5.000 Euro und Mindersteuern aufgrund neuer Tatsachen von 2.900 Euro ermittelt.

Z macht mit seinem zulässigen Einspruch gegen den Nachforderungsbescheid 03 darauf aufmerksam, dass das Finanzamt den Erlös aus der Veräußerung einer privaten Briefmarkensammlung zu Unrecht als Einkünfte aus Gewerbebetrieb behandelt habe. Die Änderung dieses materiellen Fehlers führe zu Mindersteuern von 4.000 Euro.

d) Die Einkommensteuerschuld 04 ist nach der Außenprüfung wegen eines Schreibfehlers gem. § 129 AO von 55.100 Euro auf 66.200 Euro erhöht worden.

Z legt gegen den Berichtigungsbescheid einen zulässigen Einspruch ein und bittet um die Korrektur eines materiellen Fehlers, dessen Berücksichtigung zu Mindersteuern von 13.000 Euro führen wird. Der Betriebsprüfer hat sofort abzugsfähige Aufwendungen auf die betriebsgewöhnliche Nutzungsdauer der betreffenden Wirtschaftsgüter verteilt.

e) Die Einkommensteuerschuld 05 wird mit 34.100 Euro festgesetzt.

Im Einspruchsverfahren möchte Z eine Verminderung seiner Einkommensteuer 05 auf 25.000 Euro erreichen. Seiner Meinung nach hat der Prüfer zu Unrecht Aufwendungen für zwei Raumpflegerinnen nicht als Betriebsausgaben anerkannt.

Hinweis: Die Angaben des Z treffen in rechtlicher und tatsächlicher Hinsicht zu!

Frage

In welchem Umfang hat Z mit seinen Einsprüchen gegen die Einkommensteuerbescheide 01 bis 05 Erfolg?

Antwort

a) Die Einkommensteuerschuld 01 wird mit 102.300 Euro festgesetzt.

b) Das Finanzamt Lingen erledigt das Einspruchsverfahren gegen den Änderungsbescheid 02 mit dem Erlass eines Änderungsbescheids gem. § 173 Abs. 1 Nr. 2 AO und setzt die Steuerschuld mit 119.950 Euro fest.

c) Das Finanzamt Lingen setzt die Einkommensteuerschuld 03 auf 81.600 Euro herab.

d) Im Einspruchsverfahren wird die Einkommensteuerschuld 04 mit 55.100 Euro festgesetzt.

e) Auf den Einspruch des Z wird die Einkommensteuerschuld 05 mit 25.000 Euro festgesetzt.

Begründung

Das Finanzamt Lingen hat fünf Einsprüche des Z auf ihre Zulässigkeit und Begründetheit zu überprüfen.

Zulässigkeit der Einsprüche

Die Einsprüche des Z sind laut Sachverhalt zulässig, § 358 AO.

Begründetheit der Einsprüche

Während bei der Frage der Zulässigkeit überprüft wird, ob überhaupt ein Einspruchsverfahren durchgeführt werden darf, ist hinsichtlich der Begründetheit zu erörtern, inwieweit der Einspruch in der Sache Erfolg hat.

Auf einen Einspruch des Z findet eine Wiederaufrollung des gesamten Steuerfalls statt (Gesamtfallaufrollung), § 367 Abs. 2 Satz 1 AO. Das Finanzamt Lingen ist verpflichtet, von sich aus Tatsachen zu ermitteln, Beweise zu erheben und die rechtliche Würdigung zu überprüfen, ohne an die Anträge des Z gebunden zu sein. Z hat andererseits das Recht, zur Begründung seiner Einsprüche neue Tatsachen und Rechtsansichten vorzutragen. Ein Begründungszwang besteht nicht, § 357 Abs. 3 AO.

Einschränkung der Gesamtfallaufrollung

Die Einkommensteuerbescheide 01 bis 04 waren bereits bei Beginn der Außenprüfung unanfechtbar. Z greift daher mit seinen Einsprüchen gegen die Nachforderungsbescheide 01 bis 04 Verwaltungsakte an, „die unanfechtbare Verwaltungsakte ändern". Für diese Verwaltungsakte schränkt § 351 Abs. 1 AO die Wiederaufrollung des gesamten Steuerfalls ein: Sie können „nur insoweit angegriffen werden, als die Änderung reicht, es sei denn, dass sich aus den Vorschriften über die Aufhebung und Änderung von Verwaltungsakten etwas anderes ergibt". Mit Unanfechtbarkeit der

Erstbescheide 01 bis 04 trat eine verstärkte Bindungswirkung ein; die Bescheide erwuchsen in Bestandskraft. Die Bestandskraft erstreckt sich bei einem Steuerbescheid auf das betragsmäßige Ergebnis. Mit Anfechtung der Änderungsbescheide 01 bis 04 kann Z infolgedessen nur erreichen, dass die durch die Änderungsbescheide gegenüber den ursprünglichen Festsetzungen eingetretenen betragsmäßigen Verschlechterungen rückgängig gemacht werden.[1] Eine Ausnahme besteht nur für diejenigen „Fehler" (z. B. neue Tatsachen, neue Beweismittel, offenbare Unrichtigkeiten), die gleichzeitig den Tatbestand einer Korrekturvorschrift erfüllen. Eine Aufhebung oder Änderung gem. § 173 Abs. 1 AO bzw. Berichtigung nach § 129 AO beispielsweise bleibt deshalb trotz Änderungssperre des § 351 Abs. 1 AO zulässig.[2]

a) Einspruch gegen den Änderungsbescheid 01

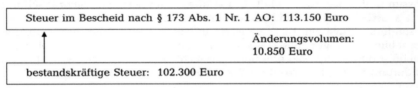

Das Finanzamt Lingen hatte die Steuer mit 102.300 Euro bestandskräftig festgesetzt. Der von Z vorgetragene materielle Fehler kann nur insoweit berücksichtigt werden, als die Änderung reicht. Das Finanzamt Lingen macht daher die Verschlechterung durch den Änderungsbescheid nach § 173 Abs. 1 Nr. 1 AO rückgängig und setzt die Einkommensteuer in der Einspruchsentscheidung in Höhe der ursprünglichen bestandskräftigen Steuerschuld mit 102.300 Euro fest. Im Übrigen weist es den Einspruch als unbegründet zurück.

b) Einspruch gegen den Änderungsbescheid 02

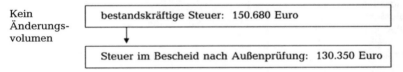

Die Einkommensteuer ist mit 150.680 Euro bestandskräftig festgesetzt worden. Aufgrund der Außenprüfung ergibt sich eine geringere Steuer i. H. von 130.350 Euro. Ergäbe die Gesamtfallaufrollung eine höhere Steuer, läge der Rahmen für die Verböserung zwischen 130.350 Euro und 150.680 Euro. Änderungen zugunsten des K dagegen sind nicht möglich.

---

1 BFH vom 18.02.1971, BStBl 1971 II S. 496.
2 BFH vom 24.10.2000 – IX R 62/97, BStBl 2001 II S. 124.

Er kann mit seinem Einspruch die Untergrenze des Rahmens (130.350 Euro) nicht unterschreiten, es sei denn, dass sich aus den Korrekturvorschriften etwas anderes ergibt, § 351 Abs. 1 letzter Halbsatz AO.[1]

Zu prüfen ist also, ob sich für sein Änderungsbegehren i. H. von 10.400 Euro eine Änderungsvorschrift findet. In Betracht kommt **§ 173 Abs. 1 Nr. 2 AO.** Der Kauf von Heizöl ist eine Tatsache, die dem Finanzamt nachträglich bekannt wird, weil Z weder in der Erklärung noch während der Betriebsprüfung die Aufwendungen als Betriebsausgaben geltend machte. Bei Tatsachen, die zu einer niedrigeren Steuer führen, ist der Grundsatz von Treu und Glauben nicht zu beachten. Es kommt mithin nicht darauf an, ob das Finanzamt seine Ermittlungspflicht oder Z seine Mitwirkungspflicht verletzt hat. Allerdings darf Z kein grobes Verschulden an dem nachträglichen Bekanntwerden treffen. Z hat nicht vorsätzlich, also mit Wissen und Wollen gehandelt. Er hat aber seine Sorgfaltspflicht, nach der er als selbständiger Handwerker verpflichtet und in der Lage war, in besonders schwerem Maß verletzt, indem er eine nicht unerhebliche betriebliche Aufwendung „aus Gedankenlosigkeit" vergaß. Z hat seine Buchführungs- und Steuererklärungspflicht grob fahrlässig verletzt. Eine Änderung nach § 173 Abs. 1 Nr. 2 AO kommt daher nicht in Betracht.

Die Änderung scheitert hingegen nicht an der Änderungssperre des **§ 173 Abs. 2 AO.** Zwar verbietet der Gesetzgeber darin die Aufhebung und Änderung von Steuerbescheiden, die aufgrund einer Außenprüfung ergangen sind. Dies gilt aber erst ab Beendigung der Außenprüfung, also mit Eintritt der formellen Bestandskraft.

c) Einspruch gegen den Änderungsbescheid 03

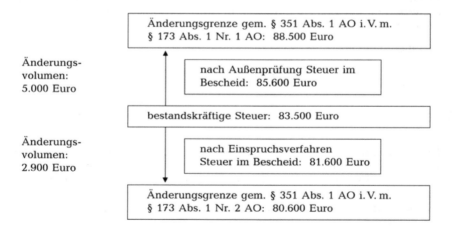

1 BFH vom 17.07.2019 – X B 21/19, BFH/NV 2019 S. 1217.

Die Steuerschuld ist im ursprünglichen Steuerbescheid mit 83.500 Euro bestandskräftig festgesetzt. Wegen der Änderungsmöglichkeit nach § 173 Abs. 1 Nr. 1 AO ergibt sich ein Änderungsvolumen von 5.000 Euro zu Lasten und wegen der Änderungsmöglichkeit nach § 173 Abs. 1 Nr. 2 AO ein Änderungsvolumen von 2.900 Euro zugunsten des Z, § 351 Abs. 1 AO. Die bestandskräftige Steuer könnte bis zur Änderungsgrenze von 88.500 Euro zu Lasten und bis zu 80.600 Euro zugunsten des Steuerpflichtigen korrigiert werden. In diesem Rahmen ist die durch Bestandskraft verstärkte Bindungswirkung beseitigt, und Fehler aller Art, die selbst nicht Anlass für eine Aufhebung und Änderung sein können, sind berücksichtigungsfähig. Die Anerkennung des von Z vorgetragenen materiellen Fehlers (Mindersteuer: 4.000 Euro) führt zu einer Steuer von 81.600 Euro (83.500 Euro + 5.000 Euro − 2.900 Euro − 4.000 Euro).

Dieser Steuerbetrag wird durch den Änderungsrahmen gedeckt. Das Finanzamt Lingen wird deshalb einen Abhilfebescheid (Steuerschuld: 81.600 Euro) erlassen, § 367 Abs. 2 Satz 1 AO.

d) Einspruch gegen den Änderungsbescheid 04

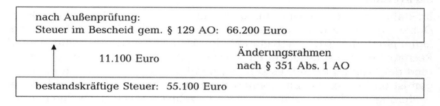

Die Änderungssperre des § 351 Abs. 1 AO gilt auch für Einsprüche gegen Bescheide, die gem. § 129 AO berichtigt worden sind. Es ist sachlich geboten, die Vorschrift abweichend vom Wortlaut, der sich auf den Begriff „Änderung" beschränkt, auch auf „Berichtigungen" nach § 129 AO anzuwenden.[1]

Aufgrund des Einspruchs des Z wird die steuerliche Auswirkung des Schreibfehlers von 11.100 Euro durch den materiellen Fehler (steuerliche Auswirkung 13.000 Euro) kompensiert. Hinsichtlich des materiellen Fehlers bleibt ein Rest von (13.000 Euro − 11.100 Euro =) 1.900 Euro wegen § 351 Abs. 1 AO unberücksichtigt. Das Finanzamt Lingen setzt die Einkommensteuerschuld in der Einspruchsentscheidung in Höhe der bestandskräftigen Steuer von 55.100 Euro fest und weist den Einspruch im Übrigen als unbegründet zurück.

e) Einspruch gegen den Einkommensteuerbescheid 05

Für das Jahr 05 hatte das Finanzamt Lingen die Einkommensteuer noch nicht bestandskräftig festgesetzt. Deshalb kann der Bescheid 05 ohne

---

1 AEAO zu § 351 Nr. 3.

Rücksicht auf § 351 Abs. 1 AO im Einspruchsverfahren geändert werden. Für diesen Erstbescheid erübrigt sich daher auch die Prüfung etwaiger Korrekturvorschriften. Das Einspruchsverfahren stellt hier tatsächlich ein verlängertes Veranlagungsverfahren dar. Das Finanzamt Lingen wird die zu Unrecht gestrichenen Aufwendungen für die Raumpflegerinnen als Betriebsausgaben anerkennen und das Verfahren durch den Erlass eines Abhilfebescheids (Steuerschuld 25.000 Euro) abschließen, § 367 Abs. 2 letzter Satz AO.

Fall 61

Aussetzung der Vollziehung

AO §§ 222, 361; UStG §§ 14, 15

Sachverhalt

Im Rahmen einer Außenprüfung im Jahr 05 bei dem Kaufmann Dieter Dohle (D) streicht der Prüfer erhebliche Vorsteuerbeträge aus dem Veranlagungszeitraum 01. Ein Lieferant des D, Leo Lachs (L), hatte dem D Rechnungen ohne gesonderten Ausweis der Umsatzsteuer erteilt. Während der Prüfung gelingt es D nicht, den L zu erreichen, da dieser verzogen ist und D den neuen Wohnort des L nicht kennt. Kurz vor Erhalt der Änderungsbescheide erfährt D, dass L wahrscheinlich nach Südamerika ausgewandert ist. Trotz verschiedener Versuche gelingt es D nicht, den Aufenthaltsort des L zu ermitteln. Da über das frühere Unternehmen des L keine Informationen vorliegen, ist auch nicht sicher, ob L tatsächlich Unternehmer und zum gesonderten Ausweis von Umsatzsteuer berechtigt war.

D legt gegen den inzwischen ergangenen geänderten Umsatzsteuerbescheid 01 fristgerecht Einspruch ein und beantragt die Aussetzung der Vollziehung.

Er bringt außerdem vor, dass er sich in angespannten wirtschaftlichen Verhältnissen befinde und eine Zahlung der hohen Umsatzsteuernachforderung ihn in ernstliche Zahlungsschwierigkeiten bringen werde, die bei der schlechten wirtschaftlichen Gesamtlage die Fortführung seines Unternehmens gefährden würden. Er habe seine Kreditmöglichkeiten wegen anstehender Investitionen voll ausgeschöpft.

Frage

1. Wie ist über den Antrag auf Aussetzung der Vollziehung zu entscheiden?

2. Was hat das Finanzamt bei Ablehnung des Antrags zu veranlassen?

Antwort

1. Der Antrag auf Aussetzung der Vollziehung ist abzulehnen, da der Rechtsbehelf erkennbar keine Aussicht auf Erfolg hat.

2. Das Finanzamt hat den Antrag des D als Stundungsantrag anzusehen und eine den wirtschaftlichen Gegebenheiten entsprechende Stundung zu verfügen.

Begründung

1. Mit der Bekanntgabe des geänderten Umsatzsteuerbescheids beginnt die Zahlungsfrist zu laufen. Der Einspruch ändert an der Fälligkeit für die Nachforderung nichts, **§ 361 Abs. 1 Satz 1 AO.** Im Gegensatz zum allgemeinen Verwaltungsrecht und zu anderen Prozessordnungen wird einem Rechtsbehelf im Steuerrecht keine aufschiebende Wirkung zuerkannt. Es gilt der Grundsatz, dass durch die Einlegung eines Einspruchs die Wirkungen des angefochtenen Steuerbescheids nicht gehemmt, insbesondere die Erhebung der Steuer nicht aufgehalten wird. Hierdurch soll verhindert werden, dass sich ein Steuerpflichtiger einen ungerechtfertigten Zahlungsaufschub durch Einlegung eines Rechtsbehelfs verschafft, den er nicht ernstlich durchzuführen und zu begründen beabsichtigt oder der von vornherein aussichtslos ist. Durch die dann einsetzende Flut von Rechtsbehelfen würde sich eine erhebliche Verzögerung in der Bearbeitung und damit eine weitere Verschiebung der Fälligkeit ergeben.

Andererseits kann es ungerechtfertigt sein, von einem Steuerpflichtigen zunächst die Zahlung einer Steuer zu verlangen, wenn sich absehen lässt, dass er mit seinem Rechtsbehelf möglicherweise obsiegt und dann einen Rückzahlungsanspruch hätte. Er müsste praktisch dem Fiskus einen Kredit gewähren. Außerdem soll der Steuerpflichtige einen Rechtsbehelf, mit dem er mit Erfolgsaussichten ernsthaft seine Rechte sucht, nicht unter dem Druck der Steuerzahlung führen müssen. In **§ 361 Abs. 2 AO** ist deshalb vorgesehen, dass die Vollziehung eines Steuerbescheids bis zur Entscheidung über den Rechtsbehelf ausgesetzt werden kann.

Die Voraussetzungen des **§ 361 Abs. 2 Satz 1 AO** sind erfüllt. Der geänderte Umsatzsteuerbescheid 01 ist ein **vollziehbarer Verwaltungsakt,** da sich daraus ein Zahlungsanspruch des Fiskus ergibt, den dieser zwangsweise durchsetzen kann, sofern D nicht freiwillig zahlt.[1] Gegen diesen Bescheid ist ein **zulässiger Einspruch** eingelegt worden. D hat einen **Antrag** auf Aussetzung der Vollziehung gestellt. Eine Aussetzung kann auch ohne Antrag gewährt werden. Von dieser Möglichkeit macht die Finanzverwaltung Gebrauch, wenn der Einspruch offensichtlich begrün-

---

1 AEAO zu § 361 Nr. 2.3.

det ist und der Abhilfebescheid voraussichtlich nicht mehr vor Fälligkeit der zu zahlenden Steuer ergehen kann.

Die Tatbestandsmerkmale des **§ 361 Abs. 2 Satz 2 AO** sind nicht erfüllt. Danach ist die Vollziehung auszusetzen, wenn **ernstliche Zweifel an der Rechtmäßigkeit** des angefochtenen Umsatzsteuerbescheids bestehen oder wenn die Vollziehung für D eine **unbillige Härte** zur Folge hätte.[1]

Die Prüfung des Tatbestandsmerkmals „**ernstliche Zweifel an der Rechtmäßigkeit**" soll nicht dazu führen, dass die Entscheidung über den Einspruch vorweggenommen wird.[2] Vielmehr soll durch eine kurze und bündige, nicht abschließende Entscheidung die Erfolgsaussicht des Einspruchs überprüft werden. Ernstliche Zweifel an der Rechtmäßigkeit liegen vor, wenn bei summarischer Prüfung der angefochtenen Entscheidung neben für die Rechtmäßigkeit sprechenden Umständen gewichtige Gründe gegen seine Rechtmäßigkeit zu Tage treten, die eine Unentschiedenheit oder Ungewissheit in der Beurteilung der Tatfragen bewirken.[3] Dabei brauchen die für die Unrechtmäßigkeit des Steuerbescheids sprechenden Bedenken nicht zu überwiegen, d. h. ein Erfolg des D nicht wahrscheinlicher zu sein als ein Misserfolg.[4]

Das Finanzamt hatte als Ergebnis der Außenprüfung zu Recht die Vorsteuerbeträge gestrichen, da die vorgelegten Rechnungen die Voraussetzungen des § 14 UStG nicht erfüllen. Ein Vorsteuerabzug kam deshalb nicht in Betracht, § 15 UStG. Die Vorlage von berichtigten, den Anforderungen des § 14 UStG entsprechenden Rechnungen würde zwar einen Vorsteuerabzug rechtfertigen, mit dem Eingang solcher Rechnungen ist aber kaum zu rechnen. Die vage und nicht zu belegende Annahme, dass es D gelingen könnte, seinen Lieferanten L irgendwann und irgendwo wieder zu erreichen, kann außer Betracht bleiben – wobei dann immer noch nicht feststeht, ob L berechtigt ist, Rechnungen mit offenem Umsatzsteuerausweis zu erteilen. Hinzu kommt, dass die Vorsteuer in dem Veranlagungszeitraum abzuziehen ist, in dem die dem § 14 UStG entsprechenden Rechnungen erteilt würden, weil dann erst alle Voraussetzungen für den Vorsteuerabzug vorliegen. Eine Änderung des Umsatzsteuerbescheids 01, den D mit diesem Einspruch angreift, kommt nicht in Betracht. Sein Einspruch hat keine Aussicht auf Erfolg. Eine Aussetzung der Vollziehung ist abzulehnen.

§ 361 Abs. 2 AO sieht weiter vor, dass die Vollziehung auch ausgesetzt werden soll, wenn die Bezahlung der Steuer bei Fälligkeit für D eine

---

1 AEAO zu § 361 Nr. 2.5 und 2.6.

2 BFH vom 22.07.1980, BStBl 1980 II S. 592, und vom 18.07.2012 – X S 19/12, BFH/NV 2012 S. 2008.

3 BFH vom 10.02.1967, BStBl 1967 III S. 182, vom 30.06.1987, BStBl 1987 II S. 533, und vom 10.11.1994, BStBl 1995 II S. 814.

4 BFH vom 28.11.1974, BStBl 1975 II S. 239.

unbillige Härte zur Folge hätte. Allerdings ist dieses Tatbestandsmerkmal entgegen der Formulierung im Gesetz nicht als gleichwertige Alternative zu den „ernstlichen Zweifeln an der Rechtmäßigkeit" zu verstehen. Die Aussetzung der Vollziehung ist ein Rechtsinstitut im Rahmen des Rechtsbehelfsverfahrens. Sie kommt deshalb grundsätzlich nur dann in Betracht, wenn Zweifel an der Rechtmäßigkeit des angefochtenen Bescheids nicht ausgeschlossen werden können.[1]

D hat seine wirtschaftliche Lage vorgetragen und glaubhaft gemacht.[2] Die unbillige Härte ist in einer vorübergehenden Minderung der finanziellen Leistungsfähigkeit des D begründet. Dem würden durch die sofortige Zahlung Nachteile drohen, die über die eigentliche Zahlung hinausgehen und nicht oder nur schwer wiedergutzumachen sind.[3] Die Tilgung der Schuld ist aus den laufenden Mitteln nicht möglich. Eine Beleihung oder Veräußerung von Vermögensgegenständen ist grundsätzlich nicht zu fordern. Da es sich um eine noch nicht rechtskräftig feststehende, bestrittene Forderung handelt, sind an das Tatbestandsmerkmal „unbillige Härte" geringere Anforderungen zu stellen als an das Tatbestandsmerkmal „erhebliche Härte" in § 222 AO; denn bei einer Stundung steht die Forderung als solche fest und wird nicht bestritten.

Würde nun die Vollziehung ausgesetzt werden, wenn keine Zweifel an der Rechtmäßigkeit des Steuerbescheids bestehen, nur weil die Vollziehung mit einer unbilligen Härte verbunden ist, könnte D durch seinen unbegründeten Einspruch eine Art Stundung erreichen. Darauf hätte er keinen Anspruch, weil zwar die Voraussetzungen für die unbillige Härte des § 361 AO, nicht aber auch die der erheblichen Härte des § 222 AO vorliegen müssen. Der Antrag auf Aussetzung der Vollziehung ist deshalb unabhängig von der finanziellen Lage des D abzulehnen.

2. Anträge des Steuerpflichtigen sind nicht nur ihrem Wortlaut nach zu behandeln, sondern vom Finanzamt nach ihrem Sinn und Zweck auszulegen, § 133 BGB. D will wegen seiner finanziellen Lage die fällige Umsatzsteuernachforderung – zumindest zeitweilig – nicht bezahlen. Das Finanzamt hat die von D dafür vorgebrachten Gründe unter den Gesichtspunkten des § 222 AO zu prüfen. Reichen die Angaben des D für eine **Stundung** aus, ist diese auszusprechen. Anderenfalls ist D aufzufordern, weitere Unterlagen für die Stundung beizubringen, oder sein Antrag ist auch als Stundungsantrag abzulehnen.

---

1 BFH vom 26.10.2011 – I S 7/11, BFH/NV 2012 S. 583.
2 BFH vom 25.11.2014 – VII B 65/14, BStBl 2015 II S. 207.
3 BVerfG vom 11.10.2010 – 2 BvR 1710/10, DStR 2010 S. 2296.

Fall 62

Aufhebung der Vollziehung

AO § 361; FGO § 69

Sachverhalt

Valentin Vau (V) betreibt ein Unternehmen, das Textilien herstellt. Im Einkommensteuerbescheid für 01 wurde die Steuer unter dem Vorbehalt der Nachprüfung auf 45.000 Euro festgesetzt. V hatte aufgrund des Vorauszahlungsbescheids bereits 46.000 Euro gezahlt. Die Finanzkasse erstattete ihm 1.000 Euro.

Im Rahmen einer Außenprüfung wurden u. a. Aufwendungen für eine Reise in die Vereinigten Staaten gestrichen, die V als Betriebsausgaben angesetzt hatte. Nach Auffassung des V war die Reise ausschließlich betrieblich veranlasst gewesen. Das Finanzamt war anderer Ansicht. Im Änderungsbescheid wurde die Einkommensteuer 01 auf 50.000 Euro erhöht.

Gegen diesen Änderungsbescheid 01 legt V fristgerecht Einspruch ein und beantragt mit neuen Argumenten, die Aufwendungen als Betriebsausgaben zu behandeln. Außerdem behauptet er, bisher bei ihm erfasste Einkünfte aus Vermietung und Verpachtung seien seinen Kindern zuzurechnen, da das Gebäude auf die Kinder übertragen worden sei. Insgesamt begehre er die Herabsetzung der Einkommensteuer 01 um 7.000 Euro auf 43.000 Euro. Gleichzeitig beantragt er die Aussetzung der Vollziehung.

Durch ein Versehen eines Angestellten des V werden die noch zu zahlenden 5.000 Euro aus dem Änderungsbescheid an die Finanzkasse überwiesen. Als V das erfährt, beantragt er zusätzlich beim zuständigen Finanzgericht die Aufhebung der Vollziehung und Rückzahlung von 7.000 Euro.

Frage

1. Wie wird das Finanzamt über die Anträge des V entscheiden?
2. Welche rechtlichen Möglichkeiten, eine Aussetzung der Vollziehung zu erreichen, hat V, wenn das Finanzamt seine Anträge ablehnt?

Antwort

1. Das Finanzamt wird auf die Anträge des V hin die Vollziehung des Steuerbescheids i. H. von 5.000 Euro aufheben und die 5.000 Euro an V zurückzahlen.
2. Gemäß § 361 Abs. 5 AO kann V entweder Einspruch einlegen oder einen Antrag auf Aussetzung der Vollziehung beim zuständigen Finanzgericht stellen.

Begründung

1. Das Finanzamt hat über den Antrag auf **Aussetzung der Vollziehung** zu entscheiden. Aussetzung der Vollziehung bedeutet, dass V von Bekanntgabe der Entscheidung an den im Steuerbescheid geforderten Betrag nicht zu bezahlen braucht, bis über seinen Einspruch entschieden ist, § 361 Abs. 2 Satz 1 AO. Vollziehung ist jede Erfüllung des mit dem Steuerbescheid verbundenen Leistungsgebots, nicht nur die zwangsweise Durchsetzung des Anspruchs im Vollstreckungsverfahren. Der Antrag des V geht danach ins Leere. Die Vollziehung des Steuerbescheids kann nicht mehr ausgesetzt werden, weil zum Zeitpunkt, zu dem über seinen Antrag entschieden werden soll, der Verwaltungsakt durch die Zahlung des Angestellten des V bereits vollzogen ist.

In § 361 Abs. 2 Satz 3 AO ist vorgesehen, dass die Vollziehung des Bescheids aufgehoben werden kann. **Aufhebung der Vollziehung** bedeutet, dass bisherige Vollziehungsmaßnahmen rückgängig gemacht werden. Es wird der Zustand hergestellt, der vor der Vollziehung, hier der Bezahlung der Restschuld, bestand. Aufhebung der Vollziehung heißt, dass V den gezahlten Betrag zurückerhält und nur dann wieder zahlen muss, wenn im Rechtsbehelfsverfahren entschieden wird, dass der angefochtene Bescheid richtig ist.[1]

Da nach dem Vorbringen des V ernstliche Zweifel daran bestehen, ob die bisherige Behandlung der Aufwendungen und der Einnahmen Bestand haben wird, ist die Vollziehung aufzuheben.

Die Vollziehung kann nur so weit aufgehoben werden, wie die Leistung aufgrund des angefochtenen Verwaltungsakts reicht. V hat 5.000 Euro gezahlt und damit das Leistungsgebot des angefochtenen Steuerbescheids vollzogen. Die Aufhebung der Vollziehung kann nur bedeuten, dass er diese 5.000 Euro – vorläufig – zurückerhält. Den darüber hinausgehenden Betrag von 2.000 Euro, den er zurückfordert, hat er aufgrund des Vorauszahlungsbescheids geleistet. Diesen Bescheid hat er nicht angefochten.

Aussetzung und Aufhebung der Vollziehung umfasst nur die aufgrund des angefochtenen Steuerbescheids noch zu zahlende Steuer.[2] Die festgesetzte Steuer ist nach § 361 Abs. 2 Satz 4 AO um die anzurechnenden Steuerabzugsbeträge und die festgesetzten (nicht nur die tatsächlich geleisteten) Vorauszahlungen zu mindern.[3]

Hat der Einspruch keinen Erfolg, muss V nicht nur die 7.000 Euro zurückzahlen, sondern er muss für diesen Betrag **Zinsen** bezahlen, § 237 AO.[4]

---

1 AEAO zu § 361 Nr. 7.

2 BFH vom 11.03.1999, BStBl 1999 II S. 335.

3 BFH vom 02.11.1999, BStBl 2000 II S. 57, vom 24.01.2000, BStBl 2000 II S. 559, und AEAO zu § 361 Nr. 4.

4 BFH vom 11.02.1987, BStBl 1987 II S. 320, und vom 07.07.1994, BStBl 1994 II S. 785.

2. Nach Ablehnung der Aussetzung der Vollziehung durch das Finanzamt eröffnen sich für V zwei Verfahrenswege.

Da die Ablehnung der Aussetzung der Vollziehung ein Verwaltungsakt ist, kann V sich mit dem Einspruch dagegen wenden. Die ablehnende Entscheidung kann nicht mit der Klage angefochten werden, § 69 Abs. 7 FGO.[1]

V hat außerdem hat außerdem die Möglichkeit unmittelbar nach der ablehnenden Entscheidung des Finanzamts – oder auch nach der negativen Einspruchsentscheidung – einen Antrag auf Aussetzung der Vollziehung nach § 69 Abs. 3 FGO beim zuständigen Finanzgericht zu stellen, § 69 Abs. 7 FGO. Durch § 69 Abs. 4 FGO wird klargestellt, dass die Ablehnung des Antrags auf Aussetzung der Vollziehung durch das Finanzamt Zugangsvoraussetzung für die Entscheidung des Finanzgerichts ist. Das bedeutet, dass diese Voraussetzung im Zeitpunkt der Antragstellung beim Gericht gegeben sein muss, anderenfalls wird der Antrag als unzulässig verworfen.

Sollte auch das Gericht die Aussetzung der Vollziehung ablehnen, ist dagegen als Rechtsmittel die Beschwerde beim BFH nur gegeben, wenn sie in der Entscheidung des Finanzgerichts ausdrücklich zugelassen worden ist, § 128 Abs. 3 FGO.

Stellt sich im Nachhinein heraus, dass ein vom Steuerpflichtigen betriebenes Aussetzungsverfahren zu Unrecht erfolglos geblieben ist, sind die von ihm gezahlten Säumniszuschläge vollständig zu erlassen und die zu erstattenden Steuern zu verzinsen, § 233a AO.[2]

---

1 BFH vom 19.07.2010 – I B 207/09, BFH/NV 2011 S. 48.

2 BFH vom 20.05.2010 – V R 42/08, BStBl 2010 II S. 955, und vom 02.02.2011 – V B 141/09, BFH/NV 2011 S. 961.

Fall 63

Aussetzung der Vollziehung bei Anfechtung von Grundlagenbescheiden

AO §§ 182, 361

Sachverhalt

Paul Panther (P) betreibt einen Gewerbebetrieb außerhalb seines Wohnorts. Seine Einkünfte aus diesem Gewerbebetrieb werden deshalb vom Betriebsfinanzamt A nach § 180 Abs. 1 Nr. 2 Buchst. b AO gesondert festgestellt. Die Einkommensteuerveranlagung erfolgt durch das Wohnsitzfinanzamt B.

Gegen den Gewinnfeststellungsbescheid 01 legt P beim Finanzamt A form- und fristgerecht Einspruch ein und beantragt die Herabsetzung des Gewinns durch Berücksichtigung von 2.000 Euro als Betriebsausgaben. Gleichzeitig beantragt er die Aussetzung der Vollziehung des Gewinnfeststellungsbescheids.

Die Einkommensteuer des P würde sich um 600 Euro mindern, wenn der Gewinn um die 2.000 Euro als Betriebsausgaben gemindert würde.

Frage

1. Kann die Vollziehung des Gewinnfeststellungsbescheids ausgesetzt werden?
2. Welche Folgen hat die Aussetzung der Vollziehung des Gewinnfeststellungsbescheids für den Einkommensteuerbescheid?
3. Bis wann erfolgt die Aussetzung der Vollziehung?

Antwort

1. Die Vollziehung des Gewinnfeststellungsbescheids kann ausgesetzt werden.
2. Der strittige Gewinnanteil kann in dem Einkommensteuerbescheid angesetzt werden. Die Vollziehung der darauf entfallenden Steuer ist von Amts wegen auszusetzen.
3. Die Aussetzung der Vollziehung endet einen Monat nach Bekanntgabe der Einspruchsentscheidung.

Begründung

1. Eine **Aussetzung der Vollziehung** nach § 361 Abs. 2 AO ist begrifflich nur möglich, wenn ein Verwaltungsakt wirksam geworden ist, der einen

vollziehbaren Inhalt hat.[1] Ein Steuerbescheid wird dadurch vollzogen, dass die festgesetzte Steuer vom Steuerpflichtigen gezahlt wird, sei es freiwillig oder im Weg der Zwangsvollstreckung.[2]

Ein Gewinnfeststellungsbescheid enthält keine Steuerfestsetzung und kein Leistungsgebot.[3] Er kann nicht in dem Sinne vollzogen werden, dass der Steuerpflichtige etwas tun muss. Vollziehbar sind aber nicht nur Verwaltungsakte, die auf eine Geldleistung oder ein anderes Handeln des Steuerpflichtigen gerichtet sind. Vollziehung bedeutet die Verwirklichung des Verwaltungsakts, indem von seinem Inhalt Gebrauch gemacht wird.[4] Ein Gewinnfeststellungsbescheid wird dadurch vollzogen, dass die festgestellten Besteuerungsgrundlagen in den Einkommensteuerbescheid des P übernommen werden. Aussetzung der Vollziehung hieße demnach, dass der festgestellte Gewinnanteil so lange nicht in den Einkommensteuerbescheid aufgenommen werden dürfte, bis über den Einspruch gegen den Gewinnfeststellungsbescheid entschieden worden ist.

Der Gewinnfeststellungsbescheid ist nicht Selbstzweck. Er soll lediglich Grundlagen für die Einkommensbesteuerung liefern. Würde P seinen Gewerbebetrieb an seinem Wohnort betreiben, würden auch seine Einkünfte aus Gewerbebetrieb im Rahmen der Einkommensteuerveranlagung ermittelt und festgesetzt. P hätte dann Einspruch gegen den Einkommensteuerbescheid einlegen müssen. Die Einkommensteuer hätte auf seinen Antrag hin ausgesetzt werden können.

Da die Besteuerungsgrundlagen aber gesondert festgestellt werden, kann P vorläufigen Rechtsschutz nur durch Aussetzung der Vollziehung des Grundlagenbescheids erlangen. Ein Antrag auf Aussetzung der Vollziehung des Einkommensteuerbescheids, der mit Zweifeln an der Rechtmäßigkeit des Gewinnfeststellungsbescheids begründet wird, ist unzulässig.[5] Bezweifelt ein Steuerpflichtiger dagegen die Wirksamkeit eines Feststellungsbescheids, kann er den Einkommensteuerbescheid direkt angreifen und Aussetzung der Vollziehung beantragen.[6]

2. Der Erlass eines Einkommensteuerbescheids bleibt weiterhin zulässig, § 361 Abs. 3 Satz 2 AO. In diesem Bescheid ist der Gewinn zu erfassen, den das Betriebsfinanzamt bisher festgestellt und dem Wohnsitzfinanzamt mitgeteilt hat.[7] Die von P mit dem Einspruch beantragte Änderung bleibt zunächst unberücksichtigt. Das Wohnsitzfinanzamt ist an die Feststellun-

---

1 Dazu ausführlich Gosch in Beermann, § 69 FGO Rz. 28–103.

2 BFH vom 22.07.1977, BStBl 1977 II S. 838, und vom 29.11.1977, BStBl 1978 II S. 156.

3 AEAO zu § 361 Nr. 5.

4 Tipke/Kruse, § 69 FGO Tz. 20.

5 BFH vom 29.10.1987 – VIII R 413/83, BStBl 1988 II S. 240.

6 BFH vom 25.07.2016 – X B 20/16, BFH/NV 2016 S. 1736.

7 AEAO zu § 361 Nr. 5.4.

gen im Gewinnfeststellungsbescheid gebunden, § 182 Abs. 1 AO. Diese Bindung gilt so lange, bis der Gewinnfeststellungsbescheid geändert worden ist, § 124 Abs. 2 AO. Allerdings ist als Folge aus der Aussetzung der Vollziehung des Grundlagenbescheids auch die Vollziehung des Einkommensteuerbescheids auszusetzen, § 361 Abs. 3 Satz 1 AO.[1]

Die Aussetzung erfolgt, soweit sich durch den Einspruch eine Änderung des Einkommensteuerbescheids ergeben könnte. Die von P beantragte Berücksichtigung der Betriebsausgaben würde seine Einkünfte aus Gewerbebetrieb um 2.000 Euro verringern. In Höhe der sich daraus ergebenden Steuerminderung von 600 Euro ist die Vollziehung des Einkommensteuerbescheids auszusetzen. Den darüber hinausgehenden Betrag hat P bei Fälligkeit zu leisten.

3. Das Gesetz sagt nicht, wie lange die Aussetzung der Vollziehung zu gewähren ist.[2] Die **Wirkung der Aussetzung** tritt mit ihrer Bekanntgabe ein. Sie hat keine Rückwirkung.[3] Das Ende der Aussetzung ist in das pflichtgemäße Ermessen des Finanzamts gestellt. Obsiegt P in dem Einspruch, entfällt die Aussetzung der Vollziehung mit der Bekanntgabe des geänderten Gewinnfeststellungsbescheids bzw. des Einkommensteuerbescheids.[4] P braucht den strittigen Betrag endgültig nicht mehr zu zahlen. Die festgesetzte Steuer verringert sich um 600 Euro gegenüber dem ursprünglich festgesetzten Betrag.

Wird der Einspruch als unbegründet zurückgewiesen, müsste die Aussetzung eigentlich mit der Bekanntgabe der Einspruchsentscheidung enden.[5] Jetzt sind die Voraussetzungen für die Aussetzung der Vollziehung entfallen. Mit der Zurückweisung des Einspruchs hat das Finanzamt zu erkennen gegeben, dass es keine ernstlichen Zweifel an der Rechtmäßigkeit des angefochtenen Gewinnfeststellungsbescheids mehr hat, anderenfalls hätte es nicht entscheiden dürfen. Eine Beendigung der Aussetzung in diesem Zeitpunkt könnte für P unzumutbare Schwierigkeiten mit sich bringen. Wenn die Wirkung der Aussetzung, die Verschiebung der Fälligkeit, entfällt, wird der geschuldete und bisher ausgesetzte Betrag sofort fällig. Um Säumniszuschläge, § 240 AO, zu vermeiden, müsste P noch am Tag der Bekanntgabe der Einspruchsentscheidung bezahlen. Es muss aber P die Möglichkeit eingeräumt werden, einerseits das Geld bereitzustellen, andererseits auch ohne den Druck der Zahlungsverpflichtung überlegen zu können, ob er das gegen die Einspruchsentscheidung mögliche Rechtsmittel der Klage ergreifen will. Er hat von der Bekanntgabe der Einspruchsentscheidung an einen Monat Zeit für die

---

1 BFH vom 11.03.2011 – II B 152/10, BFH/NV 2011 S. 1008.

2 AEAO zu § 361 Nr. 8.

3 BFH vom 23.06.1977, BStBl 1977 II S. 645, und vom 10.12.1986, BStBl 1987 II S. 389.

4 BFH vom 18.02.1997, BStBl 1997 II S. 339.

5 BFH vom 15.06.1998 – VII B 32/98, BFH/NV 1999 S. 7.

Entscheidung, ob er Klage erheben will oder nicht. Deshalb ist es angemessen, die Aussetzung erst einen Monat nach Bekanntgabe der Einspruchsentscheidung enden zu lassen.

Erhebt er Klage und will er nicht zahlen, kann er einen erneuten Aussetzungsantrag stellen, für den die gleichen Voraussetzungen wie für den ersten Antrag gelten.

Fall 64

Steuergeheimnis – Amtsträger

AO §§ 7, 30; StGB § 11

Sachverhalt

Das Finanzamt führt im Haus des Arztes Dr. Erich Egel (E) eine Außenprüfung durch. Prüfer ist der als Außenprüfer ständig eingesetzte Angestellte Siegfried Schwurz (S).

Im Haus des E befinden sich sowohl die Praxisräume als auch die Familienwohnung. Als S zur Überprüfung der beruflich genutzten Räume mit Erlaubnis des E auch sämtliche Privaträume des Hauses besichtigt, gerät er in ein Zimmer, in dem sich der 17-jährige Sohn Franz Egel (F) aufhält. S merkt sofort, dass F gerade eine mit Haschisch angereicherte Zigarette raucht. Weitere, offensichtlich ebenfalls präparierte Zigaretten liegen auf dem Tisch.

Am Abend zu Hause hört S, wie seine 16-jährige Tochter Wibke (W) seiner Ehefrau erzählt, sie sei mit F zu einem Discobesuch verabredet. S verbietet das mit der Bemerkung, der Umgang mit F könne W schaden. Eine weitere Begründung gibt er nicht. W verspricht darauf, sich mit F – auch in Zukunft – nicht zu treffen. Mutter und Tochter wissen nicht, dass S bei E eine Außenprüfung durchgeführt hat.

Am Tag darauf gibt S seinen Entwurf des Prüfungsberichts der Finanzanwärterin Beate Butter (B). Sie ist den ersten Tag zur Ausbildung in der Betriebsprüfungsstelle und soll durch Lesen des Textes einen ersten Einblick in die Tätigkeit eines Außenprüfers erlangen. Während B in den Text des S vertieft ist, kommt der bei einer Privatfirma angestellte Fensterputzer Xaver Xanten (X) in den Raum und will die Fenster putzen. Die Firma, bei der X arbeitet, putzt aufgrund eines privatrechtlichen Vertrags etwa vierteljährlich alle Fenster des Finanzamts. B verlässt während des Fensterputzens für kurze Zeit den Raum, ohne den Computer zu sperren.

In dieser Zeit schaut X neugierig auf den Bildschirm. Er liest, dass E Einkünfte von 800.000 Euro hat. Später bei der Frühstückspause erzählt X seinen Kollegen von diesen Einkünften des E.

Frage

Haben

1. der Angestellte S
2. die Finanzanwärterin B
3. der Fensterputzer X

das Steuergeheimnis verletzt?

Antwort

1. S hat das Steuergeheimnis nicht verletzt.
2. B hat das Steuergeheimnis verletzt.
3. X hat das Steuergeheimnis nicht verletzt.

Begründung

Nach § 30 Abs. 1 AO sind **Amtsträger** verpflichtet, das Steuergeheimnis zu wahren. Das Steuergeheimnis verletzt, wer **personenbezogene Daten eines anderen,** die ihm **im Verwaltungsverfahren in Steuersachen bekannt werden, unbefugt offenbart** oder **verwertet,** § 30 Abs. 2 AO.

Im Besteuerungsverfahren ist der Steuerpflichtige nach § 90 Abs. 1 AO zur Mitwirkung an der Ermittlung des steuerlich relevanten Sachverhalts verpflichtet. Er hat alle von ihm geforderten Auskünfte zu geben, § 93 AO. Ihm steht in keinem Fall ein Auskunftsverweigerungsrecht zu. Der Steuerpflichtige muss deshalb sicher sein, dass seine Angaben ausschließlich zur Durchführung der Besteuerung verwendet und nicht an Dritte weitergegeben werden.

Die Bediensteten des Finanzamts sind verpflichtet, das ihnen Anvertraute für sich zu behalten. Sie haben das Steuergeheimnis zu wahren, § 30 Abs. 1 AO. Die Vorschrift dient nicht nur dem Schutz des Steuerpflichtigen, sondern auch dem Interesse der Verwaltung. Der Steuerpflichtige ist nur dann bereit, alle für die Besteuerung notwendigen Auskünfte zu geben, wenn er sicher sein kann, dass seine Angaben nicht weitergegeben werden.

1. Der Verwaltungsangestellte S könnte dadurch, dass er seiner Tochter W den Umgang mit F verboten hat, das Steuergeheimnis verletzt haben.

Die **Amtsträgereigenschaft** des S ergibt sich aus **§ 7 AO.** S ist zwar nicht Beamter, er ist aber als Außenprüfer dazu bestellt, Steuerermittlungs- und Aufsichtsmaßnahmen durchzuführen. Diese Maßnahmen sind Bestandteile des Verwaltungsverfahrens in Steuersachen und haben hoheitlichen Charakter. S hat beim Finanzamt Aufgaben der öffentlichen Verwaltung wahrzunehmen und ist daher Amtsträger i. S. des § 7 Nr. 3 AO.

Es ist weiter zu prüfen, ob S personenbezogene Daten eines anderen, die er in einem Verwaltungsverfahren in Steuersachen erfahren hat, unbefugt offenbart hat.

Zu den nach § 30 AO geschützten **personenbezogenen Daten** gehören die gesamten Lebensumstände des Steuerpflichtigen oder eines anderen. Aus § 30 AO ergibt sich keine Beschränkung auf nur wirtschaftlich oder steuerlich relevante Tatsachen. Der Umstand, dass F Haschisch raucht, betrifft den familiären Bereich. Auch wenn es sich insoweit also um die Art der Lebensführung, die persönlichen Umstände des Steuerpflichtigen E und seiner Familie handelt, unterliegen diese Verhältnisse dem Schutz des § 30 AO.

S kann das Steuergeheimnis aber nur dann verletzt haben, wenn er seine Kenntnisse nicht lediglich privat, sondern in einem in § 30 Abs. 2 Nr. 1 Buchst. a bis c AO beschriebenen **Verwaltungsverfahren** erlangt hat. S hat den Vorfall nicht durch eine unmittelbar auf die Aufdeckung dieses Sachverhalts gezielte Prüfungshandlung erfahren. Er hat allerdings von den Verhältnissen in Ausübung einer dienstlichen Maßnahme, nämlich der als Prüfungshandlung gebotenen Hausbesichtigung, Kenntnis genommen. Damit besteht ein innerer Zusammenhang zwischen dienstlicher Tätigkeit des Amtsträgers und der Kenntniserlangung von den Verhältnissen des Steuerpflichtigen. Ein Bekanntwerden i. S. des § 30 Abs. 2 Nr. 1 Buchst. a AO ist daher zu bejahen.

Fraglich bleibt, ob S seine so erlangten Kenntnisse auch i. S. des § 30 Abs. 2 AO offenbart hat, als er seiner Tochter W den Umgang mit F verboten hat. Ein **Offenbaren** liegt in jedem Verhalten, aufgrund dessen einem anderen Daten des Steuerpflichtigen bekannt werden oder bekannt werden können. Dazu ist eine ausdrückliche Mitteilung nicht erforderlich; auch durch schlüssiges Verhalten kann offenbart werden. Aus der Äußerung des S können Rückschlüsse irgendwelcher Art auf die Verhältnisse des E und seiner Familie kaum gezogen werden, zumal Mutter und Tochter nicht wissen, dass S bei E eine Außenprüfung durchgeführt hat. Die Äußerung des S erscheint eher als ein sehr allgemein gehaltenes Werturteil über den Sohn des E. Sie ist keine konkrete Mitteilung einer Tatsache. Die Äußerung des S kann daher nicht als ein Offenbaren i. S. des § 30 Abs. 2 AO gewertet werden.

S kann die Verhältnisse der Familie E aber auch verwertet haben. **Verwerten** i. S. des § 30 Abs. 2 AO ist das Verwenden oder Gebrauchmachen zum eigenen Vorteil oder zum Vorteil eines Dritten. Dabei kann der Vorteil in der beruflichen oder in der privaten Sphäre liegen. Es ist – anders als beim Offenbaren – nicht erforderlich, dass das Geheimnis preisgegeben wird.

Es erscheint allerdings als zweifelhaft, ob S die Tatsache, dass F Haschisch raucht, zu seinem oder seiner Tochter W Vorteil ausgenutzt hat. Ein Vorteil könnte allenfalls darin gesehen werden, dass W möglicherweise der Gefahr entzogen wird, von F zum Haschischrauchen verführt zu werden. Das ist aber kein konkreter, materiell fassbarer Vorteil, der aus den Verhältnissen selbst gezogen wird, sondern lediglich die Ausnutzung der Kenntnisse zur Abwendung eines nicht einmal konkret bevorstehenden Nachteils. Um von einem Verwerten sprechen zu können, muss aber ein materieller Vorteil, ein Nutzen aus den Verhältnissen selbst gezogen werden.

Aus diesen Gründen hat S das Steuergeheimnis nicht verletzt, als er seiner Tochter W den Umgang mit F untersagte.

2. Die Finanzanwärterin B ist während ihres Vorbereitungsdienstes Beamtin auf Widerruf. Damit ist sie **Amtsträgerin** i. S. des § 7 Nr. 1 AO.

B hat offenbart, indem sie dem Fensterputzer X Gelegenheit zur Einsicht in die Akten des E gab. Unter **„Offenbaren"** ist nicht nur das bewusste und gewollte Mitteilen von Informationen gemeint. Vielmehr kann auch durch das Liegenlassen von Akten oder die fehlende Sperrung eines Computers offenbart werden, wenn dabei gegen Regeln des Finanzamts verstoßen wird. Amtsträger und Gleichgestellte haben dafür Sorge zu tragen, dass die Daten von Steuerpflichtigen, die sich in ihrem Zuständigkeitsbereich befinden, vor fremden Zugriffen geschützt werden. Deshalb hätte B ihr Büro nicht verlassen dürfen, während der Fensterputzer dort tätig war. Alternativ hätte sie die Daten durch Verschließen oder durch Sperrung des Computers schützen können. Ein ausdrücklicher Wille der B zur Offenbarung muss nicht vorliegen.

Die Höhe seiner Einkünfte gehört zu den durch § 30 AO geschützten **personenbezogenen Daten** des E.

Bei der Außenprüfung und deren Auswertung im Prüfungsbericht handelt es sich um einen Teil des Verwaltungsverfahrens. Auch wenn die Tätigkeit der B nicht entscheidungserheblich ist, ist das Lesen des Berichts für ihre Ausbildung und damit für künftige Verwaltungsverfahren erforderlich. B sind die Verhältnisse des E **in einem Verwaltungsverfahren bekannt geworden,** § 30 Abs. 2 Nr. 2 Buchst. a AO.

B müsste die personenbezogenen Daten des E **unbefugt** offenbart haben. Jedes Offenbaren ist unbefugt, es sei denn, ein Rechtfertigungsgrund i. S. des § 30 Abs. 4 oder 5 AO ist erfüllt. Die Weitergabe von Informationen an den Fensterputzer X dient nicht der Durchführung des Verwaltungsverfahrens, denn es fördert weder dessen Qualität noch die Quantität, § 30 Abs. 4 Nr. 1 AO. Da auch die anderen Rechtfertigungsgründe nicht erfüllt sind, hat B das Steuergeheimnis verletzt.

Sie könnte nach **§ 355 StGB** bestraft werden, wenn ihr **vorsätzliches Handeln** vorzuwerfen ist, **§ 15 StGB.**

3. X gehört nicht zu den **Amtsträgern** i. S. des § 7 AO. Um den Amtsträgern nach § 30 Abs. 3 AO gleichgestellt zu sein, müsste er ein für den öffentlichen Dienst besonders Verpflichteter sein. Hierunter können nach § 11 Abs. 1 Nr. 4 Buchst. a StGB nur solche Personen fallen, die, ohne Amtsträger zu sein, beim Finanzamt beschäftigt oder für das Finanzamt tätig sind. X ist nicht beim Finanzamt beschäftigt und auch nicht für das Finanzamt tätig. Seine Firma hat den Vertrag zum Fensterputzen abgeschlossen. X ist nur seinem Arbeitgeber gegenüber verpflichtet und hat mit dem Finanzamt keinerlei Rechtsbeziehungen. Deshalb kann er vom Finanzamt auch nicht nach dem Verpflichtungsgesetz förmlich verpflichtet worden sein.

X kann deshalb das Steuergeheimnis nicht verletzen.

Fall 65

Steuergeheimnis – Geschäftsfähigkeit – Angehöriger – Befangenheit

AO §§ 15, 30, 32, 82, 83; BGB §§ 1 ff., 104 ff.

Sachverhalt

Der Steueroberinspektor Adolar Adler (A) ist Amtsprüfer beim Finanzamt Hameln. Er ist nach dem Geschäftsverteilungsplan des Finanzamts zuständig für die Veranlagung der 16-jährigen Josepha Tramm (T), die als Erbin ihrer Eltern einkommensteuerpflichtig ist. T ist die Cousine des A. Ihre Mütter waren Schwestern.

Während A mit der Einkommensteuerveranlagung der T beschäftigt ist, erscheint im Amtszimmer des A der Kaufmann Ewald Emsig (E), der zum Vormund der T bestellt worden ist. A und E erörtern bei dieser Gelegenheit Einzelheiten der Veranlagung der T. Dem A sind insbesondere bestimmte erhebliche Geldzuflüsse nicht erklärlich. E gesteht freimütig, dass er durch geschickte und nicht ganz legale Manipulationen Geschäftspartner zugunsten des Vermögens der T i. H. von 10.000 Euro betrogen habe.

A erzählt diese Neuigkeit seiner Freundin Frieda (F), die Steuerinspektorin beim Finanzamt Stadthagen ist, beim Abendessen in einem Restaurant. F wiederum berichtet am nächsten Morgen beim Frühstück ihrer Mutter, die mit E in geschäftlichen Beziehungen steht, von dem Betrug des E.

Frage

1. Haben A und F das Steuergeheimnis verletzt?
2. Darf der Betrug des E der Strafverfolgungsbehörde mitgeteilt werden?
3. Darf A die Einkommensteuerveranlagung für T durchführen?

Antwort

1. A hat das Steuergeheimnis verletzt, F jedoch nicht.
2. Der Betrug des E darf seitens des Finanzamts nicht der Strafverfolgungsbehörde angezeigt werden.
3. A darf die Einkommensteuerveranlagung für T durchführen.

Begründung

1. A und F haben das Steuergeheimnis verletzt, wenn sie als Amtsträger-personenbezogene Daten eines anderen, die ihnen in einem Verwaltungsverfahren in Steuersachen bekannt geworden sind, unbefugt offenbart haben, § 30 Abs. 2 AO.

A und F sind Amtsträger, da sie nach deutschem Recht Beamte sind, § 7 Nr. 1 AO.

Zu den **personenbezogenen Daten** eines anderen gehören nicht nur die für die Besteuerung bedeutsamen Tatsachen, wie hier der Inhalt der Steuererklärung der T, sondern alle (auch private oder steuerlich völlig unbedeutende) Umstände, also auch die betrügerischen Manipulationen des E.

Diese Verhältnisse sind dem A **in einem Verwaltungsverfahren bekannt** geworden, da er dienstlich damit betraut war, die Veranlagung der T durchzuführen.

Gegenüber F hat A die Verhältnisse auch **offenbart,** indem er ihr darüber erzählte. Dieses Offenbaren ist grundsätzlich **unbefugt,** wenn sich nicht aus § 30 Abs. 4 oder 5 AO eine besondere Befugnis ergibt. Da F mit diesem Steuerfall nichts zu tun hatte und die Verpflichtung zur Wahrung des Steuergeheimnisses auch solchen Personen gegenüber gilt, die ihrerseits zur Wahrung des Steuergeheimnisses verpflichtet sind, enthält § 30 Abs. 4 und 5 AO keinen Rechtfertigungsgrund für das Weitergeben der Informationen an F.[1]

A hat deshalb insoweit das Steuergeheimnis verletzt.

Eine Verletzung des Steuergeheimnisses könnte weiterhin darin gesehen werden, dass A den Inhalt der Steuererklärung der T mit einem anderen, dem E, bespricht.

T ist einkommensteuerlich rechtsfähig, da jede natürliche Person einkommensteuerpflichtig sein kann, § 1 EStG. Diese (steuerliche) **Rechtsfähigkeit** erlangt T mit ihrer Geburt, § 1 BGB. Die Rechtsfähigkeit beinhaltet, dass jemand bestimmte (steuerliche) Rechte und Pflichten haben kann. Als Erbin des Vermögens ihrer Eltern, aus dem einkommensteuerpflichtige Erträge fließen, entsteht für T die Verpflichtung, Steuererklärungen abzugeben und eventuell Steuern zu zahlen. Sie ist Steuerpflichtige, § 33 AO.

---

1 BFH vom 10.02.1987, BStBl 1987 II S. 545.

Als Minderjährige, § 2 BGB, kann sie jedoch die Pflichten nicht selbst wahrnehmen. Um Minderjährige vor Handlungen zu schützen, deren Folgen sie ihres Alters wegen nicht übersehen können, sieht das bürgerliche Recht vor, dass der Mensch Rechte und Pflichten von seiner Geburt an haben, diese aber vollständig erst nach Vollendung seines 18. Lebensjahres selbst wahrnehmen kann, §§ 104 ff. BGB. Bis zu diesem Zeitpunkt ist T geschäftsunfähig bzw. **beschränkt geschäftsfähig** und rechtlich gesehen **handlungsunfähig,** § 79 Abs. 1 AO. Sie bedarf einer anderen Person, die stellvertretend für sie ihre Rechte wahrnimmt. Wer Stellvertreter minderjähriger Personen ist, wird im BGB beschrieben. Deshalb heißen diese Personen gesetzliche Vertreter. Gesetzliche Vertreter minderjähriger Kinder sind grundsätzlich die Eltern, § 1626 BGB, oder wie im vorliegenden Fall der vom zuständigen Gericht bestellte Vormund, § 1773 BGB. Der **gesetzliche Vertreter** hat alle steuerlichen Verpflichtungen des Minderjährigen zu erfüllen, § 34 Abs. 1 AO. Dazu gehört auch die Abgabe der Steuererklärung. Die Verhältnisse der minderjährigen T werden deshalb so behandelt, als seien es die eigenen des gesetzlichen Vertreters E. Er kennt alle Umstände der T. Seine eigenen Verhältnisse sind jedoch nicht durch § 30 AO ihm selbst gegenüber zu schützen. A konnte deshalb mit E die Einzelheiten in der Steuererklärung, die E für T abgegeben hatte, besprechen.

A hat insoweit das Steuergeheimnis nicht verletzt.

F sind die **personenbezogenen Daten** der T beim Abendessen in einem Restaurant bekannt geworden. Diese Tätigkeit gehört nicht zum ordnungsgemäßen Ablauf des Verwaltungsverfahrens. F hat die Daten der T nicht im **Verwaltungsverfahren,** sondern privat erfahren. Sie hat das Steuergeheimnis nicht verletzt, indem sie die erhaltenen Informationen an ihre Mutter weitergab.

2. Auch gegenüber den Strafverfolgungsbehörden hat das Finanzamt das Steuergeheimnis zu wahren. Es gilt der Grundsatz, dass Straftaten, die keine Steuerstraftaten sind, nicht offenbart werden dürfen. Anderenfalls wäre es dem Steuerpflichtigen nicht zumutbar, strafbare Sachverhalte, die nach § 40 AO der Besteuerung unterliegen, dem Finanzamt anzugeben. Das Steuergeheimnis geht grundsätzlich dem öffentlichen Interesse an der Verfolgung von Nichtsteuerstraftaten vor. Eine Weitergabe ist nur zulässig, wenn sich aus § 30 Abs. 4 oder 5 AO ein **Rechtfertigungsgrund** ergibt.

Dieser könnte nach **§ 30 Abs. 4 Nr. 4 Buchst. b AO** gegeben sein, wenn die Kenntnis der strafbaren Handlungen ohne Bestehen einer steuerlichen Verpflichtung erlangt worden ist. Da aber E als gesetzlicher Vertreter der T in deren Besteuerungsverfahren verpflichtet war, alle Angaben über die Erzielung der Einkünfte zu machen, § 93 AO, muss er auch gegenüber der Strafverfolgungsbehörde geschützt werden. Eine Weitergabe ist unzulässig.[1]

Personenbezogene Daten dürfen auch dann offenbart werden, wenn sich ein zwingendes öffentliches Interesse ergibt, das gewichtiger ist als das Interesse am Schutz des Steuergeheimnisses. Ein solches zwingendes Interesse i. S. des **§ 30 Abs. 4 Nr. 5 Buchst. b AO** scheint hier nicht vorzuliegen.[2] Geschäftliche Betrügereien i. H. von 10.000 Euro können nicht als solche wirtschaftlichen Straftaten angesehen werden, die die wirtschaftliche Ordnung erheblich stören. Diese Aussage beinhaltet keinerlei bagatellisierende Wertung der Tat des E. Die Tat bleibt strafwürdiges Unrecht.

Eine Weitergabe an die Strafverfolgungsbehörde ist unzulässig, weil sie eine Verletzung des Steuergeheimnisses darstellen würde.

3. Die Finanzbehörde muss sicherstellen, dass das Besteuerungsverfahren ausschließlich nach objektiven Gesichtspunkten durchgeführt wird, um die gesetzlich vorgeschriebene Gleichmäßigkeit der Besteuerung zu gewährleisten. Außerdem muss die Behörde dafür Sorge tragen, dass der Bearbeiter eines Steuerfalls nicht durch private Beziehungen zu dem Steuerpflichtigen in einen Interessenkonflikt mit seinen amtlichen Aufgaben gerät. Das Gesetz sieht deshalb vor, dass im Fall einer möglichen Interessenkollision Amtsträger von der Bearbeitung eines Steuerfalls ausgeschlossen sind.

Die in **§ 82 Abs. 1 AO** bezeichneten Personen dürfen in einem Verwaltungsverfahren nicht mitwirken. A darf die Veranlagung der T dann nicht durchführen, wenn er ein **Angehöriger** der T i. S. des § 15 AO ist.

A und T sind in der Seitenlinie im vierten Grad miteinander verwandt. Da ihre Mütter Geschwister waren, haben sie in dieser Linie die gleichen Großeltern. Für A ist T ein Kind der Schwester eines seiner Elternteile und gehört damit nicht zu den in § 15 Abs. 1 AO genannten Personen. Die Veranlagung der Mutter der T hätte A nicht durchführen dürfen, § 15 Abs. 1 Nr. 7 AO, wohl aber die der Tochter. Das Gesetz geht mit der Regelung des § 15 AO davon aus, dass die Möglichkeit eines Interessenkonfliktes regelmäßig nur bei den dort aufgeführten nahen Verwandten oder Verschwägerten auftreten kann.

Bei engem familiären Kontakt zwischen A und T liegt unter Umständen ein Grund vor, der Misstrauen in die Unparteilichkeit des A rechtfertigen könnte. Um sich selbst nicht in Schwierigkeiten zu bringen, könnte A nach **§ 83 Abs. 1 AO** eine Mitwirkung bei der Besteuerung der T wegen

---

1 AEAO zu § 30 Nr. 10.2.
2 AEAO zu § 30 Nr. 11.2.2.

Befangenheit ablehnen. Die Entscheidung darüber, ob er von seiner Tätigkeit in diesem Fall zu entbinden ist, träfe der Vorsteher des Finanzamts, bei dem A tätig ist, § 83 Abs. 1 Satz 1 AO.

Fall 66

Steuergeheimnis – Befugnis zum Offenbaren

AO §§ 30, 31, 31a

Sachverhalt

Bei dem Antiquitätenhändler Fritz Falsifikat (F) findet eine Außenprüfung statt. Die Prüferin (P) stellt unter anderem fest, dass F von seinem ständigen Lieferanten Ludwig Lachs (L) Waren erhalten und bezahlt hat, ohne die Geschäftsvorfälle buchmäßig zu erfassen. P fertigt für das für L zuständige Finanzamt eine Mitteilung über die von ihr ermittelten Zahlungen des F an L.

Während der Außenprüfung erscheint bei F ein Angehöriger der AOK und bittet P, ihm Einsicht in die Akten des F zu gewähren. Es bestehe der Verdacht, dass F der AOK nur unvollständige Angaben über die abzuführenden Sozialversicherungsbeiträge seiner Mitarbeiter gemacht habe. P gewährt die Akteneinsicht. Der Verdacht bestätigt sich.

F ist über die Außenprüfung und das Verhalten der P so erbost, dass er in der Öffentlichkeit wiederholt behauptet, die Beamten, insbesondere P, seien korrupt. Beim Finanzamt würde der Grundsatz gelten: „Wer gut schmiert, der gut fährt!" Er selbst habe der P einiges zukommen lassen; dennoch habe diese ihn „verpfiffen". Die Äußerungen des am Ort sehr einflussreichen F werden allgemein bekannt und zum Stadtgespräch. Die Vorsteherin des Finanzamts schickt der örtlichen Zeitung daraufhin eine entsprechende Richtigstellung, die diese veröffentlicht.

Frage

1. Durfte P ohne Verletzung des Steuergeheimnisses die Mitteilung an das andere Finanzamt schicken?
2. Durfte P dem Vertreter der AOK Akteneinsicht gewähren?
3. Verletzt die Vorsteherin mit der Mitteilung an die Zeitung das Steuergeheimnis?

Antwort

1. P verletzt mit der Mitteilung an das andere Finanzamt nicht das Steuergeheimnis.

2. P durfte dem Vertreter der AOK keine Akteneinsicht gewähren, wohl aber einzelne Auskünfte erteilen.

3. Die Vorsteherin konnte ohne Verletzung des Steuergeheimnisses die Veröffentlichung der Richtigstellung vornehmen lassen.

Begründung

1. Um dem Schutzzweck des Steuergeheimnisses gerecht zu werden, ist § 30 AO so konzipiert, dass grundsätzlich jede Weitergabe von Informationen untersagt ist. Eine Ausnahme gilt nur, wenn sich aus dem Gesetz selbst ausdrücklich eine Erlaubnis ergibt, Verhältnisse zu offenbaren, § 30 Abs. 4 und 5 AO.

Die Kontrollmitteilung an das für L zuständige Finanzamt dient der ordnungsgemäßen Durchführung des Besteuerungsverfahrens. Sie ermöglicht dem für L zuständigen Finanzamt die Überprüfung, ob L die Geschäftsvorfälle mit F ordnungsgemäß erfasst hat. Diese Offenbarung von Verhältnissen ist nach **§ 30 Abs. 4 Nr. 1 AO** gerechtfertigt. Das Steuergeheimnis wird insoweit nicht verletzt.

2. Die Befugnis zum Offenbaren muss sich entweder aus § 30 AO selbst ergeben oder sonst in der AO oder einem anderen Gesetz ausdrücklich zugelassen sein, **§ 30 Abs. 4 Nr. 2 AO** (z. B. §§ 31, 31a, 31b AO). Für den vorliegenden Fall findet sich die gesetzliche Regelung, die ein Offenbaren erlaubt, in **§ 31 Abs. 2 AO**. Diese Regelung bildet eine Grundlage für die Zusammenarbeit zwischen Finanzamt und den Trägern der gesetzlichen Sozialversicherung. Allerdings erlaubt § 31 Abs. 2 AO dem Finanzamt nur, dem Sozialversicherungsträger solche Verhältnisse mitzuteilen, die für die Erhebung der Sozialversicherungsbeiträge notwendig sind. Dies sind vor allem Angaben über die Zahl der beschäftigten Arbeitnehmer und deren Entlohnung.

Die Befugnis beschränkt sich auf die bloße Mitteilung. Sie berechtigt nicht zur Gewährung von Akteneinsicht. Damit erhält der Sozialversicherungsträger die Möglichkeit, von weiteren Verhältnissen des Steuerpflichtigen Kenntnis zu nehmen, wofür es keine tatsächliche Notwendigkeit und deshalb auch keine gesetzliche Rechtfertigung gibt. Ein weiter gehendes Recht zum Offenbaren ergibt sich aus **§ 31a AO**. Die Vorschrift soll der Bekämpfung der Schwarzarbeit (Abs. 1), der illegalen Arbeitnehmervermittlung (Abs. 2) und der Erschleichung von Sozialleistungen und Subventionen (Abs. 3) dienen.

Mit der Gewährung der Akteneinsicht hat P das Steuergeheimnis verletzt.

3. Die Finanzbehörde muss rechtlich in der Lage sein, sich gegen ungerechtfertigte Angriffe auch in der Öffentlichkeit zu wehren. Das kann dazu führen, dass Verhältnisse von Steuerpflichtigen offenbart werden müssen.

Nach **§ 30 Abs. 4 Nr. 5 Buchst. c AO** ist die Verwaltung zur Richtigstellung von Behauptungen befugt. Die P betreffenden Unterstellungen des F sind geeignet, das Vertrauen in die ordnungsgemäße Arbeitsweise der Finanzverwaltung zu stören und ihr Ansehen in der Öffentlichkeit herabzusetzen.

Bei der Formulierung der zu veröffentlichenden Richtigstellung ist darauf zu achten, dass die Verhältnisse des F nicht weiter offenbart werden, als es zur Richtigstellung notwendig und erforderlich ist.[1]

Fall 67

Steuerhinterziehung durch unmittelbaren Täter und Gehilfen

AO § 370 Abs. 1 Nr. 1; StGB § 25 Abs. 1 Alt. 1, §§ 27, 34

Sachverhalt

Die Noblesse GmbH betreibt seit Jahrzehnten erfolgreich Handel mit Pelzen und edlen Stoffen. Ihre Geschäftsführerin Carlotta Chinchilla (C) plant die Expansion des Unternehmens in den asiatischen Raum. Um die dafür notwendigen liquiden Mittel aufzustocken, entschließt sie sich, die Bilanzen des laufenden Jahres so zu manipulieren, dass es aufgrund der geleisteten Körperschaftsteuervorauszahlungen zu einer Steuererstattung kommt.

Sie weist daher die Buchhalterin Nina Nerz (N) an, nur noch jede zweite Ausgangsrechnung zu buchen. Als diese sich unter Hinweis auf ihr Gewissen und ihre Angst vor Entdeckung weigert, macht C sie darauf aufmerksam, dass es in ihrem eigenen Interesse sei, zu tun, was man von ihr verlange. Immerhin gebe es im asiatischen Raum genug Fachkräfte, die ihre Arbeit für die Hälfte des Lohns gerne übernähmen. N willigt unter der Bedingung ein, dass auch die mit den Einnahmen in Zusammenhang stehenden Ausgaben nicht gebucht werden, um das Risiko einer Entdeckung zu mindern. C stimmt diesem Vorschlag gerne zu, unterschreibt die auf Grundlage der gefälschten Buchführung erstellte Körperschaftsteuererklärung und reicht sie beim Finanzamt ein.

Frage

1. Hat C sich der Steuerhinterziehung schuldig gemacht?
2. Kann N wegen Steuerhinterziehung belangt werden?

---

1 AEAO zu § 30 Nr. 11.2.3.

Antwort

1. C hat als unmittelbare Selbsttäterin Steuerhinterziehung begangen.
2. N kann wegen Beihilfe zur Steuerhinterziehung belangt werden.

Begründung

1. Nach dem im Strafgesetzbuch entwickelten Grundsatz des dreigliedrigen Verbrechensaufbaus macht sich der Steuerhinterziehung schuldig, wer

   – die objektiven und subjektiven Tatbestandsmerkmale des § 370 Abs. 1 AO erfüllt,
   – rechtswidrig und
   – schuldhaft handelt.

Objektiver Tatbestand des § 370 Abs. 1 Nr. 1 AO

Fraglich ist, ob C wegen einer Steuerhinterziehung belangt werden kann, die nicht sie, sondern die GmbH begünstigt. In der Literatur herrscht Einvernehmen darüber, dass es sich bei dem **Täter** um eine natürliche Person handeln muss. Die GmbH kommt als Täterin nicht in Betracht, obwohl ausschließlich sie von der Steuerhinterziehung profitiert. C dagegen ist eine natürliche Person, die als Geschäftsführerin die GmbH vertritt und deren steuerliche Pflichten erfüllt, § 34 Abs. 1 AO, § 35 GmbHG. In dieser Eigenschaft hat sie in der von ihr unterzeichneten Steuererklärung **gegenüber der Finanzbehörde** (§ 6 Abs. 2 Nr. 5 AO) **Angaben** über den für die Bemessung der Körperschaftsteuer **erheblichen** Gewinn gemacht. Die Angaben waren **unvollständig** und damit auch **unrichtig,** weil nicht der gesamte, sondern nur ein Teil des tatsächlich entstandenen Gewinns angegeben wurde. Dadurch kam es zu einer **Steuerverkürzung** i. S. des § 370 Abs. 4 Satz 1 AO, da die Steuer entsprechend den Angaben in der Erklärung zu niedrig festgesetzt wurde. Fraglich ist, ob bei der Bemessung des **Taterfolgs** die den Erfolg mindernden nicht erklärten Ausgaben berücksichtigt werden dürfen. Das in § 370 Abs. 4 Satz 3 AO normierte **Kompensationsverbot** verbietet es, „andere" steuermindernde Tatsachen zu berücksichtigen, die nicht mit der Tat in Zusammenhang stehen.[1] Da hier ein einheitlicher Täterplan vorlag, der vorsah, dass nur die in unmittelbarem Zusammenhang mit den verschwiegenen Einnahmen stehenden Ausgaben nicht erklärt werden sollten, ist die Saldierung zulässig. Der Taterfolg beschränkt sich mithin auf den Unterschied zwischen tatsächlich entstandenem und erklärtem Gewinn. Die fehlerhaften Angaben in der Steuererklärung waren auch **ursächlich** für den Taterfolg, da davon ausgegangen werden muss, dass bei ordnungsgemäßer Angabe des entstandenen Gewinns dieser der Besteuerung zugrunde gelegt worden wäre.

---

1 BGH vom 13.09.2018 – 1 StR 642/17, AO-StB 2019 S. 149 Nr. 5.

C hat mithin die objektiven Tatbestandsmerkmale des § 370 Abs. 1 Nr. 1 AO erfüllt.

Subjektiver Tatbestand (§ 369 Abs. 2 AO, § 15 StGB)

Nach § 369 Abs. 2 AO i. V. m. § 15 StGB ist das Verhalten der C jedoch nur strafbar, wenn es vorsätzlich erfolgte. Vorsatz ist der Wille zur Verwirklichung eines Straftatbestands in Kenntnis aller Tatumstände. C handelte mit zielgerichtetem Willen zur Tatbegehung, also mit **Absicht** (Dolus directus 1. Grades). Sie plante die Tat, brachte sie zur Ausführung und wollte den Erfolg als ihren eigenen.

Rechtswidrigkeit

Auf der Ebene der Rechtswidrigkeit ist zu untersuchen, ob die Tat der C unter Berücksichtigung des Gesamtgeschehens im Widerspruch zur Rechtsordnung steht und die Bezeichnung „Unrecht" verdient. Dabei ist nach § 11 Abs. 1 Nr. 5 StGB davon auszugehen, dass jedes Handeln, das die Tatbestandsmerkmale einer Strafrechtsnorm erfüllt, grundsätzlich rechtswidrig ist. Ein Rechtfertigungsgrund (z. B. Notwehr, § 32 StGB, oder rechtfertigender Notstand, § 34 StGB), der diese Vermutung entkräften würde, ist nicht gegeben.

Schuld

Auch die Schuld wird durch die Tatbestandsmäßigkeit des Verhaltens der C indiziert. Es liegen keine Ausnahmetatbestände vor, die diese Annahme entkräften könnten. C ist als Erwachsene voll schuldfähig. Sie verfügt über das notwendige Unrechtsbewusstsein, denn sie konnte die Rechtswidrigkeit ihres Verhaltens erkennen, § 17 StGB. Entschuldigungsgründe (z. B. Notwehrüberschreitung, § 33 StGB, oder entschuldigender Notstand, § 35 StGB) liegen nicht vor.

Ergebnis

C erfüllt allein die Tatbestandsmerkmale der Strafrechtsnorm. Sie ist unmittelbare **Alleintäterin** (Selbsttäterin) i. S. von § 369 Abs. 2 AO, § 25 Abs. 1 Alt. 1 StGB und hat sich als solche einer rechtswidrigen und schuldhaft begangenen Steuerhinterziehung gem. § 370 Abs. 1 Nr. 1 AO strafbar gemacht.

2. N erfüllt nicht den objektiven Tatbestand des § 370 Abs. 1 AO, denn sie macht dem Finanzamt gegenüber keine Angaben, da nicht sie, sondern C die Steuererklärung unterschrieben und beim Finanzamt eingereicht hat. Sie könnte aber als Gehilfin an der Steuerhinterziehung teilgenommen haben, § 369 Abs. 2 AO, § 27 StGB. Auch in diesem Fall ist der dreigliedrige Verbrechensaufbau zu beachten.

Objektiver Tatbestand des § 27 StGB

Voraussetzung ist das Vorliegen einer vorsätzlich begangenen rechtswidrigen Haupttat, hier die Tat der C. Die Tat muss nicht schuldhaft begangen worden sein (limitierte Akzessorietät). **Beihilfe** begeht, wer eine solche Tat durch physische oder psychische Hilfeleistungen ermöglicht, erleichtert, absichert oder in sonstiger Weise fördert, § 27 StGB. Zum einen hat N die Steuerhinterziehung der C abgesichert, indem sie zwecks Verschleierung der Tat zur „Doppelverkürzung" riet. Zum anderen leistete sie wertvolle Unterstützung im Vorbereitungsstadium der Tat. Sie fertigte die fehlerhaften Buchungen, die der Steuererklärung zugrunde gelegt wurden.

Subjektiver Tatbestand (§ 369 Abs. 2 AO, § 15 StGB)

Wie jeder Straftäter muss auch der Gehilfe vorsätzlich gehandelt haben, § 369 Abs. 2 AO, § 15 StGB. Dabei bezieht sich der Vorsatz sowohl auf die Kenntnis der Haupttat als auch auf das Wissen um den eigenen Tatbeitrag (sog. **doppelter Gehilfenvorsatz**). Die zögerliche Haltung der N und ihr Bemühen um Vertuschen der Tat beweisen, dass sie sich ihres Beitrags zu einer Steuerstraftat bewusst war. Sie handelte allerdings nicht absichtlich, denn es war nicht ihr Ziel, Steuern zu hinterziehen. Sie wollte lediglich ihren Arbeitsplatz bewahren und nahm dafür die Steuerhinterziehung billigend in Kauf. Ein solch **bedingter Vorsatz** (Dolus eventualis) reicht als Schuldvorwurf aus.

Rechtswidrigkeit

Die Erfüllung des objektiven und subjektiven Tatbestands des § 27 StGB indiziert die Rechtswidrigkeit. Rechtfertigungsgründe liegen nicht vor. Insbesondere ist in der Sorge um den Verlust des Arbeitsplatzes kein rechtfertigender Notstand i. S. des § 34 StGB zu sehen. Zwar befindet sich die N in einer Notstandslage, weil aus ihrer Sicht bei Untätigkeit ein erhebliches Rechtsgut, nämlich ihr Arbeitsplatz, gefährdet gewesen wäre. Jedoch war die Fälschung der Buchführung nicht geeignet, die drohende Gefährdung abzuwenden. Vielmehr hätte sie zur Verteidigung ihrer Rechte das Arbeitsgericht anrufen müssen.

Schuld

N ist schuldfähig. Sie handelte mit bedingtem Vorsatz. Die Tatsache, dass sie von ihrer Arbeitgeberin zur Tat gedrängt werden musste, beweist, dass sie über Unrechtsbewusstsein verfügte. Entschuldigungsgründe sind nicht ersichtlich.

Ergebnis

N hat sich nach § 369 Abs. 2 AO, § 27 StGB als Gehilfin der Steuerhinterziehung nach § 370 Abs. 1 AO strafbar gemacht. Das Strafmaß richtet sich nach der Haupttat. Es ist allerdings abzumildern.

Fall 68

Steuerhinterziehung durch mittelbaren Täter und Anstifter – Selbstanzeige

AO § 370 Abs. 1 Nr. 1, § 371 Abs. 1; StGB §§ 25 bis 27

Sachverhalt

Gernold Gourmet (G) nimmt seinen Mittagstisch gerne und regelmäßig im Restaurant „Zur goldenen Feder" ein, dessen Inhaber Theo Trinkgut (T) ein alter Freund von ihm ist. Anfang des Jahres beklagt T sich bei ihm, dass die Geschäfte im Januar immer so schlecht gingen, weil den Leuten über Weihnachten das Geld oder der Appetit ausgegangen sei. Das Schlimmste aber sei, dass er genau in dieser Zeit die Umsatzsteuervoranmeldung für den umsatzstärksten Monat des Jahres abgeben und bezahlen müsse. Das bringe ihn jedes Jahr an den Rand des Ruins. G, der ehrlich um die Existenz seines Lieblingsrestaurants besorgt ist, rät dem T daraufhin, bei der Angabe der Umsätze einfach eine Null zu vergessen. Das könne man ihm nie zum Vorwurf machen, denn eine solch kleine Unachtsamkeit könne schließlich jedem mal unterlaufen.

T ist zunächst skeptisch. Als er dann aber bei der Zusammenstellung der Umsätze des Monats Dezember erkennen muss, dass die Zahlen seine Erwartungen noch übertreffen, erinnert er sich an den Rat seines Freundes. Die Umsätze, die tatsächlich 73.000 Euro betragen, auf 7.300 Euro zu reduzieren, hält T allerdings für zu auffällig. Statt dessen entschließt er sich zu einer anderen „Unachtsamkeit" und teilt seinem Steuerberater mit, er habe Umsätze i. H. von 37.000 Euro erzielt.

Auf Grundlage dieser Angaben erstellt der Steuerberater die Umsatzsteuervoranmeldung für den Monat Dezember und übermittelt sie elektronisch an das Finanzamt. Als das Finanzamt mit Datum vom 11. März eine Umsatzsteuersonderprüfung für die Dezembervoranmeldung ankündigt, bekommt T kalte Füße. Nach kurzem Überlegen und einer schlaflosen Nacht ruft er am 13. März beim Finanzamt an und berichtet dem Sachbearbeiter, dass er auf Anraten des G falsche Angaben gemacht habe. Der Bearbeiter rät ihm dringend, noch am selben Tag eine berichtigte Umsatzsteuervoranmeldung einzureichen, was T auch tut. Er erklärt darin wahrheitsgemäß Umsätze i. H. von 73.000 Euro.

Frage

1. Hat der Steuerberater Steuerhinterziehung begangen?
2. Hat T sich der Steuerhinterziehung schuldig gemacht und kann er dafür bestraft werden?

3. Kann G steuerstrafrechtlich belangt werden?

Antwort

1. Der Steuerberater hat keine Steuerhinterziehung begangen.
2. Obwohl T als mittelbarer Täter Steuern hinterzogen hat, kann er aufgrund seiner Selbstanzeige strafrechtlich nicht belangt werden.
3. G hat sich der Anstiftung zur Steuerhinterziehung strafbar gemacht.

Begründung

1. Objektiver Tatbestand des § 370 Abs. 1 Nr. 1 AO

Der Steuerberater ist als **natürliche Person** ein tauglicher Täter. Er macht in der von ihm übermittelten Steuererklärung **Angaben** (sog. Wissenserklärung) gegenüber der **Finanzbehörde, § 6 Abs. 2 Nr. 5 AO.** Die Steuererklärung enthält **steuerlich erhebliche Tatsachen,** nämlich die Höhe der steuerpflichtigen Umsätze des Monats Dezember. Die Angaben sind **unvollständig,** weil nur ein Teil der tatsächlich angefallenen Umsätze erklärt wird. Der **Taterfolg** i. S. des § 370 Abs. 4 AO besteht in einer Verkürzung der Umsatzsteuervorauszahlung. Die fehlerhafte Erklärung ist **ursächlich** für den Taterfolg, weil Steueranmeldungen mit Eingang im Finanzamt zu Steuerfestsetzungen unter dem Vorbehalt der Nachprüfung werden, § 168 AO. Die Tatsache, dass die Festsetzung nicht endgültig erfolgte, verhindert nicht den Eintritt des Taterfolgs, § 370 Abs. 4 Satz 1 Halbsatz 2 AO.

Der Steuerberater erfüllt mithin die objektiven Tatbestandsmerkmale des § 370 Abs. 1 Nr. 1 AO.

Subjektiver Tatbestand (§ 369 Abs. 2 AO, § 15 StGB)

Der Steuerberater handelt ohne Vorsatz, denn er weiß weder um die Unrichtigkeit der behaupteten Tatsachen noch der darauf beruhenden Steuerfestsetzung. Er unterliegt einem Tatbestandsirrtum, § 16 Abs. 1 StGB. Nach dieser Vorschrift handelt nicht vorsätzlich, wer bei Begehung der Tat einen Umstand nicht kennt, der zum gesetzlichen Tatbestand gehört. Zum Vorsatz der Steuerhinterziehung gehört danach, dass der Täter den bestehenden Steueranspruch dem Grunde und der Höhe nach kennt und dass er ihn trotz dieser Kenntnis gegenüber der Steuerbehörde verkürzen will. Da der Steuerberater annahm, dass die von ihm erstellte Umsatzsteuervoranmeldung richtig war, liegt ein Tatbestandsirrtum vor und er macht sich nicht der Steuerhinterziehung strafbar.

2. T selbst macht keine Angaben über die Höhe seiner Dezemberumsätze gegenüber dem Finanzamt. Er kommt als unmittelbarer Selbsttäter i. S. des § 25 Abs. 1 Alt. 1 StGB nicht in Betracht. Indem er die Tat durch einen anderen durchführen ließ, könnte er aber mittelbarer Täter nach § 25 Abs. 1 Alt. 2 StGB geworden sein.

Objektiver Tatbestand des § 25 Abs. 1 Alt. 2 StGB

Voraussetzung für das Vorliegen der mittelbaren Täterschaft ist die **Werkzeugqualität** der handelnden Person und die **Tatherrschaft des Hintermanns.** Den handelnden Steuerberater traf bezüglich der Begehung des § 370 Abs. 1 Nr. 1 AO kein Vorsatz hinsichtlich der Merkmale „unvollständig" und „Steuerverkürzung". Da er für sein Verhalten deshalb strafrechtlich nicht verantwortlich gemacht werden kann, ist er ein taugliches Werkzeug. T hatte Tatherrschaft, denn er handelte gegenüber dem Steuerberater kraft überlegenen Wissens. Damit ist das fremde Verhalten des Steuerberaters dem T zuzurechnen, als habe er selbst die Tatbestandsmerkmale des § 370 Abs. 1 Nr. 1 AO erfüllt.

Subjektiver Tatbestand (§ 369 Abs. 2 AO, § 15 StGB)

Auch die Tat eines mittelbaren Täters ist nur strafbar, wenn sie vorsätzlich begangen wird. T handelt unter Ausnutzung der Unwissenheit des Steuerberaters in voller Kenntnis und zielgerichtet, also mit **Absicht** (Dolus directus 1. Grades). Er wusste um die Unrichtigkeit der angegebenen Umsätze und der darauf beruhenden Steuerfestsetzung. Den Taterfolg hat er als seinen eigenen gewollt.

Rechtswidrigkeit

Die Tatbestandsverwirklichung indiziert die Rechtswidrigkeit (§ 11 Abs. 1 Nr. 5 StGB). Rechtfertigungsgründe sind nicht gegeben.

Schuld

T ist schuldfähig. Er verfügt über Unrechtsbewusstsein, was sich gerade in seinem anfänglichen Zögern und dem Bemühen um Vertuschen der Tat zeigt. Entschuldigungsgründe sind nicht ersichtlich.

Strafbarkeit des T

T hat sich als mittelbarer Täter (§ 25 Abs. 1 Alt. 2 StGB) der Steuerhinterziehung (§ 370 Abs. 1 Nr. 1 AO) strafbar gemacht. Die Strafbarkeit könnte jedoch aufgehoben werden, wenn T eine **Selbstanzeige** i. S. des § 371 Abs. 1 AO erstattet hat.

T erfüllt die Voraussetzungen, die der Gesetzgeber an die Form und den Inhalt einer strafbefreienden Selbstanzeige stellt. Mit seiner berichtigten Umsatzsteuervoranmeldung für den Dezember beantragt T die Änderung der bisherigen fehlerhaften Festsetzung. Der Antrag nach § 371 Abs. 1 AO ist – genauso wie die Berichtigung von Erklärungen nach § 153 AO oder der Antrag auf Änderung nach § 164 Abs. 2 Satz 2 AO – an keine bestimmte Form gebunden. Es war also nicht notwendig, dass T eine geänderte Voranmeldung erstellte und an das Finanzamt übermittelte. Es hätte genügt, wenn T dem Bearbeiter des Finanzamts am Telefon die tatsächliche Höhe seiner Umsätze benannt und dieser die Berichtigung durchgeführt hätte. Die bloße Anerkennung der Unrichtigkeit der früheren Angaben oder die Ankündigung einer Berichtigungserklärung hätten die Voraussetzungen dagegen nicht erfüllt.

Ein **Ausschlussgrund** nach § 371 Abs. 2 Nr. 1 Buchst. a AO ist nicht gegeben. Danach ist eine strafbefreiende Selbstanzeige nicht mehr möglich, wenn dem Täter oder seinem Vertreter eine Prüfungsanordnung nach § 196 AO bekannt gegeben worden ist. Die Anordnung über die Umsatzsteuersonderprüfung vom 11. März ist eine Prüfung in diesem Sinne. Sie ist dem T zwar bereits am folgenden Tag, dem 12. März, zugegangen. Ihre Bekanntgabe erfolgte nach § 122 Abs. 2 Nr. 1 AO aber erst am 14. März. Die steuerverfahrensrechtliche Bekanntgabefiktion gilt auch im Strafverfahren, sodass dem Täter unter Umständen ein kurzes Zeitfenster zwischen dem tatsächlichen Zugang und der fiktiven Bekanntgabe nach § 122 Abs. 2 AO verbleibt, um wirksam Selbstanzeige zu erstatten. Die berichtigte Umsatzsteuervoranmeldung des T ist vor dem 14. März im Finanzamt eingegangen.

Ein Ausschlussgrund nach § 371 Abs. 2 Nr. 3 AO liegt ebenfalls nicht vor, denn die durch T verkürzte Steuer übersteigt nicht 50.000 Euro.

Wenn T die hinterzogene Steuer in der vom Finanzamt bestimmten angemessenen Frist bezahlt, bleibt sein strafrechtliches Handeln ungeahndet (§ 371 Abs. 3 AO).

Die steuerlichen Folgen aus der Steuerhinterziehung können dennoch gezogen werden. So könnte das Finanzamt T als Steuerhinterzieher nach § 71 AO in Haftung nehmen und Hinterziehungszinsen nach § 235 AO gegen ihn festsetzen. Die Festsetzungsfrist für die hinterzogenen Steuern beträgt 10 Jahre, § 169 Abs. 2 Satz 2 AO.

3. G macht gegenüber dem Finanzamt keine Angaben. Er kommt mithin als Täter nicht in Betracht. Er könnte jedoch als Anstifter i. S. von § 369 Abs. 2 AO, § 26 StGB an der Tat des T teilgenommen haben.

Objektiver Tatbestand des § 26 StGB

Anstifter ist, wer einen anderen zu seiner vorsätzlich begangenen, rechtswidrigen Tat bestimmt, § 26 StGB. G hat in T den Plan zur Begehung einer Steuerhinterziehung hervorgerufen, indem er ihn auf die Möglichkeit, fehlerhafte Umsätze zu benennen, aufmerksam machte. Die Tatsache, dass T den Vorschlag des G abwandelt und einen Zahlendreher einbaut, statt eine Null wegzulassen, ist unerheblich, denn es ist nicht erforderlich, dass der Anstifter die Haupttat im Detail kennt.

Subjektiver Tatbestand (§ 369 Abs. 2 AO, § 15 StGB)

G trifft der sog. **doppelte Anstiftervorsatz,** denn er kannte die von T begangene Haupttat in groben Zügen und wusste, dass er in G den Entschluss zu einer Straftat hervorrief. Er handelte zwar nicht absichtlich, denn sein Anliegen ist die Erhaltung seines Lieblingsrestaurants und nicht die Steuerhinterziehung. Da er diese Folge aber zumindest billigend in Kauf nimmt, trifft ihn der Vorwurf des **bedingten Vorsatzes** (Dolus eventualis).

Rechtswidrigkeit

G handelt rechtswidrig, denn Rechtfertigungsgründe sind nicht erkennbar.

Schuld

G ist schuldfähig. Es ist ihm bewusst, dass er durch seine Anstiftung Unrecht tut, denn er macht sich Gedanken darüber, wie man die Tat verheimlichen könnte. Entschuldigungsgründe liegen nicht vor.

Strafbarkeit des G

Die strafbefreiende Wirkung der Selbstanzeige des T wirkt nur für diesen und nicht für den Anstifter G.

Fall 69

Leichtfertige Steuerverkürzung durch Unterlassung

AO § 378 Abs. 1, § 370 Abs. 1 Nr. 2

Sachverhalt

Anfang Juni 01 stundete das Finanzamt dem Ferdinand Frettchen (F) die fällige Einkommensteuerabschlusszahlung des Jahres 00 i. H. von 2.000 Euro. F hatte zur Begründung angegeben, dass er sich vorübergehend in einer finanziell schwierigen Situation befände. Er habe aufgrund einer Gerichtsentscheidung eine erhebliche Ausgleichszahlung an seine geschiedene Ehefrau leisten müssen. Außerdem sei er im Moment arbeitslos und müsse von Arbeitslosengeld leben. Das Finanzamt sprach die Stundung unter der Bedingung monatlicher Ratenzahlungen i. H. von 100 Euro und dem Vorbehalt des jederzeitigen Widerrufs aus. F wurde ausdrücklich darauf hingewiesen, dass er jegliche Änderung seiner Vermögensverhältnisse unverzüglich dem Finanzamt anzuzeigen habe.

Im Juli 01 wurde der ehemalige Arbeitgeber des F vom Arbeitsgericht verpflichtet, dem F innerhalb der nächsten sechs Wochen eine Abfindung in Höhe von drei Jahresgehältern zu zahlen. F verschwieg dem Finanzamt diese Neuigkeit, obwohl ihm bewusst war, dass es sich um eine mitteilungspflichtige Änderung seiner Vermögensverhältnisse handelte. Er vertraute darauf, dass das Finanzamt durch die Lohnsteueranmeldung seines ehemaligen Arbeitgebers Kenntnis von der Abfindungszahlung erlangen könnte. Tatsächlich erfuhr die Stundungsstelle erst nach Ablauf der Stundung rein zufällig von der Abfindungszahlung.

Frage

Muss F mit einer Strafe wegen Steuerhinterziehung rechnen oder kommt er mit einem Bußgeld wegen leichtfertiger Steuerverkürzung davon?

Antwort

Dem F kann ein Bußgeld wegen leichtfertiger Steuerverkürzung auferlegt werden.

Begründung

F hat in seinem Stundungsantrag weder unrichtige noch unvollständige Angaben zu den für die Entscheidung erheblichen Tatsachen gemacht. Er erfüllt daher nicht die Tatbestandsmerkmale des § 370 Abs. 1 Nr. 1 AO.

Objektiver Tatbestand des § 370 Abs. 1 Nr. 2 AO

F gehört als **natürliche Person** zum potentiellen Täterkreis der Vorschrift. Er hat die **Finanzbehörde** (§ 6 Abs. 2 Nr. 5 AO) in **Unkenntnis** über die Entwicklung seiner Vermögensverhältnisse gelassen, obwohl es ihm möglich und zuzumuten gewesen wäre, das Finanzamt zu informieren.[1] Die Tatsache, dass F eine Abfindung von seinem ehemaligen Arbeitgeber erhalten hat, ist **steuerlich erheblich,** da von ihr die Entscheidung über den Erhalt oder den Widerruf der bestehenden Stundung abhängt. Sein Schweigen war auch **pflichtwidrig,** denn aus der Nebenbestimmung zum Stundungsbescheid hätte F erkennen können, dass er das Finanzamt über Änderungen seiner Vermögenslage unterrichten musste. Der **Taterfolg** i. S. des § 370 Abs. 4 AO besteht hier nicht in einer Steuerverkürzung, sondern in der Erlangung eines nicht gerechtfertigten Steuervorteils. Ein **Steuervorteil** ist gegeben, wenn jemand eine steuerliche Begünstigung erhält, die auf einer Bewilligung der Finanzbehörde beruht, die der Steuerpflichtige außerhalb einer Steuererklärung erstrebt. Die Stundung wurde dem F aufgrund seines Antrags gewährt. Sie stellt für ihn eine Begünstigung dar, nämlich eine Aufschiebung der Zahlungsverpflichtung. Die Stundung ist auch nicht mehr gerechtfertigt, da F durch den Erhalt der Abfindungszahlung die tatbestandsmäßige Voraussetzung für eine Stundung nicht mehr erfüllt: Er ist nicht stundungsbedürftig (§ 222 Abs. 1 AO). Sein Schweigen ist **ursächlich** für den Taterfolg. Es muss davon ausgegangen werden, dass das Finanzamt bei rechtzeitiger Kenntnisnahme die Stundung nach § 131 Abs. 2 Nr. 1 AO widerrufen hätte.

---

1 OLG Köln vom 31.01.2017 – III-1 R Vs 253/16.

Subjektiver Tatbestand

F wusste, dass er seine steuerliche Pflicht verletzte, als er das Finanzamt nicht über die Abfindungszahlung informierte. Da er aber den Taterfolg weder wollte (Dolus directus) noch billigend in Kauf nahm (Dolus eventualis), kann ihm kein vorsätzliches Handeln vorgeworfen werden. F vertraute darauf, dass das Finanzamt von der Lohnnachzahlung Kenntnis erlangen werde.

Ergebnis

F hat keine Steuerhinterziehung nach § 370 Abs. 1 AO begangen. Es ist zu prüfen, ob die Steuer leichtfertig verkürzt wurde, § 378 Abs. 1 AO.

Objektiver Tatbestand des § 378 Abs. 1 AO

F fällt unter den Personenkreis der Vorschrift, da er als Schuldner der Einkommensteuer Steuerpflichtiger i. S. des § 33 AO ist. Er erfüllt die objektiven Tatbestandsmerkmale des § 370 Abs. 1 Nr. 2 AO.

Subjektiver Tatbestand der Leichtfertigkeit

F handelte in voller Kenntnis der Pflichtwidrigkeit seines Verhaltens. Da er den Taterfolg aber nicht anstrebte oder billigend in Kauf nahm, sondern pflichtwidrig darauf vertraute, die Lohnsteuerstelle seines Arbeitgebers werde die Stundungsstelle seines Finanzamts informieren, handelte er leichtfertig. Unter Berücksichtigung seiner subjektiven Fähigkeiten und Kenntnisse hätte ihm ohne weiteres einleuchten müssen, dass er auf den von ihm unterstellten Informationsfluss innerhalb einer Behörde nicht vertrauen durfte, ohne sich dessen zu vergewissern.

Rechtswidrigkeit

Die Tatbestandsmäßigkeit indiziert die Rechtswidrigkeit. Rechtfertigungsgründe sind nicht ersichtlich.

Schuld

F ist schuldfähig. Er hat leichtfertig gehandelt und verfügt über Unrechtsbewusstsein. Entschuldigungsgründe liegen nicht vor.

Ergebnis

F hat eine Ordnungswidrigkeit begangen. Ihm kann ein Bußgeld auferlegt werden.

Fall 70

Versuchte Steuerhinterziehung – Steuerordnungswidrigkeit – Selbstanzeige

AO § 370 Abs. 1 Nr. 1 und Abs. 2, §§ 371, 379 Abs. 1 Nr. 2; StGB § 22

Sachverhalt

Brigitte Biber (B) ist selbständige Handelsvertreterin für Kosmetika. Ihr Bezirk erstreckt sich über mehrere Bundesländer. Sie fährt pro Jahr mehr als 100.000 km mit ihrem zu 100 % betrieblich genutzten PKW. Beim Surfen durch das Internet entdeckt B zufällig, dass Tankbelege zum Verkauf angeboten werden. Sie ersteigert für 20 Euro ein Paket mit 25 Belegen über einen Gesamtwert von 1.870 Euro, die sie als Betriebsausgabe in ihrer Steuererklärung geltend macht. Die Steuerfahndung hat von dem Internethandel Wind bekommen. Nachforschungen ergeben, dass Norbert Nager (N) Verkäufer der Belege ist. Auf Befragen gibt er an, dass er rein zufällig erfahren habe, dass es einen Markt für Tankquittungen gebe. Er selbst habe keine Verwendung für sie gehabt und könne sich auch nicht erklären, was andere Leute damit anfingen.

Die Steuerfahndung informiert das für B zuständige Finanzamt. Der ermittelnde Bearbeiter fordert B auf, sämtliche Unterlagen über ihre Reisetätigkeit (Datum, Ziele, Fahrstrecke) sowie alle Belege vorzulegen. B erkennt, dass ihre Tat entdeckt werden wird, wenn sie die Unterlagen dem Finanzamt vorlegt. Sie entschließt sich daher, die geforderten Unterlagen persönlich zum Finanzamt zu bringen. Dort teilt sie dem Bearbeiter mit, dass sie einen Teil der Tankbelege käuflich erworben habe und dass die von ihr geltend gemachten PKW-Kosten zu hoch seien. Sie könne auf die Schnelle die gekauften Belege nicht von ihren eigenen unterscheiden. Sie sei sich aber sicher, dass die Ausgaben für Benzin um ungefähr 1.800 Euro zu hoch angegeben seien. Am folgenden Tag erhält B ein Schreiben von der Steuerfahndung, dass ein Strafverfahren gegen sie eingeleitet wurde.

Frage

1. Hat B Steuerhinterziehung begangen und kann sie dafür belangt werden?
2. Kann N wegen eines Vergehens oder einer Ordnungswidrigkeit belangt werden?

Antwort

1. B hat sich der versuchten Steuerhinterziehung strafbar gemacht, kann aber nicht belangt werden, weil sie Selbstanzeige erstattet hat.

2. N kann wegen einer Ordnungswidrigkeit mit einem Bußgeld bis 5.000 Euro belegt werden.

Begründung

1. Objektiver Tatbestand des § 370 Abs. 2 AO

B erfüllt nicht die Tatbestandsmerkmale des **§ 370 Abs. 1 Nr. 1 AO.** Sie hat zwar der Finanzbehörde (§ 6 Abs. 2 Nr. 5 AO) gegenüber unrichtige Angaben gemacht, indem sie in ihrer Einkommensteuererklärung Aufwendungen für das betrieblich genutzte Fahrzeug erklärt, die sie tatsächlich nicht getragen hat. Diese Angaben waren auch steuerlich erheblich, weil sie als Betriebsausgaben den Gewinn und damit die Höhe der Einkommensteuer gemindert hätten. Da das Finanzamt den Schwindel aber vor der Veranlagung der Einkommensteuererklärung aufdeckt und die geltend gemachten Aufwendungen i. H. von 1.870 Euro nicht anerkennt, kommt es nicht zu einer zu niedrigen Steuerfestsetzung. Der von B erhoffte Taterfolg i. S. des § 370 Abs. 4 AO tritt nicht ein.

Nach **§ 370 Abs. 2 AO** ist aber bereits der **Versuch der Steuerhinterziehung** strafbar. Dafür müsste B nach § 369 Abs. 2 AO, § 22 StGB über den Entschluss und die Vorbereitung der Tat hinausgegangen sein und unmittelbar zur Tatbestandsverwirklichung angesetzt haben. Den Tatentschluss fasste B, als sie für 20 Euro die Tankbelege ersteigerte. Sie bereitete die Tat vor, indem sie die Belege unter ihre eigenen Belege mischte und als Betriebsausgaben in die Buchführung einarbeitete. Zur strafbaren Ausführung kommt es in dem Moment, als B den fehlerhaft ermittelten Gewinn ihrer Einkommensteuererklärung zugrunde legt, sie unterschreibt und dem Finanzamt vorlegt.

Subjektiver Tatbestand

B hat mit Absicht (Dolus directus 1. Grades) gehandelt. Nach ihrer Vorstellung von der Tat sollte die fehlerhafte Gewinnangabe zu einer Minderung der Einkommensteuer führen.

Rechtswidrigkeit

Die Tatbestandsmäßigkeit der versuchten Steuerhinterziehung indiziert die Rechtswidrigkeit der Tat. Rechtfertigungsgründe liegen nicht vor.

Schuld

B ist schuldfähig. Sie hat mit Unrechtsbewusstsein gehandelt. Entschuldigungsgründe sind nicht ersichtlich.

Strafbarkeit der B

Zu prüfen ist, ob das Vorbringen der B gegenüber dem Bearbeiter eine wirksame **Selbstanzeige** darstellt. In § 371 Abs. 1 AO ist keine bestimmte Form vorgesehen, sodass B ihre Selbstanzeige mündlich vortragen konnte. Die Bezeichnung als „Selbstanzeige" ist ebenso wenig erforderlich wie die Selbstbezichtigung als Steuerhinterzieher. Inhaltlich muss die Selbstanzeige den „Grundsatz der Materiallieferung" erfüllen. Der Täter muss die unrichtigen Angaben berichtigen, die unvollständigen Angaben vervollständigen oder die unterlassene Aufklärung der Finanzbehörde nachholen. Entsprechend der Zielsetzung des § 371 Abs. 1 AO, den staatlichen Steueranspruch noch zu realisieren, müssen die vom Täter zu machenden Angaben in der gleichen Weise substantiiert sein wie bei ordnungsgemäßer Erfüllung seiner Erklärungspflicht. B stellt einen Antrag auf Berichtigung ihrer Erklärung (§ 153 AO) hinsichtlich der geltend gemachten PKW-Kosten um 1.800 Euro. Die Angabe ist konkret genug, um eine Veranlagung ihren Angaben entsprechend durchzuführen. Fraglich ist aber, ob die in § 371 Abs. 1 AO geforderte Berichtigung „in vollem Umfang" erfüllt ist, obwohl B keine genauen Angaben machen kann. Diese Voraussetzung normiert die vom BVerfG geforderte vollständige Rückkehr des Täters in die Steuerehrlichkeit.[1] Damit soll die Möglichkeit von Teilselbstanzeigen und sog. gestuften Selbstanzeigen genommen werden, bei denen der Täter immer nur so viel zugibt, wie gerade notwendig ist, um Straffreiheit zu erlangen. Die Selbstanzeige muss zwingend im ersten Schritt korrigierte Zahlen beinhalten. B hat eine konkrete Zahl (1.800 Euro) genannt. Diese ist zwar um 70 Euro zu niedrig; eine Abweichung von weniger als 5 bis 10 % gilt in der Literatur und der Rechtsprechung aber als unschädlich.[2]

Ausschlussgründe nach § 371 Abs. 2 AO sind nicht gegeben. B wurde die Einleitung des Steuerstrafverfahrens erst am Tag nach ihrer Selbstanzeige bekannt gegeben, § 371 Abs. 2 Nr. 1 Buchst. b AO. B dürfte auch nicht gewusst oder damit gerechnet haben, dass ihre Tat bereits entdeckt war, § 371 Abs. 2 Nr. 2 AO. Tatsächlich ahnte B bei Eingang der Aufforderung zur Vorlage von Unterlagen, dass das Finanzamt ihre Tat entdecken könnte. Aber das Finanzamt hatte noch keine positive Kenntnis von der Tat. Bekannt war nur, dass B Tankbelege von N erworben hatte. Ob sie diese bei der Erstellung ihrer Steuererklärung genutzt hatte oder nicht, konnte das Finanzamt nicht wissen. Die Anfrage des Bearbeiters diente der Aufklärung dieses Sachverhalts. Der von B angestrebte Steuervorteil beträgt auch nicht mehr als 50.000 Euro, § 371 Abs. 2 Nr. 3 AO.

B erlangt Straffreiheit für ihre versuchte Steuerhinterziehung, da sie eine wirksame Selbstanzeige erstattet hat.

2. N macht gegenüber dem Finanzamt keinerlei Angaben, die in Zusammenhang mit den Tankbelegen stehen. Er kann mithin weder der versuchten oder vollendeten Steuerhinterziehung nach § 370 AO noch der leichtfertigen Steuerverkürzung nach § 378 AO in Täterschaft bezichtigt

---

1 BVerfG vom 27.06.1991, BStBl 1991 II S. 652.
2 BFH vom 14.04.2011 – X B 104/10, BFH/NV 2011 S. 1343.

werden. Er könnte jedoch an der Steuerhinterziehung der B teilgenommen haben.

Objektiver Tatbestand

N könnte die B zu ihrer vorsätzlich begangenen rechtswidrigen Steuerhinterziehung angestiftet haben. Tatsächlich hat er durch sein Angebot, Tankquittungen zu ersteigern, in der B den Tatentschluss hervorgerufen. Die in § 369 Abs. 2 AO, § 26 StGB geforderte **Anstifter**handlung ist mithin gegeben.

Der Tatbestand der **Beihilfe** liegt ebenfalls vor, da N durch den Verkauf der Tankbelege die Tat der B erst ermöglicht (§ 369 Abs. 2 AO, § 27 StGB). Da aber bei Zusammentreffen mehrerer Beteiligungsformen die schwächere Form der Beteiligung hinter der stärkeren zurücktritt, geht die Anstiftung als stärkere Teilnahmeform der Beihilfe vor.

Subjektiver Tatbestand

Das Verhalten des N ist nach § 369 Abs. 2 AO, § 15 StGB nur strafbar, wenn ihm der **doppelte Anstiftervorsatz** nachgewiesen werden kann. Er müsste die Haupttat der B zumindest in groben Zügen kennen und sich seiner Anstiftung zu dieser Tat bewusst sein. Das ist nach den glaubhaften Aussagen des N nicht gegeben. Er kennt die B nicht und weiß nicht, welchem Gewerbe sie nachgeht. Er kann daher nicht wissen, ob B die Belege zum eigenen Nutzen oder für jemand anderen ersteigert hat und wie sie sie zu nutzen gedenkt. Er handelt nicht vorsätzlich.

Tatbestand der Steuergefährdung

N erfüllt den Tatbestand der Steuergefährdung nach § 379 Abs. 1 Satz 1 Nr. 2 AO, denn er hat über das Internet Tankquittungen veräußert. Gegen ihn kann ein Bußgeld festgesetzt werden.

Abkürzungen

a. A.	anderer Ansicht
a. a. O.	am angegebenen Ort
Abs.	Absatz
a. E.	am Ende
AEAO	Anwendungserlass zur Abgabenordnung
AG	Aktiengesellschaft
Alt.	Alternative
AO	Abgabenordnung
AOK	Allgemeine Ortskrankenkasse
AOStB	AO Steuerberater
Art.	Artikel
Bartone/von Wedelstädt	Korrektur von Steuerverwaltungsakten Schäfer/Poeschel 2006
BB	Betriebs-Berater
Beermann	Steuerliches Verfahrensrecht, 1996
BFH	Bundesfinanzhof
BFH/NV	Sammlung amtlich nicht veröffentlichter Entscheidungen des Bundesfinanzhofs
BGB	Bürgerliches Gesetzbuch
BGBl	Bundesgesetzblatt
BMF	Bundesministerium der Finanzen
BStBl	Bundessteuerblatt
BT	Bundestag
Buchst.	Buchstabe
BVerfG	Bundesverfassungsgericht
bzw.	beziehungsweise
DB	Der Betrieb
d. h.	das heißt
DStZ	Deutsche Steuerzeitung
EFG	Entscheidungen der Finanzgerichte
EGAO	Einführungsgesetz zur AO
EStDV	Einkommensteuer-Durchführungsverordnung
EStG	Einkommensteuergesetz
EStR	Einkommensteuerrichtlinien
f. (ff.)	folgende
FG	Finanzgericht
FGO	Finanzgerichtsordnung

Fn.	Fußnote
GewStG	Gewerbesteuergesetz
GG	Grundgesetz
ggf.	gegebenenfalls
GmbH	Gesellschaft mit beschränkter Haftung
GmbHG	Gesetz betreffend die Gesellschaften mit beschränkter Haftung
GmbHR	GmbH-Rundschau
GNOFÄ	Grundsätze zur Neuorganisation der Finanzämter und zur Neuordnung des Besteuerungsverfahrens
GrS	Großer Senat
HGB	Handelsgesetzbuch
HHSp	Hepp/Hübschmann/Spitaler, Kommentar zur AO und FGO
h. M.	herrschende Meinung
i. H.	in Höhe
i. S.	im Sinne
i. V. m.	in Verbindung mit
KG	Kommanditgesellschaft
KStG	Körperschaftsteuergesetz
LStR	Lohnsteuerrichtlinien
m. w. N.	mit weiteren Nachweisen
NJW	Neue Juristische Wochenschrift
Nr.	Nummer
OFD	Oberfinanzdirektion
OHG	Offene Handelsgesellschaft
PKW	Personenkraftwagen
Rz.	Randziffer
S.	Seite
sog.	so genannt
StBereinG	Steuerbereinigungsgesetz
StBerG	Steuerberatungsgesetz
StGB	Strafgesetzbuch

StOI	Steueroberinspektor	vgl.	vergleiche
StuW	Steuer und Wirtschaft	VwGO	Verwaltungsgerichtsordnung
Tipke/Kruse	Kommentar zur AO und FGO, 16. Auflage	VwZG	Verwaltungszustellungsgesetz
		VZ	Veranlagungszeitraum
Tz.	Textziffer		
		z. B.	zum Beispiel
u. a.	unter anderem	z. H.	zu Händen
UStG	Umsatzsteuergesetz		
u. U.	unter Umständen	ZPO	Zivilprozessordnung

Paragraphenschlüssel

Stichwortverzeichnis

290

292